权威·前沿·原创

皮书系列为

“十二五”“十三五”国家重点图书出版规划项目

北京社会心态分析报告（2018~2019）

ANNUAL REPORT ON BEIJING SOCIAL MENTALITY (2018-2019)

北京市社会心理服务促进中心／编

图书在版编目(CIP)数据

北京社会心态分析报告. 2018 - 2019 / 北京市社会心理服务促进中心编. -- 北京：社会科学文献出版社，2019. 10

（北京社会心态蓝皮书）

ISBN 978 - 7 - 5201 - 5261 - 7

Ⅰ. ①北… Ⅱ. ①北… Ⅲ. ①社会心理 - 研究报告 - 北京 - 2018 - 2019 Ⅳ. ①C912. 6

中国版本图书馆 CIP 数据核字（2019）第 155171 号

北京社会心态蓝皮书

北京社会心态分析报告（2018 ~2019）

编　　者 / 北京市社会心理服务促进中心

出 版 人 / 谢寿光
责任编辑 / 桂　芳
文稿编辑 / 伍勤灿

出　　版 / 社会科学文献出版社 · 皮书出版分社（010）59367127
地址：北京市北三环中路甲 29 号院华龙大厦　邮编：100029
网址：www. ssap. com. cn
发　　行 / 市场营销中心（010）59367081　59367083
印　　装 / 天津千鹤文化传播有限公司

规　　格 / 开 本：787mm × 1092mm　1/16
印 张：26　字 数：433 千字
版　　次 / 2019 年 10 月第 1 版　2019 年 10 月第 1 次印刷
书　　号 / ISBN 978 - 7 - 5201 - 5261 - 7
定　　价 / 168. 00 元

本书如有印装质量问题，请与读者服务中心（010 - 59367028）联系

北京社会心态分析报告（2018~2019）
编　委　会

主要编撰者简介

李万钧　中共北京市委社会工作委员会书记、北京市民政局局长，高级政工师。曾任中共北京市委政法委干部处助理调研员、副处长、处长、助理巡视员，中共北京市委政法委秘书长，首都综治办副主任、主任，北京2008环境建设指挥部办公室党组成员、副主任，北京市流动人口和出租房屋管理委员会办公室主任，中共北京市委政法委副书记、机关党委书记，北京市民政局党委书记、副局长，北京市民政局党委书记、局长。在《中国民政》等期刊发表多篇文章。

陈建领　中共北京市委社会工作委员会副书记、北京市民政局副局长，北京市第十五届人民代表大会代表，中央党校理论部党史专业研究生毕业，管理工程博士研究生，高级政工师。曾任北京市海淀区人事局副局长，北京市委组织部研究室副处级调研员、研究室副主任、调研员、研究室主任，市委组织部副局级组织员兼研究室主任、人力资源研究中心主任，市委组织部副局级组织员兼区县干部处处长、人力资源研究中心主任，中共北京市委社会工作委员会委员、市社会办副主任，中共北京市委社会工作委员会副书记。多年来致力于人力资源、基层党建、社会建设理论研究与实践创新，在《党建研究（内参)》《思想政治工作研究》《中国特色社会主义研究》《北京支部生活》等刊物发表多篇论文和调研报告。

张青之　北京市民政局副巡视员。毕业于陆军学院，先后就读于装甲兵指挥学院、中国人民解放军国防大学、中国科学院以及美国芝加哥大学，获军事硕士学位，大校军衔。先后在总后勤部政治部担任院校教育组组长，总后勤部干部轮训大队副大队长等职，担任全军“5·12”汶川地震救灾心理专家组组长。曾任北京市社会建设工作办公室副巡视员，北京市委宣讲团专家。专著有

《新时期军警官心理健康指南》《后勤保障部队战时心理调适指导手册》《信息化战争心理防护》《军队抗震救灾心理教育和服务》。

龙斯钊　北京市社会心理服务促进中心主任，北京市社会心理工作联合会秘书长，高级政工师，中国社会科学院大学公共政策与管理学院社会组织与公共治理实训导师。曾在北京市、区、街从事基层党建理论研究和实务工作，有着丰富的实践工作经验。近年来，致力于《北京社会心态蓝皮书》组织编撰工作。编著《城市社区党支部建设》《党支部书记实用手册》《非公有制经济组织党支部建设》《机关党支部建设》等，成为中央党校、北京市委党校领导干部培训教材。撰写《北京市社会领域党建体系构建调研报告》《北京市“枢纽型”社会组织党建工作调研报告》等多篇党建研究报告，获中组部、北京市委组织部表彰。主持撰写的《2017 年度北京居民心理健康调查报告》获北京市维稳调研报告二等奖。

摘　要

本书是北京市社会心理服务促进中心"北京社会心态研究"课题组在北京市委社会工作委员会、市民政局相关领导的指导下，组织编写的第六部"北京社会心态蓝皮书"。参与本课题研究和撰写的有来自中国科学院、中国社会科学院、北京社会科学院、北京市社会心理工作联合会、各高等院校的专家和研究人员。本书基于大量实证研究，研究方法包括问卷法、访谈法等。

本书重点突出了"社会情绪"研究，从个体、群体和社会三个层面深入考察了北京居民社会情绪的现状与影响因素以及社会情绪疏导手段，为培养积极向上的社会心态提出思考与建议。

在社会心态研究的基础上，本书还结合首都社会建设实际需要以及北京市社会心理工作联合会的工作，对社会心理建设工作进行了调查研究和经验总结，为未来一段时间首都社会心态培育、社会建设及社会心理健康工作提供参考。

目　录

Ⅰ　总报告

Ⅱ　相关因素篇

Ⅲ　专题研究篇

Ⅳ　特殊群体篇

皮书数据库阅读**使用指南**

总　报　告

General Report

B.1

探索社会情绪现状，培育良好社会心态

——2018 年北京居民社会情绪调查报告

屈建伟*

摘　要： 本文基于 2018 年度调查的 2340 份样本数据，综合采用量表、问卷以及事件分析的方法，结合对社会情绪相关文献的综述，在微观、中观和宏观层面调查北京市居民的社会情绪现状，并从个体、环境以及社会三个层面探讨个人特质、客观环境和主观环境、社会热点时间和相关政策对社会情绪的影响，进而探索社会情绪的疏解方式。本次调查发现，客观环境对居民的负向情绪影响较大，第五代媒体对社会情绪的导向性也很明显。因此，建议从改善居民生态环境，培养有担当、有责任心的网络意见领袖，正确认识负面情绪以及按照不同群体的不同需求疏导情绪等四个方面引导和培养良好

* 屈建伟，北京市社会心理服务促进中心助理研究员，主要研究方向是法律心理学、女性心理学。

社会情绪，进而塑造自尊自信、理性平和、积极向上的社会心态。

关键词： 社会情绪 影响因素 情绪疏导

习近平同志在十九大报告中指出："中国特色社会主义进入新时代，我国社会主要矛盾已经转化为人民日益增长的美好生活需要和不平衡不充分的发展之间的矛盾。"同时提出"加强社会心理服务体系建设，培育自尊自信、理性平和、积极向上的社会心态"。习近平同志的报告为我们更好地研究社会情绪提供了重要指导。当前，我国正处于经济社会快速转型的发展时期，这种快速发展给人们带来了极大的物质满足，提升了国民的生活质量；同时，也造成了民众在心理上对这种快速调整变化的不适。

社会情绪是我国社会主要矛盾的晴雨表和核心体现，也是社会心态的一种表现形式。[①] 社会情绪是个体在社会活动中所体验到的情绪；不仅是个体的一种主观心理感受，也是我国社会和谐程度的集中体现。社会情绪甚至可以看作一个社会稳定的方向标。了解北京市居民社会情绪状况可以为首都的稳定和发展提供坚强后盾，同时为更好地建设社会心理服务体系提供指导。因此，清晰而准确地认识北京市民的社会情绪，对于政府行为决策至关重要。

目前，北京市居民社会情绪的现状并不是特别理想。北京市社会心理服务促进中心发布的《2013～2014 年北京市居民社会心态报告》等报告显示，2013～2014 年北京市超过两成居民带有悲观、不满等负性情绪，近半数居民感觉生活压力很大或较大，三成以上居民对环境问题普遍持"不满"、"悲观"等负面情绪。北京市居民的社会情绪有待进一步的改善。社会情绪的好坏不仅会影响个体的主观感受，也会影响个体的心理健康水平，进而影响国家与社会的健康发展与和谐稳定。

① 王俊秀：《社会心态的结构和指标体系》，《社会科学战线》2013 年第 2 期。

一　社会情绪研究综述

（一）社会情绪的定义

社会情绪是在个体基本情绪的基础上发展出来的一个概念。但学界关于社会情绪的概念并没有达成一致。研究者从不同的角度提出了自己的理解。一些学者强调社会情绪的功能效用，认为社会情绪有助于社会适应且能够对人际关系进行调节。还有一些学者强调社会情绪结构，认为个体对他人实际的、想象的或预期的看法会影响其社会情绪的形成，也就是说社会情绪依赖于社会情境。还有些学者将个体的社会情绪等同于自我意识情绪。情绪的评价理论则认为社会情绪产生于对他人、社会规则、标准及社会机构等社会情境的评价。

Rivera 是早期对社会情绪进行研究的学者之一，他用情绪氛围、情绪气候和情绪文化三个概念代表三种不同的社会情绪。随后的研究者都采用较为综合的观点来看待社会情绪，认为社会情绪通常并不指向具体的社会事件，而是社会成员在特定时期形成的较为一致的情绪体验或对未来的信念。Adolphs 则认为社会情绪包含三个必要特征：一是情绪发生在社会环境中，二是包含人际互动，三是与文化和习俗等因素相关联。由社会事件引起的积极情绪或者消极情绪可以在人际、群体之间传播。孙俊秀和陈满琪认为社会情绪的主体和客体都应该是群体和社会，社会情绪应该是在一定的社会背景下，群体或社会整体所共享的情绪体验。

总体来看，心理学家更为强调社会情绪的个体方面，强调个体的生理唤醒、外显行为表达和主观体验；而社会学家则把社会情绪放到了更大的文化和社会背景中进行考察。

本研究认为社会情绪是社会情境中某一特定群体中的个体或者整体或者社会多数人所共享的情绪体验；是个体情绪的社会化，是对社会情境中的处境和状态的表征，伴随着个体的发展而发展，并受到外界因素的影响。

（二）社会情绪的研究现状

社会情绪的描述性研究。随着互联网技术的兴起，国外许多学者致力于研究对互联网事件的情绪分析系统，并致力于网络情境下社会情绪的分类研究。国内学者夏学鉴根据对中国社会的观察，提出有八种不良的社会心态，包括浮躁、喧嚣、忽悠、炒作、炫富、装穷、暴戾和冷漠。孙晓培等根据西方的情绪理论，进一步与中国现实结合，提出社会情绪的分类，如可以分为社会评价情绪（如蔑视、憎恨）和社会关系情绪（羞耻、尴尬）。王俊秀等认为社会情绪包括个人层面的核心情绪、初级情绪和次级情绪，以及社会层面的情感氛围和社会情绪等几个方面。其提到的社会情绪有两个层次，一个是涵盖了个人层面的核心情绪的所有与人际和社会交往有关的情绪，是高阶概念，而另一个层次的社会情绪则特指在某一特定时期某一群体所共享的情绪状态，是低阶概念。越来越多的学者试图用社交媒体的数据来计算和描述社会情绪的现状和变化趋势。

社会情绪的实证研究。大多数学者基本上是从负面的角度来理解社会情绪及其潜在的破坏性，比如负性社会情绪会造成不同群体间的冲突，引发针对政府的群体性事件。即使是关注情绪的积极面向，也是发现社会情绪对某些积极变量的负面影响，如孙晓培等发现负面社会情绪降低社会幸福感，并且对世界的公正信念能够中介负面社会情绪对社会幸福感的作用。同时，吴英等学者通过研究发现，国内外舆论的互动也会影响社会情绪的产生和表达。国外学者对快乐、悲伤、愤怒和厌恶四种情绪在微博上的传播速度进行了研究，发现愤怒比快乐情绪更可能影响他人并被广泛传播；同时个体之间人格特征方面的差异也影响情绪的感染。有学者考察了社会情绪与风险感知、风险决策之间的关系，发现不同的情绪对不同类型的风险有着不同的预测作用。

社会情绪疏导。现有关于社会情绪疏导的研究主要集中在新闻传播方面，也即强调通过媒体宣传引导社会情绪，通过拓宽即时直播途径、创设谈话讨论环节、探索参与互动模式来对大众进行引导。或是通过健全法律制度、完善政府体系、做好群众工作、推进民主建设等方式来对反向或负向情绪进行管理。

（三）研究方法及工具

综合参考其他学者的研究成果，本次调查采用积极消极情绪量表（PANAS）、情绪调节量表以及部分自编问卷进行调查，并在舆情网选取25件具有一定社会影响的事件。根据分层随机抽样原理，2018年本调查采取入户调查的方式，对全市16个区的年龄在18岁至70岁的居民进行调查。共发放问卷2340份，回收有效问卷2340份，有效问卷100%。

本次调查成果的应用价值在于以下几点：一是了解北京市居民的社会情绪现状和特点；二是分析社会情绪的影响因素；三是探索社会情绪的疏导机制。

表1　调查样本分布情况

单位：人，%

项目	类别	样本量	比例
性别	男	1177	50.26
	女	1163	49.74
户口	北京城镇	1651	70.56
	北京农业	117	5.00
	外地城镇	346	14.79
	外地农业	226	9.66
年龄	18～30岁	594	25.38
	30～39岁	560	23.93
	40～49岁	479	20.47
	50～59岁	471	20.13
	60～70岁	236	10.09

二　北京居民社会情绪的现状及特征

（一）微观层面的社会情绪特征

本次使用积极消极情绪量表（PANAS）量表用于测查情绪，该量表是社会情绪调查中使用最为广泛的工具。本量表共20个题目，分两个分量表，每个分量表共10题。积极情绪分量表与消极情绪分量表分数范围均在10～50分，得分越高说明该情绪体验越多。在本次调查中，北京市居民积极情绪平均得分为26.18分，消极情绪平均得分为16.76分。47.1%的被试，在积极情绪分量表上的得分在 20～30 分。73.7%的被试在消极情绪分量表的得分分布在 10～19 分。调查结果表明，北京市居民体验到更多的积极情绪，而消极情绪较少。

在情绪体验层面，负性情绪体验强度更大，而中性情绪和积极情绪体验强度略低。这一现状非常符合我国居民当前社会情绪的特点，即总体基调以正向为主，负向情绪的引爆点低且日益严重。

（二）中观层面的社会情绪特征

本次调查选取不同年龄段户籍人口和流动人口两个群体为代表性群体，探讨社会情绪在群体层面的特点。

1. 户籍群体情绪特征

在京的外地城镇居民的积极情绪体验显著高于北京城镇居民和北京农业居民。而在京籍居民中，城镇居民的积极情绪体验好于农业居民。这一结果可能与城市化进程中农业户籍人口体验到的心理困扰有关。而且，农民工群体已经进入第二代，而第二代农民工群体跟初代农民工在各个方面都有很多差异。第二代农民工群体的心理落差感要比初代农民工群体更为强烈，这也可能是这种情况产生的原因。

在消极情绪方面，在京的外地居民体验到的消极情绪更多，但差异并未达到显著水平。这可能与北京日渐严峻的生活压力有关，也可能与北京“疏解整治促提升”专项活动的开展相关（见表 2）。

表 2　被试群体特征

选项	户籍	均值	标准差	F 值	P
积极情绪	北京城镇	26.10	7.33	4.137	0.006
	北京农业	24.54	7.79		
	外地城镇	27.16	6.68		
	外地农业	26.05	7.31		
消极情绪	北京城镇	16.81	5.93	2.050	0.105
	北京农业	15.45	4.71		
	外地城镇	16.86	5.61		
	外地农业	16.90	6.25		

2. 不同年龄段群体的情绪特征

本次调查的对象年龄段在 18～70 岁。根据统计需求，将被调查对象划分为 18～30 岁、31～40 岁、41～50 岁、51～60 岁以及 61～70 岁五个组别。

统计结果显示，30 岁以下年龄群体积极情绪得分显著高于其他年龄段的群体，且随着年龄的增长，积极情绪得分逐渐降低。在消极情绪分量表上，31～40 岁年龄组的群体得分最高，其次是 18～30 岁年龄组。而 61～70 岁组得分最低，且显著低于其他年龄组得分。31～40 岁年龄组得分，显著高于 40 岁以上的群体，30 岁以下年龄组得分也显著高于 40 岁以上的群体。

孔子云“三十而立”，很多人都被困于这种说法之中，觉得自己已经 30 岁了却还一事无成，也许有些人既没有成家也没有在事业上有所发展，所以比起其他年龄段的群体更易于产生负面情绪。即使很多人在 30 多岁的年龄进入了婚姻生活，家庭生活的负担在这段时间也会较重。特别是生活在北京的青年群体，面临房贷、车贷压力，同时也会面临子女教育等高额支出的困扰。而对 30 岁以下群体和 40 岁以上群体而言，这些困扰出现的概率相对低些。

表 3　不同年龄群体的社会情绪

选项	年龄	均值	标准差	F 值	P
积极情绪	18～30	28.24	6.96	32.274	0.000
	31～40	26.85	6.61		
	41～50	25.81	7.21		
	51～60	24.34	7.50		
	61～70	23.32	7.25		
消极情绪	18～30	17.58	5.90	14.562	0.000
	31～40	17.62	5.92		
	41～50	16.26	5.74		
	51～60	16.00	5.75		
	61～70	14.98	5.38		

（三）宏观层面的社会情绪特征

在宏观层面的社会情绪测量方面，本次调查采用他评的方式进行。本部分设计三个题目，分别用来考察大众对当前社会情绪的感知、对理想社会情绪①的认知，以及对现实和理想社会情绪之间差距的判断。

就当前社会情绪状态而言，42%的居民认为当前的社会情绪状态为正向，34%的居民认为当前情绪状态为负向（见图1）。

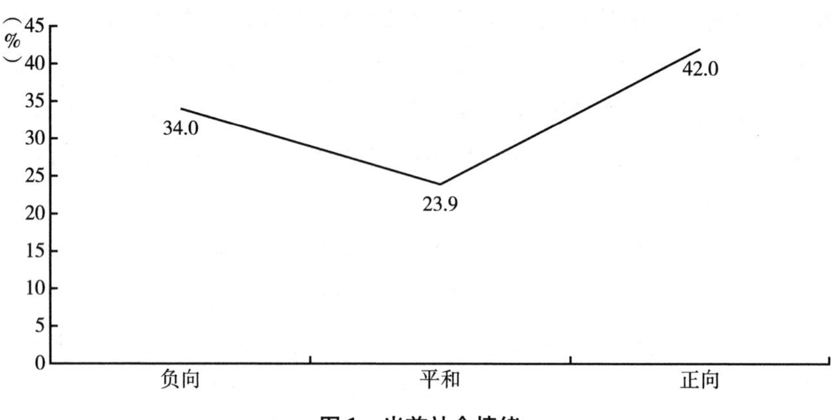

图1　当前社会情绪

对于理想的社会情绪而言，入选最多的三个情绪词为“平和”、“愉悦”和“乐观”，选择比例分别为64.9%、66.1%和76.4%。（见图2）

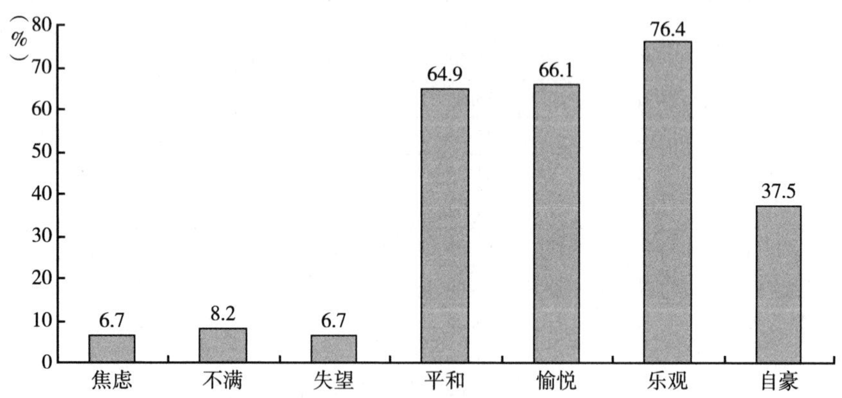

图2　理想状态下的社会情绪

① 这里的理想社会情绪指的是十九大报告提出的“自尊自信、理性和平、积极向上的社会心态”大背景下，整个社会应该表现出的社会情绪状态。

虽然42%的居民认为当前社会情绪总体表现出的状态是正向的，但距离理想社会心态下的社会情绪状态仍存在一定的差距。在本次调查中，通过要求被调查对象在5点量尺上进行打分（分数越高表示相差越多），得出理想状态和现实状态之间的差距，结果平均分数为2.95。总体而言，调查结果显示出了趋中倾向，48.6%的被访者选择了数字3。

三　社会情绪影响因素

本研究主要从个人因素、环境因素以及社会因素三个层面探讨社会情绪的影响因素。在对环境因素和社会因素的探讨上，延续2013年的研究方法，运用事件分析法进行探究。

（一）个体因素对社会情绪的影响

很多研究已经印证[①][②][③]，生活事件和压力在不同群体中均对个体主观幸福感具有消极作用，而主观幸福感也常被用作测查社会情绪的指标。因此，本研究在探讨个人因素对社会情绪的影响时，选取压力作为测查指标。

调查结果显示，个体压力越大，其积极情绪体验越差，消极情绪感受越强。其中，感受到较少压力的个体，积极情绪得分显著高于选择压力感受一般和较大的个体。在消极情绪层面，压力较大的个体，消极情绪体验显著高于其他被调查者。感觉没有压力的个体，消极情绪体验显著低于其他被调查者。并且，经统计分析发现，消极情绪同压力显著正相关（$r = 0.46$）。

（二）环境因素对社会情绪的影响

本次研究选取主观环境因素和客观环境因素为指标进行探讨，从情绪性质

① 汪红艳等：《“蚁族”群体知觉压力与主观幸福感的关系：希望的调节作用》，《中国临床心理学杂志》2011年第4期。

② 熊猛、叶一舵：《城市农民工子女社会支持与主观幸福感的关系：自尊的中介与调节作用》，《中国特殊教育》2013年第6期。

③ 陈立芳、马绍斌、范存欣：《大学生压力、应对方式、社会支持与主观幸福感关系的结构模型》，《中国临床心理学杂志》2009年第3期。

表4　压力与情绪

选项	是否有压力	均值	标准差	F值	P
积极情绪	没有压力	23.96	8.36	15.715	0.000
	压力较小	27.15	6.77		
	一般	26.33	7.32		
	压力较大	26.92	6.70		
	压力很大	23.45	6.97		
消极情绪	没有压力	14.22	5.39	47.213	0.000
	压力较小	26.30	5.43		
	一般	16.08	5.12		
	压力较大	18.65	6.24		
	压力很大	20.12	7.18		

和强度两方面来进行检验。

1. 客观环境因素对情绪的影响

在客观环境方面，主要考察空气、交通、公共设施、社区环境等因素对情绪的影响。调查结果显示，空气状况、交通状况对情绪影响较大，并且对负向情绪的影响时间较长。

表5　影响社会情绪的客观环境因素

单位：%

因素	产生的情绪类型		
	负向情绪	中性情绪	正向情绪
空气状况	57.3	29.2	13.5
交通状况	62.2	28.1	9.7
公共设施配套	22.2	49.3	28.5
社区环境	26.1	45.0	28.9

2. 主观环境因素对情绪的影响

在主观环境方面，主要考察人际关系、工作氛围、亲密关系、子女教育期待以及职业发展期待等因素对情绪的影响。主观环境较能激发中性和正向情感，

表 6　客观环境影响情绪的持续时长

单位：%

因素	各类情绪持续时间								
	负向情绪持续时间			中性情绪持续时间			正向情绪持续时间		
	短	中	长	短	中	长	短	中	长
空气状况	46.4	17.6	36.0	52.3	21.7	26.0	39.1	24.6	36.3
交通状况	29.1	22.5	48.3	41.6	25.0	33.4	35.3	35.3	29.4
公共设施配套	32.4	27.4	40.2	36.9	27.0	36.1	27.8	28.0	44.2
社区环境	29.6	25.5	44.9	40.0	24.8	35.2	23.5	23.7	52.8

对负向情绪的引发较少。但，负向情绪一旦被相关因素所引发，持续的时间就会较长。这就说明，负向情绪一旦被激发，很难在短时间内得到消除（见表7、表8）。

表 7　主观环境因素对社会情绪的影响

单位：%

因素	产生的情绪类型		
	负向情绪	中性情绪	正向情绪
人际关系感知	10.9	55.6	33.5
工作氛围感知	10.3	50.8	38.9
亲密关系状态	6.8	42.4	50.8
子女教育期待	14.7	42.4	42.9
职业发展预期	16.3	48.1	35.6

表 8　主观环境影响情绪的持续时长

单位：%

因素	各类情绪持续时间								
	负向情绪持续时间			中性情绪持续时间			正向情绪持续时间		
	短	中	长	短	中	长	短	中	长
人际关系感知	41.3	23.2	35.5	37.8	21.8	40.4	26.4	21.7	51.9
工作氛围感知	34.0	32.0	44.0	37.0	23.9	39.1	26.2	25.8	48.0
亲密关系状态	27.7	31.4	40.9	33.1	25.5	41.4	23.1	24.4	52.5
子女教育期待	27.0	20.6	52.4	43.2	20.2	36.6	21.7	21.0	57.3
职业发展预期	24.4	25.9	49.7	40.1	21.6	38.3	22.1	26.3	51.6

（三）社会因素对社会情绪的影响

人类是群居性的动物，在复杂的社会环境中生活。在生活的过程中，不可避免地会受到社会因素的影响。同样，社会因素也会影响社会情绪。本研究沿用2013年研究的方法，使用舆情事件和相关政策作为社会因素的表征，主要考察与北京居民生活相关政策和热点社会事件对社会情绪的影响。

1. 社会热点事件对社会情绪的影响

本次调查所使用的热点事件来源于中国舆情网公布的热点事件，选取的时间范围是2017年6月至2018年6月。从这些事件中，选取25件贴近居民生活的事件（如“红黄蓝”幼儿园虐童事件、“蓝色钱江”保姆纵火案、北京“低端人口”风波等）。同时结合北京地区发布的相关政策（如“疏解整治促提升”专项行动、北京汽车牌照摇号政策等）来探讨解热点社会因素对情绪的影响，并关注其中是否表现出反向社会情绪①。在问卷所列的25件热点事件中，最受关注的五大热点事件排序依次为：长春长生疫苗事件，红黄蓝、携程幼儿园虐童事件，高铁霸座事件，空姐深夜滴滴打车遇害事件，蓝色钱江保姆纵火案。从内容层面来看均与社会治安相关。

表9　社会事件关注度

单位：%

社会事件	N	关注度
长春长生疫苗事件	5922	55.50
红黄蓝、携程幼儿园虐童事件	1298	52.80
高铁霸座事件	921	39.40
空姐深夜滴滴打车遇害	743	31.80
蓝色钱江保姆纵火案	734	31.40
中美贸易战	653	27.90
2018年全国“两会”召开	613	26.20
北京一中学生受辱吃粪便	583	24.90
北京“低端人口”风波	448	19.10

① 反向社会情绪是指，本应引发悲伤情绪的事件却唤起了被调查者快乐的情绪。

续表

社会事件	N	关注度
陕西榆林产妇坠楼事件	424	18.10
江歌被杀案	396	16.90
美团外卖配送员“偷吃”事件	383	16.40
五星级酒店被爆不换床单	299	12.80
《中共中央关于修改宪法部分内容的建议》发布	293	12.50
西安交大博士生自杀事件	279	11.90
教育部全面取消高考加分项目	272	11.60
2018 年《政府工作报告》发布	254	10.90
北航教授陈小武性骚扰事件	201	8.60
机构改革	178	7.60
西安航空“前 11 排座位”事件	114	4.90
云南“冰花男孩”走红引关注	107	4.60
Wephone 创始人被逼自杀事件	72	3.10
洁洁良辱华事件	59	2.50
丽江客栈“百元蚊子”风波	56	2.40
官媒批 PG one《圣诞夜》	56	2.40

对关注度最高的前五件热点事件进行分析发现，事件关注度和影响个体情绪的程度并不呈正相关。而且，这五件热点事件按照常规思维应引发负向情绪，但仍然有正向情绪的出现，也就是说，在这五件热点事件中，均产生了反向社会情绪。负向事件所引发的正向情绪虽然有限，却非常值得关注。

表 10　高关注度社会事件对社会情绪的影响

单位：%

热点事件	产生的情绪		
	负向	中性	正向
长春长生疫苗事件	96.1	3.4	0.5
红黄蓝、携程幼儿园虐童事件	91.3	1.5	0.2
高铁霸座事件	93.6	6.0	0.4
空姐深夜滴滴打车遇害	95.7	3.8	0.5
蓝色钱江保姆纵火案	96.4	3.1	0.5

2. 政策因素对情绪的影响

本次调查选取了“北京市小汽车摇号政策”“疏解整治促提升专项行动”

“北京市共享产权房政策”“北京市人才引进政策”“北京市房屋限购令”“北京市养老保险新政策”等9项贴近居民生活的政策作为测查指标，来测查其对社会情绪的影响。

分析发现，本次选用的贴近本市居民生活的相关政策基本都是中性和中性偏正向的政策。但通过分析发现，这些政策仍然会引发负向情绪（见表11、表12）。

若将事件放到更大的层面考察，即依据跟个体的相关性划分为家事、单位事、国事三个层面，调查发现，最能引发情绪波动的事件是家事，其次是单位的事，最后是国家层面的事件（见图3）。

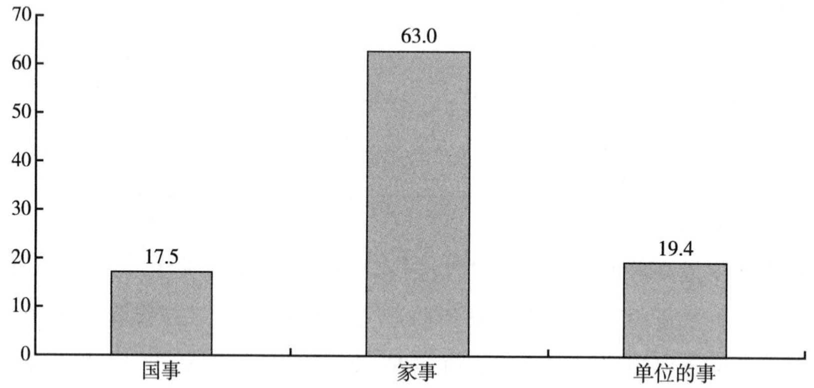

图3　不同事件引发情绪的程度

表11　政策对社会情绪的影响

单位：%

政策	产生的情绪类型		
	负向情绪	中性情绪	正向情绪
北京小汽车摇号政策	31.4	48.6	20.0
疏解整治促提升专项行动	8.4	44.1	47.5
城市共享产权房政策	8.6	56.3	35.1
北京市人才引进政策	6.3	59.0	34.7
北京市房屋限购令	11.5	56.9	31.6
北京市养老保险新政策	7.8	39.7	52.5
北京市积分落户政策	11.3	59.2	29.5
北京市公租房政策	8.6	55.8	35.6
北京入学政策	11.2	50.7	38.1

表 12　政策唤起的情绪程度

单位：%

政策	各类情绪的程度								
	负向情绪			中性情绪			正向情绪		
	轻	中	重	轻	中	重	轻	中	重
北京小汽车摇号政策	21. 1	39. 3	39. 6	47. 2	49. 6	3. 2	20. 1	51. 8	28. 1
疏解政治促提升专项行动	24. 0	52. 6	23. 4	53. 9	44. 4	1. 7	23. 5	44. 4	32. 1
北京市共享产权房政策	28. 5	54. 5	17. 0	54. 1	42. 1	3. 8	25. 0	49. 1	25. 9
北京市人才引进政策	35. 8	47. 3	16. 9	56. 1	41. 0	2. 9	25. 8	49. 2	25. 0
北京市房屋限购令	23. 1	49. 2	27. 7	50. 7	46. 3	3. 0	19. 0	49. 9	31. 1
北京市养老保险新政策	20. 4	50. 8	28. 8	50. 6	44. 6	4. 8	19. 1	44. 4	36. 5
北京市积分落户政策	38. 3	44. 7	17. 0	56. 5	40. 1	3. 4	27. 2	50. 7	22. 1
北京市公租房政策	38. 1	45. 5	16. 4	54. 4	41. 5	4. 1	27. 5	48. 7	23. 8
北京入学政策	20. 3	46. 0	33. 7	52. 6	42. 2	5. 2	21. 6	41. 5	36. 9

3. 不同群体对不同事件的情绪感知

由于不同群体关心的事件和利益有所不同，那么，不同事件对不同群体的影响就会产生差异。

在热点社会事件方面，不同群体在关注度最高的五件事情上，并没有显示出差异。但，已经生育过子女的群体与未生育群体相比，疫苗事件引发的负向情绪更多，但尚未达到统计学意义上的显著差异水平（见图 4）。

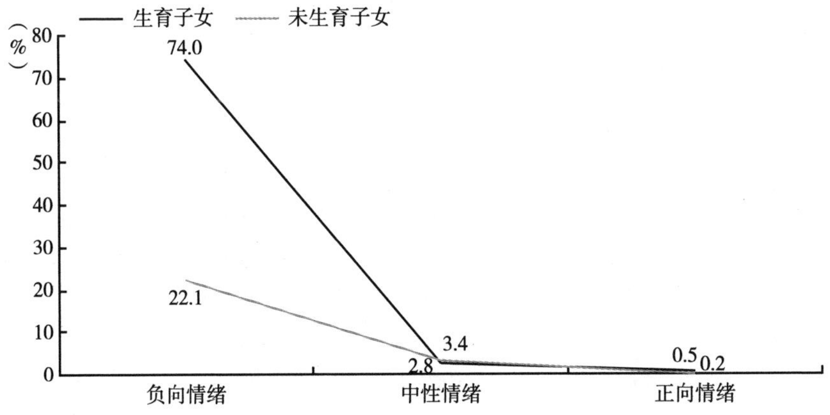

图 4　疫苗事件对生育群体与未生育群体引发的情绪状态

在“疏解整治促提升专项行动”、“北京市房屋限购令”、“北京市养老保险新政策”、“北京入学政策”等社会政策方面，北京户籍居民群体的正向情绪显著高于非北京户籍群体。在“北京市积分落户政策”方面，虽然北京户籍群体和非北京户籍群体都表现出正向情绪，但北京户籍群体的正向情绪得分显著低于非北京户籍群体（见表13）。

表13　不同户籍群体对政策的情绪感知

政策	北京城镇		北京农村		外地城镇		外地农村		F	P
	M	SD	M	SD	M	SD	M	SD		
疏解政治促提升专项行动	3.64	0.95	3.40	0.88	3.39	0.89	3.46	0.96	9.69	0.000
北京市房屋限购令	3.35	0.94	3.39	0.85	3.06	0.89	3.06	0.85	14.47	0.000
北京市养老保险新政策	3.72	0.96	3.74	1.00	3.48	0.89	3.36	0.90	13.87	0.000
北京市入学政策	3.04	0.91	3.52	0.94	3.24	0.97	3.16	1.00	7.37	0.000
北京市积分落户政策	3.16	0.81	3.22	0.84	3.44	0.95	3.38	0.89	13.78	0.000

在情绪引发的事件类型排序方面，家庭事件是最能引发个体情绪的事件。但比较不同群体发现，在国事和单位事件的选择上，男性比例高于女性。公务员群体和外企员工群体，在国事对自己情绪的引发的选择比例上高于其他群体（见表14）。

表14　不同类型事件对不同群体引发的情绪

单位：%

		国事	单位事	家事
性别	男	19.1	22.1	58.8
	女	15.9	16.8	67.3
职业类型	公务员	22.7	36.4	40.9
	事业单位	15.2	33.3	51.5
	国企	16.6	29.1	54.3
	私企	16.6	27.2	56.2
	外企	26.1	28.4	45.5
	个体经营者	14.3	34.7	51.0
	自由职业者	17.9	12.0	70.1

四　社会情绪疏导

十九大报告指出，“培育自尊自信、理性平和、积极向上的社会心态”，这就为社会情绪的引导和疏导指明了方向。一方面要积极引导正向情绪，另一方面要疏导负向情绪，而不是压制负向情绪的产生。在情绪疏导方面，本次调查采用认知情绪调节量表、情绪表达自我效能感量表和自编问卷相结合的方式进行探讨。初步设想从疏导对象、疏导方式与途径预期效果等方面入手，探讨由内向外的社会情绪疏导方式。

（一）社会情绪调节策略的选择

认知情绪调节量表（CERQ）共36个条目，包括9个分量表：自我责难、接受、沉思、积极重新关注、重新关注计划、积极重新评价、理性分析、灾难化、责难他人。在某个分量表上得分越高，被试就越有可能在面临负性事件时使用这个特定的认知策略。其中，自我责难、沉思、灾难化、责难他人这四种策略属于消极情绪调节策略，而接受、积极重新关注、重新关注计划、积极重新评价、理性分析五种策略属于积极情绪调节策略。

在这些策略中，自我责难是指，认为自己应对发生的事情负责并责备自己；沉思是一种经常回想经历事件时的感觉的方式；接受就是一种接纳现实的方式，即接受已发生的事情；积极重新关注是指重新关注积极的事件和体验；重新关注计划是指，被试关注于更好地解决问题的计划；积极重新评价的策略是指，考虑所发生的消极事件中的积极意义，并从中吸取经验；理性分析（转换视角）是一种将对消极事件的认知进行合理化的方式；灾难化是一种过于强调所经历事件的消极特征的策略；责难他人是认为别人应对发生的事情负责任并责备他人。

本次调查结果显示，消极情绪调节策略的平均分为10.0，积极情绪调节策略的平均分为12.8。在具体的情绪调节策略中，平均分数最高的是积极情绪调节策略中的积极重新评价策略。重新积极评价是指，个体能够考虑到消极事件中的积极意义，并从中吸取经验。

表 15 情绪调节策略

	情绪调节策略								
	消极情绪调节策略				积极情绪调节策略				
分量表名称	自我责难	沉思	灾难化	责难他人	积极重新关注	重新关注计划	积极重新评价	接受	理性分析
平均分	11.0	11.0	8.0	9.0	12.0	14.0	14.0	13.0	11.0

在情绪调节策略选择方面，不同群组也表现出了不同的特征。在收入层面，高收入群体更愿意选择和使用积极的情绪调节策略。学历层次越高的群体越倾向使用积极情绪调节策略，且上述差异均达到统计学意义上的显著水平（见表 16）。

表 16 不同群体的不同情绪调节策略

		消极情绪调节策略				积极情绪调节策略			
		M	SD	F	P	M	SD	F	P
收入	低	39.40	10.61	2.80	0.061	60.80	10.98	8.22	0.000
	中	40.47	10.35			62.74	9.71		
	高	37.97	8.46			63.75	7.81		
学历	中专及以下	38.34	10.54	2.34	0.071	58.79	10.70	13.09	0.000
	高中	39.44	11.12			60.39	11.40		
	本科	40.00	10.15			62.16	10.23		
	研究生及以上	39.60	10.73			63.83	10.06		

在年龄层面，经 LSD 事后检验发现，年龄越低的群体，越愿意使用自我责难、沉思、接受、积极重新关注和重新关注计划等策略。

在工作状态方面，各个群体在情绪调节策略选择方面并无显著差异，但通过 LSD 事后检验发现，处于有正式工作状态的群体相较学生群体和临时工作群体更倾向于使用积极情绪调节策略，特别是使用其中的“接受”和“重新积极关注”策略。而就工作类型而言，外企工作人员在自我责难分量表的得分显著高于国家公务人员和事业单位工作人员。

（二）情绪疏导状况调查

在自编问卷部分，本次调查从情绪疏导对象、措施以及需要情绪疏导的情景三个方面进行探讨。

被调查对象认为，最需要进行情绪疏导的个体是有以下五种情绪状态的个体（见图5）。

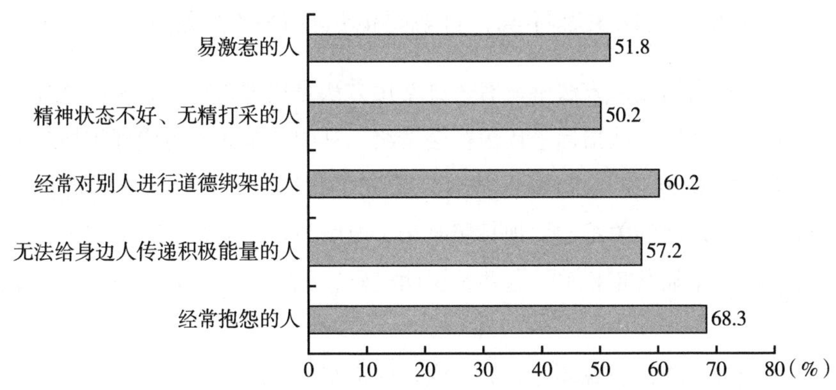

图5　需要进行情绪疏导的个体

与此同时，此次调查显示，公众认为最需要进行情绪疏导的情况是“不良情绪导致自己无法正常工作和生活”的时候。只有4.5%的被调查者认为，“任何情况下都不需要”对情绪进行疏导（见图6）。也就是说，绝大多数居民认为，在负性情绪无法自行消解，且通过自身的社会支持系统（例如朋友、亲人等）亦无法化解的情况下，就有必要对情绪进行疏导。

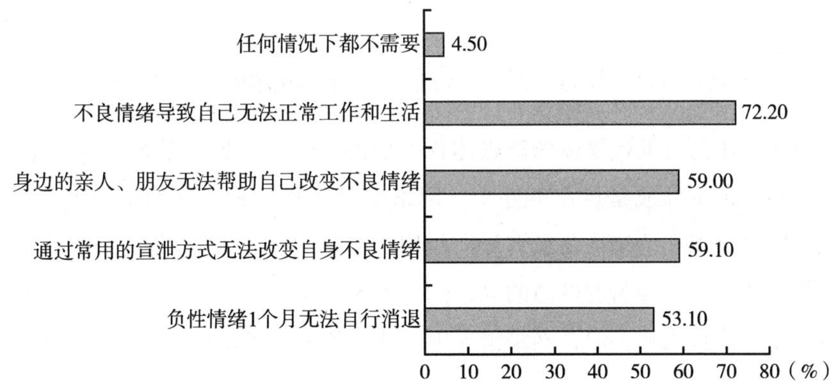

图6　需要进行情绪疏导的情况

五 对策建议

（一）改善居民生态环境，有效降低负性情绪引爆点

在测量社会情绪的方法中，有一种常用方法是代理指标法。使用这种方法时，研究者会选取一些指标来代表社会情绪。其中非常典型的代理指标就是气候和环境。Howarth 和 Hoffman（1984）研究了日照时长、降水量、温度、湿度、气压等与情绪的关系，发现日照时长、温度与焦虑情绪显著负相关，而降水量与焦虑情绪显著正相关。这些都说明气候，也就是客观环境与人们情绪之间的关系。

本次调查发现，客观环境对居民的负向情绪影响较大，特别是空气状况和交通状况。随着北京汽车保有量的不断增长，交通拥堵困扰着很多人。交通拥堵所引发的负性情绪中，最常见的就是司机之间彼此爆粗口，也即表现出路怒症的症状。路怒症，指汽车或其他机动车的驾驶人员有攻击性或愤怒的行为。此类行为可能包括：粗鄙的手势、言语侮辱、故意用不安全或威胁安全的方式驾驶车辆，或实施威胁。用以形容在交通阻塞情况下开车压力与挫折所导致的愤怒情绪。[①] 因此，着力改善居民的生态环境，尽快将北京建设成为“生态宜居之都”，将有助于全体居民情绪状态转向更加积极的方向，减少负向情绪的产生。

（二）培养有担当的“意见领袖”，引导正确的舆论导向

当前，作为第五代媒体的新媒体在人们的生活中占据着举足轻重的地位。而在一些关键事件或是热点事件中，网络中“意见领袖”（KOL）观点的输出，对网民意识和情绪往往具有导向作用。网络中存在两类“意见领袖”，一类是某一领域内，知名度极高的人，例如专家、学者等。另一类“意见领袖”虽然并不是公众人物，但在网络世界中，使用各种方式让自己成为某一领域的

① 百度百科：https：//baike. baidu. com/item/% E8% B7% AF% E6% 80% 92% E7% 97% 87/483836？ fr = aladdin。

知名人士，从而让自己的意见或是价值倾向产生较大的影响力。根据拉扎斯菲尔德的创博理论，网络民众的情绪倾向和态度行为，常常受到“意见领袖”的影响。因此，当某些事件因互联网的传播而影响范围和程度不断扩大时，特别是当这些事件引发了大量的负向情绪时，一些有正能量、有担当且学识过人的“意见领袖”通过表达自己对该事件的看法或是评价，能够引导网络大众的情绪向着更理性、健康的方向发展。从而避免出现就事论事，或是因获得信息的片面性而产生对社会不满的情绪。例如，2018 年 11 月 3 日发生的重庆大巴坠江事件。事件刚刚报出的时候，网络上所有的声音都在责怪逆行的女司机，于是网络上所有负向的情绪和批评指责都指向了女司机，这种负性情绪甚至泛化成了对女性司机群体的指责。但随着事件的发展，根据视频等相关调查，重庆公交车坠江事故的真实原因是乘客与司机激烈争执互殴导致车辆失控。随着事情不断发展，公众的讨论从审判“女司机”到“媒体”、“大 V”的失德而后再到对大巴司机以及乘客的批判。可见，随着“事实”的不断变化和反转，舆论关注的对象和议题也在变，但不变的是基于情绪激愤的道德批判和舆论主体自我反思的缺失。

网络由于其具有匿名性等特点，极易催生不良情绪，如果“意见领袖”能够及时发声并引导网民的理性情绪，就会让整个网络社会甚至社会实际的情绪状态变得更加健康、向上。

（三）正确认识和表达负性情绪

每个人都喜欢乐观、向上、幸福、快乐等积极情绪，认为焦虑、愧疚和愤怒等负向情绪是不好的，甚至认为这些负向情绪不应该出现在自己和周围人身上。而且，负性情绪一旦出现，就要想办法立即让其消失。其实，这是文化或社会环境对人情绪产生的一些“无声”的要求，即要求每个人都必须保持好心情，似乎产生了不良情绪就是不对的、不应该的。

但事实是，负性情绪是必然存在的，且其存在有其合理性。人不可能每时每刻都保持积极乐观的情绪，情绪同人的生理状况一样，都具有周期性，必然也存在高峰和低谷。因此，对负性情绪应该保持正确的认识，即人可以且应该有负性情绪，负性情绪的出现也有其积极意义。例如，恐惧，本身是一种负性情绪，但在人类整体的进化历程中却对个体具有保护作用。

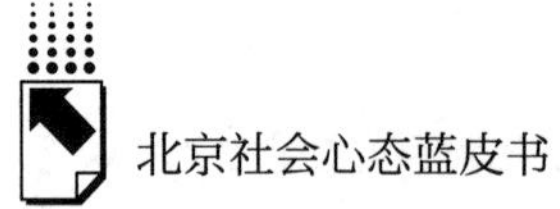

当然，不应该止步于对负性情绪秉持正确的认知，而是应该学会合理的表达自己的负性情绪。由于情绪具有易感性，如果不能理性的表达负性情绪，就有可能给自己和他人造成伤害。而且，情绪宜疏，不宜堵。情绪，尤其是负向情绪一旦积累，其引爆点就会非常低，影响和感染的范围就非常广泛。

因此，各区社会心理服务站以及社会心理联合会下属会员单位应主动承担职责，大力宣传一些简单易行的负性情绪表达和管理的方法。负性情绪一旦找到合适的出口和宣泄渠道，以及正确的表达方式，其强度就会自然降维，其传播和影响的群体和范围就会在很大程度上得到缩减。

（四）按需疏导不同群体的不同情绪状态

在本次调查中，30～40 岁的群体，消极情绪分量表得分显著高于其他年龄群体。这一调查结果基本符合当前公众的认知，即中年危机已经提前到了30 岁。中年危机是一个被大众广泛接受的概念。中年危机，也称“灰色中年”，一般高发在 39～50 岁，在 40～65 岁之间的男性身上，还被称为“男人四十综合征”；从广义上来讲，是指这个人生阶段可能经历的事业、健康、家庭婚姻等各种关卡和危机。[①] 现在，中年危机已经有所提前，变成了“30 岁危机”。孔子云，“三十而立”。按照孔子的原意，这是一种道德人格方面的高标准。但在中国人的心目中，“立”成为日常意义上的成家立业、经济独立。但，随着生活压力的增大，房价、物价的节节攀升，年轻人的生活负担越来越重，很多人不认为自己已经达到了普通意义上的“立”的标准。根据美国统计局的数据，截至 2000 年，已满 30 岁的群体中，只有不到 50% 的女性和不足33.3% 的男性实现了这一目标。因此，针对 30 岁～40 岁群体，应该指导他们学会一些在日常生活中方便、实用的情绪调节和控制的方法，用来在生活中进行情绪的自我调节和管理。

同时，调查还发现，高学历群体更擅长使用积极的情绪调节策略，而低学历群体则倾向于使用消极的情绪调节策略。可以社会心理服务站点为依托来进

---

① 百度百科：https：//baike. baidu. com/item/% E4% B8% AD% E5% B9% B4% E5% 8D% B1% E6% 9C% BA/6345241？ fr = aladdin。

行分类辅导。引导低学历群体学习和使用积极的情绪管理策略。

除上述提到的两类群体外，还有很多群体也表现出了自己的情绪特征。因此，在情绪疏导的过程中，不能一刀切，要针对不同群体所表现出的不同情绪状态进行分类疏导，才能取得良好的效果。

相关因素篇

Related Factors

B.2

北京居民生活压力感、认知情绪调节和生活情感的关系

陈 珊*

摘 要： 为了解北京居民生活压力感、认知情绪调节方式及其与生活情感的关系，本调查对北京16个区78个社区进行抽样调查，结果显示：北京居民的生活压力指数（5分制）为2.91，整体生活压力水平为“一般”。男性、中青年、高学历、高收入居民的生活压力相对较大。北京居民最常用的认知情绪调节方式是重新关注计划、积极重新评价、接受、积极重新关注，较少运用的调节方式是灾难化、责难他人、转换视角（理性分析）、自我责备和沉思默想等。适度的生活压力感能增强积极情感，过高生活压力感损害积极情感；积极重新评价、自我责难、积极重新关注等调节方式运用越多，居民的积极情

* 陈珊，北京市社会心理服务促进中心副研究员，研究方向为主观幸福感、心理健康。

感越强；灾难化、自我责难、责难他人、转换视角等方式运用越多，积极重新评价方式运用越少，则居民的消极情感越强。报告对居民情绪调节提出一定的建议。

关键词： 生活压力感　认知情绪调节方式　消极情感　积极情感　北京居民

一　前言

生活压力感、认知情绪调节方式是居民生活情感的重要影响因素。

生活压力感是指人们对自己整体生活压力大小感受的评价。压力感是影响个体情绪、情感状态的重要因素，是对整体环境给个体带来压力的综合性的主观感受。

认知情绪调节方式是个体为应付内外环境要求、有关的情绪困扰而做出的认知努力，即面对负性或不愉快的经历时个体所采用的认知性的情绪反应和调节方式。常用的工具——认知情绪调节量表中测量九种认知方式，自我责难、沉思默想、灾难化和责难他人是消极的情绪调节方式；积极重新关注、重新关注计划、积极重新评价、接受和转换视角（此方式又称为理性分析，下同）是积极的情绪调节方式。

已有研究显示认知情绪调节方式与心理健康各变量有紧密联系。大学生的认知情绪调节不同维度对抑郁、焦虑、心理弹性、和谐心理、攻击性行为、心理资本有预测作用①②③④⑤，认知情绪调节在生活事件与抑郁、心理弹性间起

---

① 李丞凤、林慧、陈冲、刘铁桥：《大学生认知情绪调节与抑郁、焦虑的相关性研究》，《国际精神病学杂志》2011 年第 1 期。

② 唐海波、周敏：《大学生生活事件、认知情绪调节与心理弹性的关系》，《中国健康心理学杂志》2014 年第 3 期。

③ 李福华、许慧：《大学生应对方式、认知情绪调节及和谐心理的关系》，《社会心理科学》2012 年第 11 期。

④ 宋娜、朱唤清：《攻击性行为与认知情绪调节方式、生活事件的相关研究》，《教育现代化杂志》2018 年第 11 期。

⑤ 许慧、刘亚旋：《认知情绪调节与心理资本的关系》，《郑州航空工业管理学院学报》（社会科学版）2017 年第 5 期。

着中介作用[①②]。积极与消极应对方式在大学生的认知情绪调节与和谐心理之间起着部分中介作用[③]。关于认知情绪调节方式与情感的关系还没有实证研究。

为了解北京居民生活压力感受特点、认知情绪调节方式，及二者与个体生活情感的关系，本次研究就上述内容进行抽样调查，从认知情绪调节、压力调整的角度，对居民如何增强积极情感提出建议。

调查所用材料：一，居民整体生活压力感，根据北京社会心理研究所历年居民生活压力调查条目编制而成，采用 5 点量尺测量，分数越大表示压力越大。二，认知情绪调节方式。采用认知情绪调节量表，共 36 个条目，包括 9 个分量表[④]：①自我责备：认为自己应对发生的事情负责并责备自己。②接受：接受已发生的事情。③沉思默想：经常回想经历事件时的感觉。④积极重新关注：采取积极乐观的思考方式而不去思考威胁和压力事件。⑤重新关注计划：关注于更好地解决问题的计划。⑥积极重新评价：考虑所发生的消极事件中的积极意义，并从中吸取经验。⑦理性分析：把消极事件从认知上合理化。⑧灾难化：过于强调所经历事件的消极特征。⑨责难他人：认为别人应对发生的事情负责任并责备他人。每个分量表有 4 个条目。在某个分量表上得分越高，被试就越有可能在面临负性事件时使用这个特定的认知方式。三，情感量表（positive and negative affect schedule，PANAS）积极情绪为项目 1、3、5、9、10、12、14、16、17、19，其余是消极情绪，共有 20 个条目；采用 5 级评分，从“几乎没有”到“非常多”分别记作 1 ~ 5 分，分数越高，表示积极情绪或消极情绪越经常发生。

调查过程与数据分析：调查对象为北京市 16 个区（城镇地区）18 ~ 70 岁的常住居民。调查采取多阶段抽样方法，按照区 – 街道/乡镇 – 社区（居委） – 住户顺序，以随机抽样和等距抽样相结合的方式进行，本调查从全市 16 个区选

---

① 魏义梅、张剑：《大学生生活事件、认知情绪调节与抑郁的关系》，《中国临床心理学杂志》2008 年第 6 期。

② 唐海波、周敏：《大学生生活事件、认知情绪调节与心理弹性的关系》，《中国健康心理学杂志》2014 年第 3 期。

③ 李福华、许慧：《大学生应对方式、认知情绪调节及和谐心理的关系》，《社会心理科学》2012 年第 11 期。

④ 朱熊兆、罗伏生、姚树桥：《认知情绪调节问卷中文版（CERQ-C）的信效度研究》，《中国临床心理学杂志》2007 年第 2 期。

取城区共78个社区，每个社区30个样本，共获得有效数据2340个，调查抽样的置信区间为95%，抽样误差约为±2%。采用SPSS16.0进行统计分析。

二　北京居民的生活压力感受

北京居民的生活压力感指数（5分制）为2.91，整体生活压力感为“一般”水平。男性、中青年、高学历、高收入居民的生活压力感相对较大。

从性别看，男性居民的生活压力感得分为2.97，显著高于女性的得分2.84（见表1）。

表1　不同性别居民的生活压力感受比较

性别	人数	平均数	标准差
男	1176	2.97	1.083
女	1164	2.84	1.089
F 检验	7.637**		

*：*F* 检验中的 * 表示 $P<0.01$，** 表示 $P<0.05$，*** 表示 $P<0.001$。本文以下各表同。

从出生年代看（见表2），20世纪80年代出生居民的生活压力感最大，其次是70年代出生居民，即年龄在29～48岁、处在中青年阶段的居民的生活压力较大，1959年及之前出生居民，即年龄在59岁以上居民的生活压力感最小。

表2　不同出生年代居民的生活压力感受比较

出生年代	人数	平均数	标准差
1990年及以后出生居民	472	2.94	1.028
1980～1989年出生居民	622	3.18	.978
1970～1979年出生居民	488	3.12	1.063
1960～1969年出生居民	472	2.68	1.086
1959年及之前出生居民	286	2.25	1.114
F 检验	48.941***		

从学历看（见表3），研究生学历及以上、大专、大学本科等居民的生活压力感较大，初中及以下学历居民的生活压力感较小。较高学历居民的生活压力感大于较低学历居民。

表 3　不同学历居民的生活压力感受比较

学历	人数	平均数	标准差
小学及以下	30	2. 60	1. 102
初中	319	2. 65	1. 142
中专或职高	269	2. 87	1. 175
高中	330	2. 81	1. 110
大专	521	3. 01	1. 085
大学本科	750	2. 98	1. 019
研究生及以上	121	3. 11	. 956
F 检验	5. 843 ***		

从个人收入水平看（见表 4），生活压力感最大的是月收入在 10713 ~ 20000 元的居民，其次是月收入 20000 元以上居民，月收入在 2121 ~ 8467 元（2017 年社会平均工资）居民的生活压力最低。总体看，月收入在社会平均工资之下的居民的生活压力感低于社会平均工资之上的居民。

表 4　不同月收入（税前）居民的生活压力感受比较

收入	人数	平均数	标准差
2120 元以下	398	2. 92	1. 122
2121 ~ 8467 元	1379	2. 84	1. 108
8468 ~ 10712 元	354	3. 03	. 998
10713 ~ 20000 元	144	3. 15	. 931
20001 元以上	65	3. 06	1. 088
F 检验		4. 809 **	

三　北京居民的认知情绪调节特点

北京居民较多运用积极的情绪调节方式，较少运用消极的情绪调节方式。北京居民最常用的认知情绪调节方式是重新关注计划，其次是积极重新评价，接受、积极重新关注，较少运用的调节方式是灾难化、责难他人、转换视角、自我责备和沉思默想（见表 5）。不同性别在认知情绪调节各方式上没有显著差别。

表 5　不同性别居民认知情绪调节方式的平均数及标准差

调节方式	总体		男性		女性	
	平均数	标准差	平均数	标准差	平均数	标准差
重新关注计划	3. 44	0. 78	3. 44	0. 79	3. 44	0. 77
积极重新评价	3. 39	0. 73	3. 4	0. 74	3. 38	0. 72
接受	3. 14	0. 76	3. 17	0. 76	3. 12	0. 76
积极重新关注	3. 01	0. 83	2. 98	0. 85	3. 04	0. 81
沉思默想	2. 74	0. 87	2. 76	0. 87	2. 72	0. 87
自我责备	2. 68	0. 72	2. 71	0. 71	2. 65	0. 74
转换视角	2. 34	0. 83	2. 34	0. 84	2. 35	0. 81
责难他人	2. 33	0. 84	2. 33	0. 84	2. 32	0. 84
灾难化	2. 15	0. 93	2. 16	0. 93	2. 14	0. 92

从出生年代看（见表 6、表 7），20 世纪 70 年代及之后出生居民较多运用积极的认知情绪调节方式，在若干消极认知情绪调节方式上没有显著代际差别。具体看，在沉思默想、灾难化、责难他人三种情绪调节方式上，不同出生年代居民的选择没有显著差别；在积极重新关注、转换视角等方式上，越年轻的居民采用得越多；在自我责备方式上，80 年代出生居民采用最多，50 年代及之前出生居民采用最少；在接受、积极重新评价两种方式上，90 年代和 70 年代出生居民采用较多，60 年代及之前出生居民采用较少；在重新关注计划方式上，70 年代出生居民采用较多，50 年代及之前出生居民采用最少。

表 6　不同年代出生居民的认知情绪调节方式（一）

出生年代	积极重新评价	积极重新关注	重新关注计划	转换视角	接受
1990 年及以后出生居民	3. 47	3. 10	3. 51	2. 44	3. 22
1980 ~ 1989 年出生居民	3. 43	3. 02	3. 47	2. 37	3. 15
1970 ~ 1979 年出生居民	3. 47	2. 99	3. 54	2. 36	3. 21
1960 ~ 1969 年出生居民	3. 29	2. 96	3. 37	2. 27	3. 05
1959 年及之前出生居民	3. 19	2. 93	3. 21	2. 20	3. 05
F 检验	10. 820 ***	2. 657 *	10. 463 ***	5. 209 ***	4. 992 **

高学历居民更多运用自我责备、接受、沉思默想、重新关注计划、积极重新评价、转换视角（理性分析）等认知情绪调节方式，低学历居民较少报告运用上述方式。从学历看（见表 8、表 9），不同受教育程度居民在积极重新关注、

表7　不同年代出生居民的认知情绪调节方式（二）

出生年代	灾难化	责难他人	沉思默想	自我责备
1990 年及以后出生居民	2.21	2.36	2.80	2.70
1980～1989 年出生居民	2.14	2.30	2.78	2.75
1970～1979 年出生居民	2.14	2.30	2.72	2.71
1960～1969 年出生居民	2.16	2.37	2.69	2.62
1959 年及之前出生居民	2.06	2.30	2.66	2.56
F 检验	1.209	0.733	1.921	4.451**

灾难化、责难他人等调节方式上，没有显著差别。在接受、沉思默想、重新关注计划、积极重新评价等调节方式上，研究生及以上学历居民运用得最多，小学及以下学历居民用得较少，在自我责备、理性分析（转换视角）两种方式上，大学本科学历居民运用较多，小学及以下学历居民用得较少。

表8　不同学历居民的认知情绪调节方式（一）

学历	积极重新关注	重新关注计划	积极重新评价	理性分析	接受
小学及以下	2.95	3.12	3.03	2.13	2.93
初中	2.94	3.33	3.24	2.16	3.09
中专或职高	3.03	3.38	3.34	2.32	3.16
高中	2.98	3.35	3.34	2.28	3.03
大专	3.08	3.50	3.41	2.39	3.19
大学本科	3.01	3.49	3.45	2.43	3.15
研究生及以上	2.93	3.62	3.67	2.41	3.33
F 检验	1.235	5.212***	7.813***	5.08***	3.370**

表9　不同学历居民的认知情绪调节方式（二）

学历	沉思默想	灾难化	责难他人	自我责备
小学及以下	2.58	1.98	2.25	2.59
初中	2.61	2.07	2.30	2.63
中专或职高	2.75	2.23	2.41	2.73
高中	2.68	2.10	2.26	2.61
大专	2.78	2.15	2.32	2.63
大学本科	2.79	2.19	2.35	2.75
研究生及以上	2.84	2.07	2.27	2.72
F 检验	2.370*	1.525	1.127	2.673*

四　认知情绪调节方式、生活压力感对个体情感的影响

根据回归分析统计结果，人口学变量、生活压力感和认知情绪调节方式等因素对居民情感有显著作用。

（一）人口学变量对个体情感的影响

1. 居民年龄越大，其积极情感、消极情感越弱

居民的年龄与积极情感、消极情感为显著的负相关关系。随着年龄的增长，居民的积极情感、消极情感逐步变弱，说明居民随着年龄的增长，情感状态逐渐变得平和。可能有两方面原因，一是生理因素，随着年龄的增长，个体情感（无论是消极情感还是积极情感）的生理唤醒阈限更高。二是个体的心理发展因素。在中国人的观念中，情绪稳定、沉静理性是个人成熟的标志，也是个人修养提高的表现，荀子说：君子……喜则和而理、忧则静而理……小人则不然……（《不苟》）。大多数人自觉或不自觉地认同上述观点，向往那种“不为物喜，不为己悲”的修养境界，随着年龄的增长，对情绪的自我控制能力也增强，因而积极、消极情感都减弱。

2. 学历越高，居民的积极情感、消极情感越强

在控制了其他因素之后，居民的学历程度与其积极、消极情感呈现显著的正相关关系。学历越高，居民越容易表现出积极情感、消极情感，这可能与人的生活期望有关，受教育程度越高，人们的生活期望越高，更为重视成败，也更易产生相应的情感体验。

3. 个人平均税前月收入越高，居民的积极情感越强

居民个人月收入与积极情感呈显著的正相关关系，收入高的居民更容易体验快乐、自豪等积极情感。个人月收入与消极情感没有表现出显著关系。

（二）生活压力感对个体情感的影响

1. 居民生活压力感越强，消极情感越强

生活压力感与居民的消极情感显著正相关关系。生活压力感越大的居民，

体验到越强的消极情感，没有压力感居民的消极情感指数为 14. 22，低于平均值 16. 76，压力感很大居民的消极情感指数为 20. 12，远高于平均值（见表 10），在回归分析中，与人口变量、认知情绪调节方式相比较，生活压力感对消极情感的影响作用最大。

2. 居民积极情感随着生活压力感的提高先升后降

随着生活压力感的提高，居民积极情感表现出先升后降的趋势（见表 10）。没有压力感居民的积极情感指数为 23. 96，压力感较小时，积极情感指数上升到最高值 27. 15，压力感增强到一般时，积极情感下降到 26. 33，当压力感很强时，居民的积极情感继续下降到 23. 45，居民完全没有压力感与压力感很大时的情感指数差别不大。回归分析的结果也是先升后降的趋势。说明压力适中的情况能够激发个体的兴奋状态，个体能够有较强的目标感、希望感，在应对一定压力的过程中，个体也容易体验到效能感和自我价值感，因而，一定的压力感对个体的积极情感有促进作用。但随着压力的增大，尤其是在压力很大的情况下，个体的积极情感显著下降。

表 10　不同生活压力感状态下居民的积极、消极情感的平均数及标准差

程度	积极情感		消极情感	
	平均数	标准差	平均数	标准差
没有压力感	23. 96	8. 36	14. 22	5. 39
压力感较小	27. 15	6. 77	16. 30	5. 43
一般	26. 33	7. 32	16. 08	5. 12
压力感较大	26. 92	6. 70	18. 65	6. 24
压力感很大	23. 45	6. 97	20. 12	7. 18
平均数	26. 18	7. 28	16. 76	5. 86
F 检验	15. 715 ***	47. 213 ***		

（三）认知情绪调节方式对个体情感的影响

回归分析显示：灾难化、责备他人、转换视角与消极情感正相关；积极重新关注与积极情感正相关，积极重新评价与积极情感正相关，与消极情感负相关；自我责难与积极情感、消极情感是显著正相关。

1. “积极重新评价”和“积极重新关注”有助于积极情感

统计结果显示，在控制了其他因素的影响后，积极重新评价方式有助于提升积极情感，显著降低消极情感的产生。积极重新关注有助于提升积极情感，对消极情感无显著作用。

2. “灾难化”和“责备他人”加剧了消极情感

灾难化、责备他人与居民的消极情感表现出显著的正相关关系。越多采取灾难化、责备他人的认知情绪调节方式的居民，越容易产生消极情感。

3. “自我责难”对积极情感和消极情感有双向促进作用

自我责难认知方式既提升积极情感，也激发消极情感，二者相比较，自我责难对消极情感的作用更强。从自我责难的测量内容看，它同时包含了自我责备、自我承担责任两方面的意义，当人们采用这种认知方式时，过于自我责难，容易让人产生消极情感，但如果一个人常倾向于自我承担责任，以此纠正未来行为，也可能在这个过程中产生积极情感。认知情绪调节方式对心理健康的双向作用，相关研究也有类似的结果，有研究显示：接受、积极重新关注等适应性的认知情绪调节方式，可减少抑郁、敌对、恐怖、人际关系敏感，却可能同时增加强迫与焦虑，适应性的认知情绪调节在一定程度上减少心理问题，但仍可因为压力与责任产生焦虑型的心理障碍①。自我责难与情感的双向关系可能与此类似。

4. “转换视角”方式加重了消极情感

转换视角方式与居民的消极情感表现出显著正相关关系。越多采取转换视角方式的居民，越容易产生消极情感。这与此调节方式的理论假设不一致，转换视角在理论上是一种积极的认知情绪调节方式，已有研究显示转换视角与心理健康负相关②③。这可能与不同研究的样本有关，已有研究的研究对象大多是大学生或是特定的职业群体，本次调查样本中包括了更多年龄阶段和学历的普通市民，可能是研究对象差别造成数据结果的差别。转换视角的测量题

① 章方霞、李飞、章徐洁：《临床护士认知情绪调节对应对方式及心理健康状况的影响》，《中国现代医生》2013 年第 23 期。

② 李晋文：《医学生认知情绪调节对心理症状水平的影响》，《四川精神卫生》2014 年第 6 期。

③ 章方霞、李飞、章徐洁：《临床护士认知情绪调节对应对方式及心理健康状况的影响》，《中国现代医生》2013 年第 23 期。

目为："我想所有的事会变得更坏"，"我想别人有更坏的经历"，"我想和其他事情相比，这还不是太坏"，"我告诉自己生命中有更坏的事情"，上述测量具有极强的消极色彩，常运用上述认知方式的人对未来的预期更为消极，这也可能是此维度与消极情感的联系更强的原因之一。

五　调节个体情感的建议

（一）减少采用灾难化、责难他人等不良认知方式，缓解消极情感

灾难化过于强调所经历事件的消极特征，具有灾难化认知情绪调节方式的个体经常不断地回想其经历的事情非常糟糕可怕，认为这是一个人可能经历的最坏的事，常回想那种可怕的感觉。改变这种认知倾向，要改变对所遇到的消极事件严重后果的评价，要认识到不好的结果是暂时性的、局部性的，通过努力是可以改变的，在改变认知的基础上，避免重复体验那种糟糕可怕的感觉，避免消极情感的自我强化。

责难他人的认知情绪调节方式常把失败归因为他人，认为错误都是别人造成的，迁怒他人容易造成人际关系的紧张，归因于他人也易造成对未来缺乏把握感，容易引起人们失望、愤怒、无助等消极情感。只有客观分析失败因素，从环境、自我多方面寻找原因，寻找其中的积极因素，才能提高对未来的把握感、希望感，建立良好的预期，减弱消极情感体验。

（二）多采用积极重新评价、积极重新关注等方式，增强积极情感

常采用积极重新关注的个体常去回想愉快的经历、想那些与现在事情无关的愉快的事，不会沉浸在当前的失败与挫折中，能以更好的心态去面对未来的问题；积极重新评价的个体，面对挫折时，能从挫折中看到积极的一面，从中学习到新东西，认知到挫折能让自己更加强大。人们常采用上述两种调节方式可以提高心理承受能力，遇到困难时，能从环境或事情中寻找其积极的因素，在困境中体验生活的积极意义，增强积极情感。

（三）承担合理责任，避免过于自我责难，发挥责任感的积极作用

采用自我责备认知情绪调节方式的个体常认为自己应对发生的事情负责并

责备自己，自我负责是良好的品质，但如果自我要求过高、过于责备自己往往会带来情绪的伤害，因而，应避免过于自我责难，客观分析社会、情景与自我的因素，承担合理的责任，不要让自责成为心理的包袱，让责任感成为未来正确行为的引导。

认知方式的改变不是容易的事，但可以通过不同途径，实现认知情绪调节方式的改变，一是自我调整，分析自己消极的认知定势，自我进行认知方式的纠正；二是社会学习，向他人学习积极的认知情绪调节方式和生活态度，改变自我；三是行为习惯纠正，改变自我消极的情感体验和情绪反应方式，以行为的改变促进认知的调整；四是寻找专业帮助，寻找专业心理工作者的帮助，在专业人士的指导下改变认知方式，或者在专业人员的组织下，有相同问题的人成立互助小组，相互督促和学习，学会新的认知和情绪表达、情感体验方式。通过上述多种方式，能有效改变认知方式、培养健康情感。

（四）调整生活期望，调节生活压力感，弱化消极情感

适度的生活压力感能让人们体验积极情感，过大的生活压力感让人体验到强烈的消极情感，历年的民意调查显示：北京居民在住房、医疗、养老和教育等方面压力感强，尤其是中青年的生活压力感尤其大。本次调查数据显示，高收入、高学历人群虽然拥有更多的社会资源和机会，却比低学历、较低收入人群生活压力感更强，不同群体面对的生活压力源有很大区别，生活压力感更多地与个体自我要求、生活期望等主观感受有关。因而，可以通过设定阶段性的生活目标、调整生活方式、调整生活期望、寻找专业帮助等方式，调节自我的生活压力感。

B.3

北京从业居民心理资本现状、影响因素及其与居民情绪的关系

王 惠*

摘 要： 为了深入分析北京从业居民的心理资本现状、影响因素及其与居民情绪的关系，我们在全市16个区进行了分层抽样调查，共收集到1507个有效样本，调查发现北京从业居民的心理资本处于较高水平，不同的社会角色、工作要求和工作资源居民的心理资本存在差异，同时北京从业居民的心理资本与积极情绪呈显著正相关，与消极情绪呈显著负相关。最后从政府、单位、居民个人角度对提升心理资本水平提出了对策建议。

关键词： 心理资本 情绪 北京

一 前言

积极心理学诞生于20世纪90年代末，与占统治地位的心理学相反，它强调要关注人们好的方面，而传统心理学多年来一直关注负面的东西。积极心理学试图从一个开放的、欣赏的角度去看待人的潜能、动机和能力。积极心理学关注优点而不是缺点，重视健康和活力而不是病态和异常。基于积极心理学的兴起背景，美国著名学者 Luthans 于 2004 年提出心理资本（Psychological Capital）的概念。在2007年，Luthans 和他的同事们将心理资本定义为“一个

* 王惠，北京市社会心理服务促进中心助理研究员，研究方向为职业心理、经济心理。

人积极发展的心理状态，包括自我效能、乐观、希望、韧性”。心理资本借用了“资本”一词，比喻人的心理状况同样存在盈亏，即正面情绪是收入，负面情绪是支出，如果正面情绪多于负面情绪便是盈利，反之则是亏损。人的所谓幸福，实际上就是其心理资本能否足够支撑他产生幸福的主观感受。根据心理资源理论，心理资本代表了个体的积极心理资源，而这些心理资源对工作绩效有积极影响。当一个员工拥有心理资源时，他会更加投入工作并实现工作目标。心理资本与业绩存在正相关，当人们的自我效能感很强，充满乐观、希望和韧性时，人们会有很大的改变。①

Luthans 等人在前人研究的基础上，开发了具有 24 个项目的心理资本问卷（PCQ），中译本已经由国内学者李超平完成。本研究采用该量表的中文版②作为测量工具来反映当前北京从业居民的心理资本状况，该量表根据心理资本的定义分为四个维度，即自我效能、乐观、希望、韧性，每个维度 6 道题，第 13 题、第 20 题、第 23 题采取反向计分。同时采用积极情绪消极情绪量表（PANAS），探讨居民心理资本与情绪的关系。

本次调查对象为 16 个区城镇地区 18～70 岁的常住居民。调查采取多阶段抽样方法，按照区－街道/乡镇－社区（居委）－住户顺序，以随机抽样和等距抽样相结合的方式进行，不包括无业失业和下岗、离退休、学生群体，从全市 16 个区收集有效样本 1507 个，样本构成如表 1 所示。

表 1　调查对象样本构成情况

单位：%

性别	男 56.5%，女 43.5%
年龄	18～25 岁 8.9%，25～35 岁 40.5%，35～45 岁 27.9%，45～55 岁 18.6%，55 岁以上 4.1%
学历	初中及以下 8.2%，中专或职高 9.1%，高中 9.6%，大专 24.5%，本科 41.5%，研究生及以上 7.2%
婚姻状况	未婚 21.8%，已婚 76.2%，离异分居和丧偶 2%

① 〔英〕Stavroula Leka、Jonathan Houdmont 主编，傅文青、赵幸福主译，《职业健康心理学》，中国轻工业出版社，2014，第 261 页。

② 弗雷德·卢森斯等：《心理资本：打造人的竞争优势》，李超平译，中国轻工业出版社，2007，第 221～222 页。

续表

生育情况	一个孩子57.5%，两个及以上孩子11.4%，未生育31.1%
户口	北京城镇66.6%，北京农业3.5%，外地城镇17.8%，外地农业12.1%
工作状态	正式工作88.6%，临时工作11.4%
职业	国家公务员2.9%，事业单位工作人员15.3%，国企工作人员25.1%，私企工作人员38.3%，外企工作人员5.8%，个体经营者6.5%，自由职业者4.4%，其他1.5%
收入（税前）	2120元以下2.6%，2121～8467元62.0%，8468～10712元22.1%，10713～20000元9.1%，20001元及以上4.2%
所属区	东城区5.2%，西城区6.6%，朝阳区14.8%，丰台区8.6%，石景山区3.7%，海淀区16.4%，门头沟区2.9%，房山区4.6%，通州区5.7%，顺义区4.8%，昌平区6.2%，大兴区7.3%，怀柔区3.1%，平谷区3.3%，密云区3.6%，延庆区3.0%

二　北京从业居民心理资本的总体特点

调查结果显示，北京从业居民心理资本量表平均分为101.5分，处于较高水平。说明北京从业居民具有较高心理资本，可以应对较高压力及挑战。心理资本得分大于124分的居民比例为2.9%，这部分居民具有极高心理资本，可以应对极高压力及挑战。心理资本处于100分到123分的居民比例为54.3%，这部分居民具有较高心理资本，可以应对较高压力及挑战。心理资本水平处于中等及以下的居民占42.8%，其中得分在80分到99分的居民比例为38.6%，这部分居民心理资本处于中等水平，可应对一般压力和挑战；心理资本水平偏低的居民比例为4.2%，这部分居民的心理资本需要提升，以应对挑战和危机①。

心理资本量表四个维度的得分均高于中值，处于较高水平，自我效能维度得分26.1分（总分36分，中值21分），有86.2%的居民（自我效能维度得分大于21分）面对挑战性的任务能够信心十足，并通过付出努力以获得成功；希望维度得分26.0（总分36分，中值21分），有86.8%的居民（希望维度得

① 心理资本量表计分说明：124分以上，具有极高心理资本，可以应对极高压力及挑战。100～123分，具有较高心理资本，可以应对较高压力及挑战。80～99分，心理资本处于中等水平，可应对一般压力和挑战。80分以下，需要提升心理资本，以应对挑战和危机。

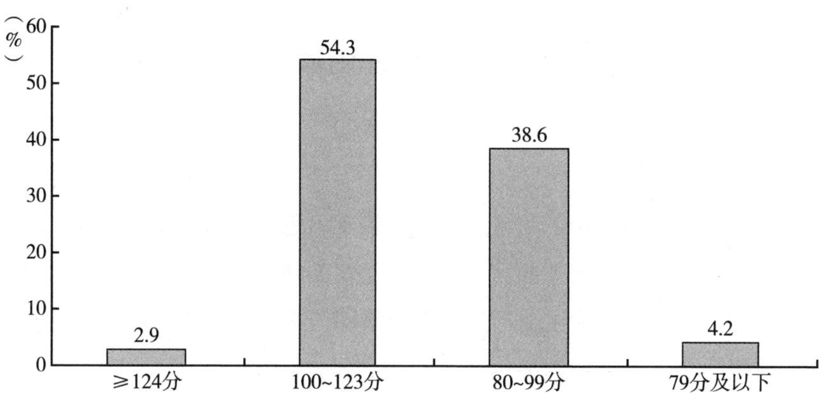

图1　在不同心理资本分数段居民所占比例

分大于21分）能够对目标锲而不舍，为了取得成功在必要的时候会重新调整达到目标的路径；韧性维度得分25.2（总分36分，中值21分），有85.2%的居民（韧性维度得分大于21分）能够在处于困境和被问题困扰的时候，拥有从挫折或失败中恢复或反弹的能力；乐观得分24.3（总分36分，中值21分），有83.1%的居民（自我效能维度得分大于21分）能够进行积极的归因，即把积极事件解释为个人的、持久的和一般的原因，把消积事件解释为外在的、暂时的和特定情境的原因。

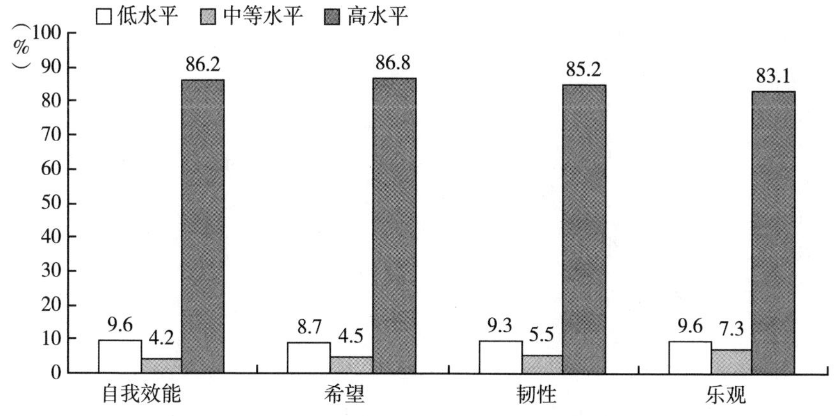

图2　心理资本四个维度中处于不同水平的居民比例

三　北京从业居民心理资本的影响因素

（一）社会角色

社会角色分为先赋角色和自致角色。先赋角色，是指建立在血缘、遗传等先天的或生理的因素基础上的社会角色，通常无须努力而自动获得。与之相对应的，称为自致角色，指主要通过个人的活动与努力而获得的社会角色，自致角色的取得是个人活动的结果。

1. 先赋角色

从性别上看，男性心理资本量表得分 101.7，略高于女性的 101.4。从出生年代上看，居民心理资本分布存在中间高、两头低的情况，即 70 后心理资本得分最高，为 102.2 分，其次是 80 后和 60 后的 101.7，90 后和 50 后心理资本得分最低，分别为 100.6 分和 99.2 分。

2. 自致角色

本次调查从学历、信仰、户籍、工作状态、收入水平五个自致因素方面对居民的心理资本进行分析，具体结果如下。

学历：总的来说随着学历水平的提高，居民心理资本量表得分也随之升高，初中小学学历的居民仅得 98.1 分，研究生及以上学历居民的心理资本量表得分提升到 104.0 分（见图 3）。

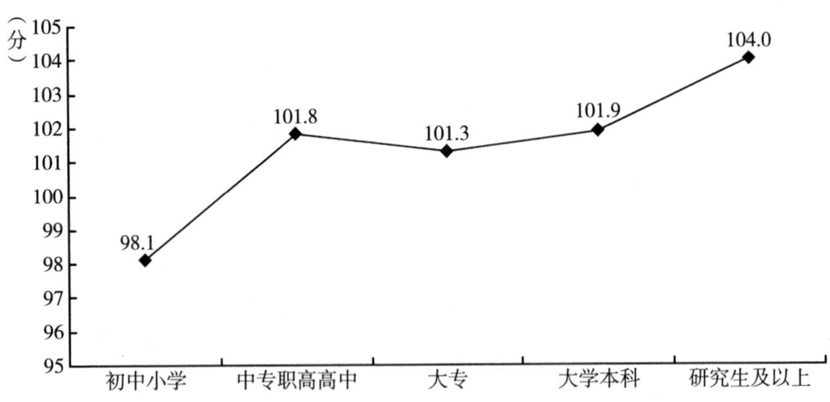

图 3　不同学历居民的心理资本量表得分

信仰：有信仰的居民心理资本水平要显著高于无信仰居民的心理资本水平，信仰宗教的居民心理资本量表得分103.3分，信仰中国特色社会主义（马列主义）的居民心理资本量表得分102.1分，无信仰的居民心理资本量表得分100.9分。

户籍：在京外地户籍居民心理资本水平高于北京户籍居民心理资本水平。外地户籍居民中，外地城镇居民得分102.9分，高于外地农业户籍居民得分（101.7分）；北京户籍居民中，北京农业户籍居民得分101.6分，高于北京城镇居民得分（101.2分）。

工作状态：有正式工作的居民心理资本水平为101.9分，显著高于临时工作状态居民的99.1分；外企工作人员心理资本得分（103.5分）最高，其次是国家公务员（102.9分）和个体经营者（102.4分），自由职业者心理资本水平最低（见表2）。

表2　不同职业居民心理资本量表得分情况

单位：人，分

职业类型	样本数	得分
外企工作人员	88	103.5
国家公务员	44	102.9
个体经营者	98	102.4
事业单位工作人员	231	102.2
私企工作人员	577	101.3
国企工作人员	379	100.9
自由职业者	67	99.4

收入水平：收入水平越高的居民心理资本水平越高，自我效能、希望、韧性、乐观四个维度得分也随着收入水平的提升逐渐升高。

表3　不同收入水平居民心理资本量表及四个维度得分

单位：分

收入	心理资本	自我效能	希望	韧性	乐观
20000元以上	108.1	28.5	27.9	26.7	25.0
10712～20000元	105.9	27.5	27.2	26.5	24.7
8468～10712元	102.0	26.6	26.2	25.1	24.2
8468元以下	100.4	25.6	25.6	24.9	24.2
F值	14.4	16.7	11.3	11.9	2.1

注：$p<0.01$，2017年北京居民月平均工资为8468元。

（二）工作要求

在每个组织、每份工作中总有些事情必须要完成，这是每个人的工作职责所在。本调查选取了现代人经常需要面对的两个工作要求，即设定工作目标与平衡工作家庭关系，来分析北京居民心理资本水平的差异。

1. 工作目标

工作目标积极、境界高的居民，心理资本水平更高。将工作目标设定为“谋生的手段”的居民，心理资本量表及四个维度得分均处于最低分。与之相比，将工作目标设定为“有发展的事业”和“一项使命”的居民，心理资本量表及四个维度得分显著升高（见表4），这似乎正验证了那句“心有多大，舞台就有多大”，心理资本水平高的居民事业心和使命感更强。

表4　不同工作目标居民心理资本量表及四个维度得分

单位：分

	心理资本	自我效能	希望	韧性	乐观
谋生的手段	99.6	25.4	25.4	24.9	23.9
有发展的事业	104.7	27.3	26.9	25.6	24.9
一项使命	104.3	26.7	26.8	25.7	25.1
F 值	29.7	30.4	24.8	7.8	19.6

注：$p<0.01$。

2. 工作与家庭

心理资本水平越高的人，越善于平衡工作与家庭之间的关系。统计分析结果显示，心理资本量表得分与居民对工作与家庭相互影响程度的评分（影响程度由1～5分由低到高做评价）之间存在显著的负相关（相关系数为-0.11）。这个数据告诉我们，心理资本水平越高的人，认为工作、家庭的相互影响越小；心理资本水平越低的人，认为工作、家庭相互影响越大。

（三）工作资源

工作中会有人们可以依赖的资源，工作要求可能更多时候需要耗费我们的能量，而工作资源正好相反，更多时候是我们能量的来源。本文采用了员工资源

拥有状况自我评估量表来分析拥有不同工作资源的居民心理资本水平存在的差异，此量表共有五个维度，即组织支持、上级支持、同事支持、决策自主性和反馈。数据分析表明，上述五个维度与心理资本及其四个维度均呈现非常显著的正相关。心理资本水平越高的居民得到来自组织、上级和同事的支持越多，在实际工作中也拥有更多的决策自主性，工作上也得到更多的反馈（见表5）。

表5　心理资本量表及四个维度得分与工作资源五个维度的相关分析结果

工作资源	心理资本	自我效能	希望	韧性	乐观
组织支持	0.332**	0.286**	0.305**	0.231**	0.261**
上级支持	0.437**	0.396**	0.402**	0.341**	0.274**
同事支持	0.389**	0.337**	0.349**	0.299**	0.283**
决策自主性	0.420**	0.389**	0.419**	0.298**	0.247**
反馈	0.392**	0.349**	0.373**	0.299**	0.248**

注：** 代表呈非常显著的正相关。

四　北京从业居民心理资本与情绪的关系

已有研究发现，心理资本对从业人员的工作态度、行为都存在积极影响，本次调查重点关注心理资本与情绪之间的关系。情绪分为积极情绪与消极情绪。数据分析显示，心理资本水平与积极情绪呈非常显著的正相关，与消极情绪呈非常显著的负相关。心理资本水平越高的居民越容易体验到积极情绪，心理资本水平越低的居民越容易体验到消积情绪。心理资本水平的提升有利于促进居民体验到更多的积极情绪，积极情绪的体验有利于促进个人心理健康水平的提升。

表6　心理资本量表及四个维度得分与居民情绪的相关分析结果

类型	积极情绪	消积情绪
心理资本量表得分	0.174**	-0.229**
自我效能	0.204**	-0.125**
希望	0.167**	-0.182**
韧性	0.087**	-0.190**
乐观	0.091**	-0.277**

注：** 代表呈非常显著的正相关。

心理资本水平不同的居民体验到的社会情绪状态存在差异。心理资本水平低的居民更易体验到消极的社会情绪，心理资本得分在80分及以下时，体验到“焦虑”“不满”“失望”的居民比例分别为60.9%、56.3%、54.7%；与之相比，心理资本得分在124分及以上时，体验到“焦虑”“不满”“失望”的居民比例要低得多，比例分别为34.1%、43.2%、31.8%。心理资本水平高的居民更易体验到积极的社会情绪，比如心理资本得分124分及以上时，体验到“乐观”的居民比例为59.1%；而得分在80分以下，体验到“乐观”的居民仅为20.3%（见表7）。

表7　不同心理资本水平的居民体验到不同社会情绪状态的情况

单位：%，个

分数	80分以下	80分及以上	100分及以上	124分及以上	样本数
焦虑	60.9	35.7	29.1	34.1	500
不满	56.3	39	30.5	43.2	531
失望	54.7	30.4	24.4	31.8	425
平和	31.3	60.1	64.4	52.3	919
愉悦	20.3	38.5	42.5	27.3	596
乐观	20.3	45	51.8	59.1	724
自豪	10.9	14.6	16.5	15.9	234

五　对策建议

（一）政府角度

1. 支持心理资本基础研究，优化心理资本提升的手段

心理资本的研究先驱已经得出心理资本具有状态性、可以开发的特征（Luthans，Avey，Avolio，& Peterson，2010）。目前针对提升不同群体心理资本水平的研究也有不少，但是存在测量工具不统一、评估标准有差异、缺乏实践检验等问题。政府应该加大对心理资本的研究投入，在前人研究的基础上，结合中国特色的文化背景、国家制度与不同单位的特点，开发适合不同群体（如大学生等即将就业群体、创业群体、已就业群体、失业再就业群体等）的

心理资本提升手段和方法，为开展科学的职业生涯规划、降低职业群体工作倦怠、缓解工作压力、提升工作绩效提供切实有效的应对方法。

2. 纳入政府人才培养计划，推动心理资本提升的践行

政府可以将心理资本提升的具体要求纳入政府人才培养计划，一方面为提升从业人员心理资本提供更具体的政策支持，另一方面也发挥示范效应，提高单位与大众对心理资本的认知水平，了解提升心理资本的重要性，推动心理资本提升工作的开展。

（二）单位角度

1. 丰富工作资源，创造提升心理资本的良好环境

任何企业要高效运营都必然离不开员工之间的协作配合，人的行为远比流水线作业要复杂。在如今不断变革和充满挑战的时代，很多困难与挑战都是不可预料的，所以企业员工的自信、乐观、希望、韧性等积极心理状态对企业能够随机应变、与时俱进起到至关重要的作用。本次调查数据反映出工作资源是否丰富对心理资本水平是存在影响的。工作资源丰富的单位更利于从业人员心理资本水平的提高。所以从单位角度来看，要创造提升心理资本水平的良好环境。一是要提升组织支持水平，单位要多关注员工的工作目标和价值观，及时了解员工的需求，考虑员工的福利与利益，对员工要有人本关怀；二是营造良好的团队氛围，畅通上传下达的信息传送机制，鼓励团队定期召开沟通会，促进人际和谐；三是在既定的范围内给予员工最大的决策自主权，拥有决策自主权对调动员工的工作积极性有促进作用，可以提高员工的自信，让员工感到被尊重；四是反馈机制顺畅，在工作中让员工持续获得关于任务的反馈，并且是对实际工作有促进作用的反馈。

2. 启动积极导向的心理资本培训，培育员工积极心态

已有研究表明，通过积极导向的心理资本培训消除或缓解个体在强压力水平下的不良反应，将传统的“灭火式”的心理矫正和疏导转变成“预防式”的心理培养和训练理应成为企业负面行为干预的新范式。[①] 从情感事件理论

① 李晓艳、周二华：《心理资本与情绪劳动策略、工作倦怠的关系研究》，《管理科学》2013年第1期。

（Affective Events Theory）观点来看，领导的心理状态可以作为环境影响被员工感知，进而影响员工的态度和行为（Weiss & Cropanzano，1996）。因此，在企业管理的过程中，首先要集中精力通过特定的训练程序提升领导者的心理资本，提升领导者积极情绪的表达能力，然后将领导者积极的心理资本传递给团队成员，同时也要启动员工的心理资本提升训练程序，这有助于培育员工的积极社会心态，有助于提升团队工作绩效和凝聚力。

（三）个人角度

1. 明确工作目标，提升工作境界

工作目标决定了我们工作的心态，本次调查数据显示，工作目标越长远的居民，心理资本水平越高。所以从个人的角度来说，我们要避免“鼠目寸光”“得过且过”的心态，要有长远的工作目标，把工作当成一项事业，甚至作为一项使命，这样我们对即将面临的困难与挑战会有充分的预估，也更容易拥有积极、乐观的心态。

2. 学习自我调节，提升心理健康水平

自我调节能够帮助我们转移负面情绪，变得更加理性平和。自我调节就是自我意识对心理与行为的控制、调节作用。人与人的个性品质差异在很大程度上取决于自我调节能力的差异。所以个人应该学习一些自我调节技巧，从而缓解紧张和焦虑等不良情绪，这有助于个人心理健康水平的提升。

B.4

“疏解整治促提升”背景下北京居民社会情绪调查报告

郗爱红　曾荣　徐乐*

摘　要： 本课题研究聚焦近三年北京市“疏解整治促提升”行动背景下居民的社会情绪，系统调查了北京市居民对于政府“疏解整治促提升”行动的认识理解程度、情绪反应特点，并从理论和实践两个视角对北京居民社会心态的成因进行了分析，在此基础上对政府后续工作提出了意见和建议。

关键词： 疏解整治促提升　社会情绪　认知　归因

一　调研背景

2017～2020年，为深入推进京津冀协同发展，着力疏解非首都功能，优化提升首都核心功能，加快建设国际一流的和谐宜居之都，北京在全市范围内组织开展了“疏解整治促提升”专项行动。“疏解整治促提升”专项行动主要包括：违法建设拆除，占道经营、无证无照经营和开墙打洞整治，城乡结合部整治改造，中心城区老旧小区综合整治，中心城区重点区域整治提升，疏解一般性制造业和“散乱污”企业治理，疏解区域性市场，疏解部分公共服务功能，地下空间和群租房整治，棚户区改造、直管公房及商改住清理整治等内容。

* 郗爱红，教授，北京市委党校领导科学教研部主任，研究方向为伦理学、政治学、领导力；曾荣，北京市委党校领导科学教研部讲师，研究方向为社会心理服务、价值观、领导力；徐乐，北京市委党校领导科学教研部讲师，研究方向为教育心理学。

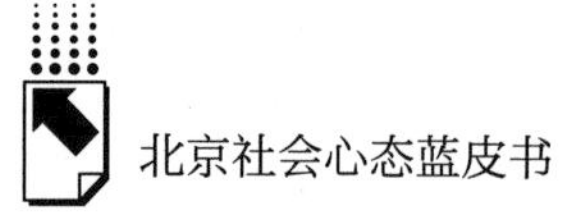

组织开展“疏解整治促提升”专项行动是疏解非首都功能，优化首都发展布局，降低中心城区人口密度，推动京津冀协同发展的必然要求；是有效治理“大城市病”，提高城市治理能力和水平，创造良好人居环境的迫切需求；是优化提升首都核心功能，全面提升城市发展质量的重大举措，符合增强人民群众获得感的目的。

近两年来，在政策落实的过程中显现出一些复杂的矛盾。例如，作为北方地区最大的服装批发集散地，位于北京市西城区的动物园批发市场因不符合核心功能定位、加重城市隐患等因素，成为疏解的重要对象。但是多年以来这里早已形成集聚效应，搬迁工作牵扯到方方面面的直接利益，搬迁的困难和矛盾在所难免。对许多商户来说，当中不仅涉及维护自身利益，也涉及自己未来走向何方。而在服装批发者、市民和游客心中，动物园批发市场一直是“淘衣圣地”，许多“淘友”对于搬迁行动非常气愤。北京居民纷纷感慨，这些市场和企业的相继离开，将带走人流、噪音和大烟囱，也带走一些关于北京的记忆。

诸如此类的言论，反映了“疏解整治促提升”引发的居民情绪反应。在心理学研究中，通常将个体情绪和群体情绪分开探讨，而在复杂的社会交互场景（比如居民社区）中，特别是网络舆论场中，个人情绪与群体情绪有着密切的关联，通过人际情绪感染、人际交互、情绪聚合过程，形成带有明显态度倾向和利益诉求的社会情绪。

社会情绪的 Socionomic 理论认为，社会情绪的极性影响着社会行为的趋势和特点。积极的社会情绪使人们具有包容、合作、信任和建设精神，能够接受和支持不同的观点或信念，对于外界的人或物具有较高的忍耐性，能与他人和谐相处，对自己充满了信心和肯定，具有较强的适应力，能够勇敢、乐观地面对未来；而消极的社会情绪则使人们排外、保守，并具有防御性，拒绝、怀疑和反对不同的观念，容易焦虑、愤怒和恐惧，缺乏安全感，出现分裂、冲突、对抗和破坏性行为的可能性较大。

综上所述，本课题主要围绕以下三方面问题展开研究。

（1）北京居民对“疏解整治促提升”的各项举措有哪些主要的情绪反应？不同居民群体的社会情绪有哪些异同？

（2）促成上述社会情绪产生、发酵的主要因素是什么？

（3）在“非首都功能疏解”过程中政府应该如何营造并引导积极的社会情绪，增强北京居民对政府的信任与合作？

二　调研目标

其一，通过个体水平的问卷调查，了解北京居民对“疏解整治促提升”行动的整体认知和主要的情绪反应。

其二，深入分析北京居民典型社会情绪产生的根源、发展的过程和主要影响因素。

其三，提出在基层治理中引导居民积极社会情绪的有效对策建议。

三　调研方法

（一）问卷调查

1. 调查对象

主要为北京市常住居民，包括中心城区、近郊和远郊的北京市民和长期定居的外地户籍居民。调查数据来源于线下和线下两个调查途径。

2. 线下调查

制作纸质问卷《北京居民社会情绪调查问卷》，采用分层整群抽样的方式，在北京市 16 个区，以社区为单位收集数据，由在各个区工作的社区工作者完成。共发放问卷 1100 份，以全部题目完成率 95% 作为有效问卷筛选标准，回收有效问卷 1024 份。

3. 线上调查

利用“问卷星”平台制作电子版《北京居民社会情绪调查问卷》，由来自北京 16 个区的社区工作者在微信群内发放有偿调查问卷。以完成文字问答题且问卷填答总时间不少于 5 分钟作为有效问卷筛选标准，共发放并回收有效问卷 1191 份。

4. 被试基本信息

本次调查中，线下和线上共发放问卷 2291 份，以答题时间、完成率为标准，筛选出有效问卷2215份，其中个别问卷个人信息填答不完全，经统计分析判定不影响数据分布。其中男性824人，女性1373人。被调查者年龄以30～70岁为主。最大年龄为88岁，最小年龄为10岁（见图1）。已经在北京居住5年以上的被调查者占比91%。北京户籍为1929人，非北京户籍为266人。

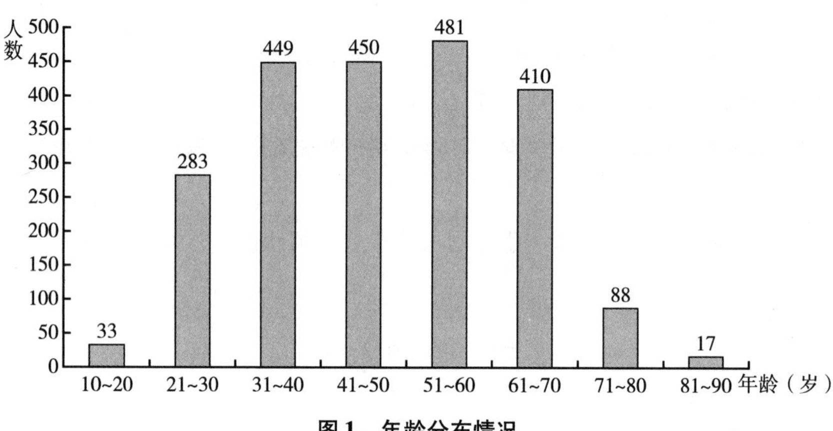

图1　年龄分布情况

从居住城区来看：首都功能核心区（东城区、西城区）332人，首都功能拓展区979人（海淀区、朝阳区、丰台区、石景山区），城市发展新区412人（通州区、顺义区、大兴区、昌平区、房山区），生态涵养发展区208人（门头沟区、平谷区、密云区、怀柔区、延庆区）。被试的分布情况基本反映了各区实际人口密度的差异（见图2）。

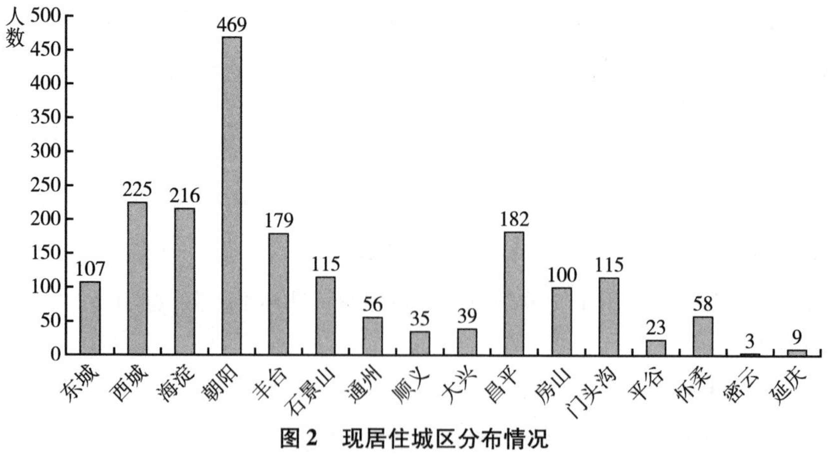

图2　现居住城区分布情况

从工作状态来看：在职人员共1184人，占比53%。退休人员共864人，占比39%。从单位类型来看：企业人员占比38%，事业单位人员占比15%，国家行政机关人员占比4%，政府人员占比3%，其他人员占比38%（见图3）。

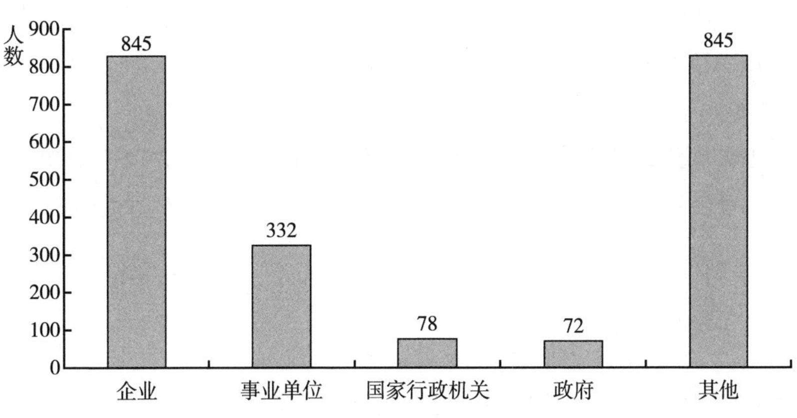

图3　单位类型分布情况

（二）个体访谈

通过个体访谈的方式，调查与典型社会情绪有关的诱发事件、支持性事件、认知引导、情绪感染、利益诉求和价值冲突等。

1. 社区居民访谈

社区居民7位，包括具有北京户口的在职中青年4位（3位女性和1位男性），没有北京户口的男性个体经营者1位，60岁以上退休人员2位（1位男性和1位女性）。每位居民访谈时间为30分钟左右。主要访谈问题包括对“疏解整治促提升”系列行动的理解、举出自己身边发生的“疏解整治促提升”事例以及自己的感受和评价、对于政府今后工作的建议和希望等。

2. 社区工作者访谈

社区工作者5位，包括4位女性和1位男性，分别在老旧小区、回迁小区、事业单位家属院、高端商品房社区、公租房社区工作。主要访谈问题包括：本社区居民对社区工作的态度，社区如何征求居民意见、如何与居民沟通协调，以及当前社区工作中的难点问题等。每位社区工作者访谈时间15～20

分钟。

3. 基层领导访谈

街道、乡镇领导4位，包括朝阳某乡党委书记、乡长，海淀某街道办事处副书记、副主任。主要访谈问题包括：本地区居民对政府工作的意见集中在哪些问题，如何看待居民反映的问题和居民采取的各种做法等。每位街乡领导访谈时间15～20分钟。

4. 专家访谈

长期从事公共管理和社会心理领域研究的教授专家2位。主要访谈问题包括：居民社会心态的形成机制和引导方法。每位专家访谈时间20～30分钟。

（三）案例分析

以西城区官园批发市场疏解为案例，对政策宣传途径、疏解方式、各方反应以及后续整治提升的期望规划进行分析。2018年7月、9月、10月，分三次对周边居住、工作的人群以及有购物需求的人群进行街头调查和代表性访谈。

四 调研结果

（一）北京居民对“疏解整治促提升”行动的认知程度

1. 政策认知

问卷调查结果表明，有90%的被调查居民知道“疏解整治促提升”专项行动，但是对“疏解整治促提升”具体包含哪些举措的了解并不全面。比如，居民对于“环境整治”“拆除违法建筑”“疏解低端产业”的知晓率都达到80%及以上；对于“拆墙打洞”“棚改拆迁”的知晓率约为71%，对于“留白增绿”的知晓率达到67%。相比之下，对于“腾笼换鸟”的知晓率仅为39%。（见图4）。可见，居民对于已经发生的、影响自身生活的举措了解较多，而对于未来发展方向了解较少。

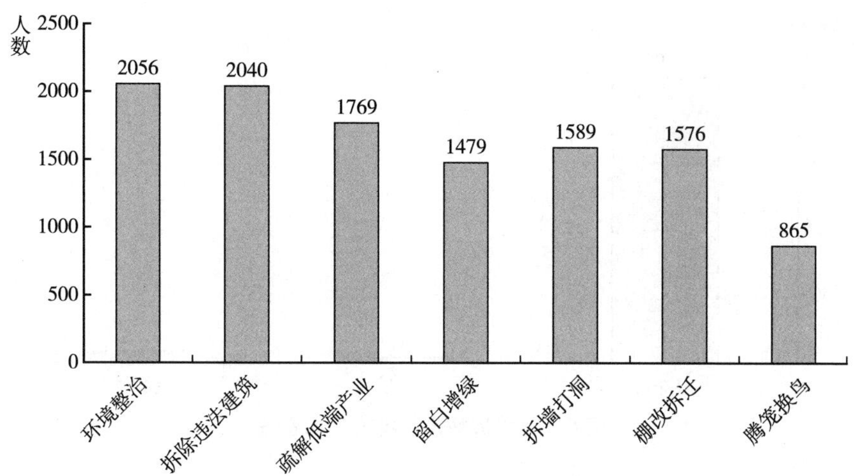

图4　对各项具体行动知晓情况

2. 事件认知

对“疏解整治促提升”专项行动中的各项举措，绝大多数居民都持积极态度，见下图5至图11。

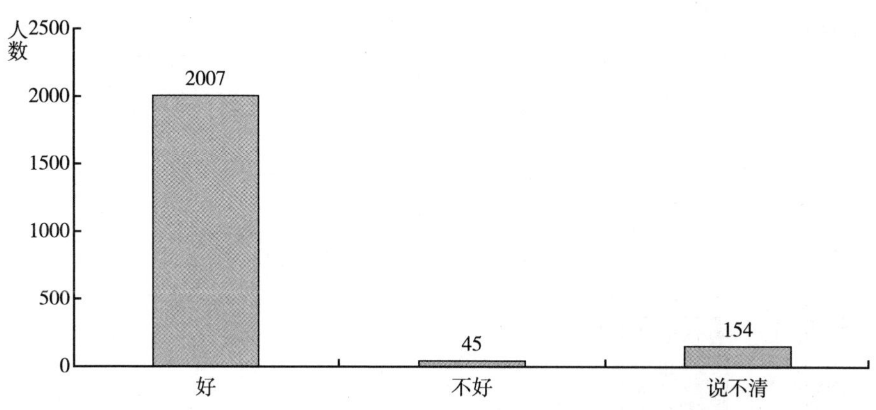

图5　对“环境整治”的看法

可以看出，居民赞同比例最高的行动是“拆除非法建筑”“留白增绿”“环境整治”。存有疑惑甚至反对较多的是“腾笼换鸟”和“疏解低端产业”，其中有27.5%的被调查者对于“腾笼换鸟”表示说不清，19.0%的被调查者对于“疏解低端产业”持说不清甚至不赞同的态度。

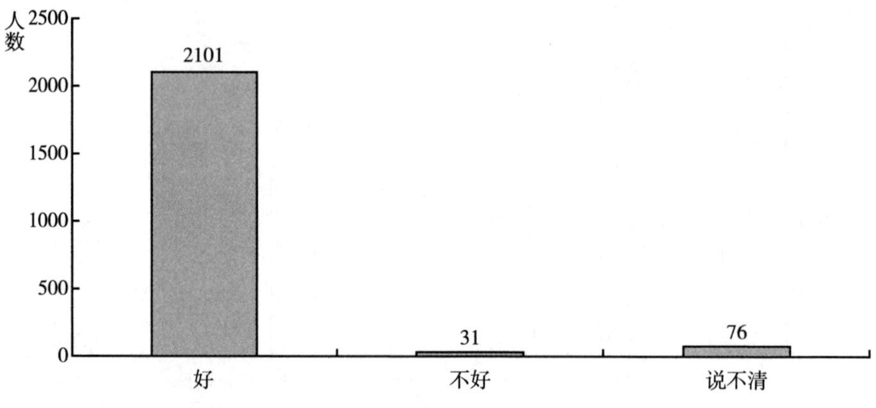

图6　对“拆除违法建筑”的看法

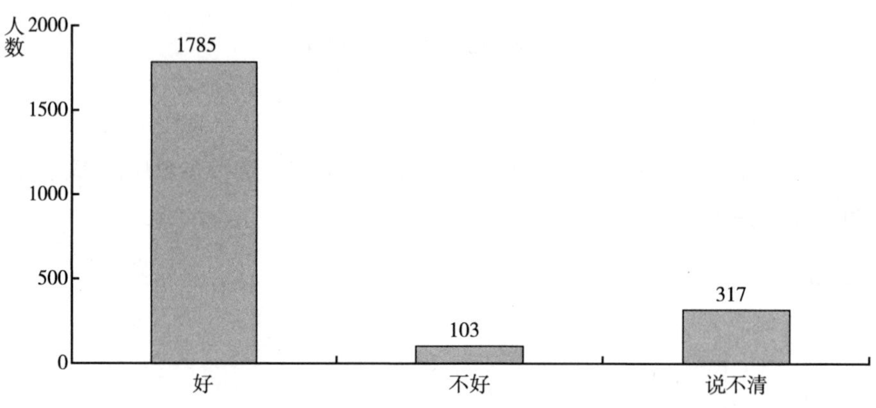

图7　对“疏解低端产业”的看法

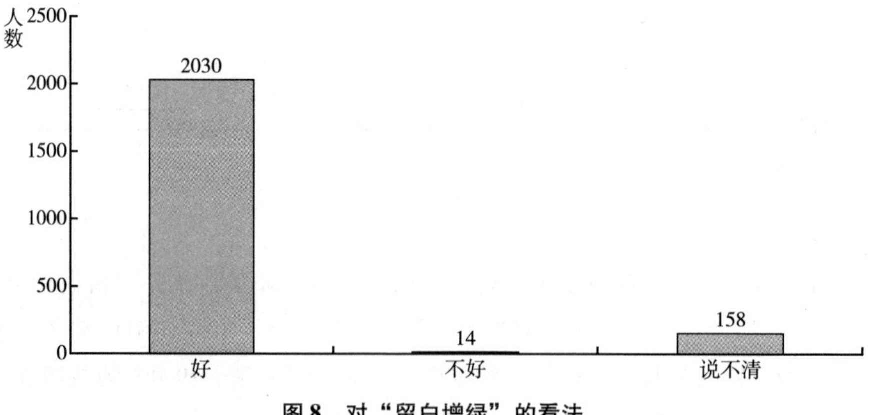

图8　对“留白增绿”的看法

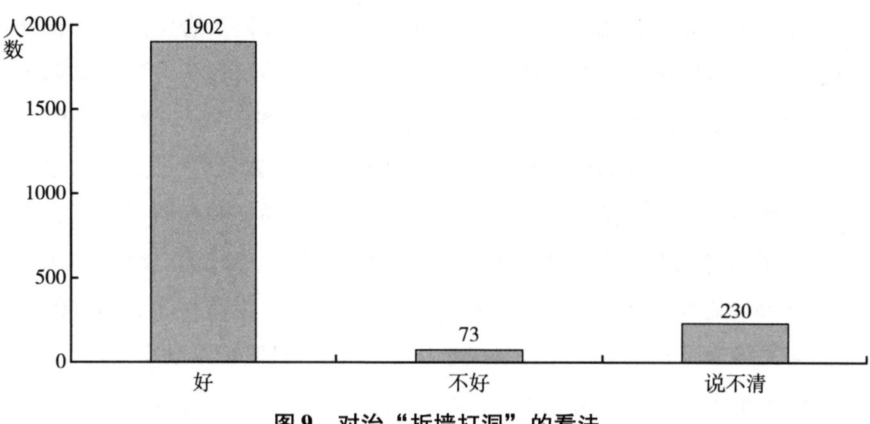

图9　对治"拆墙打洞"的看法

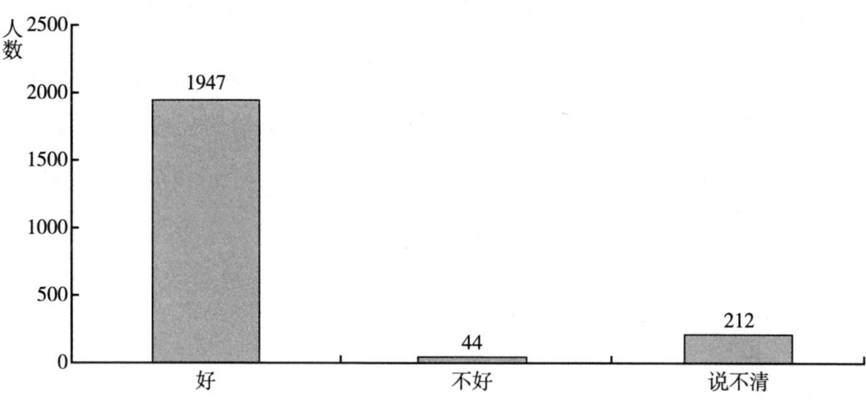

图10　对"棚改拆迁"的看法

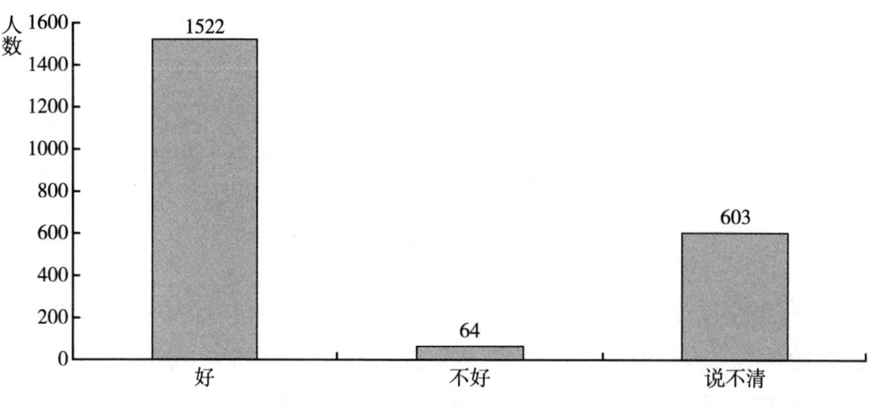

图11　对"腾笼换鸟"的看法

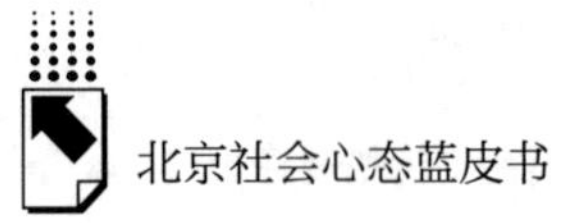

具体针对“疏解低端产业”这一行动，调查结果显示居民的基本认知表现为：48%的居民认为“买东西价格变贵了”，45%的居民认为“买东西不方便了”，69%的居民认为“周边环境更加整洁、整齐了”，23%的居民认为“生活氛围变淡了”，17%的居民认为“对我没什么影响”。

针对距离居民生活圈最近的治“拆墙打洞”行动，调查结果显示，小区周边对“拆墙打洞”进行整改以后，居民的基本认知表现为：83%的居民认为“生活环境更加整洁、整齐了”，63%的居民认为“生活秩序更加规范了”，67%的居民认为“街道变得宽阔顺畅了”；但是，31%的居民认为“油盐酱醋、电灯五金等生活日常采买不如以前方便了”。

（二）北京居民对“疏解整治促提升”行动的情绪反应特点

如图12至图18所示，关于情绪感受的多项选择结果表明，居民对“疏解整治促提升”的几项主要举措多数表现出“欣喜”的情绪反应，反映出居民对各项整治措施的出发点和迄今为止的实施效果多数是满意的、乐见其成的。表现出“愤怒”或“委屈”情绪的人数极少。

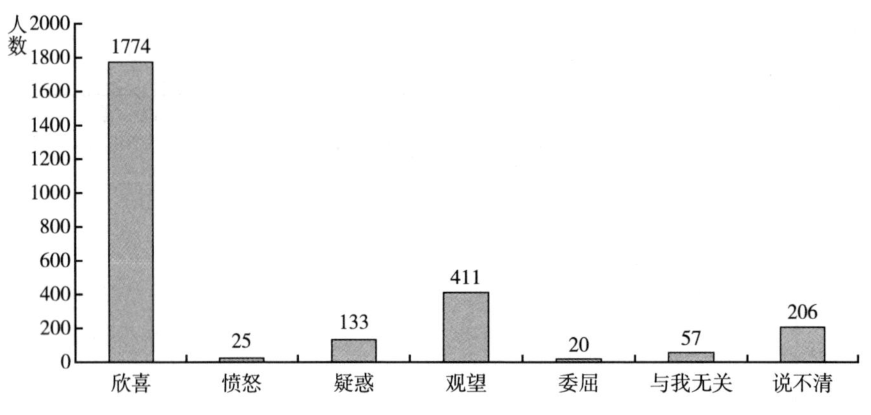

图12　对“环境整治”的感受

同时也应该注意到，对于各项行动，约10%～15%的居民选择了“观望”，约5%～10%的居民选择了“疑惑”和“说不清”，这些比较平静的情绪，反映了居民对于各项措施最终实施效果的疑虑和一定程度的担忧。

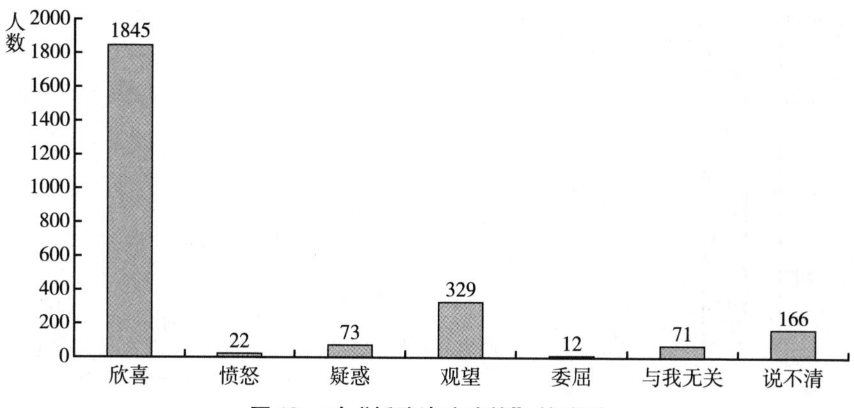

图 13　对"拆除违法建筑"的感受

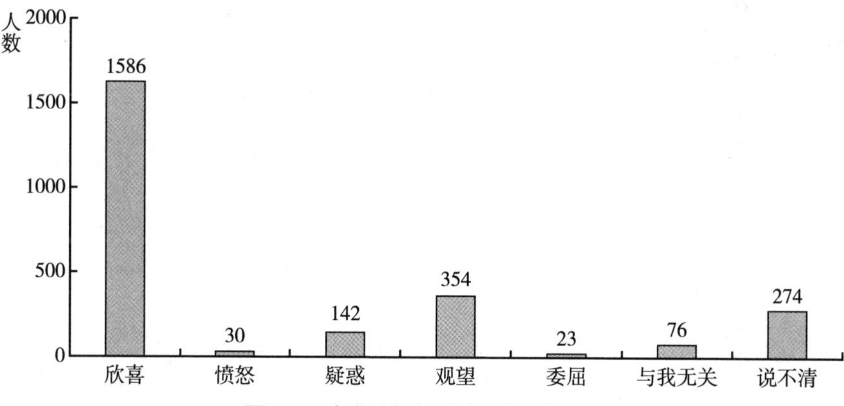

图 14　对"疏解低端产业"的感受

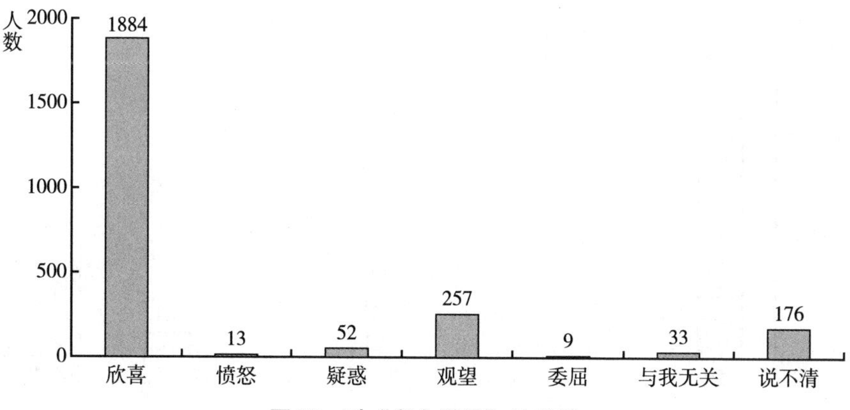

图 15　对"留白增绿"的感受

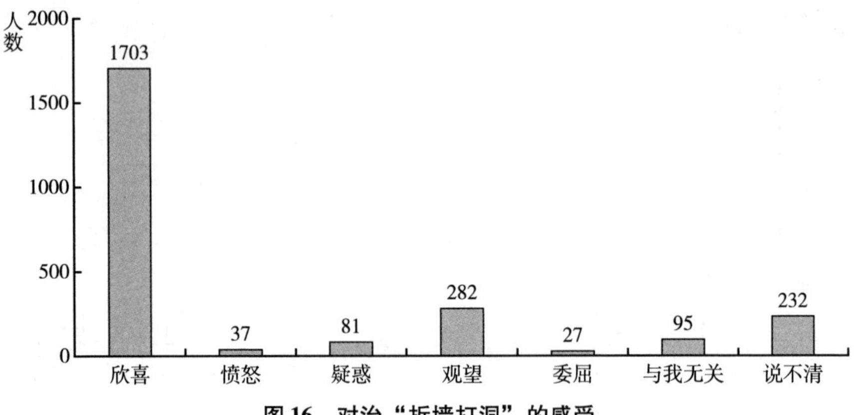

图 16　对治“拆墙打洞”的感受

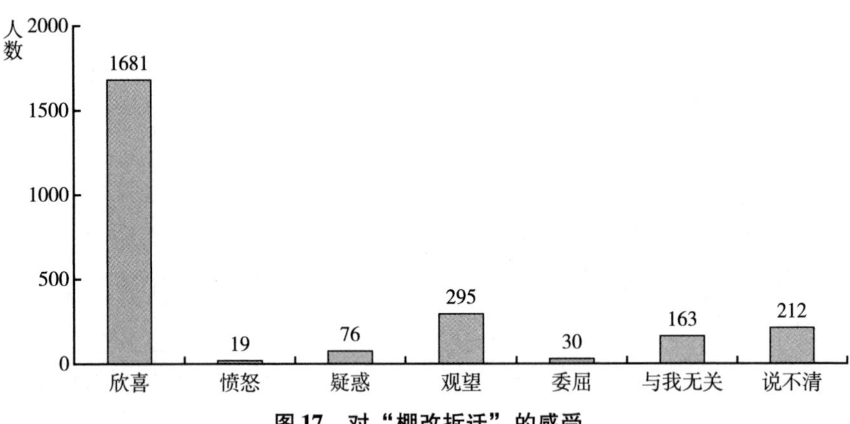

图 17　对“棚改拆迁”的感受

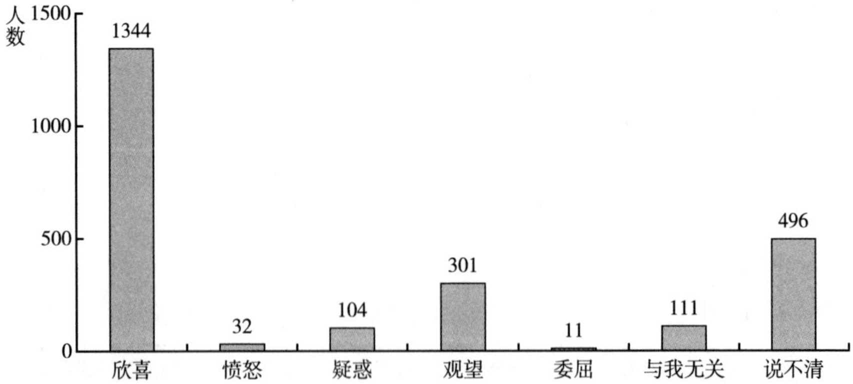

人数
1500
1000
500
0
1344
32
104
301
11
111
496
欣喜
愤怒
疑惑
观望
委屈
与我无关
说不清

图 18　对“腾笼换鸟”的感受

（三）北京居民对“疏解整治促提升”行动的综合态度

如图 19 所示，对于政府近两年的综合整治行动，84% 的居民持“支持”态度，15% 的居民保持“中立”态度。

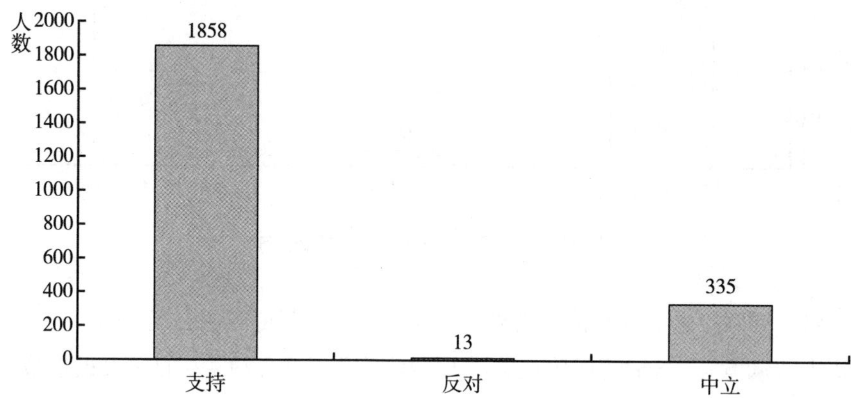

图 19　对两年来综合整治的态度

具体而言，政府近两年的综合整治行动对居民生活质量的影响，48% 的居民认为“生活质量提升”。45% 的居民认为对“生活质量无影响”，另有 7% 的居民认为使“生活质量下降”了。

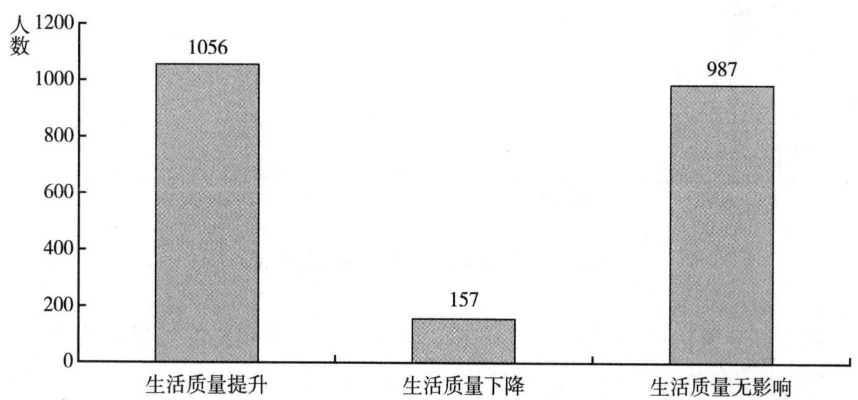

图 20　综合整治对生活质量的影响

对北京居民生活成本的影响，53% 的居民认为使“生活成本提升”。44% 的居民认为对“生活成本无影响”（见图 21）。

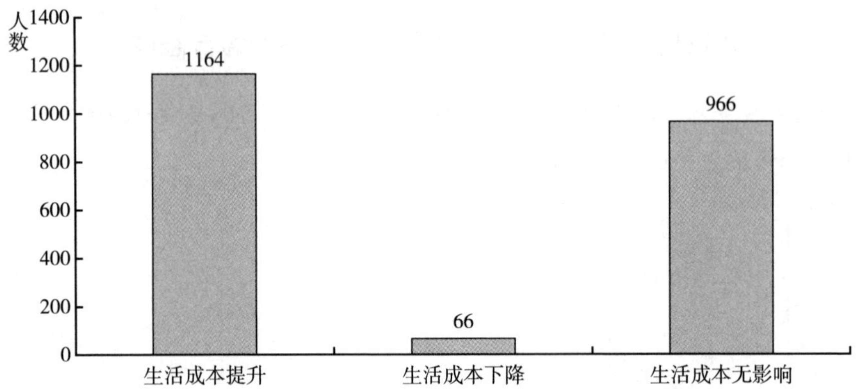

图 21　综合整治对生活成本的影响

对于近两年来综合整治的结果，绝大多数居民都持满意态度。39.5% 的居民认为“满意”，38% 的居民认为“比较满意”，只有约 7% 的居民的态度为“不满意”和“不太满意”（见图 22）。

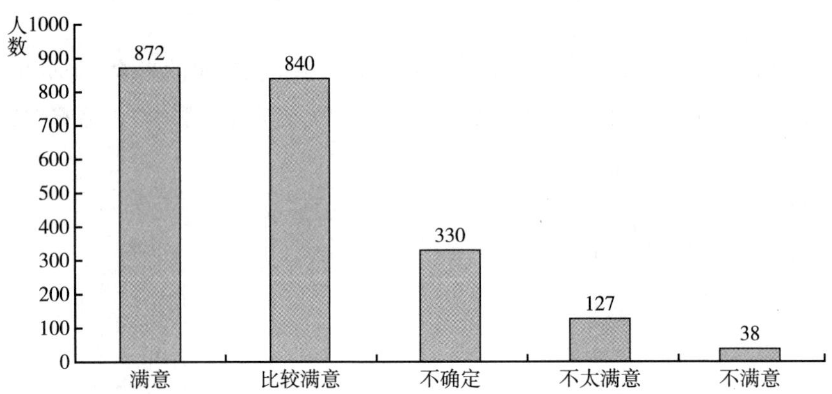

图 22　对两年来综合整治结果的感受

对于综合整治所采取的行动方式，调查显示，约 40% 的居民认为“合理合法”，40% 的居民认为“能接受”，有 14% 的居民认为“说不清”（见图 23）。由此可见，居民对于政府综合整治的方式多数是认可并理解的，同时也存在少量的质疑。

对于政府综合整治行动最大的期望，居民的关注点各有不同，31% 的居民希望“改善环境”。24% 的居民希望“改善交通”，13% 的居民希望“改善基

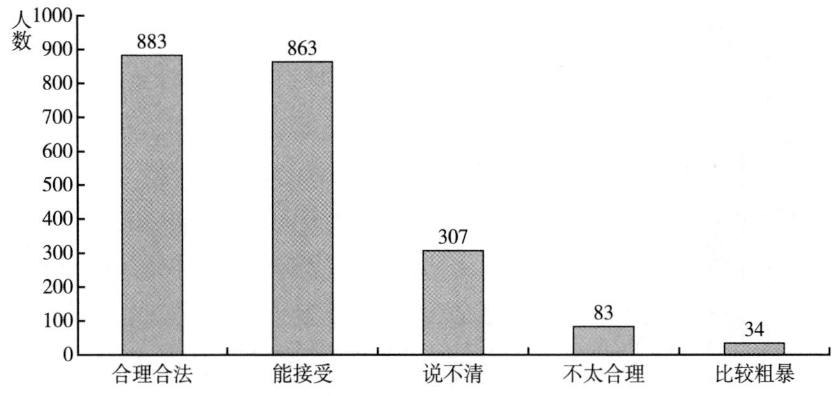

图 23　对综合整治所采取方式的看法

础设施”、12%的居民希望“周边的餐饮零售更加规范”（见图 24）。这个结果表明，北京居民的生活水平存在较大差异，多数居民关注自身的生活质量，也有部分居民希望继续改善基本生活条件。

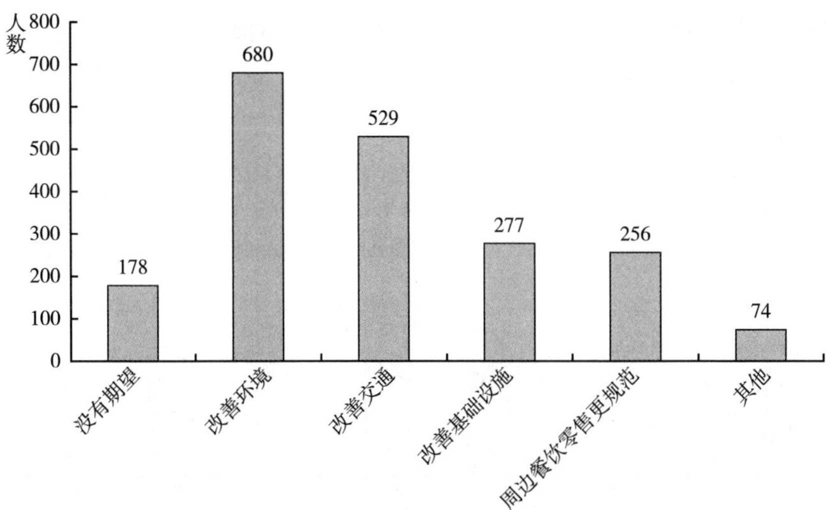

图 24　对综合整治最大的期望

对于政府近年来在城市治理方面的举措，北京居民的心态总体上比较积极和乐观，同时也有一定程度的忧虑，图 25 是对城市治理相关举措感受的多项选择结果，82%的居民表示“高兴”。27%的居民表示“幸福”，但也有 20%的居民表示“担忧”。

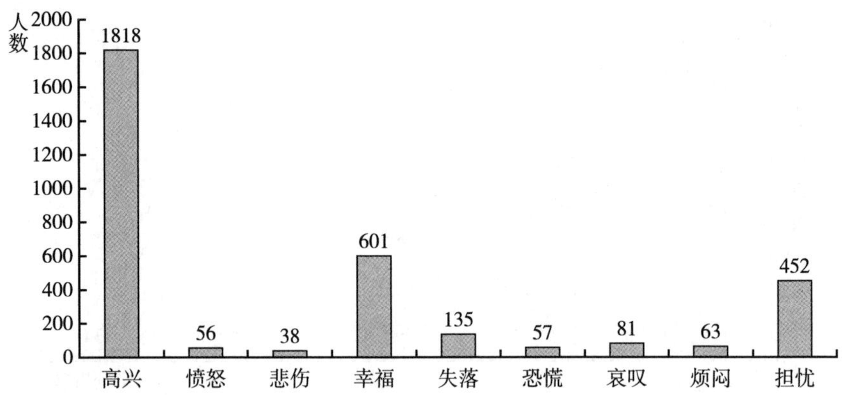

图 25　对城市治理相关举措的感受

进一步询问居民一年来态度的转变，结果如图 26 所示，31% 的居民表示“始终非常赞同”，30% 的居民表示“支持，且对下一步的行动规划乐观”。另外也可以发现，部分被调查者对于“疏整促”表现出态度转变或者不确定性，比如 12% 的居民认为“起初很排斥，目前非常认同理解”，13% 的居民表示“支持，但对下一步行动规划很茫然”。

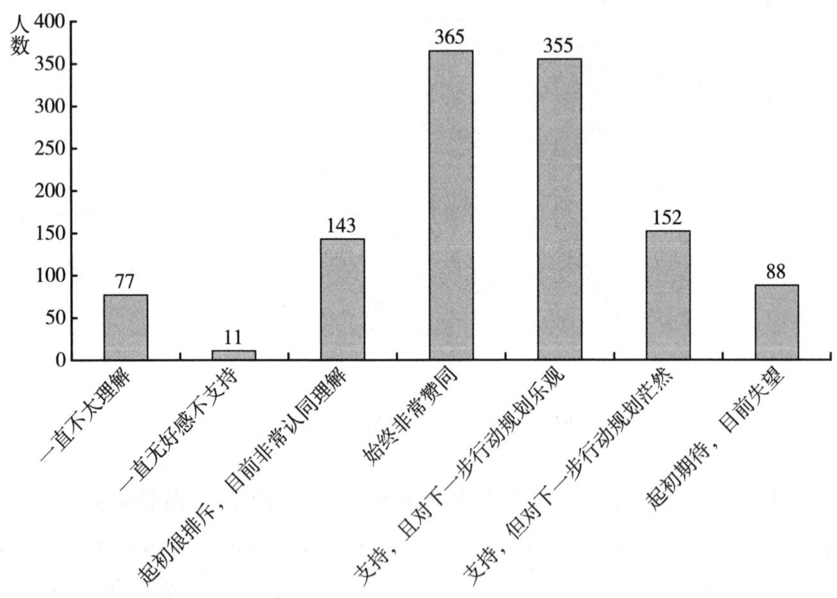

图 26　对“疏整促”一年来的感受

（四）北京居民社会情绪与态度的成因分析

1. 理论路径

社会情绪的 Socionomic 理论（Casti，2010）是对社会情绪与社会事件或行为之间的关系进行描述的理论。该理论认为社会情绪是群体成员在特定时刻，通过人际互动而自然形成的对未来的信念，这些信念即社会情绪是社会事件发生的内在原因和根本动力，影响着事件的类型及发生的时间；决定着社会行为的特点，包括政治、经济、文化和社会生活等多个领域。该理论的中心假设可以用图 27 表示。

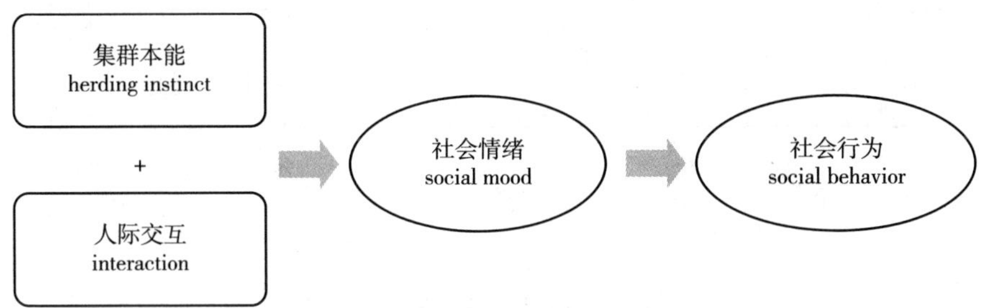

图 27　社会情绪 Socionomic 理论的中心假设

改编自 Casti，2010。

该理论认为理性和本能都是人类应对社会环境的方法，其中的任何一个都不能单独解释人类的所有社会行为（Prechter & Parker，2007）。情境的确定与否是人们依据理性或本能冲动做出反应的分界线。人们在确定的情境中会根据理性，计算投入产出比，追求效益的最大化；但如果社会情境是模糊、不确定且风险性强的，则人们倾向于无意识地模仿他人的行为，根据共享的集群冲动做出反应。

根据这一理论，本次调查所呈现的居民对于“疏解整治促提升”系列举措的认知、情绪和综合态度，大多是在相对清晰的情境中做出的对未来的积极判断。当北京居民对于“疏解整治促提升”的政策和系列行动有了较为全面的认知和切实的主观体验之后，对于自身实际的利益得失（比如生活质量提高的同时生活成本也提高），以整体效益最大化为出发点，对各项治理举措做出了积极的评价，并表现出积极、乐观的基础情绪状态。

居民在理性状态下的社会情绪，与社会公共服务水平和社会治理有效性密切相关。对此，本次调查中还发现，对于当前社会公共服务的状况，北京居民认为最让人满意的是“环境保护”（20%）、“公共治安”（18%）、“社会保障”（16%）、“医疗卫生”（14%），“社区生活服务”（13%），如图 28 所示。

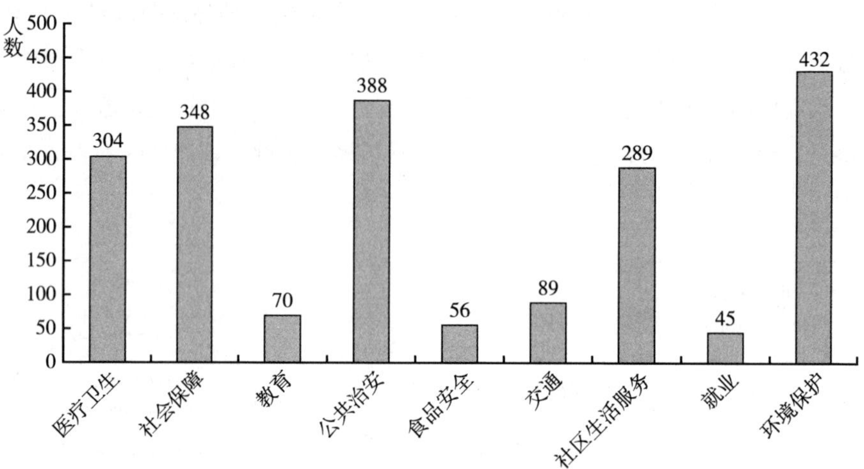

图 28　最满意的一项社会公共服务

对于当前社会公共服务的状况最不尽人意的是“食品安全”（26%），此外还有“医疗卫生”（17%）、“交通”（13%）和“教育”（12%）（见图 29）。

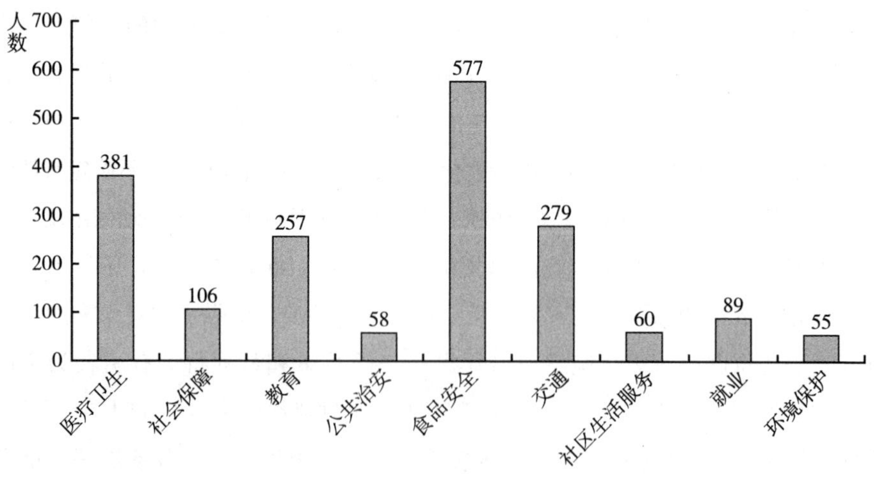

图 29　最不尽人意的一项社会公共服务

上述结果表明，“疏解整治促提升”行动在居民生活中起到了很好的效果，获得了广泛的认可，比如环境保护和公共治安。基于这样的实际获益，在理性判断下，多数居民表现出了欣喜、满意的情绪态度。

2. 案例路径

以 2018 年西城区官园批发市场的疏解为例，梳理居民在“疏解整治促提升”过程中的情绪产生和变化过程如下。

（1）不敏感期：2018 年 7 月底，媒体发布消息官园批发市场将于 9 月 28 日闭市。商家反映之前就有通知，已有思想准备，但是对具体闭市的日期是媒体发布之后才知晓，由于 2017 年底，邻近的、规模更大的天意批发市场已经闭市，此时商家情绪较为平静。周围居民、周边单位工作人员等没有明显的情绪表现，多数表示有空时去看看有无打折，少数人也疑惑将来生活会变成怎样。

（2）焦虑期：2018 年 9 月初，周边单位工作人员和西城区一些居民大量出入官园批发市场。部分居民多次前往官园批发市场购买各类生活物品，主要集中在床上用品、箱包、厨房用品等。在未来预期不确定的情况下，大多数购买者产生了不理性的购物行为，购买价格不仅没有明显下降，有些甚至远高于以往。比如某一向节俭的年轻男性受访者，在两个星期之内购买生活用品价值超过 5000 元，超过其本人过去 3 年的相关消费总额。

（3）群体感染期：通过人际交互影响，购物焦虑情绪发生传染。在临近闭市的一个星期，官园批发市场人满为患，市场外安保人员谨慎执勤，市场内摩肩接踵，床上用品、鞋帽、箱包区域都出现了抢购、推搡。

（4）个体失落期：2018 年 10 月中旬，官园批发市场闭市半个月之后，居民的广泛性焦虑情绪已经平息。在针对周边居民和工作人员的走访中发现，居民对于官园批发市场闭市所产生的影响，开始显现出一些复杂的情绪。一方面，市场关闭之后环境更为安静、安全，更有秩序；另一方面，市场关闭之后居民的生活产生很多新的不便之处，部分居民对于关闭市场的举措提出了质疑，对于后续的商业补充设施提出了疑问和担忧。进而对政府“疏解整治促提升”的整体规划感到疑惑和不安。

居民的不安全感受到社会治理和个人认知两方面因素的影响。

本次研究调查发现，在社区议事参与方面，对于社区的一些公益事项，

50%的居民认为“愿意参加讨论，公益事于己有关”。31%的居民认为“愿意参加讨论，社区事应一起讨论”。但也有10%的居民认为“不愿意，居民的建议很少受重视和认可”。

而对于是否参与过小区公共事务决策以及满意程度，35%的居民表示“参与过，满意”，56%的居民表示“没参与过”（见图30）。

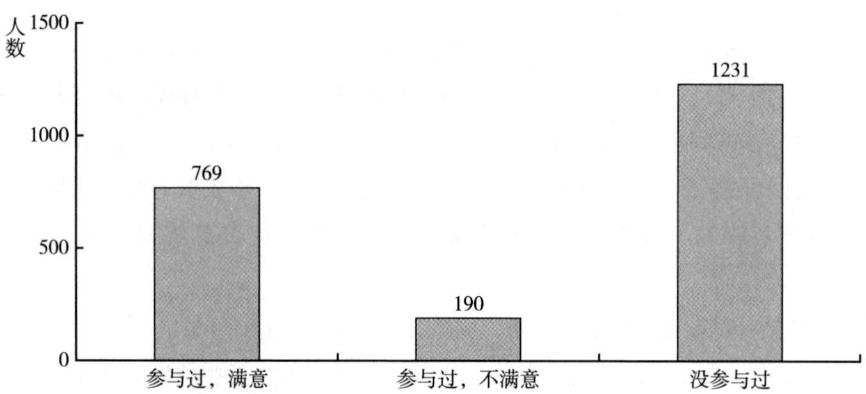

图30　参与小区公共事务决策的情况与感受

在个人认知方面，对于个人社会地位的感知，38%的居民认为自己处于“中间层”，29%的居民认为自己处于“中下层”，22%的居民认为自己处于“底层”（见图31）。

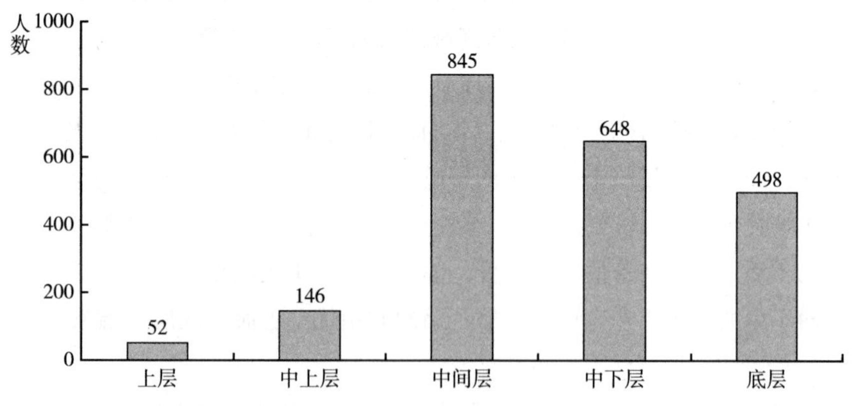

图31　社会地位感知

对于目前自身所处的社会地位，21% 的居民感到“焦虑”，63% 的居民感到“平静”（见图 32）。

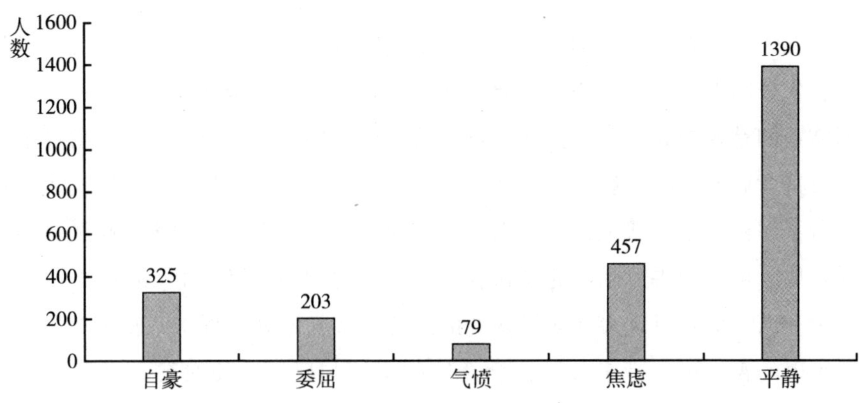

图 32　对所处社会地位的感受

进一步考察归因特点，调查结果显示，对于当前所处社会地位的原因分析，48% 的居民认为是“自身原因”。22% 的居民认为是“社会原因”。26% 的居民认为是“政策原因”（如图 33）。

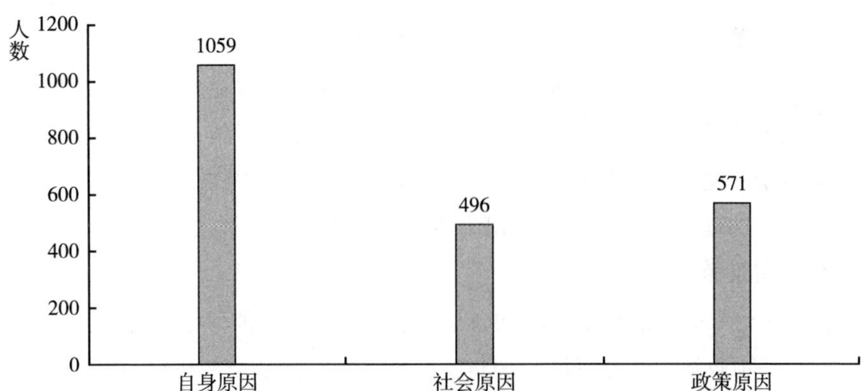

图 33　对所处社会地位的原因感知

这一结果为北京居民积极、乐观的情绪状态提供了支撑。北京居民自我归因的倾向特点可能与整体受教育水平较高有关。

五　政策建议

十九大报告指出，要加强社会心理服务体系建设，是培育自尊自信、理性平和、积极向上的社会心态的重要方式。加强社会心理服务体系建设应是社会治理体系的重要内容。北京正在进行的疏整促专项行动涉及众多社会群体的利益，对其背后的风险隐患应充分估量。社会情绪是社会风险的一个晴雨表，通过调研了解社会情绪状况，积极引导，可使这项专项行动更加平稳顺利，达到预期效果。调查结果显示，北京市民对待“疏整促专项行动”的社会情绪总体健康和谐，但也呈现多元多样多变的态势。多元的利益诉求、复杂的社会环境、纷繁的媒介传播带来各种社会情绪的交织与碰撞，使对待“疏整促专项行动”的认知和态度都呈现不均衡、不稳定的多态并存特征。对此，我们需要高度重视，采取措施，努力加以引导和调适。

（一）重视社会情绪，将引导和调适社会情绪贯穿于政策制定和执行的全过程

社会治理能力和治理体系现代化，就包含了化解矛盾方法的科学化。矛盾产生的深层次原因是利益分配导致的社会情绪问题。“不患寡而患不均，”经济发展之后利益分配引发的矛盾会比发展之前的矛盾更为尖锐，处理不好就会引发大的社会动荡。关涉公众利益的公共政策的实施，是否能推动积极的社会情绪的建立，是影响政策能否有效实施的重要因素。新的历史时期，应以培育公共理性、达成社会共识为目标，积极探索社会情绪引导和调适的有效载体和路径。

1. 政策出台前，建全利益表达机制，对社会情绪进行预测与预警

任何一项政策，无论赞同或还是质疑，出发点都是公共利益。负性社会情绪的诱因不在于是不是应当做某一件事，不在于是否要把城市建设得更美好，而在于如何实现这一目标。为此，政策出台前，应从预防和化解社会矛盾入手，健全维护群众利益的机制。政策出台前，应健全社会利益表达和协调机制，有效调节各方利益，着力化解影响社会情绪的各类社会矛盾。建立及时顺畅的民意表达沟通机制，拓宽社情民意表达渠道，不断增进社会共识；引导社

会成员有序参与社会治理，依法理性表达诉求和情绪。应加强调查研究，对利益相关居民的社会情绪、社会心态等情况进行整体研判、动态预测，有效预测预警预防社会风险。有针对性地进行社会情绪的引导和调适。

2. 政策执行中，把握社会舆论态势，培养健康的社会情绪

把握社情民意，加强舆情分析研判。当出现与政策相冲突的舆情时，应及时做好解疑释惑工作，回应群众关切。如北京拆除广告牌匾的“运动”。此“运动”马不停蹄很快落实，事前没有舆论宣传，也没有相关的政策解读，最后引发舆论一片质疑，出现突然叫停的尴尬局面。网络上的一段评论折射了政策对社会情绪的影响：“城市的核心是人，要塑造错落有致、富有韵律的天际线，也要关注到人心的起伏。这其实是一条比天际线更重要的曲线。”事后城市管理委员会回应，是要统一规划设计标牌。由于长期城市管理的混乱和无序，一些广告牌匾之丑劣影响了市容，尤其是一些广告牌匾，长久无人管理，风吹日晒雨淋，严重锈蚀，岌岌可危，极易发生高空坠落伤人事件，除之自在情理之中。但是，执行这个政策之前，没有相关的政策引导和解读，政策受到质疑后也没有正面引导，而是突然叫停，结果是影响了政府的公信力，也导致社会负面情绪的积聚。

3. 政策执行后，做好善后工作，化解消极情绪

对政策受损害群体，应做好心理咨询服务。任何政策的实施，必然会有群体成为政策的受损一方，不良社会情绪通常都是由利益受损群体的不满情绪积聚而成。在互联网和信息技术高度发达的社会环境中，负面情绪会通过网络传播，也会被一些别有用心的人利用、放大，从而引发社会矛盾。因此，政策有效性评估本身就包含是否引发不良社会情绪，政策善后工作自然也包括如何化解不良社会情绪。

（二）管理社会情绪，提升领导干部社会心理服务能力和社会情绪管理能力

完善源头预防机制，强化基层基础工作，将社会心理服务工作纳入网格化管理、矛盾纠纷化解、重点人员管理、特定利益群体维稳等工作中去，及时理顺情绪、平和心态，有效预防和减少由社会情绪引发极端事件。

在区一级，相关部门完善规划，前瞻性地规划各项民生设施，包括教育、

医疗、养老等公共服务。社会情绪与社会政策、公共服务水平密切相关。调查结果显示：公共服务水平较高，民生保障做得好，社会情绪趋于正向；相反，社会情绪则趋于负向。专项政策会引起人们的不满意或者牢骚，但如果有完善的公共服务保障，牢骚和不满意会随着时间的流逝渐渐消失，而不致引发大的问题。相反，基本民生得不到保障，专项政策执行中的问题则会成为社会动乱的导火线。

在街乡一级，党委和政府相关领导加强对本地区居民社会情绪的调查和研究，理解居民意见背后的真实诉求。在执行上级政策时要观照到居民的认同度和接受度，做耐心细致的心理疏导工作，而不能不注意方式方法，只关注上级政府满意不满意而不关注群众的情绪。在政策执行中，一方面加强对政策的宣传和解读，让老百姓理解政策和措施的必要性。另一方面，各项措施和政策要做到公开、公正，并确保征求意见和政策法规实施过程中的程序公平。

提升社区工作者的社会心理服务能力，将社会心理知识作为社会工作者的职业素养和工作技能加以培养。社会治理的“最后一公里”就在社区。新时代社会矛盾发生了变化，集中体现为人们对美好生活的需求不断增长，这美好需求更具体地说就是由物质需求转向了精神和心理的需求，社区工作者应做居民的贴心人，及时感知社区居民的操心事、烦心事、揪心事，把老百姓放在心中，是做好社区工作的前提和基础。

（三）调适社会情绪，完善社会心理服务体系，建立专业的心理疏导机制

面对急剧的社会变迁，陌生人社会格局之下的城市居民，特别是生活保障系统不完善的群体，其心理适应性和承受力较低，稍有风吹草动就会达到积极应对和有效处理的极限，随之出现种种“心理震荡”，给社会带来稳定隐患。应建全社会心理服务机制，完善社会心理服务体系，建立专业化的心理疏导机制，坚持群体化服务和个性化服务相结合的原则，创新服务方式，拓宽服务内容，强化各项服务措施，使社会情绪得到科学有效的调适。

1. 健康心态培育，提高自我疏导机制

提高公众对公共政策、公共事件的理解力、分析力和思考力。探索在社区

引导居民积极社会情绪的方法和路径。培育自尊自信、理性平和、积极向上的社会心态。加强基层基础工作，多渠道做好社会服务工作，特别是开展常态化的社会心理辅导和思想教育工作，舒缓紧张浮躁情绪，疏导偏激狭隘情绪，化解不满不稳定情绪。加强社区文化建设，通过多种形式的社区活动、多个领域的社区服务，提高社区居民的参与度和认同感，营造积极健康、协商互助的社区文化氛围。

2. 情绪引导服务，做好利益受损者的情绪疏导

以居民社区为平台和评估单元，通过群体规范、群体身份诱发、情绪感染、认知重评等方式，引导居民在凝聚和相互影响的过程中形成积极的社会情绪。特别是对政策实施中的利益受损者，要关注其心态失衡、行为失常的表现，加强人文关怀和心理辅导、援助，引导其依法理性处理问题，防止发生极端事件。社区工作者要在维护居民权利方面发挥作用，同时关注居民的心理健康和心理调适问题。帮助居民解决生活中的困难，及时对他们进行有效的心理疏导，引导他们以理性、合法、有序的方式表达利益诉求，避免其做出伤害自己或他人的不良后果，化解各种潜在的社会危机。

3. 专业心理咨询，为心理疾病患者提供相应服务

邀请具有专业背景的心理机构和志愿者组织进行辅助与疏导。提供专业心理服务，包括心理与健康、心理与教育知识讲座，以及定期心理咨询服务等。为此，加强心理咨询志愿者队伍建设。可以卫生部门牵头，人事、劳动和社会保障、教育等部门参与，在保证质量的前提下，加强对他们的专业培训，形成覆盖北京各个社区的心理专业人才信息资源库，以补充心理干预人员的力量，对心理问题较轻的人员可以安排心理咨询志愿者定期进行走访，并与他们保持联系，建立起特定的友好关系，及时帮助他们排解心理上的问题。

本次调研针对北京居民的社区心理服务需求和意愿也做了调查，结果表明（见图 34）。39% 的居民愿意参加社区提供的心理健康知识讲座，36% 的居民愿意参加团体心理游戏与活动，33% 的居民愿意进行个人心理咨询，另有 31% 的居民愿意参加心理与教育知识讲座，26% 的居民愿意参加社区组织的家庭关系讲座。这一结果反映出北京居民对于心理服务已经有比较明显的需求和主观意愿。

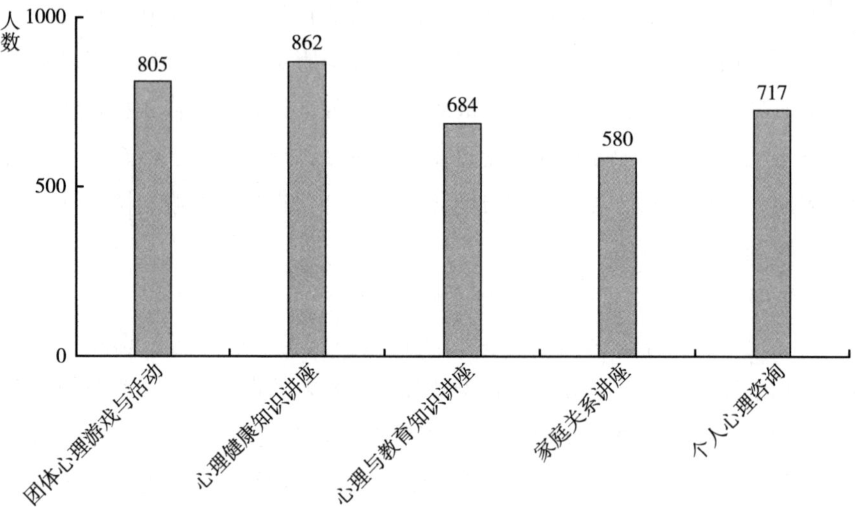

图 34　参与社区心理服务的类型选择

B.5

北京市居民社会情绪现状与幸福感的关系

刘聪慧　王子叶　刘瑾茹*

摘　要： 本研究在北京16个区县抽取1567名居民进行了调查，考察了北京市居民的社会情绪现状，以及其与个人/社会幸福感的关系。结果显示：(1) 居民的社会情绪和幸福感整体上处于中等偏上水平；(2) 居民的社会情绪和幸福感在性别、年龄、收入水平、受教育程度、婚姻状况、户口所在地等人口学变量上存在差异；(3) 居民对家庭、学习、工作和社会事件的情绪反应偏理性；(4) 不同社会情绪对个人幸福感和社会幸福感有不同的预测作用。本报告在这些结论的基础上提出了决策建议。

关键词： 北京市民　社会情绪　个人幸福感　社会幸福感

一　引言

（一）社会情绪的概念与现状

社会情绪一直是心理学家、社会学家、政治学家等共同关心的重要主题。与人类的基本情绪（basic emotion）有所不同，社会情绪（social emotion）是

* 刘聪慧，中国人民大学心理学系副教授，研究方向为情绪、认知与健康；王子叶，中国人民大学心理学系研究生；刘瑾茹，中国人民大学心理学系研究生。

人类在社会交往及其互动中产生的情绪。阿道夫认为社会情绪包含三个必要特征：一是情绪发生在社会环境中，二是包含人际互动，三是与文化和习俗等因素相关联①。由社会事件引起的积极情绪或者消极情绪，可以在人际、群体之间传播。有研究者认为社会情绪的主体和客体都应该是群体和社会，社会情绪应该是在一定的社会背景下，群体或社会整体所共享的情绪体验②③。总体来看，心理学家更为强调社会情绪的个体方面，强调个体的生理唤醒、外显行为表达和主观体验④⑤；而社会学家则把社会情绪放到了更大的文化和社会背景中进行考察⑥⑦。我们根据目前众多学者对社会情绪的界定，从两个视角对社会情绪进行探究：个人视角和集体视角⑧⑨⑩，例如个人自豪和集体自豪。另外，我们还从积极和消极视角对社会情绪进行测查，积极视角如自豪和感恩，消极视角如内疚、羞愧和妒忌⑪⑫。

目前大部分研究是从积极和消极效价对社会情绪进行研究。2011 年至今的《中国社会心态研究报告》中屡次提到当前社会心态的发展态势中，社会

---

① Adolphs, R., Baron-Cohen, S., & Tranel, D. (2002). Impaired recognition of social emotions following amygdala damage. *Journal of Cognitive Neuroscience*, 14 (8), 1264 - 1274.

② 王俊秀：《关注社会情绪　促进社会认同　凝聚社会共识——2012 ~ 2013 年中国社会心态研究》，《民主与科学》2013 年第 1 期。

③ 陈满琪：《群体情绪及其测量》，《社会科学战线》2013 年第 2 期。

④ Fredrickson, B. L. (2004). The role of positive emotions in positive psychology: The broaden-and-build theory of positive emotions. *American Psychologist*, 359 (1449), 1367 - 1377.

⑤ 王振宏、吕薇、杜娟、王克静：《大学生积极情绪与心理健康的关系：个人资源的中介效应》，《中国心理卫生杂志》2011 年第 7 期。

⑥ 王俊秀：《社会情绪的结构和动力机制：社会心态的视角》，《云南师范大学学报》（哲学社会科学版）2013 年第 5 期。

⑦ 段慧丹：《从嫉妒到怨恨：当代中国社会情绪的变迁（1978 年至今）》，博士学位论文，上海：华东师范大学，2014。

⑧ Chakrabarti, A. (1992). Individual and collective pride. *American Philosophical Quarterly*, 29, 35 - 43.

⑨ Lickel, B., Schmader, T., Curtis, M., Scarnier, M., & Ames, D. R. (2005). Vicarious shame and guilt. *Group Processes & Intergroup Relations*, 8, 145 - 157.

⑩ Liu, C. H., Lai, W. J., Yu, G. L., & Chen, C. S. (2014). The individual and collective facets of pride in Chinese college students. *Basic and Applied Social Psychology*, 36, 176 - 189.

⑪ 吴宝沛、张雷：《妒忌：一种带有敌意的社会情绪》，《心理科学进展》2012 年第 9 期。

⑫ Tracy, J. L., & Weidman. (In Press). The self-conscious and social emotions: A personality and social-functionalist account. *Handbook of Personality* (4th edition).

情绪的特点为：总体基调以正向为主，负向情绪的引爆点低，“社会情绪反向”值得警惕。从具体的社会事件来看，2016 年 1 月 1 日起，全面实施一对夫妇可生育两个孩子政策；2016 年 9 月，我国发射第一个空间实验室“天宫二号”；2016 年 10 月，神舟十一号飞船升空，航天员景海鹏、陈冬完成与天宫二号空间实验室的交会对接；雄安新区的设立；反腐剧《人民的名义》热播……在过去的几年中，发生的这些振奋人心、令人愉快、令人感动的事情会调动居民的包括个体/国家自豪和感恩等方面的积极社会情绪，使得正向情感进一步积累和增加，社会更加团结，凝聚力更强。

另外，负向社会情绪的引爆点降低，爆发激烈，指向性明确。比如从过去几年中的北京八达岭动物园老虎伤人事件、美韩“萨德事件”，以及雷洋案和辱母杀人案等事件中，我们都能看到民众对于这些事件的激烈社会反应。社会性事件中，一旦出现诱发因素，负性情绪强度迅速升高，形成社会事件的负性情绪能量，并在事件发生后不断升级，大量的社会性事件会导致社会情绪的耐受性和控制点降低。我们拟基于个体/群体层面、积极/消极层面、家庭/工作/社会层面，从多个视角对北京市居民的社会情绪进行研究，厘清当下北京市居民的个体和群体社会情绪现状，包括一般的社会情绪状态，也包括对特定社会事件的情绪反应，最后分析其是否存在不同的模式。

（二）社会情绪与幸福感

幸福感是心理健康的重要指标，心理健康是社会和谐与发展的精神力量①②，根据中国社会科学院 2013 年所发布的《社会心态蓝皮书》，北京 16 个区县 18 岁以上 72 岁以下居民的整体心理健康水平偏低，居民心理健康问题亟待关注。

就幸福感而言，目前有两种类型：一种是迪纳（Diener）等人从个人层面提出的幸福感（subjective well-being），是一种基于个体产生的积极评价③；另

① 金一波、王大伟：《心理健康是和谐社会的精神基石》，《山东师范大学学报》（人文社会科学版）2006 年第 3 期。

② 俞国良、董妍：《我国心理健康研究的现状、热点与发展趋势》，《教育研究》2012 年第 6 期。

③ Diener, E., Emmons, R. A., Larsen, R. J., & Griffin, S. (1985) The Satisfaction with Life Scale. *Journal of Personality Assessment*, 49, 71 - 75.

一种是凯斯（Keyes）提出的社会幸福感（social well-being），主要是指个体对社会功能的评估，包括个体与社会关系、社会发展模式和社会价值等①。从宏观和微观两个角度测量幸福感可以更为完整地反映个体和社会的健康状况。

社会情绪是幸福感和心理健康的重要预测变量之一。弗雷德里克森（Fredrickson）的“拓展－建构”理论中就阐释了情绪的拓展、建构、缓释功能，展示了积极情绪的三点功能：第一，积极情绪具有拓展功能，能够使个人更积极地思考，提升采取行动的可能性，拓展了个人即时的认知－行动范围；第二，积极情绪具有建构功能，可以建构个人的体力、智力、心理以及社会等诸多方面的可持续性资源；第三，积极情绪具有缓释功能，积极情绪有助于缓释消极情绪带来的不良影响，实现自主神经的平静和灵敏思维的修复②。积极的社会情绪会通过情绪的“拓展－建构”功能，促进个人/社会幸福感。而大多数负性社会情绪与积极的情绪相反，会缩减人们的认知、行为和生活范围，从而对个人/社会幸福感有消极的影响。

总的来说，本研究旨在揭示北京市民在不同效价上的社会情绪与幸福感的现状，分析北京市居民社会情绪和幸福感的关系机制，建构社会情绪和幸福感之间的关系模型。呼吁居民关注自己的情绪和心理健康，加强居民的心理知识普及，帮助居民了解更多心理知识，加强社区心理建设，构建更为幸福、和谐、宽容和健康的北京大社区。

二　研究方法

（一）样本基本情况

按照预期方案，我们对北京市 16 个区县（14 个区和 2 个县）的居民进行分层抽样，共抽取了 1606 名被试，最后有效被试 1567 人，问卷回收率为 97.6%。被调查居民的个人基本情况见表 1。

---

① Keyes, C. L. M. (1998). Social well-being. *Social Psychology Quarterly*, 61 (2), 121－140.

② Fredrickson, B. L. (2004). The role of positive emotions in positive psychology: The broaden-and-build theory of positive emotions. *American Psychologist*, 359 (1449), 1367－1377.

表 1　样本的人口学变量基本情况

变量	类别	样本数	百分比
性别	男	578	36.9
	女	989	63.1
年龄	< =18 岁	46	2.9
	19 -29 岁	900	57.4
	30 -39 岁	206	13.1
	40 -49 岁	228	14.6
	50 -59 岁	151	9.6
	60 -69 岁	23	1.5
	> =70 岁	13	0.8
民族	汉	1488	95.0
	蒙	9	0.6
	满	28	1.8
	回	27	1.7
	藏	3	0.2
	壮	4	0.3
	维吾尔	1	0.1
	其他	7	0.4
政治面貌	中共党员	335	21.4
	共青团员	808	51.6
	民主党派	29	1.9
	群众	338	21.6
	无党派人士	57	3.6
婚姻状况	从未结婚	1011	64.5
	初婚有配偶	478	30.5
	再婚有配偶	43	2.7
	离异	12	0.8
	丧偶	3	0.2
	同居	20	1.3
户籍	北京户籍	1072	68.4
	非北京户籍	495	31.6
城区	东城	98	6.3
	西城	81	5.2
	朝阳	227	14.5
	丰台	117	7.5
	石景山	52	3.3
	海淀	291	18.6
	门头沟	18	1.1
	房山	73	4.7
	通州	77	4.9
	顺义	50	3.2
	昌平	99	6.3
	大兴	80	5.1
	怀柔	34	2.2
	平谷	23	1.5
	密云	43	2.7
	延庆	24	1.5
	遗漏	18	11.5
住房	北京无自有住房	752	48.0
	北京自有一套住房	674	43.0
宗教	佛教	244	15.6
	道教	22	1.4
	天主教	9	0.6
	基督教	52	3.3
	东正教	4	0.3
	犹太教	1	0.1
	回教/伊斯兰教	16	1.0
	民间信仰（妈祖、关公等）	24	1.5
	无	1195	76.3
教育	小学/私塾	7	0.4
	初中	30	1.9
	高中/中专/技校/职高	133	8.5
	大专	185	11.8
	本科	984	62.8
	硕士	201	12.8
	博士及以上	25	1.6
	未上过学	2	0.1
子女	无子女	1083	69.1
	有一个孩子	406	25.9
	有多个孩子	72	4.6

续表

变量	类别	样本数	百分比	变量	类别	样本数	百分比
子女	失独	4	0.3	单位	其他	83	5.3
	其他	2	0.1		学校	516	32.9
工作	正式工作	849	54.2		遗漏	3	0.2
	临时工作	81	5.2	收入	≤2999 元	1006	64.2
	无业、失业或下岗	36	2.3		3000 - 4499 元	46	2.9
	离退休	20	1.3		4500 - 5999 元	81	5.2
	学生	575	36.7		6000 - 7999 元	115	7.3
	遗漏	6	0.4		8000 - 9999 元	115	7.3
单位	国家机关	57	3.6		10000 - 14999 元	105	6.7
	事业单位	347	22.1		15000 - 19999 元	52	3.3
	国企	164	10.5		20000 - 29999 元	32	2.0
	私企	254	16.2		≥30000	15	1.0
	外企	50	3.2	住房	北京自有两套住房	113	7.2
	自由职业	78	5.0		北京自有三套及以上住房	28	1.8
	社会团体	15	1.0				

（二）问卷材料

调查所用的工具包括三个工具包：第一，积极社会情绪测量工具包；第二个，消极社会情绪测量工具包；第三，幸福感测量工具包。

1. 积极社会情绪测量工具包

该工具包包括：个体主义 - 集体主义自豪问卷（Individual and Collective Pride Scale，ICPS，2014），积极的家庭事件、学校事件、工作单位事件和社会事情等相关的情绪事件问卷（参考社会事件自己编制项目）。

2. 消极社会情绪测量工具包

该工具包包括：内疚和羞愧问卷（Izard 等，1993），感恩（The Gratitude Questionnaire - 6，GQ - 6，McCullough，2002）和嫉妒问卷（Bringle Self-report Jealousy Scale；Bringle et al.，1979），消极的家庭事件、学校事件、工作单位事件和社会事情等相关的情绪事件问卷（参考社会事件自己编制项目）。

3. 幸福感测量工具包

该工具包包括：主观幸福感量表（Satisfaction with life scale，SWLS；

Diener 等，1985）、社会幸福感量表（Social well-being，Keyes，1998；Keyes & Corey，2007）。

三　北京市居民社会情绪和幸福感现状

（一）总体状况

北京市居民总体社会情绪和幸福感比较良好，积极社会情绪和幸福感都显著高于中位数。其中，个人自豪［t（1566）=70.48，$p<.001$］、关系自豪［t（1566）=68.94，$p<.001$］和国家自豪［t（1566）=71.56，$p<.001$］的分数都显著高于中位数5。感恩［t（1566）=39.69，$p<.001$］的分数显著高于中位数4。个人幸福感［t（1566）=4.07，$p<.001$］和社会幸福感［t（1566）=36.37，$p<.001$］的分数显著高于中位数4。

对于消极情绪而言，嫉妒［t（1566）=−13.85，$p<.001$］和内疚［t（1566）=9.13，$p<.001$］的分数分别显著低于和高于中位数3。而羞愧［t（1566）=−0.81，$p=.417$］分数与中位数3之间没有显著差异。详细结果见图1。

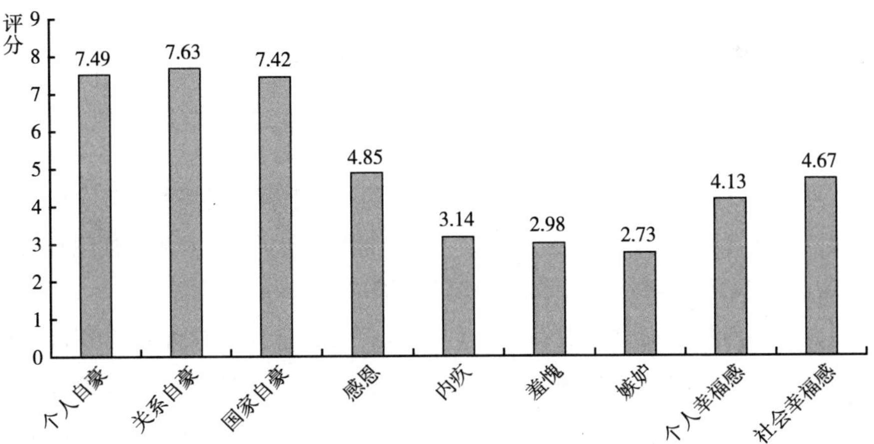

图1　北京市居民社会情绪和幸福感的总体情况

总体来看，北京市居民的社会情绪处于积极的状态，积极社会情绪（自豪和感恩）的平均数高于中位数，消极社会情绪（羞愧和嫉妒）的平均数低于中位数。但是，其中内疚情绪显著高于中位数，这一结果可能和内疚的特殊性有关，内疚是个体伤害或者意图伤害他人或违反规则之后产生的一种情绪体验（Izard et al.，1993）。对个人而言，内疚有消极的影响，与抑郁和焦虑有关（Cohen，Panter，& Turan，2012；Mancini & Gangemi，2004；Sangmoon 等，2011）；但是，有研究者发现，内疚可能是一种有益社会的负性情绪。它可以促进个体的道德发展、增加亲社会行为，从而改善人际关系，有利于实现社会和谐（Gutierrez，2003；Tangney et al.，1996）。

（二）不同个人特征居民的社会情绪和幸福感状况

本次调查发现，不同性别、不同年龄、不同学历、不同政治面貌、不同户籍（北京户籍和非北京户籍）、不同住房情况、不同婚姻状况、不同子女情况、不同工作状态、不同工作单位、不同收入等人口学变量都对北京市居民的社会情绪和幸福感有影响（在数据分析中，如果备选项的数量过少，我们对其进行删减或合并）。

1. 北京居民社会情绪和幸福感的性别差异

对于积极情绪而言：女性的个人自豪［t（1565）$= -4.67$，$p < .001$］、关系自豪［t（1565）$= -4.87$，$p < .001$］、国家自豪［t（1565）$= -4.35$，$p < .001$］、感恩［t（1565）$= -7.59$，$p < .001$］和个人幸福感［t（1565）$= -4.22$，$p < .001$］均显著高于男性（见图 2）。消极情绪和社会满意度不存在性别显著差异。

总体来看，北京市的女性比男性的积极情绪及其幸福感指数更高，但是在消极情绪方面没有差异。出现这一结果和女性更倾向于体验和表达情感有关。

2. 北京居民社会情绪和幸福感的年龄差异

对于积极情绪而言：我们使用重复测量的方差分析对自豪类型和年龄两个变量的效应进行了处理，发现自豪类型［F（2，3122）$= 32.02$，$p < .001$］主效应显著，年龄［F（5，1561）$= 1.91$，$p = .09$］的主效应不显著，但是两个变量的交互作用显著［F（10，3122）$= 11.45$，$p < .001$］。总体来看，国家自豪高于关系自豪，关系自豪高于个人自豪；但是，在 19 ~ 29 岁的年龄段，个人自豪的强度比关系自豪和国家自豪更大（详见图 3）。

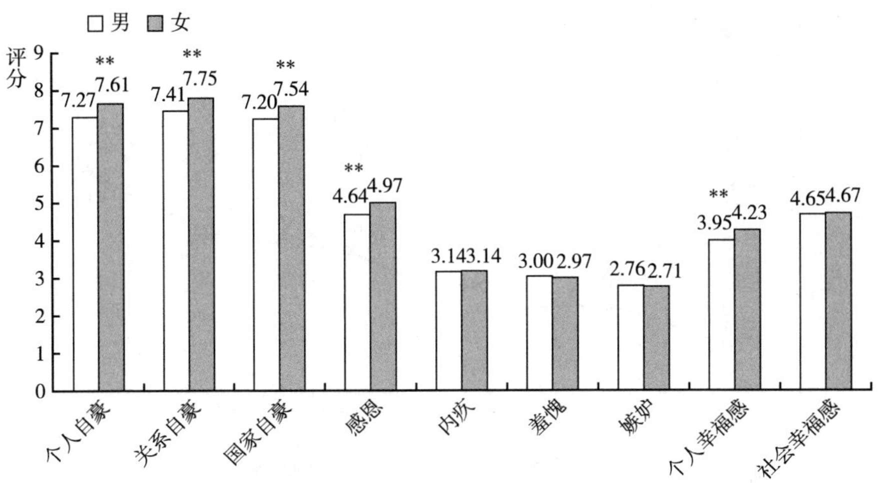

图 2　北京居民社会情绪和幸福感的性别差异

** $p<.01$。

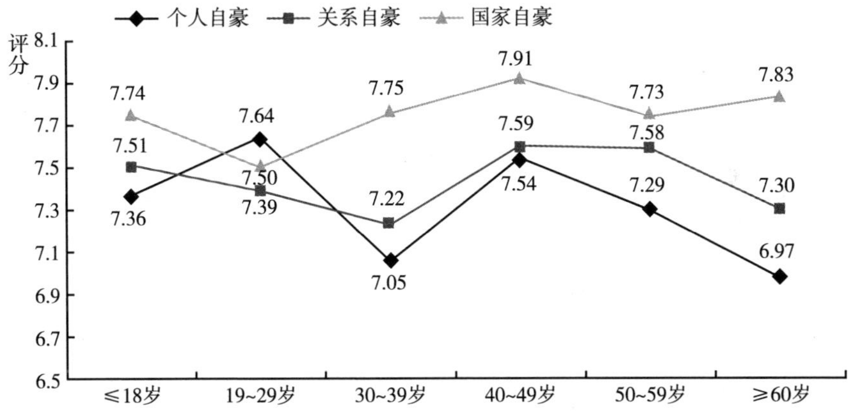

图 3　不同年龄组在个人、关系和国家自豪水平上的差异

年龄对感恩［$F(5,1561)=10.01$，$p<.001$］、个人幸福感［$F(5,1561)=3.69$，$p<.01$］和社会幸福感［$F(5,1561)=2.85$，$p<.05$］的影响显著，其中感恩得分最高的是 19～29 岁，总体而言两种幸福感水平随年龄的增加而提升（见图 4）。

对于消极情绪而言：年龄对内疚［$F(5,1561)=3.31$，$p<.01$］、羞愧

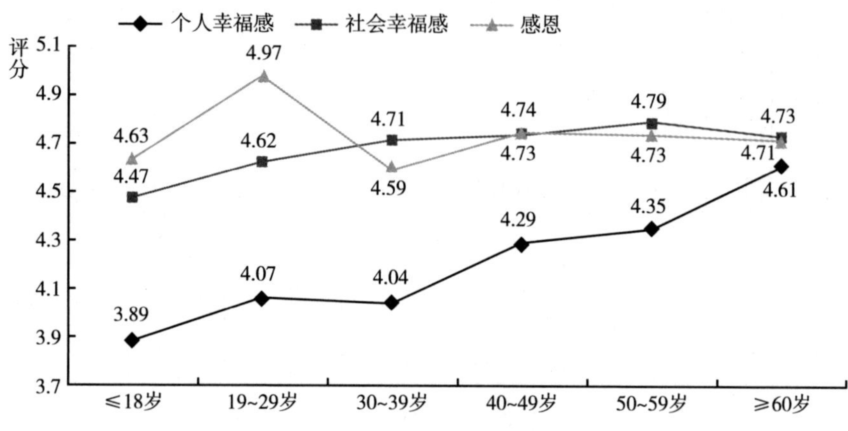

图 4　不同年龄组感恩和幸福感的水平

[F（5，1561）=3.73，p<.01] 和嫉妒 [F（5，1561）=8.72，p<.001] 有显著的影响。总体来看，随着年龄的增长，三种负性情绪得分有下降的趋势（见图 5）。

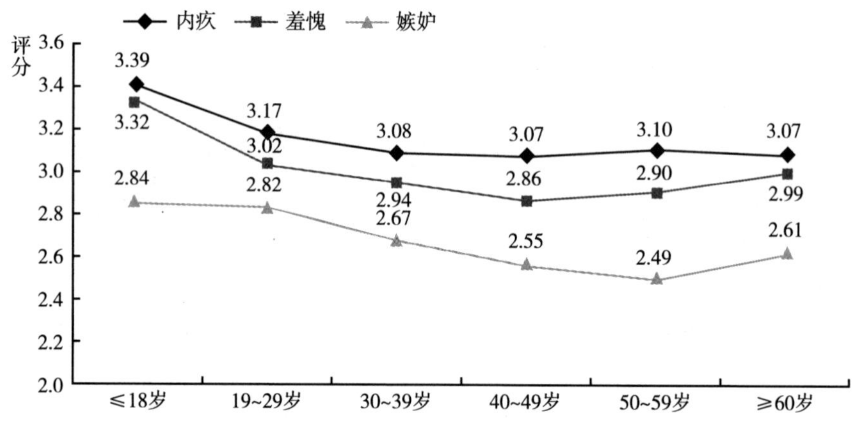

图 5　不同年龄组的消极社会情绪水平差异

3. 不同学历的居民的社会情绪和幸福感差异

对于积极情绪而言：我们使用重复测量的方差分析对自豪类型和学历两个变量的效应进行了处理，发现自豪类型 [F（2，3124）=20.26，p<.001] 主效应显著，学历 [F（4，1562）=5.38，p<.001] 的主效应显著，两个变

量的交互作用显著 [F (8, 3124) =9.81, p <.001]。总体来看，在学历比较低的时候（例如初中、高中/中专/技校/职高和大专），国家自豪高于关系自豪，关系自豪高于个人自豪；但是，学历比较高的时候（例如本科和硕士），三种自豪之间的关系比较接近（见图6）。

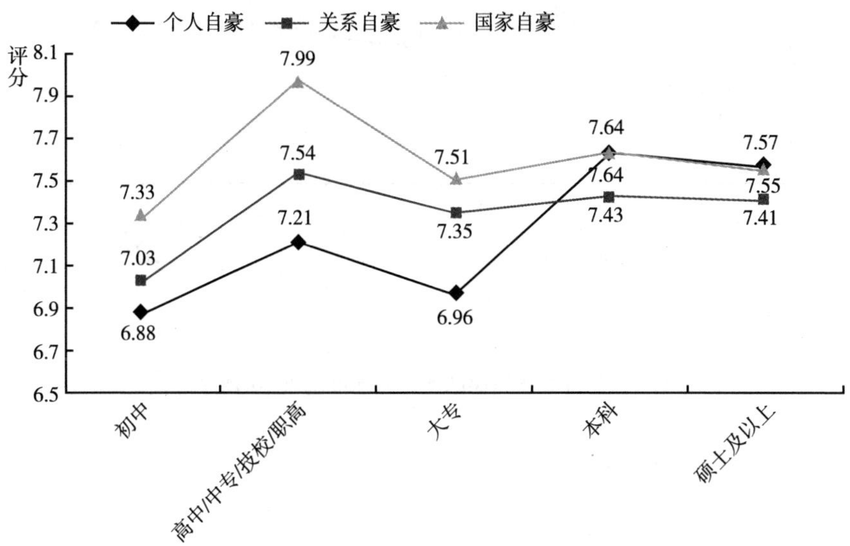

图6 不同学历的居民个人、关系和国家自豪的差异

学历对感恩 [F (4, 1562) =9.30, p <.001] 和社会幸福感 [F (4, 1562) =3.91, p <.01] 的影响显著。其中感恩得分最高的是硕士学历的人群，得分最低的是初中和大专的人群；社会幸福感得分最高的是高中/中专/技校/职高学历人群，最低的是初中学历人群（见图7）。

对于消极社会情绪而言：学历对内疚 [F (4, 1562) =0.25, p =.91] 和羞愧 [F (4, 1562) =0.13, p =.97] 没有显著影响，但是对嫉妒 [F (4, 1562) =4.28, p <.01] 有显著的影响。随着学历的变化，嫉妒情绪存在先降低后升高的变化模式（见图8）。

4. 不同政治面貌的居民的社会情绪和幸福感差异

对于积极社会情绪而言：政治面貌对个人自豪的影响显著 [F (4, 1562) =5.18, p <.001]，对关系自豪 [F (4, 1562) =1.62, p =.17] 和国家自豪

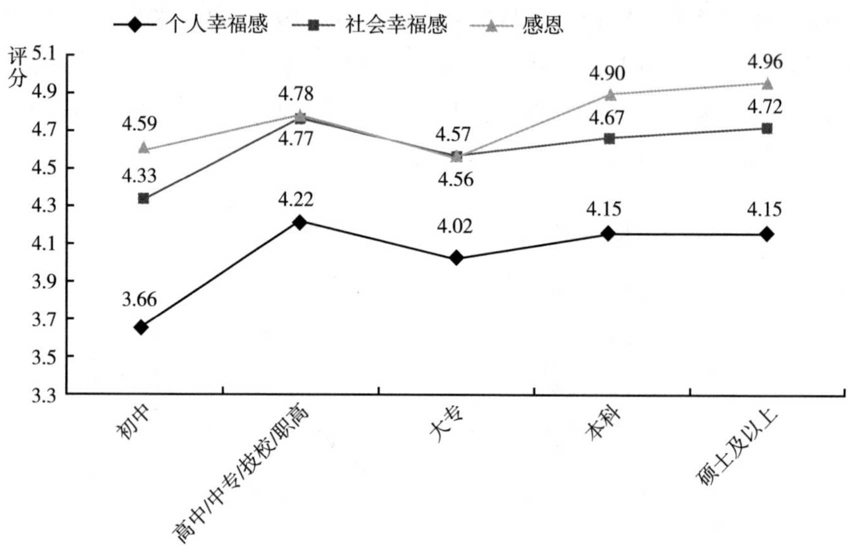

图7　不同学历居民的感恩和幸福感水平的差异

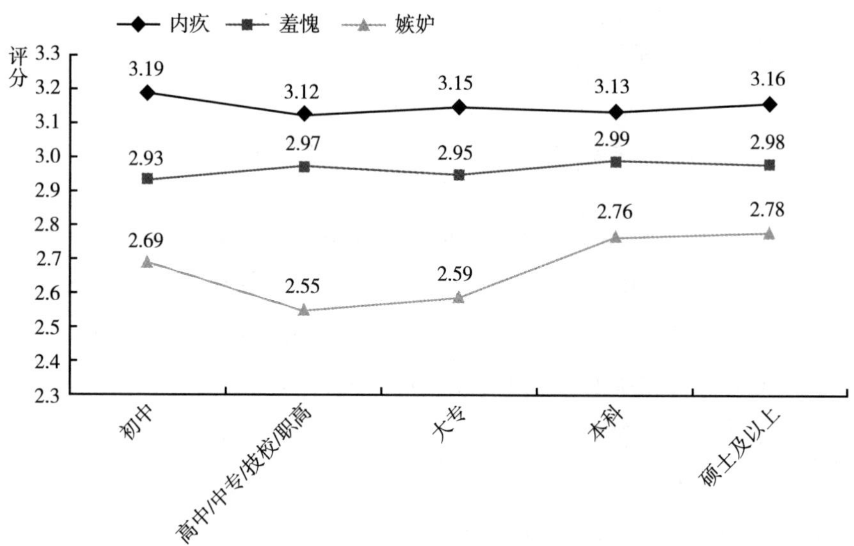

图8　不同学历的居民消极社会情绪的差异

［F（4，1562）=2.29，p =.06］的影响没有达到显著性水平。对于个人自豪而言，共青团员个人自豪得分最高（7.55）；对于关系自豪而言，中共党员的

关系自豪得分最高（7.50）；对于国家自豪而言，中共党员个人自豪得分最高（7.75）。另外，总体来看，个人自豪、关系自豪和国家自豪，得分最低的群体都是民主党派群体（见图9、10）。

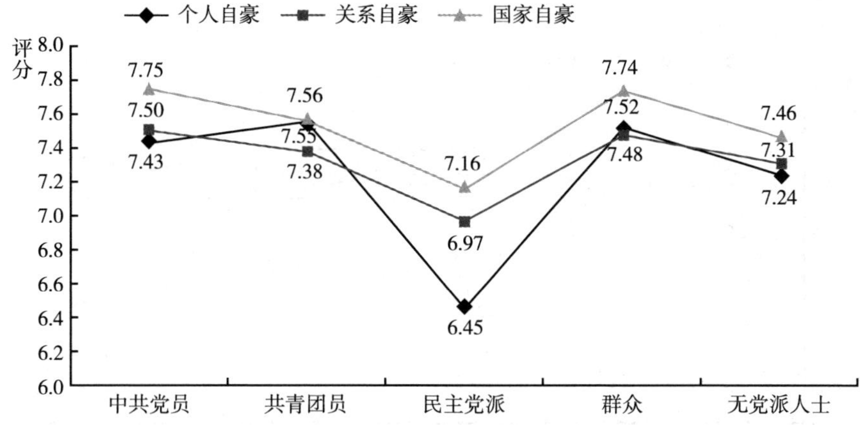

图9　不同政治面貌的居民个人、关系和国家自豪的差异

政治面貌对感恩［F（4，1562）=7.96，p<.001］、个人幸福感［F（4，1562）=5.57，p<.001］和社会幸福感［F（4，1562）=3.61，p<.01］的影响显著，其中感恩和社会幸福感得分最低的是民主党派群体，个人幸福感得分最低的是无党派人士；中共党员的感恩和幸福感水平都是最高的（见图7）。

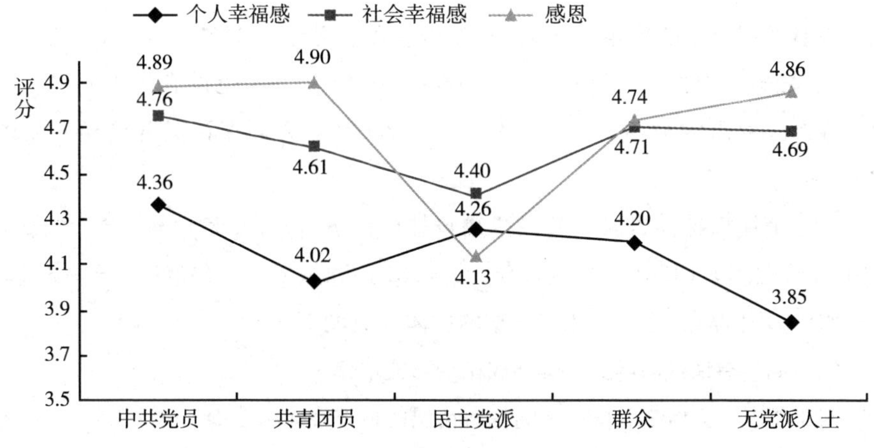

图10　不同政治面貌的居民感恩和幸福感水平的差异

对于消极社会情绪而言：政治面貌对内疚［F（4，1562）=1.17，p=.32］和羞愧［F（4，1562）=0.73，p=.57］没有显著影响，但是对嫉妒［F（4，1562）=4.16，p<.01］有显著的影响。群众群体的嫉妒分数最低，民主党派群体的嫉妒分数最高（见图11）。

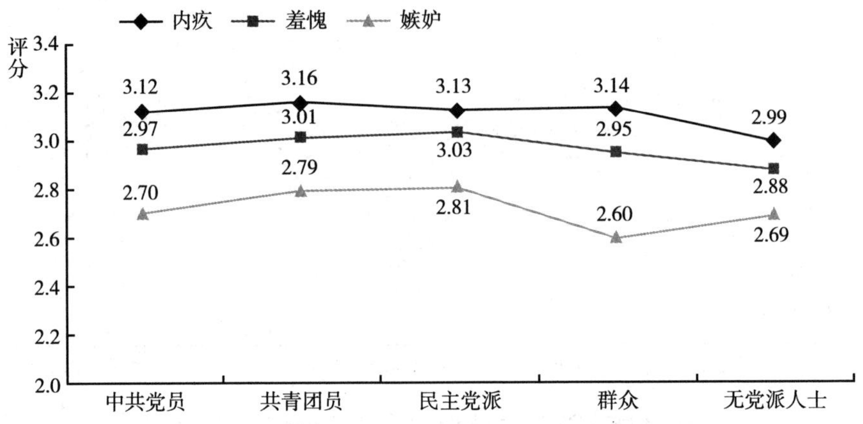

图11　不同政治面貌的居民消极社会情绪的差异

5. 不同户籍居民的社会情绪和幸福感差异

户籍情况分为北京户籍和非北京户籍，对于积极社会情绪而言：北京户籍和非北京户籍的群体在个人自豪［t（1565）=−1.20，p=.23］、关系自豪［t（1565）=−0.57，p=.57］和国家自豪［t（1565）=−0.56，p=.57］上均没有发现显著的差异；另外，两组群体在感恩［t（1565）=−1.41，p=.16］和社会幸福感［t（1565）=0.66，p=.51］方面也没有显著差异。但是，在个人幸福感［t（1565）=9.10，p<.001］方面存在显著差异（见图12）。

对于消极情绪而言：非北京户籍群体的内疚［t（1565）=−3.25，p=.001］、羞愧［t（1565）=−2.56，p=.01］和嫉妒［t（1565）=−3.20，p=.001］均值都显著高于北京户籍的群体（见图12）。

6. 不同住房情况居民的社会情绪和幸福感差异

对于积极社会情绪而言：不同住房情况的群体在个人自豪［F（2，1564）=0.98，p=.37］和关系自豪［F（2，1564）=0.90，p=.41］方面没有显著

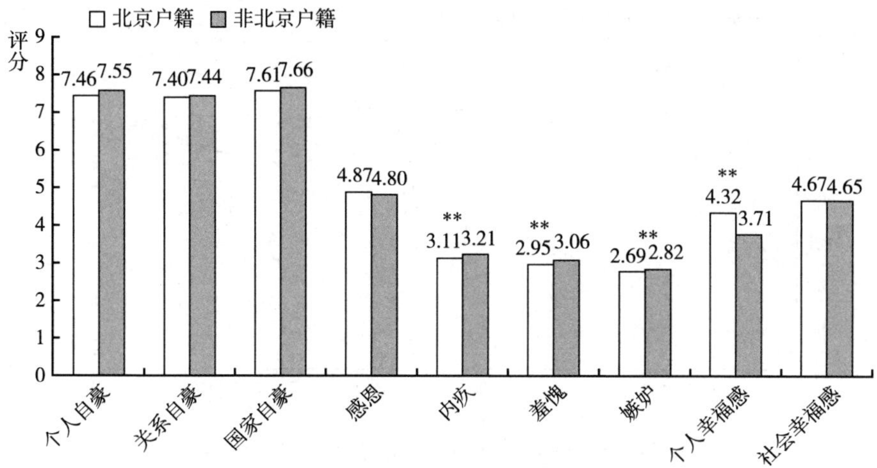

图 12　不同户籍的居民的社会情绪和幸福感差异

差异；在国家自豪［$F(2, 1564) = 3.82$，$p < .05$］方面发现了显著的差异，在北京拥有一套住房的群体国家自豪分数最高（见图 13）。

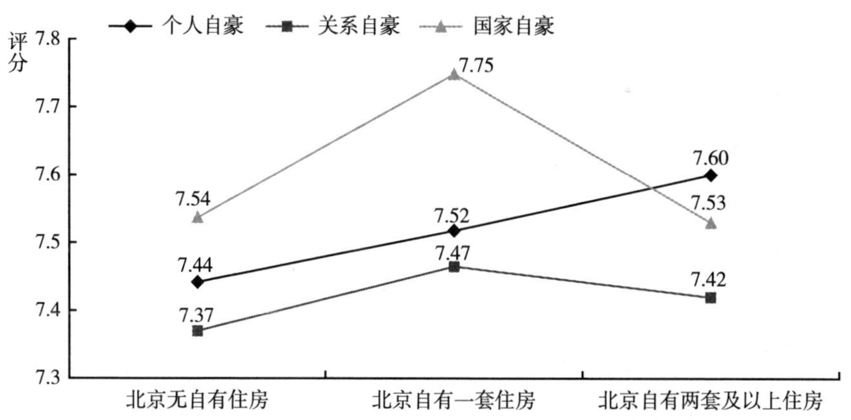

图 13　不同住房情况的居民个人、关系、国家自豪的差异

另外，不同住房情况的群体在感恩方面［$F(2, 1564) = 0.61$，$p = .54$］没有显著差异，在个人幸福感［$F(2, 1564) = 41.75$，$p < .001$］和社会幸福感［$F(2, 1564) = 9.57$，$p < .001$］方面存在差异。随着自有住房套数增多，个人幸福感水平上升；自有一套住房的社会幸福感水平最高（见图 14）。

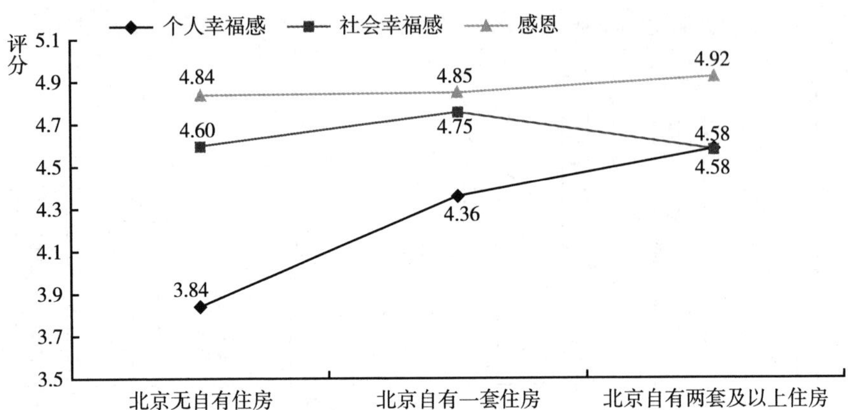

图 14　不同住房情况的居民的感恩和幸福感差异

对于消极社会情绪而言：住房情况对内疚［F（2，1564）＝6.57，p＝.001］、羞愧［F（2，1564）＝4.39，p＜.05］和嫉妒［F（2，1564）＝13.65，p＜.001］有显著的影响。北京自有一套住房的群体其内疚、羞愧和嫉妒分数最低（见图 15）。

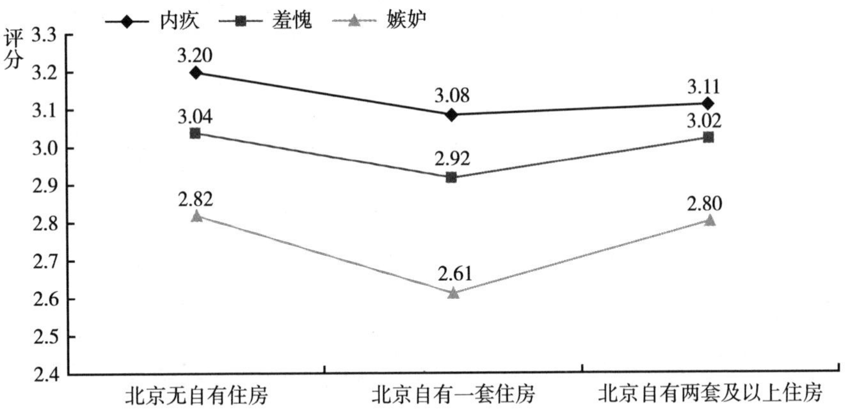

图 15　不同住房情况的居民消极社会情绪的差异

7. 不同婚姻状况居民的社会情绪和幸福感差异

对于积极社会情绪而言：不同婚姻状况的群体在个人自豪［F（2，1549）＝12.45，p＜.001］、关系自豪［F（2，1549）＝4.83，p＜.001］和国家自豪［F（2，1549）＝11.35，p＜.001］方面有显著差异。三种自豪类型中，都是再婚有配偶的群体得分最低。从未结婚的群体个人自豪得分最高，初婚有配偶的群体的关系自豪和国家自豪得分最高（见图 16）。

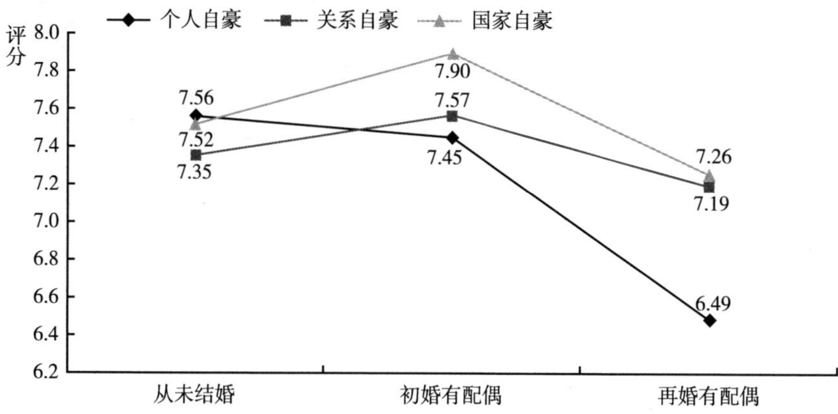

图 16　不同婚姻情况的居民个人、关系、国家自豪的差异

不同婚姻情况的居民在感恩［F（2，1549）=16.52，p <.001］、个人幸福感［F（2，1549）=15.76，p <.001］和社会幸福感［F（2，1549）=13.73，p <.001］方面存在显著差异。从未结婚群体的个人幸福感最低，感恩得分最高；再婚有配偶群体的感恩和社会幸福感得分最低，个人幸福感最高（见图 17）。

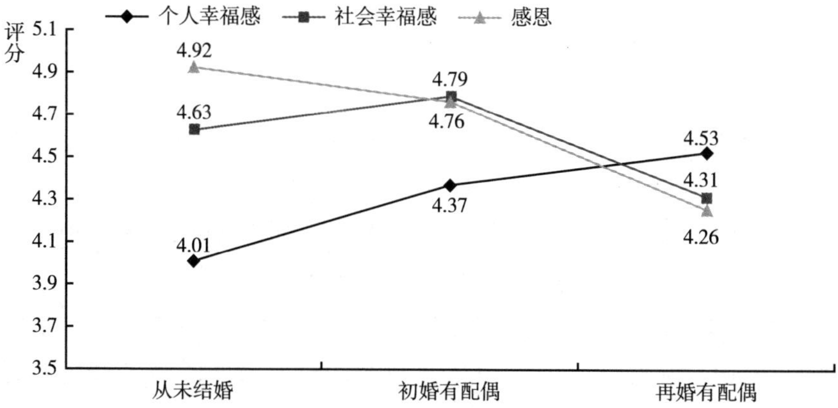

图 17　不同婚姻情况的居民感恩和幸福感水平的差异

对于消极社会情绪而言：不同婚姻状况的群体在内疚［F（2，1549）=5.06，p<.01］、羞愧［F（2，1549）=9.50，p<.001］和嫉妒［F（2，1549）=13.82，p<.001］方面有显著差异。三种负性情绪都是初婚有配偶的群体得分最低（见图18）。

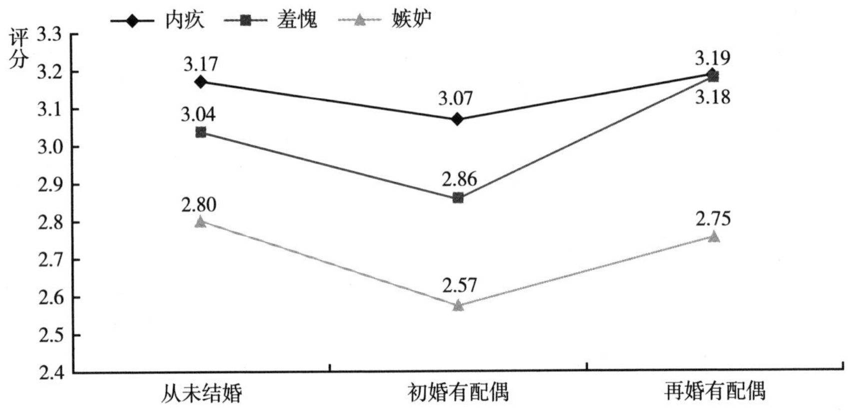

图18　不同婚姻情况的居民消极社会情绪的差异

8. 不同子女情况居民的社会情绪和幸福感差异

对于积极社会情绪而言：不同子女状况的群体在关系自豪［F（2，1558）=5.33，p<.01］和国家自豪［F（2，1558）=8.91，p<.001］方面有显著差异，而在个人自豪［F（2，1558）=2.68，p=.07］方面没有显著差异。三种自豪类型中，个人自豪得分最高的是无子女群体，关系自豪和国家自豪得分最高的是有一个孩子的群体（见图19）。

不同子女情况的居民在感恩［F（2，1558）=7.66，p<.001］、个人幸福感［F（2，1558）=16.66，p<.001］和社会幸福感［F（2，1558）=5.85，p<.01］方面存在显著差异。感恩得分最高的是无子女群体，有一个孩子的个人幸福感和社会幸福感水平最高（见图21）。

对于消极社会情绪而言：不同子女情况的群体羞愧［F（2，1558）=4.92，p<.01］和嫉妒［F（2，1558）=14.04，p<.001］方面都有显著差异，在内疚［F（2，1558）=2.48，p=.08］方面没有差异。三种负性情绪都是无子女群体得分最高（见图21）。

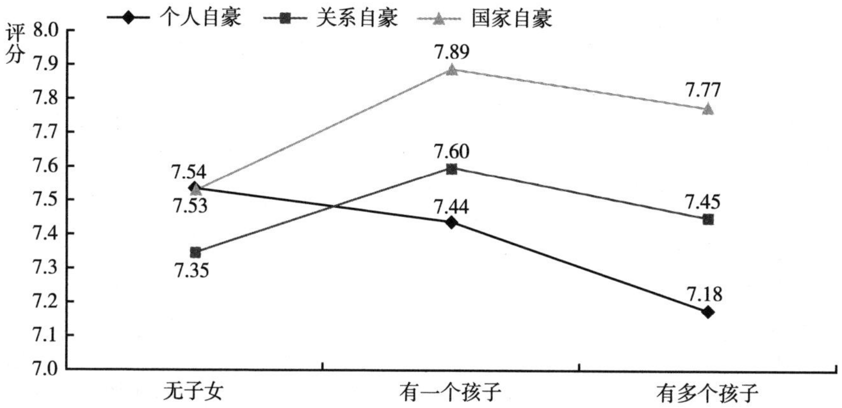

图 19 不同子女情况的居民个人、关系和国家自豪的差异

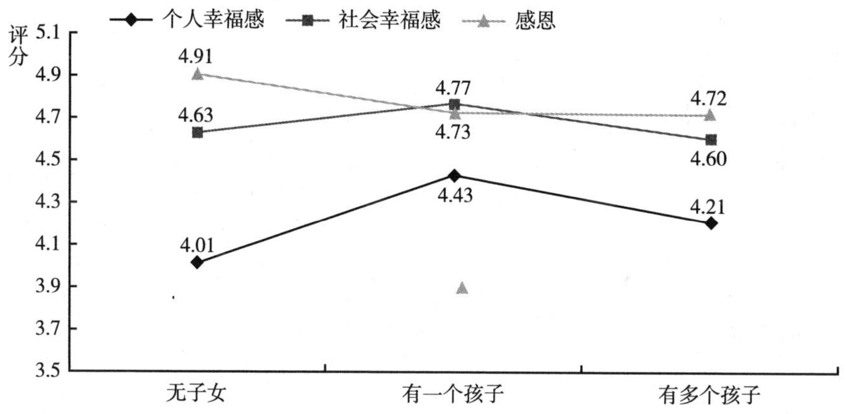

图 20 不同子女情况的居民感恩和幸福感水平的差异

9. 不同工作状态居民的社会情绪和幸福感差异

对于积极社会情绪而言：我们使用重复测量的方差分析对自豪类型和工作状态两个变量的效应进行了处理，发现自豪类型［F（2，3074）=11.62，p<.001］和工作状态［F（3，1537）=5.33，p=.001］的主效应显著，两个变量的交互作用显著［F（6，3074）=5.61，p<.001］。总体来看，无业、失业或下岗群体的三种自豪水平都是最低的；另外，正式工作和学生群体的三种自豪水平差异不大，但是临时工作和无业、失业或下岗群体的个人自豪比关系自豪和国家自豪得分要低（见图 22）。

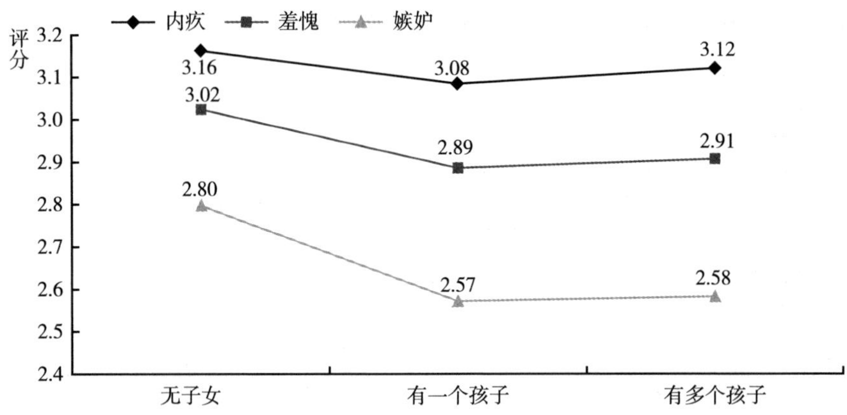

图 21　不同子女情况的居民消极社会情绪的差异

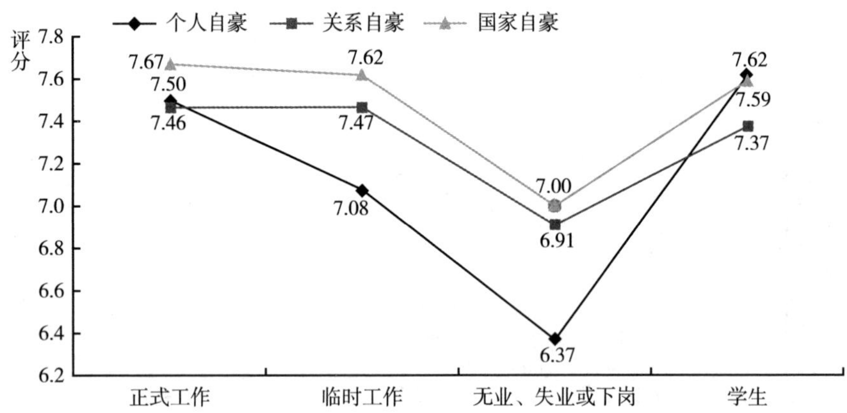

图 22　不同工作状态居民的个人、关系、国家自豪的差异

不同工作状态的居民在感恩［F（3，1537）=7.62，p<.001］、个人幸福感［F（3，1537）=6.77，p<.001］和社会幸福感［F（3，1537）=4.04，p<.01］方面存在显著差异。临时工作群体的感恩和个人幸福感最低，无业、失业或下岗群体的社会幸福感最低；学生群体的感恩得分最高，正式工作群体的个人幸福感和社会幸福感得分最高（见图 23）。

对于消极社会情绪而言：不同工作状况群体的内疚［F（2，1558）=4.92，p<.01］和羞愧［F（2，1558）=14.04，p<.001］方面存在显著差异，在嫉妒［F（2，1558）=2.48，p=.08］方面没有显著差异。三种负性

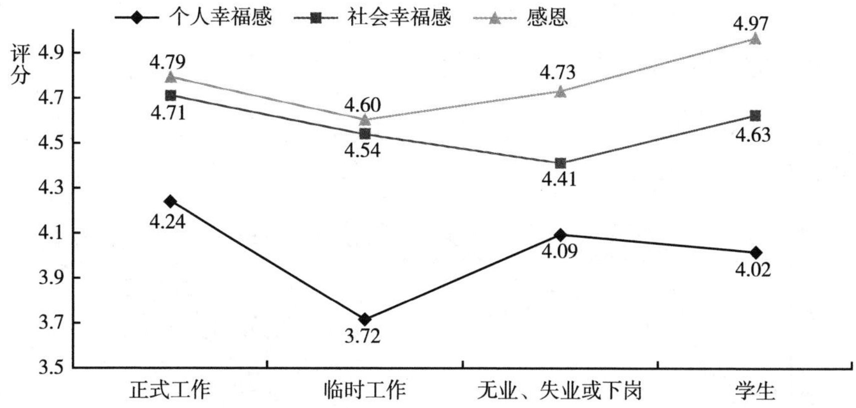

图 23　不同工作状态的居民感恩和幸福感水平的差异

情绪都是学生和临时工作群体得分更高，有正式工作群体的嫉妒和羞愧得分最低，无业、失业或下岗群体的内疚得分最低（见图 24）。

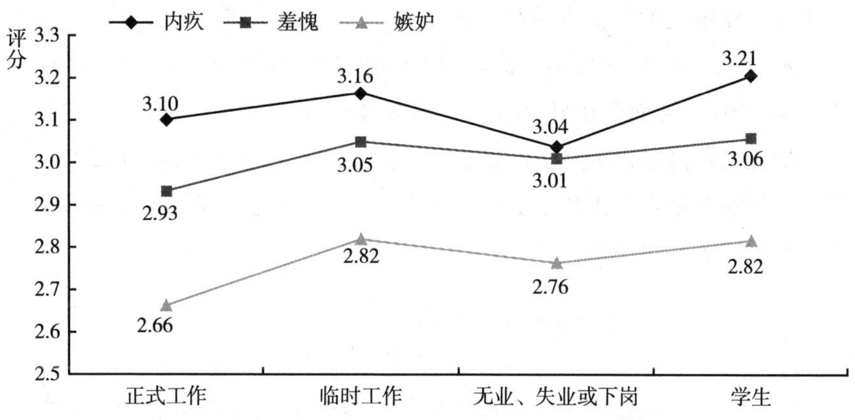

图 24　不同工作状态的居民消极社会情绪的差异

10. 不同工作单位居民的社会情绪和幸福感差异

对于积极社会情绪而言：我们使用重复测量的方差分析对自豪类型和单位类型两个变量的效应进行了处理，发现自豪类型［F（2，3082）＝18.04，p＜.001］和单位类型［F（7，1541）＝7.41，p＝.001］的主效应显著，两个变量的交互作用显著［F（14，3082）＝3.33，p＜.001］。总体来看，国家机关工作群体的三种自豪水平都是最低的；另外，学校和事业单位工作群体的个人自豪得分最高，事业单位工作群体的关系自豪得分最高，私企工作群体的国家自豪得分最高（详见图 25）。

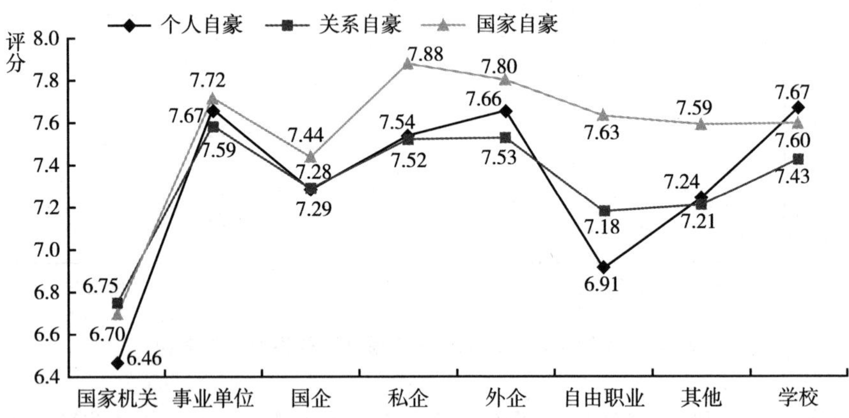

图 25　不同工作单位居民的个人、关系、国家自豪的差异

不同工作单位的居民在感恩［F（7，1541）＝8.07，p＜.001］、个人幸福感［F（7，1541）＝8.07，p＜.001］和社会幸福感［F（7，1541）＝8.07，p＜.001］方面存在显著差异。感恩得分最高的是学校和事业单位工作群体，最低的是国家机关和自由职业群体；个人幸福感得分最高的是事业单位工作，最低的是私企工作和自由职业群体；社会幸福感得分最高的是外企，最低的是国家机关（见图 26）。

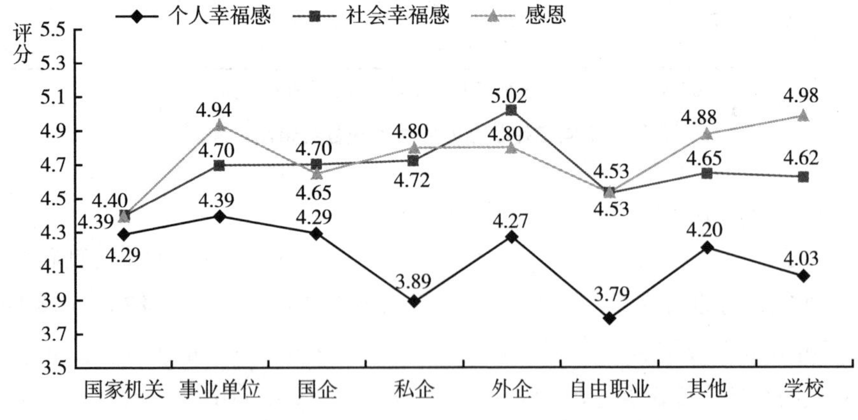

图 26　不同工作单位居民的感恩和幸福感水平的差异

对于消极社会情绪而言：不同工作单位群体的内疚［F（7，1541）＝2.46，$p<.05$］和嫉妒［F（7，1541）＝5.75，$p<.001$］方面都有显著差异，但是在羞愧［F（7，1541）＝1.68，$p=.11$］方面没有显著差异。三种负性情绪都是外企工作群体得分最低，自由职业群体的嫉妒和羞愧得分最高，学校工作群体的内疚得分最高（见图27）。

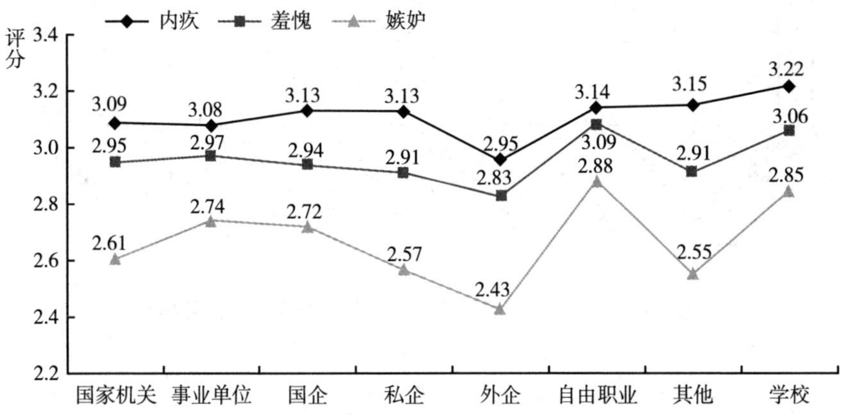

图27　不同工作单位居民的消极社会情绪的差异

11. 不同收入居民的社会情绪和幸福感差异

对于积极社会情绪而言：我们使用重复测量的方差分析对自豪类型和收入水平两个变量的效应进行了处理，发现自豪类型［F（2，3118）＝47.78，$p<.001$］和收入水平［F（7，1559）＝2.32，$p=.05$］的主效应显著，两个变量的交互作用显著［F（14，3118）＝7.66，$p<.001$］。总体来看，国家自豪高于关系自豪，关系自豪高于个人自豪；另外，收入在3000～4499元的个人自豪、关系自豪和国家自豪最低，收入20000元及以上的个体国家自豪最高，收入8000～9999元的个体关系自豪最高，2999元及以下个体的个人自豪最高（见图28）。

不同收入水平的居民在感恩［F（7，1559）＝6.42，$p<.001$］、个人幸福感［F（7，1559）＝3.62，$p=.001$］和社会幸福感［F（7，1559）＝3.20，$p<.01$］方面存在显著差异。感恩和个人幸福感得分最高的是收入≥20000元的群体，得分最低的是收入3000～4499元的群体；社会幸福感得分最高的是收入10000～14999元的群体，最低的是收入3000～4499元的群体（见图29）。

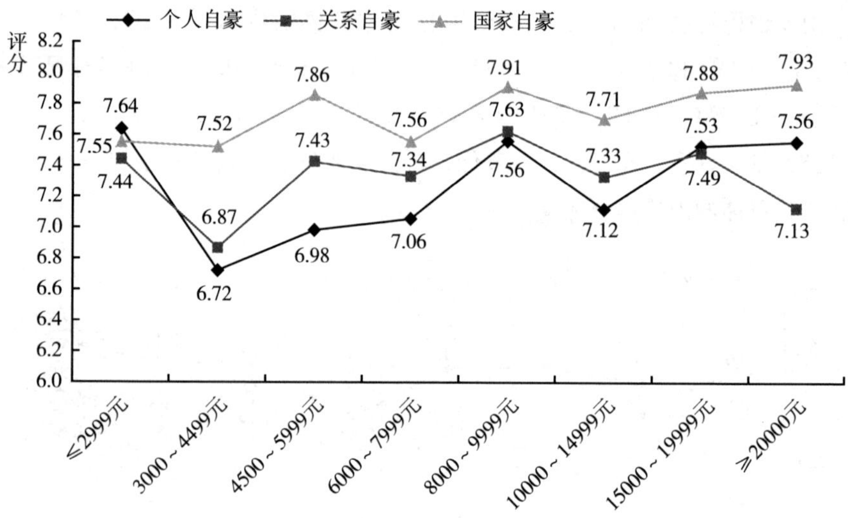

图 28　不同收入的居民个人、关系、国家自豪的差异

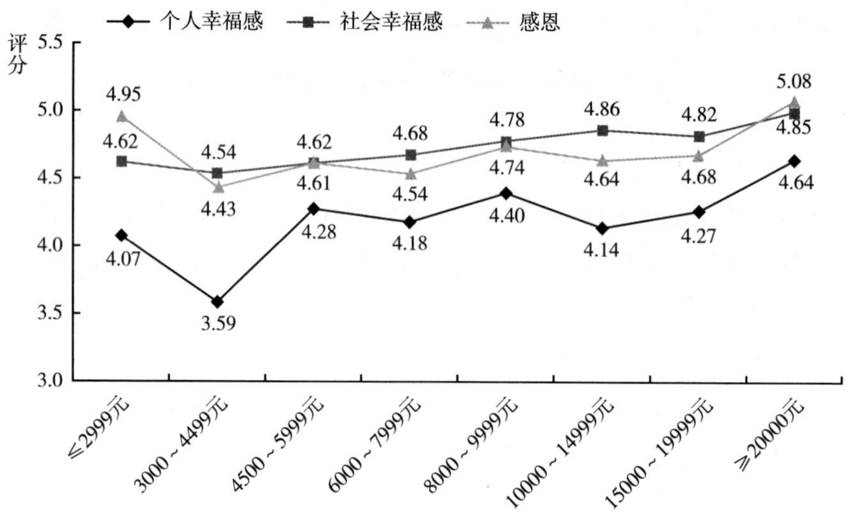

图 29　不同收入的居民感恩和幸福感水平的差异

对于消极社会情绪而言：不同收入水平的群体在羞愧［$F(7, 1559) = 2.50$，$p < .05$］和嫉妒［$F(7, 1559) = 6.72$，$p < .001$］方面都有显著差异，但是在内疚［$F(7, 1559) = 1.79$，$p = .09$］方面没有显著差异。收入

2999 元及以下群体的羞愧和嫉妒分数最高，收入 8000～9999 元群体的羞愧和嫉妒得分最低（见图 30）。

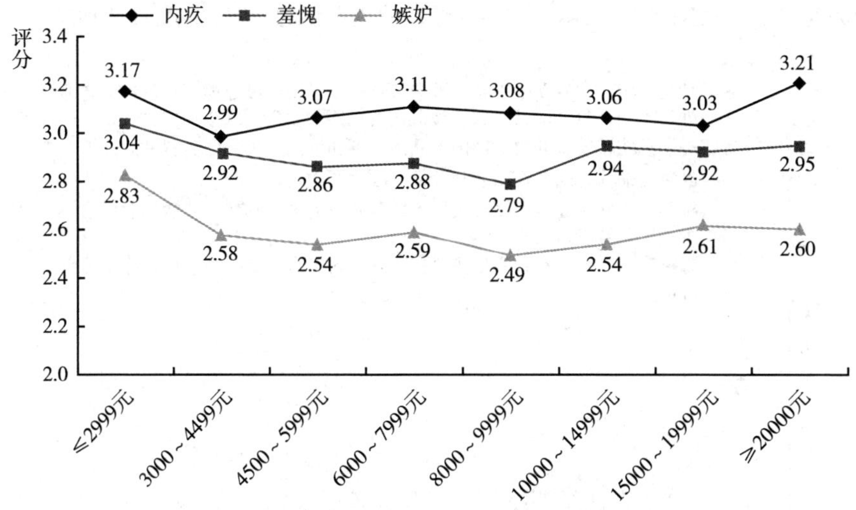

图 30　不同收入水平的居民消极社会情绪的差异

总体来看，北京市居民的社会情绪和幸福感会受到很多因素的影响。居民的幸福感水平随年龄增长而上升，负性社会情绪随年龄增长而下降，这一结果和老年情绪认知的积极效应一致。居民较高的受教育水平对积极的社会情绪和幸福感有积极的作用，对于消极的情绪影响较小，良好的教育可能可以提升居民的生活技能，增加其社会适应能力，从而达到提升个体的幸福感和积极社会情绪的目的。居民中民主党派人士的自豪情绪和幸福感比较低，可能和民主党派在中国的规模较小有关。另外，户籍、住房、子女、婚姻、工作和收入都会对社会情绪与幸福感有显著影响，具有北京户籍、拥有 1 套住房、有配偶、有 1 个子女、拥有正式工作和基本的收入者，其社会情绪和幸福感指数比较高。

四　北京市居民对社会事件的情绪反应

（一）社会事件

如图 31 所示，北京市居民对社会事件的关注程度较高，其中，在持悲观态度的居民中，对中美贸易战事件感到悲观的比重最低，低于 10%；对杭州市保姆的伤害行为事件感到悲观的比重最大；在持不满态度的居民中，对中美贸易战感到不满的比重最小，约为30%；对红黄蓝幼儿园事件感到不满的比重最多，约为60%；居民对图31所示事件感到浮躁的比重相对一致，均低于10%。

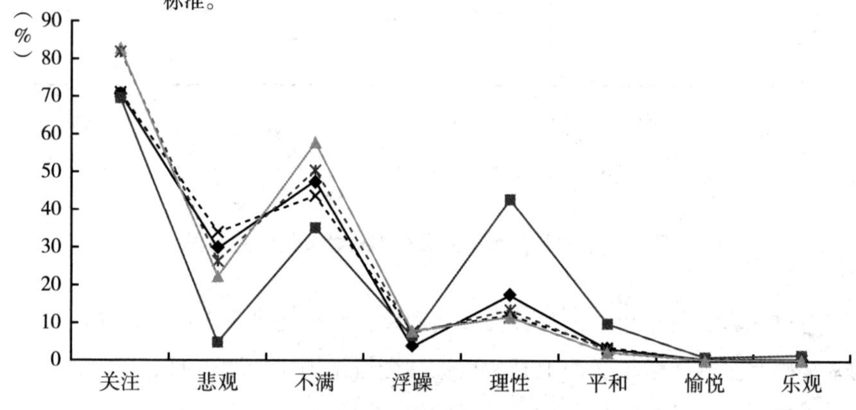

图31　北京居民对不同社会事件的反应

在持理性态度的居民中，对中美贸易战理性看待的居民所占的比重最多，约为40%；对其他事件理性看待的居民比重差异不大，在10%～20%；在持平和态度的居民中，对中美贸易战平和看待的居民比重最多，约为10%；对其他事件平和看待的居民比重差异不大，且均低于10%。对于图31所示事件，持愉悦和乐观态度的居民比重差异不大，均低于10%。

（二）学习工作事件

如图32所示，北京居民对这些社会事件的关注程度较高。对于图中事件，持悲观态度的居民比重差异不大，且均低于10%；在持不满态度的居民中，对扣发奖金或罚款感到不满的比重最多，约30%；对其他事件感到不满的比重差异不大，均低于10%；在持浮躁态度的居民中，对工作或学习压力大感到浮躁的居民比重最多，约 30%；对涨工资和晋升感到浮躁的居民比重最少，低于 10%。

在持理性态度的居民中，对与上级、同事或同学关系紧张理性看待的居民所占的比重最多，约 40%；对涨工资或晋升理性看待的居民比重最少，约 20%；对图 32 所示事件持平和态度的居民所占比重在 20% ~30%。

居民对于涨工资和晋升事件感到愉悦的比重最多，约 30%；对于其他事件感到愉悦的比重差异不大，均低于 10%；居民对于涨工资和晋升事件乐观看待的比重最多，约 15%；对其他事件感到乐观的比重差异不大，均低于 10%。

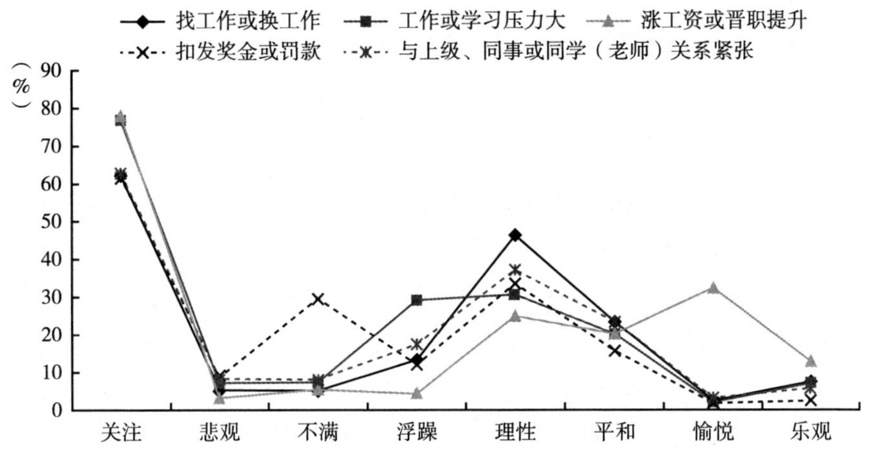

图 32　对学习、工作事件的反应

（三）家庭生活事件

如图 33 和图 34 所示，北京居民对这些社会事件的关注程度较高。对于图 33 中事件，持悲观、不满和浮躁态度的居民比重差异不大，且均低于 10%。持平和态度的居民比重差异不大，约为 15%。在持理性态度的居民中，对家庭原住房拆迁理性看待的居民所占的比重最多，约为 30%；对自己或家人恋爱或结婚理性看待的居民比重最少，约为 10%（见图 33）。

居民对于自己或家人恋爱或结婚感到愉悦的比重最多，约为 50%；对于家庭原住房拆迁感到愉悦的比重最少，约为 20%；持乐观态度的居民比重差异不大，为 10% ~20%（见图 33）。

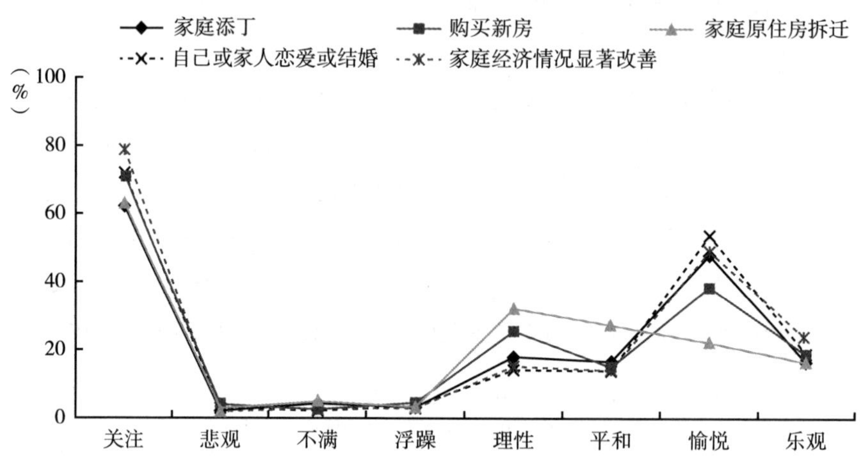

图 33　北京居民对家庭事件的情绪反应

如图 34 所示，对亲人过世关注的比重达到 70%；在持悲观态度的居民中，对亲人过世感到悲观的比重最多，约 75%；对孩子升学（园）不理想感到悲观的比重最少，低于 10%；在持不满态度的居民中，对孩子升学（园）不理想感到不满的比重最多，约为 15%；对亲人过世感到不满的比重最少，低于 10%；在感到浮躁的居民中，对孩子升学（园）不理想感到浮躁的比重最多，约 15%，对亲人过世感到浮躁的比重最低，低于 10%（见图 34）。

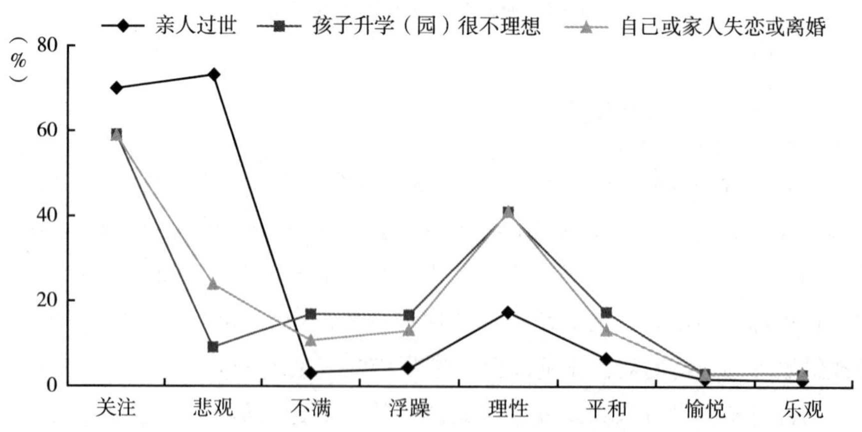

图 34　北京居民对家庭事件的情绪反应

在持理性态度的居民中，对孩子升学（园）不理想和自己或家人失恋或离婚理性看待的居民所占的比重均约40%，对亲人过世理性看待的居民比重最少，约15%；在持平和态度的居民中，对亲人过世持平和态度的比重最少，低于10%，对其他两类事件持平和态度的比重差异不大，约15%。对于图34中所示事件，感到愉悦和乐观的居民比重差异不大，均低于10%。

五　北京市居民社会情绪与个人/社会幸福感的关系

个人自豪、关系自豪、国家自豪、感恩与个人幸福感和社会的幸福感呈正相关，即个体的积极社会情绪越高，其个人/社会幸福感越强。其中关系自豪与个人幸福感的关系最大，相关系数为0.24，国家自豪和社会幸福感的关系最大，相关系数为0.32（见表2）。

表2　社会情绪与个人和社会幸福感的相关统计

情绪 \ 类型	个人自豪	关系自豪	国家自豪	感恩	内疚	羞愧	嫉妒	个人幸福感	社会幸福感
个人自豪									
关系自豪	.55 **								
国家自豪	.45 **	.71 **							
感恩	.31 **	.24 **	.24 **						
内疚	.07 **	.10 **	0.05	-.05					
羞愧	.05	-.02	-.07 **	-.15 **	.54 **				
嫉妒	.05	-.09 **	-.10 **	-.16 **	.22 **	.37 **			
个人幸福感	.17 **	.24 **	.17 **	.18 **	-.10 **	-.16 **	-.15 **		
社会幸福感	.27 **	.29 **	.32 **	.44 **	-.24 **	-.32 **	-.30 **	.25 **	

** ：$p<.01$。

个体感受到的内疚、羞愧、嫉妒等负面情绪，与个人幸福感和社会幸福感呈负相关，即个体的消极社会情绪越强，个体的个人/社会幸福感越弱。其中羞愧与个人幸福感（$r=-0.16$，$p<0.01$）和社会幸福感（$r=-0.32$，$p<0.01$）的关系最强（见表2）。

之后我们以人口学变量和社会情绪变量作为自变量，以个人幸福感作为因变量，进行了多层回归分析。结果发现：户籍、住房和政治面貌可以显著地预测个人幸福感，有住房和北京户籍的居民个人幸福感更高；个人自豪和关系自豪、感恩、羞愧和内疚能够显著地预测个人幸福感（结果见表3）。所有变量对整个模型的累计解释力为17%，其中人口学变量的解释力为8%，社会情绪的解释力为9%。

表3　人口学变量和社会情绪变量对个人幸福感的影响

阶层变量	阶层内预测变量	阶层一		阶层二	
		β	t 值	β	t 值
人口统计学	性别	0.09	3.51 **	0.05	1.81
	年龄	0.00	-0.08	-0.01	-0.21
	政治面貌	-0.08	-2.86 **	-0.07	-2.72 **
	婚否	0.03	0.83	0.04	1.25
	子女	0.06	1.46	0.05	1.29
	户籍	-0.16	-5.71 **	-0.16	-5.90 **
	住房	0.12	4.20 **	0.11	3.86 **
	工作	-0.02	-0.36	0.03	0.46
	单位	0.03	0.45	-0.01	-0.22
	收入	0.03	0.99	0.04	1.19
社会情绪	个人自豪			0.07	2.36 *
	关系自豪			0.19	5.41 **
	国家自豪			-0.04	-1.14
	感恩			0.09	3.28 **
	内疚			-0.04	-1.40
	羞愧			-0.09	-3.19 **
	嫉妒			-0.06	-2.14
回归模型摘要	F 值	14.21 **		18.50 **	
	R^2	0.08		0.17	
	$\triangle R^2$	0.08		0.09	

同时，我们以人口学变量和社会情绪变量作为自变量，以社会幸福感作为因变量，进行了多层回归分析。结果发现：收入水平可以显著地预测社会幸福感；个人/国家自豪、感恩、羞愧和内疚能够显著地预测社会幸福感。在这个模型中，人口学变量对社会幸福感的解释力比较低，只有2%。最重要的是，

和个人幸福感相比，社会情绪变量能解释社会幸福感中更多的变异［9%（个人幸福感）vs. 35%（社会幸福感）］（结果见表4）。

表4 人口学变量和社会情绪变量对社会幸福感的影响

层变量	层内预测变量	层一		层二	
		β	t 值	β	t 值
人口统计学	年龄	0.03	0.82	0.01	0.49
	工作	0.00	0.10	0.00	-0.06
	收入	0.09	2.75	0.10	3.52**
社会情绪	个人自豪			0.11	4.40**
	关系自豪			0.06	1.82
	国家自豪			0.13	4.38**
	感恩			0.33	14.68**
	内疚			-0.14	-5.65**
	羞愧			-0.13	-5.22**
	嫉妒			-0.14	-6.18**
回归模型摘要	F 值	2.93**		52.91**	
	R^2	.02		.37	
	$\triangle R^2$	.02		.35	

六 建议

（一）完善弱势群体的社会保障制度，培养积极社会情绪

社会保障制度是社会安定的重要基础，是一个社会健康发展的保护伞。在调查中我们发现无住房的、非北京本地户口的居民的个人幸福感水平也较低。鉴于此类居民多属于北漂族，他们在住房、教育、医疗、就业等方面都处于相对弱势的地位。具体来说：首先，无自有住房的居民可能需要支付每月数千元的租房费用，其生活成本和开销要大大多于有房居民。其次，无北京当地户籍的居民在子女教育上的选择自由度更小。主要表现在子女择校时，外地户籍的居民子女更难进入辖区内公立学校，享受优质教育资源的机会更少。在高考时，外地户籍的居民子女更无机会在北京参加高考。子女教育上的劣势会成为

非北京户籍居民的主要压力源之一，影响其个人幸福感的体验。再次，尽管十九大之后农村医疗保障制度已推广到全国，但无北京户籍的居民（如农民工）在北京公立医院可享用到的医疗保险仍十分受限，保险之外的自费医疗开销又大大加重了其生活成本，这也会影响其生活满意度和个人幸福感。最后，无北京户籍的居民在就业上的可选择性更小，稳定性更低。由于某些工作岗位的招聘要求中会申明只招聘北京户口个体，因此很多北漂居民甚至精英阶层的北漂居民也会被拒之门外，进而其个人幸福感会受到负面影响。综上所述，我们建议如下：一是完善城市居民最低生活保障制度，从资金、物质和精神等多方面对弱势群体提供支持，满足其基本的居住和日常生活需要；二是向北京居民推广失业保险、养老保险和医疗保险，加强社会保险制度的建设；三是为社会构建一个公平、公正的就业环境。

（二）树立良好的社会风尚，培育理性的认知方式

构建良好的社会环境，树立良好的社会风尚，可以潜移默化地培育居民理性的认知方式。从调查结果可以看出，积极的社会事件可以引发市民积极的社会情感，而消极的社会事件，则会引发群体性的负性社会情绪，居民对负性社会事件的表现是不满、缺少理性。带有情绪的非理性认知，会让居民的负性情绪积累，容易形成突发的社会事件。加强政府社会治理能力和积极弘扬和培育社会主义核心价值观，塑造健康的社会心态，养成理性、文明的行为和生活方式。居民养成优良品德，形成良好的家风，坚守职业道德，发扬社会公德，进而可以塑造全体市民理性平和、人际和谐的社会氛围，从而让个体能以更理性的认知方式来表达自己的情绪和意见，用合法合理的方式推动社会进步，减少犯罪和负性事件的出现。

（三）改善社会情绪，提升居民的社会幸福感

解决好人民最关心最直接最现实的利益问题是提高人民幸福感的最重要的抓手。我们的调查发现，相对于个人幸福感而言，社会情绪对社会幸福感的预测力更强，可以解释社会幸福感35%的变异。即社会情绪是社会幸福感的重要影响因素，积极的社会情绪（例如感恩、国家自豪和个体自豪）得分高的个体其社会幸福感会更高，他们会认为社会是友善的，认为自己能够为社会提

供有价值的东西，认为社会将变得越来越好，并对社会的发展有比较清晰的认识。消极社会情绪（例如内疚、羞愧和嫉妒）得分高的个体其社会幸福感会更低，他对社会的认知、预期更为负面。提升社会幸福感可以从改善个体的社会情绪入手，如何培养良好的社会情绪有待进一步的研究。

参考文献

Adolphs, R., Baron-Cohen, S., & Tranel, D. (2002). Impaired recognition of social emotions following amygdala damage. *Journal of Cognitive Neuroscience*, *14* (8), 1264-1274.

Bringle, R. B., Roach, S., Andler, C., Evenbeck, S. (1979). Measuring the intensity of jealous reactions. *JSAG: Catalog of Select Documents in Psychology*, 9, 23-24.

Chakrabarti, A. (1992). Individual and collective pride. *American Philosophical Quarterly*, 29, 35-43.

Cohen, T. R., Panter, A. T. & Turan, N. (2012). Guilt proneness and moral character. *Current Directions in Psychological Science*, 21 (5), 355-359.

Diener, E., Emmons, R. A., Larsen, R. J., & Griffin, S. (1985) The Satisfaction with Life Scale. *Journal of Personality Assessment*, 49, 71-75.

Fredrickson, B. L. (2004). The role of positive emotions in positive psychology: The broaden-and-build theory of positive emotions. *American Psychologist*, *359* (1449), 1367-1377.

Gutierrez, P. (2003). Evolution, social roles, and the difference in shame and guilt. *Social Research*, 70 (4), 1205-1230.

Izard, C. E., Libero, D. Z., Putnam, P., & Haynes, O. M. (1993). Stability of emotion experiences and their relations to traits of personality. *Journal of Personality and Social Psychology*, 64 (5), 847-860.

Keyes, C. L. M. (1998). Social well-being. *Social Psychology Quarterly*, 61 (2), 121-140.

Keyes, C. L. M., & Corey, L. M. (2007). Promoting and protecting mental health as flourishing: A complementary strategy for improving national mental health. *American Psychologist*, 62 (2), 95-108.

Lickel, B., Schmader, T., Curtis, M., Scarnier, M., & Ames, D. R. (2005). Vicarious Shame and Guilt. *Group Processes & Intergroup Relations*, 8, 145-157.

Liu, C. H., Lai, W. J., Yu, G. L., & Chen, C. S. (2014). The individual and

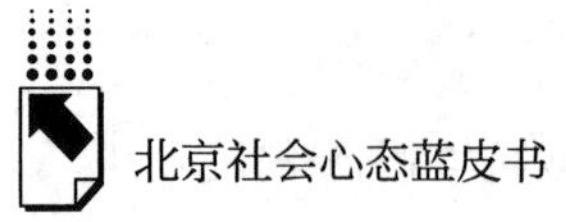

collective facets of pride in Chinese college students. *Basic and Applied Social Psychology*, 36, 176 - 189.

Mancini, F., & Gangemi, A. (2004). Fear of guilt from behaving irresponsibly in obsessive - compulsive disorder. *Journal of Behavior Therapy and Experimental Psychiatry*, 35 (2), 109 - 120.

McCullough, M. E., Emmons, R. A., & Tsang, J. A. (2002). The grateful disposition: A conceptual and empirical topography. *Journal of Personality and Social Psychology*, 82 (1), 112 - 127.

Sangmoon, K., Ryan, T., & Randall, S. J. (2011). Shame, guilt, and depressive symptoms: A meta-analytic review. *Psychological Bulletin*, 137 (1): 68 - 96.

Tangney, J. P., Miller, R. S., Flicker, L., & Barlow, D. H. (1996). Are shame, guilt, and embarrassment distinct emotions? *Journal of Personality and Social Psychology*, 70 (6), 1256 - 1269.

Tracy, J. L., & Weidman. (In Press). The self-conscious and social emotions: A personality and social-functionalist account. *Handbook of Personality* (*4th edition*).

陈满琪:《群体情绪及其测量》,《社会科学战线》2013 年第 2 期。

段慧丹:《从嫉妒到怨恨:当代中国社会情绪的变迁(1978 年至今)》,博士学位论文,上海:华东师范大学,2014。

金一波、王大伟:《心理健康是和谐社会的精神基石》,《山东师范大学学报》(人文社会科学版)2006 年第 3 期。

王俊秀:《关注社会情绪　促进社会认同　凝聚社会共识——2012 ~ 2013 年中国社会心态研究》,《民主与科学》2013 年第 1 期。

王俊秀:《社会情绪的结构和动力机制:社会心态的视角》,《云南师范大学学报》(哲学社会科学版)2013 年第 5 期。

王振宏、吕薇、杜娟、王克静:《大学生积极情绪与心理健康的关系:个人资源的中介效应》,《中国心理卫生杂志》2011 年第 7 期。

吴宝沛、张雷:《妒忌:一种带有敌意的社会情绪》,《心理科学进展》2012 年第 9 期。

俞国良、董妍:《我国心理健康研究的现状、热点与发展趋势》,《教育研究》2012 年第 6 期。

专题研究篇

Special Research

B.6
北京居民情绪调节自我效能感现状研究

石孟磊*

摘　要： 本文基于2249份数据，主要分析了北京居民情绪调节自我效能感的总体特征，并探讨了相关的群体差异。主要结论如下：北京居民的情绪调节自我效能感总体较高；女性比男性更愿意表达自己的积极情绪；年长者的情绪调节自我效能感得分低于其他组。

关键词： 情绪调节　自我效能感　北京

自1978年经济改革以来，中国进入了全新的社会转型时期。在“社会转型”这一助推器的影响之下，各种社会因素相互交织、彼此磨合，激发出社会的创新活力。随着现代化改革进入攻坚时刻，社会状况更加复杂，社会问题层出不穷。面对贫富差距、阶层分化等社会现象，身处其中的民众体验到各个

* 石孟磊，北京市社会心理服务促进中心助理研究员，主要研究方向是社会支持、社会心态。

方面的压力——职场压力、家庭压力、养老压力等，很容易产生强烈的社会压力感与相对剥夺感，形成过激的社会情绪，继而出现非理性的个人过激行为与群体极化事件。如何管理情绪成为重要的研究课题。

在社会转型的重要时期，人们的压力主要是因个体对未来自身发展的不确定性而感受到的压力。面对相同的唤醒情境或者压力源时，不同的人可能会出现不同的情绪反应。情绪是一种复杂的身体和心理变化模式，包括生理唤醒、感觉、认知过程、外显表达（包括表情和手势）以及特殊的行为反应①。心理学者关注自我效能感在情绪自我管理中的作用。情绪调节自我效能感是指个体对能否有效调节情绪状态的一种自信程度，是一种个体管理自身情绪的能力感，这种能力感会影响个体情绪调节的实际效果，同时也会影响个体的情绪状态②。为了解北京居民的情绪调节状况，特开展本次调查。

一　调查样本与工具

（一）调查样本的基本情况

本次调查采取多阶段抽样方法，按照区－街道/乡镇－社区（居委）－住户顺序，以随机抽样和等距抽样相结合的方式进行。本次调查对象是北京市16个区18～70岁的常住居民。本次发放问卷2430份，有效问卷2249份，回收率92.6%，基本信息如表1所示。

（二）调查工具的基本指标

本次调查采用意大利心理学家Caprara et al.（2008）的情绪调节自我效能量表（Regulatory Emotional Self-Efficacy，RESE）的中文版③，包括表达积极情

---

① 〔美〕理查德·格里格、菲利普·津巴多著《心理学与生活》，人民邮电出版社，2014，第382页。

② Bandura, A., Caprara, G. V., Barbaranelli, C. et al. Role of affective self-regulatory efficacy on diverse spheres of psychosocial functioning. *Child Development*, 2003, 74 (3): 769－782.

③ Caprara, G. V., Giunta, L. D., Eisenberg, N., Gerbino, M., Pastorelli, C., & Tramontano, C. Assessing regulatory emotional self-efficacy in three countries. *Psychological Assessment*, 2008, 20 (3): 227－237.

表1　调查对象基本情况

项目		频率	百分比	项目		频率	百分比
性别	男	1128	50.2	户籍	北京城镇	1583	70.4
	女	1121	49.8		北京农业	112	5.0
	合计	2249	100.0		外地城镇	334	14.9
学历	初中及以下	335	14.9		外地农业	220	9.8
	中专或职高	261	11.6		合计	2249	100.0
	高中	322	14.3	收入	2120 元及以下	386	17.2
	大专	495	22.0		2121～8467 元	1323	58.8
	大学本科	721	32.1		8468～10712 元	339	15.1
	研究生及以上	115	5.1		10713～20000 元	138	6.1
	合计	2249	100.0		20001～30000 元	46	2.0
婚姻状况	未婚	434	19.3		30001 及以上	17	.8
	已婚	1764	78.4		合计	2249	100.0
	离异	41	1.8	年龄	18～30 岁	626	27.8
	丧偶	10	.4		31～40 岁	522	23.2
	合计	2249	100.0		41～50 岁	479	21.3
生育情况	有一个	1348	59.9		51～60 岁	426	18.9
	有两个及以上	312	13.9		61～70 岁	196	8.7
	未生育过	589	26.2		合计	2249	100.0
	合计	2249	100.0				

绪的自我效能感（POS）与管理消极情绪的自我效能感（NEG）两个维度。表达积极情绪的自我效能感是指在遇到积极的生活事件时，个体能感受到或者表达出高兴、喜悦等情绪；管理消极情绪的自我效能感是指个体在多大程度上调整不良的情绪，缓解负性情绪对自身的消极影响。管理消极情绪的自我效能感又有两个分维度：调节沮丧/痛苦情绪的自效能感（DES）和调节生气/愤怒情绪的自我效能感（ANG）。本量表共有 12 个项目，每个项目都是 5 点计分，分值越高，代表情绪调节能力越强。

本次调查使用 Spss18.0 和 Mplus7.0 进行数据处理和分析。本研究中情绪调节自我效能感量表的内部一致性系数为 0.825，说明该量表具有较高的内在一致性。由于该量表比较成熟，为验证情绪调节自我效能感量表的结构，因此进行验证性因素分析，主要考察两种模型的拟合情况：一阶三因素模型以及

Caprara（2008）的二阶三因素模型。结果显示，Caprara（2008）的二阶三因素模型拟合情况相对较好。

表 2　不同模型的拟合指标（n = 2249）

模型	*df*	X^2	df/X^2	*CFI*	*TLI*	*RMSEA*
模型 1	51	638. 403	12. 518	0. 927	0. 905	0. 072
模型 2	51	491. 786	9. 643	0. 932	0. 912	0. 062

二　不同群体之间的情绪调节自我效能感差异

北京居民的情绪调节自我效能感得分是 42. 17 分（满分是 60 分），其中表达积极情绪的自我效能感（POS）得分是 15. 54 分，管理消极情绪的自我效能感（NEG）得分是 26. 63 分，反映出北京居民情绪调节的自我效能感较高。

进一步分析发现，表达积极情绪的自我效能感显著高于管理消极情绪的自我效能感（$t = 35.25$，$p < 0.001$），说明北京居民表达积极情绪的自我效能感要优于管理消极情绪的自我效能感。

表达积极情绪的自我效能感与正性情绪成正相关（$r = 0.098^{**}$①），与负性情绪成负相关（$r = -0.145^{**}$）；管理消极情绪的自我效能感与正性情绪成正相关（$r = 0.168^{**}$），与负性情绪成负相关（$r = -0.071^{**}$），说明情绪调节自我效能感越高，正性情绪体验越多，负性情绪体验越少。

表 3　情绪调节自我效能感的总体得分

维度	分维度	均值	标准差
表达积极情绪的自我效能感(POS)		15. 54	2. 72
管理消极情绪的自我效能感(NEG)		26. 63	4. 72
	调节沮丧/痛苦情绪的自我效能感(DES)	13. 04	2. 66
	调节生气/愤怒情绪的自我效能感(ANG)	13. 58	2. 58
总分		42. 17	6. 14

① ＊指 $p < 0.05$，＊＊指 $p < 0.01$，本文下同。

（一）性别差异：女性表达积极情绪的自我效能感优于男性

本次调查显示，情绪调节自我效能感的性别差异主要体现在积极情绪上：女性在这一维度上的得分是 15.66 分，男性在这一维度上的得分是 15.43 分，女性的得分高于男性的得分。这与大学生群体①的情况相一致。

女性比男性更愿意表达自己的积极情绪：女性在遇到令人高兴的事情时更愿意表达自己的愉悦之情，会为自己的成功感到雀跃。这可能与两性教育有关：男性从小被要求独立，具有控制情绪的能力，不把情绪流露于外。

表 4　不同性别在情绪调节自我效能感上的差异

项目	性别	n	均值	标准差	t 值
表达积极情绪的自我效能感(POS)	男	1128	15.43	2.72	-1.979*
	女	1121	15.66	2.71	
管理消极情绪的自我效能感(NEG)	男	1128	26.70	4.73	0.780
	女	1121	26.55	4.71	
总分	男	1128	42.13	6.24	-0.276
	女	1121	42.21	6.03	

（二）年龄差异：61～70岁组的情绪调节自我效能感得分低于其他组

不同年龄组在情绪调节自我效能感的总分上有明显的差异：61～70 岁组的总分明显低于 18～30 岁组、31～40 岁组以及 41～50 岁组，说明年长者的情绪调节自我效能感得分显著低于其他年龄组。

进一步统计分析发现，就表达积极情绪的自我效能感而言，51～60 岁组、61～70 岁组的得分明显低于 18～30 岁组、31～40 岁组、41～50 岁组；就管理消极情绪的自我效能感而言，61～70 岁组的得分明显低于 18～30 岁组、31～40 岁组、41～50 岁组以及 51～60 岁组。年长者由于阅历广博、经

① 张萍、张敏、卢家楣：《情绪调节自我效能感量表在中国大学生中的试用结果分析》，《中国临床心理学杂志》2010 年第 5 期。

验丰富，对许多事件都处变不惊，具有比较平和的情绪体验。因此，无论是积极情绪体验还是消极情绪管理，其得分都相对较低。

表5　不同年龄组在情绪调节自我效能感上的差异

项目	年龄	n	均值	标准差	f值
表达积极情绪的自我效能感(POS)	18～30	626	15.68	2.71	3.728**
	31～40	522	15.76	2.72	
	41～50	479	15.58	2.79	
	51～60	426	15.20	2.57	
	61～70	196	15.19	2.78	
	合计	2249	15.54	2.72	
管理消极情绪的自我效能感(NEG)	18～30	626	26.49	4.77	2.767*
	31～40	522	26.68	4.62	
	41～50	479	27.02	4.82	
	51～60	426	26.72	4.49	
	61～70	196	25.74	4.95	
	合计	2249	26.63	4.72	
总分	18～30	626	42.17	6.04	3.015*
	31～40	522	42.43	6.09	
	41～50	479	42.60	6.27	
	51～60	426	41.93	5.84	
	61～70	196	40.93	6.71	
	合计	2249	42.17	6.14	

（三）婚姻状况差异：未婚者与已婚者的情绪调节自我效能感显著高于其他婚姻状况者

未婚者（42.35分）、已婚者（42.18分）的情绪调节自我效能感总分略高于其他婚姻状况者，未婚者与已婚者的差异不显著。这说明良好的婚姻状况会对个人的情绪调节自我效能感产生积极的作用，不良的婚姻状态（离异、分居或丧偶）会对个体的情绪调节自我效能感产生不良的影响。

进一步分析发现，婚姻状况不同的人主要在表达积极情绪的自我效能感上存在差异：未婚者与已婚者的情绪调节自我效能感显著高于离异、分居或丧偶者。这可能是因为未婚者与已婚者有更多的积极体验，而其他婚姻状况者会有与婚姻状况相关的诸多烦恼，因此，出现更多的消极体验。

表 6　不同婚姻状况者在情绪调节自我效能感上的差异

项目	年龄	n	均值	标准差	f 值
表达积极情绪的自我效能感(POS)	未婚	434	15.71	2.55	3.898*
	已婚	1764	15.53	2.76	
	离异、分居或丧偶	51	14.61	2.29	
	总数	2249	15.54	2.72	
管理消极情绪的自我效能感(NEG)	未婚	434	26.63	4.69	1.267
	已婚	1764	26.65	4.72	
	离异、分居或丧偶	51	25.59	4.77	
	总数	2249	26.63	4.72	
总分	未婚	434	42.35	5.80	2.826 (p = 0.059)
	已婚	1764	42.18	6.21	
	离异、分居或丧偶	51	40.20	6.18	
	总数	2249	42.17	6.14	

（四）职业状况差异：有正式工作者的情绪调节自我效能感显著高于无业、失业或下岗者

从总分来看，有正式工作者的情绪调节自我效能感显著高于无业、失业或下岗者；正式工作群体与临时工作群体之间的差异并不显著。是否拥有工作，无论是正式工作还是临时工作，是个人能力与成就感的体现，在一定程度上影响着情绪调节自我效能感。

进一步分析，不同工作状态的个体在表达积极情绪的自我效能感上不存在明显的差异，而有正式工作者管理消极情绪的自我效能感显著高于无业、失业或下岗者。这可能是由于正式工作群体更加具有职业归属感，拥有上级、同级或下级的人际支持，在情绪管理方面有更多的参照经验，因此能更好地管理个人情绪。

表7　不同工作状态者在情绪调节自我效能感上的差异

项目	年龄	n	均值	标准差	f值
表达积极情绪的自我效能感(POS)	正式工作	1288	15.63	2.73	0.185
	临时工作	165	15.55	2.71	
	无业、失业或下岗	230	15.53	2.88	
	总数	1683	15.61	2.75	
管理消极情绪的自我效能感(NEG)	正式工作	1288	26.84	4.56	4.288*
	临时工作	165	26.69	5.06	
	无业、失业或下岗	230	25.86	5.09	
	总数	1683	26.69	4.70	
总分	正式工作	1288	42.47	6.02	3.099*
	临时工作	165	42.24	6.41	
	无业、失业或下岗	230	41.39	6.35	
	总数	1683	42.30	6.11	

（五）收入状况差异：10713 ~20000元组的情绪调节自我效能感显著高于其他组

从总分来看，10713～20000元组的情绪调节自我效能感显著高于2120元及以下组、2121～8467元组、8468～10712元组。

具体分析发现，10713～20000元组无论是在表达积极情绪的自我效能感，还是在管理消极情绪的自我效能感上，都显著高于2120元及以下组、2121～8467元组、8468～10712元组。10712元是2018年北京居民的平均月薪[①]，说明月薪高于平均值的群体拥有更积极的情绪调节自我效能感。

表8　不同收入者在情绪调节自我效能感上的差异

项目	年龄	n	均值	标准差	f值
表达积极情绪的自我效能感(POS)	2120元及以下	386	15.49	2.80	1.843
	2121～8467元	1323	15.53	2.73	
	8468～10712元	339	15.38	2.67	
	10713～20000元	138	16.08	2.53	
	20001元及以上	63	15.79	2.38	
	总数	2249	15.54	2.72	

① 来自BOSS直聘研究院的《2018求职旺季人才趋势报告》。

续表

项目	年龄	n	均值	标准差	f值
管理消极情绪的自我效能感（NEG）	2120 元及以下	386	26. 23	5. 11	3. 393**
	2121 ~ 8467 元	1323	26. 60	4. 66	
	8468 ~ 10712 元	339	26. 54	4. 59	
	10713 ~ 20000 元	138	27. 80	4. 58	
	20001 元及以上	63	27. 49	3. 98	
	总数	2249	26. 63	4. 72	
总分	2120 元及以下	386	41. 72	6. 43	3. 896**
	2121 ~ 8467 元	1323	42. 14	6. 19	
	8468 ~ 10712 元	339	41. 92	5. 72	
	10713 ~ 20000 元	138	43. 88	5. 88	
	20001 元及以上	63	43. 29	5. 13	
	总数	2249	42. 17	6. 14	

三　对策建议

良好的情绪调节自我效能感不仅能缓解个体感受到的各种社会压力，还能培育其良好的社会心态，特别是通过积极正向的传导功能，可以影响周围人群提升情绪调节自我效能感。针对北京居民的情绪调节自我效能感特征，提出以下几点建议。

（一）重视居民就业问题，有效开展职业技能培训

关注居民职业发展问题，多途径拓展就业渠道，减少由收入降低带来的生活压力感：一是依托街道、社区为失业群体开展再就业培训服务，提升其工作能力与交往能力，改善因知识老化带来的就业困难问题；二是组织用人单位进街道、进社区，为失业群体提供稳定就业的岗位，减少因供需关系不明带来的盲目求职；三是在试用期提供积极有效的帮扶工作，缩短再就业的适应时间，消除因失业时间过长带来的不适感。

（二）普及心理健康教育，提升居民的心理耐受力

掌握心理健康知识是预防心理疾病的前提条件。加强心理健康教育，普及

心理健康知识，提升居民对心理问题的认识，形成科学的心理健康观；特别是要开展情绪调节讲座，提升居民应对压力与缓解负面情绪的能力，集聚优势心理资本，提升心理耐受力。引进专业机构与专业人员为居民提供必要的心理援助，通过心理健康档案，掌握心理健康动向，建立心理指标体系，及时了解居民心理变化。

（三）建立心理健康防线，构建和谐的社区文化氛围

通过电话咨询、现场咨询、心理宣讲、心理沙龙、心理社团、心理网站等多种线上线下服务形式，提升居民对情绪调节能力的认识，加强居民应对不良情绪状态的意识和能力，把握居民的心态动向，切实有效地实施心理干预，缓解居民的情绪问题。营造和谐宜居的社区文化，组织多种文化娱乐活动：一是开展文体活动，促进居民之间的了解，提升社区凝聚力，改善社区居民的人际关系；二是开展减压活动，缓解压力带来的紧张情绪，消除社区居民的心理互斥感。

B.7

社会情绪表征框架对居民节水态度和行为的影响

王帅 孙彦*

摘 要： 本研究旨在探究节水技巧信息反馈和社会情绪对节水态度行为的影响。分为两个研究：无反馈方式下，节水技巧信息框架对节水态度行为的影响；有反馈方式下，节水技巧信息框架和社会情绪对节水态度行为的影响。每个研究包含一种信息框架作为相应反馈方式的实验设计，参与实验的被试共计335人。结论如下：社会情绪对公众节水态度行为影响作用显著，消极情绪条件下被试的节水态度行为得分更高；框架效应对公众节水态度行为无影响。

关键词： 城市居民 信息框架 社会情绪 节水态度 节水行为

一 研究背景

环境保护作为世界性热议话题，一直以来被人们所重视和提倡，联合国的17个可持续发展目标中，5个目标都和环境保护息息相关，其中与水资源相关的是饮水的清洁和卫生问题。有报告显示“自1990年以来，约有17亿人口获得了安全饮用水。然而，全球还有8.84亿人仍然没有获得安全饮用水”。有关部门的统计结果显示，我国有110座城市存在严重缺水问题（总共669座）。如何保护水资源成为学者们的重要议题。

* 王帅、孙彦，中国科学院心理研究所副研究员，主要研究方向为环保心理学、绿色消费。

节约用水是我国水资源使用的一项长期国策，北京更是一个严重的缺水城市。北京的城市用水中，居民用水约占80%。因此，促进北京居民节约用水，则成为促进北京发展的一个非常关键的议题。在塑造人们的节水意识与行为的过程中，节水宣传受到普遍关注。那么节水宣传是如何影响公众节水行为以及节水态度的呢？本研究从心理学角度出发，首次探讨节水宣传中的社会情绪对公众节水行为及态度的影响，能够为促进公民节水意愿和行为提供科学有效的方法和措施。

以往研究对社会情绪的定义，主要从个人知觉、个体需要和情绪转化出发。本研究采取以个体情绪转化为基础的定义，即在个体正在经历的生活事件中，因受到社会环境或其他个体的影响，进而产生的主观感受和体验。基于上述理念，社会情绪可以分为两种：正性社会情绪是在个体与社会的交互中体验积极事物时的情绪；负性社会情绪，即在个体与社会的交互中体验消极事物时的情绪。

心理学的框架效应研究发现，本质相同的宣传信息，正面、负面的不同表述框架对接受信息者效果差异显著。比如，在倡导戒烟宣传中，宣传吸烟的坏处比宣传戒烟的好处更能促使吸烟者提升戒烟意愿①。类似的，本研究将以社会情绪作为切入点，探讨正负社会情绪框架如何影响节水的态度和行为。综合而言，我们预期，宣传节水的益处将启动正性社会情绪，而宣传浪费水的坏处将启动负性社会情绪，两种效果将存在显著差异。

为探究如何塑造人们的节水意识和行为，本研究以社会情绪和框架效应为切入点展开了实验研究。

二 研究目的

如今社会的繁荣发展，都要归功于被人们无限利用的资源，与此同时，我们也应该思考，这些资源是不是取之不尽用之不竭的，它们还能使用多久。我国是水资源匮乏的大国，节约用水是非常具有战略性和重要性的首要目标，要通过全民节水来实现有限的水资源合理分配和利用。站在国家和相关政府

---

① Mcelroy T., Seta J. J., Framing effects: An analytic-Holistic perspective, *Journal of Experimental Social Psychology* 39 (2003): 610 -617.

部门的角度，通过相应的政策或宣传来有效地促进公民的节水意识与行为显得非常重要。近些年，心理学在相关节能环保领域进行了一系列研究，研究结果都表明，心理学的方法可以在很大程度上促进公民的节能环保行为意愿。因此，本研究的目的在于，验证社会情绪和框架效应对居民节水态度行为的影响。

三 研究意义

本项目研究了社会情绪和框架效应对居民节水态度行为的影响，具有十分重要的理论意义和实践意义。

（一）理论意义

本项目首次提出将社会情绪划分为正性社会情绪和负性社会情绪，有利于厘清社会情绪的细分特征及对相关意愿的影响机制，从而为后续的理论研究提供良好的前期依据。

本项目首次将行为决策理论中经典的框架效应引入环保节水领域进行研究，丰富了框架效应方面的相关研究。

（二）实践意义

在实践中，有利于更好地规划、设计节水宣传的形式与内容，为相关部门提供可行的建议，进而有效地引导人们的节水态度和行为。

四 国内外研究现状

（一）节水的相关研究

1. 节水的概念界定

不同的学者对节水进行了不同的定义。而本研究对节水的定义采用青平等学者的观点，即充分发掘水资源潜力，实施一系列有效的方法措施，合理利用水资源，提升水资源利用效率①。

本研究把节水态度定义为对水资源的一般性态度，即充分关注水资源，支持保护水资源的活动，批评造成水污染的行为。

2. 节水行为态度的相关研究

在节水行为态度的研究中，有学者指出前瞻性的干旱意识会对节水行为态度产生显著性影响②。也有学者指出，个体的价值观和对水资源的一般态度以及相关社会信息会促进人们的节水行为③。另外的学者指出，教育因素在节能环保行为中起到关键性作用④。有研究证实节水意识可以显著影响节水行为⑤。原宁做了一项关于节水态度如何影响行为的实验，证明了在节水态度和节水行为间，行为控制感知起到部分中介作用⑥。

Watkins 开发了“水资源关心量表”，用于研究人们对水资源态度和节水行为之间的关系⑦。而后来有研究者开发的水资源态度量表虽然只有 8 道题，但也有很高的信效度。本研究参考前人文献，自编居民节水态度行为量表。

（二）框架效应的研究

1. 框架效应的概念界定

框架效应（Framing effect）是指对同一个问题采用不同的表达方式⑧，引

---

① 青平：《城市居民节水行为的实证分析——基于消费者计划行为理论的视角》，《华中农业大学学报》2012 年第 6 期。

② Bruvold，W. H.，Public attitudes toward community wastewater reclamation and reuse options，1979.

③ Cameron，T. A.，& Wright，M. B.，Determinants of household water conservation retrofit activity：a discrete choice model using survey data，*Water Resources Research* 26（1990）：179 - 188.

④ Theodori，G. L.，& Luloff，A. E.，Position on environmental issues and engagement in proenvironmental behaviors，*Society & Natural Resources* 15（2002）：12.

⑤ 郝泽嘉、王莹、陈远生、蒋蕾、殷春婷：《节水知识、意识和行为的现状评估及系统分析——以北京市中学生为例》，《自然资源学报》2010 年第 9 期。

⑥ 原宁、王曦、刘馨越：《节水态度和节水行为间的中介效应研究——德阳市民众节水环保素质的调查与建议》，《四川环境》2015 年第 6 期。

⑦ Watkins，& Alfred，G.，Developing a “water concern” scale，*The Journal of Environmental Education*，4（1974）：54 - 58.

⑧ Tversky，K. A.，Prospect theory：an analysis of decision under risk，*Econometrica*，2（1979）：263 - 292.

发个体不同的偏好选择①。最经典的案例是“亚洲疾病问题”：美国将会爆发一场“亚洲”疾病，预计将有600人失去生命，目前可供选择的有两种方案与疾病抗争，假设有两种备选方案：

情景一：方案A，200人幸存；方案B，1/3的概率600人幸存，2/3的概率无人幸存。在此情景下，72%的人选择了200人幸存的方案A，其他人选择方案B。这表明在正性框架下，大部分人更加倾向于保守方案，而不认同冒险方案。

情景二：方案C，400人失去生命；方案D，1/3的概率全部幸存，2/3的概率600人都会失去生命。情景一和情景二所表述逻辑意义完全相同，但此时有78%的人选择方案D，也就表明，在负性框架下，冒险方案对人们更有吸引力，即风险偏好需求。

2. 框架效应的影响因素

有学者根据前人对框架效应的研究，对框架效应的影响因素进行了总结，其中既包括一些人格因素如信息加工深度、情绪、认知需要，也包括任务内容这些情景因素。同时框架效应也会受个人年龄、性别等因素的影响②。Smith和Levin对癌症治疗方案选择的研究证明相比于认知需要高的人而言，认知需要低的人决策时发生框架效应的可能性更大③。Chatterjee的研究表明在认知需要对框架效应的影响中，存在不同的机制，受益时，认知需要低的被试对框架感知更加敏感；受损时，所有人都会认真思考，从而降低了框架效应的影响④。

Zacks的研究表明，年龄大的人相比年轻的人更容易产生框架效应⑤。何贵兵的研究表明，男性更倾向于选择高收益高风险的决策。而女性则更愿意选

① 程燕蓉：《框架效应、认知需要对大学生购买决策影响的实证研究》，博士学位论文，西南大学，2013。

② 苏涛、王光武：《框架效应的影响因素浅析》，《中国商界》2009年第3期。

③ Smith, J. L., & Levin, D., Ranking auctions with risk averse bidders, *Journal of Economic Theory* 2 (1996): 549-561.

④ Chatterjee, S., Heath, T. B., Milberg, S. J., & France, K. R., The differential processing of price in gains and losses: the effects of frame and need for cognition, *Journal of Behavioral Decision Making*1 (2000): 61-75.

⑤ Kim, S., Goldstein, D., Hasher, L., & Zacks, R. T., Framing effects in younger and older adults, *The Journals of Gerontology Series B Psychological Sciences and Social Sciences* 4 (2005): 215-218.

择低风险低收益的决策[①]。

在亚洲疾病问题研究后，有不同的学者对不同领域的框架效应进行了探索。如 Wang 的研究证实，人们会对攸关生命的问题做出更偏好冒险的决策[②]。张风华的“海滩”实验证明人们在对财产方面的问题做决策时，偏好保守[③]。

Miller 和 Fagley 以及 Sieck 和 Yates 在实验开始前，让被试对他们的决策做出解释，进而减少了框架效应的影响[④⑤]。LeBoeuf 和 Shafir 的研究发现，单一的框架处理不会减少框架效应的发生[⑥]。

Kahneman 和 Tversky 的研究证明情绪与框架效应有紧密的关系，他们认为在积极框架下，被试会产生积极情绪，相反在消极框架下被试会产生消极情绪，这种情绪的产生会影响决策结果。但庄锦英的研究证实，情绪和框架对决策的影响不存在直接联系[⑦]。

3. 框架效应在环保方面的研究

近年来，也出现了一些框架效应在环保领域的应用研究。如王建明提出通过定制化信息促进家庭节能行为[⑧]。有研究表明，运用行为决策理论可以促进居民节水意愿和节水行为，这些文献都为本研究提供了方向。

（三）社会情绪的相关研究

1. 社会情绪的概念界定

社会情绪包括个体情绪转化、公众社会需要、知觉三方面[⑨]。在个体情绪

---

① 何贵兵、梁社红、刘剑：《风险偏好预测中的性别差异和框架效应》，《应用心理学》2002 年第 4 期。

② Wang, X. T. (1996), Evolutionary hypotheses of risk-sensitive choice: age differences and perspective change, *Ethology & Sociobiology* 1 (1996): 1 – 15.

③ 张风华：《桥梁风险评估方法与发展研究》，《城市道桥与防洪》2007 年第 5 期。

④ Miller, P. M., & Fagley, N. S., The effects of framing, problem variations, and providing rationale on choice, *Personality and Social Psychology Bulletin* 5 (1991): 517 – 522.

⑤ Sieck, W., & Yates, J. F., Exposition effects on decision making: choice and confidence in choice, 3 (1997): 207 – 219.

⑥ LeBoeuf, R. A., & Shafir, E., Deep thoughts and shallow frames: on the susceptibility to framing effects, *Journal of Behavioral Decision Making* 2 (2010): 77 – 92.

⑦ 庄锦英：《情绪、边框影响决策认知过程的实验研究》，《心理科学》2004 年第 6 期。

⑧ 王建明、孙彦：《定制化信息对家庭节能行为决策过程影响的追踪研究》，《心理科学进展》2018 年第 4 期。

⑨ 刘红霞、曾先锋：《近年来社会情绪研究综述》，《山东社会科学》2015 年第 S2 期。

转化方面，个体情绪历经社会泛化后，从个体情绪外化成群体性共有心理指向特征的情绪①②。在公众社会需要方面，社会情绪和公众需要相关联，表现出特定的公众体验、表现行为及外显态度③④。在知觉方面，社会情绪指通过与外界相互作用，形成个体对社会环境知觉的体验。

2. 社会情绪的分类

Izard 指出社会情绪可以分为基本情绪和复合情绪两类，前者包括积极情绪和消极情绪，后者则是一系列基本情绪的混合⑤。当人们满足了某种需要，常会伴随愉悦的主观体验，并能够提高人的活动积极性。

本研究将情绪分为正性社会情绪和负性社会情绪。选取水资源匮乏地区居民生活环境的图片来分别诱发积极社会情绪和消极社会情绪。将图片分为正性社会情绪材料和负性社会情绪材料。

五　研究框架

借鉴本项目组前期课题“北京居民节水行为特征研究”的成果，围绕正负社会情绪的划分及对节水宣传的启示，本课题的总体框架暂定如下。

（一）北京居民正负社会情绪的分类研究

参考 Izard 的情绪分类原则，修订编制正性和负性社会情绪的分类标准，形成相对完善的正、负社会情绪启动的图片材料，并验证其效度。拟在北京全市范围内展开分层抽样调查。

---

① 徐晓坤、王玲玲、钱星、王晶晶、周晓林：《社会情绪的神经基础》，《心理科学进展》2005 年第 4 期。

② 李端生：《社会情绪概论》，《社会科学论坛》（学术研究卷）2008 年第 4 期。

③ 梁艳：《关于建立社会情绪疏导机制的思考》，《武警学院学报》2006 年第 1 期。

④ 王俊秀：《社会情绪的结构和动力机制：社会心态的视角》，《云南师范大学学报》（哲学社会科学版）2013 年第 5 期。

⑤ Izard，C. E.，The structure and functions of emotions：implications for cognition，motivation，and personality，*Cohen Ira S. the G. stanley Hall Lecture*（1989）：39－73.

（二）社会情绪和积极消极框架对居民节水态度行为

以社会情绪和积极消极框架作为自变量，探究其对个体节水态度和行为的影响。分别启动被试正性和负性社会情绪，并且让一部分被试阅读积极节水技巧框架，另一部分被试阅读消极节水技巧框架，最终考察社会情绪和积极消极框架的主效应及其交互效应。

六 研究方法

（一）研究设计

在正式实验开始之前，先对预选出的18幅情绪图片（9幅积极情绪图片，9幅消极情绪图片）进行筛选，63名被试参加本实验，每个人对18幅图片给自己带来的情绪进行打分。选出的6幅图片作为正式实验的材料。

实验在一线城市北京城区进行，采用2（情绪：正性、负性）×2（框架：积极、消极）二因素设计。以“生活中的一些节约用水技巧：①淋浴期间随手关闭花洒②在家中使用节水马桶（即用两个按钮控制出水量的多少），若未安装节水马桶，可通过在马桶附近存放储水容器（例如水桶），来达到节水效果③若用洗衣机洗衣物，将衣物积攒到洗衣机负荷量再洗，小件衣物不多时使用手洗④在家中准备收集废水的容器，可用于冲厕所或其他循环利用（一水多用）⑤用盆装式洗碗代替直冲式洗碗。”作为框架信息，分别用积极和消极两种表述方式呈现。这两种表达在客观结果上等价，但框架不同。

（二）被试

总共490名北京市辖区居民参加了这次实验，被试的人口学分布信息如图1～图3所示，性别比例为男性占41%，女性占59%；教育程度方面，本科占比71%，研究生及以上15%，高中10%，初中4%；地区分布中，分布最多的是海淀区，占比32%，其次是朝阳区，占比13%，剩下的各区县均有少量被试分布。

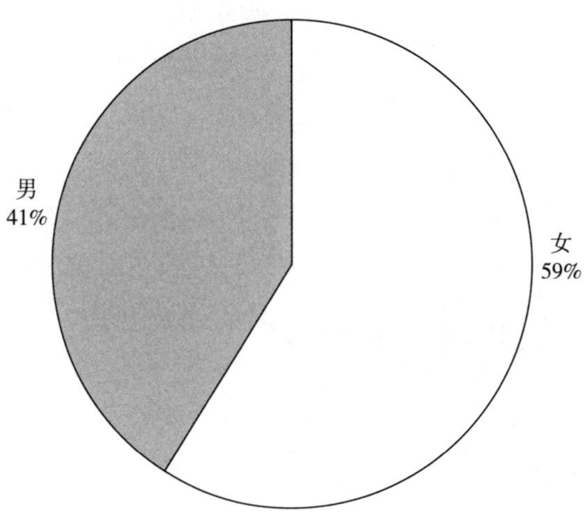

图 1　性别比例分布

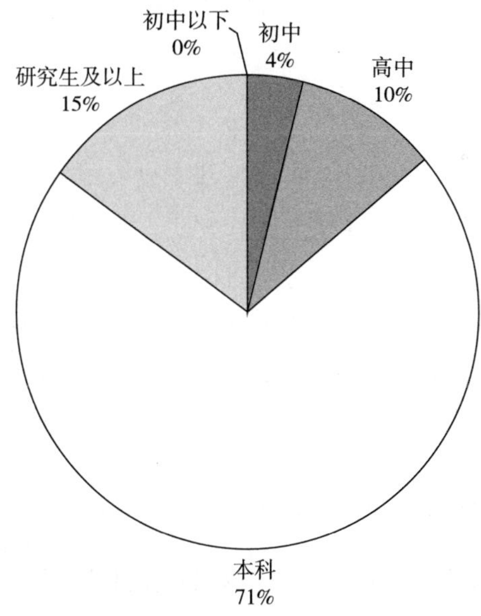

图 2　教育程度分布

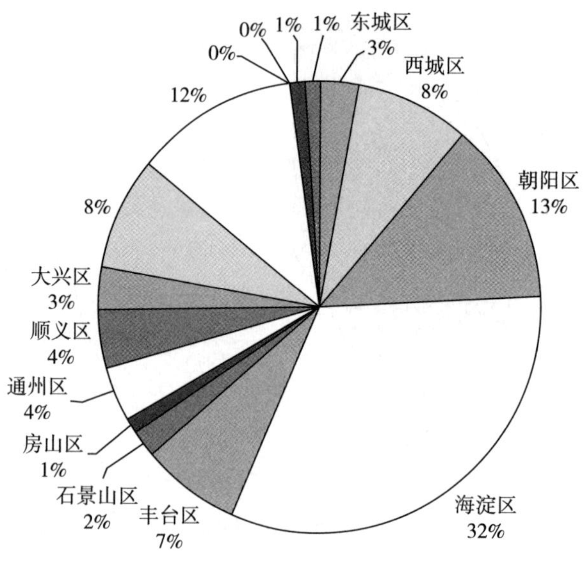

图 3　被试地区分布

（三）实验材料

本研究采用的节水态度行为问卷是基于已有成熟问卷量表改编后的版本，问卷打分方式采用李克特五点计分方式。本研究中用到的节水技巧信息框架，是基于过往实验中已经成型的信息框架，加以改编以符合节水情境。研究中用到的社会情绪图片均来源于实际缺水地区人民的生活境况，图片经由预实验筛选得出。本研究采用 SPSS19.0 软件进行后续的数据分析。

（四）实验程序

首先，被试对情绪图片进行评分，以检验社会情绪的操纵是否成功；然后将所有被试随机分配到四个实验组，分别为：积极框架 + 正性社会情绪，积极框架 + 负性社会情绪，消极框架 + 正性社会情绪，消极框架 + 负性社会情绪。被试分别阅读材料并观察图片；随后所有被试填写节水态度行为调查问卷，最后填写个人基本信息。

七　结果

（一）社会情绪图片筛选

1. 正性情绪图片情绪量表得分 t 检验

对 8 幅图片的情绪量表得分分别进行单样本 t 检验（得分均值与 0 比较），结果如表 1 所示。

表 1　正性情绪图片情绪量表得分

图片序号	平均分	t	p
1	0.57	2.24	0.03
2	0.40	1.67	0.10
3	0.24	0.84	0.40
4	-0.08	-0.32	0.75
5	1.13	4.36	0.00
6	-0.48	-1.81	0.08
7	-0.46	-1.77	0.08
8	-1.51	-7.70	0.00
9	-1.92	-9.20	0.00

由表 1 的数据分析结果可以得出，图片 1、5、8、9 的情绪量表得分显著大于0，因此这些图片可以定义为正性情绪诱导图片，并且选择图片 1、5、9 作为正式实验的情绪诱导材料。

2. 负性情绪图片情绪量表得分 t 检验

对 8 幅图片的情绪量表得分分别进行单样本 t 检验（将得分均值与 0 比较），结果如表 2 所示。

表 2　负性情绪图片情绪量表得分

图片序号	平均分	t	p
10	-2.33	-8.95	0.00
11	-1.52	-6.71	0.00
12	-2.16	-12.30	0.00

续表

图片序号	平均分	t	p
13	-1.48	-7.44	0.00
14	-2.06	-12.09	0.00
15	-1.95	-11.19	0.00
16	-2.24	-11.52	0.00
17	-2.46	-23.60	0.00
18	-2.24	-21.82	0.00

由表2的数据分析结果可以得出，所有图片的情绪量表得分显著小于0，因此这些图片可以定义为负性情绪诱导图片，但为了和正性情绪图片选择数量保持一致，因此采用随机的方式选择图片10、12、17作为正式实验的情绪诱导材料。

（二）社会情绪和框架效应对节水态度行为的影响

为了分析社会情绪和框架效应对居民节水态度行为的影响，分别对不同实验条件下被试的节水态度行为进行了描述统计，结果如表3所示。以节水态度行为为因变量，进行2×2方差分析，结果发现：社会情绪主效应显著［F（1，488）=19.70，$p<0.001$，$\eta^2=0.04$］，负性情绪被试（$M=4.20$，$SD=0.48$）比正性情绪被试（$M=4.00$，$SD=0.50$）的节水态度行为得分高。框架效应主效应不显著［F（1，488）=0.91，$p>0.05$，$\eta^2=0.002$］，负性情绪被试（$M=4.20$，$SD=0.48$），积极框架下被试的节水态度行为（$M=4.12$，$SD=0.52$）与消极框架下被试（$M=4.08$，$SD=0.49$）节水态度行为无显著性差异。二者交互效应不显著，［F（1，486）=2.42，$p>0.05$，$\eta^2=0.005$］。

表3　社会情绪和框架效应对节水态度行为影响的描述性统计结果

社会情绪	节水框架	N	M	SD
正性	积极	133	3.99	0.50
	消极	112	4.02	0.51
负性	积极	122	4.26	0.50
	消极	123	4.15	0.46

八 结论

本课题基于框架效应和社会情绪相关理论，通过情景实验的方法，探讨了在节水宣传中，正负社会情绪和积极消极框架对公众节水态度行为的影响。实验过程中将被试分配到4种实验情景中分别是：正性社会情绪－积极节水框架、正性社会情绪－消极节水框架、负性社会情绪－积极节水框架、负性社会情绪－消极节水框架，在被试阅读完实验材料后，统计他们的节水态度和行为数据。主要结论如下。

社会情绪对公众节水态度行为影响作用显著，消极情绪条件下被试的节水态度、行为得分更高。当人们看到消极的情绪图片时会产生消极的情感体验，这种状态会使人更加悲观，从而产生对水资源缺乏的担忧，最终使节水态度、行为得分提高。

框架效应对公众节水态度、行为无影响，即无论通过正性信息框架还是通过负性信息框架向被试传递节水技巧，都不会影响人们的节水态度和行为。

社会情绪和框架效应对节水态度、行为影响的交互作用不显著。

九 对策建议

我国“十三五”规划纲要明确提出：实行最严格的水资源管理制度，以水定产，以水定城，建设节水型社会。必须准确把握节水型社会的新内涵、新要求，坚持节水优先方针，充分发挥政府的引导作用和市场的调节作用，严控水资源消耗总量和强度，提升全社会节水意识，以水资源可持续利用促进经济社会可持续发展。基于国家对于节水型社会的要求以及本研究的相关结论，提出以下建议。

一方面，政府应重视政策制定的实用性，确保相关政策可以充分调动民众实际节水行为。建议相关部门在未来制定节水方针政策时，适当参考环保心理学在节水领域的研究，了解民众的节水动机，从而有针对性地提出节水政策方针。

另一方面，社区以及相关部门在进行节水宣传的过程中，要注意合理使用宣传手段和方法。如本研究中发现负性社会情绪图片可以强化人们的节水态度、行为，负性社会情绪图片在本研究中指图片传达给民众的情绪效价是消极的，例如一张图片的内容是一个缺水地区的孩子在干涸的土地上哭泣。因此在实际的宣传过程中，可以在宣传材料上多运用一些引起人们负性社会情绪的文字、图片或视频，从而真正达到强化民众节水行为的目的。

十 不足与展望

虽然在研究的整个过程中，我们都在努力强化实验过程的严谨性，减少额外变量对实验结果造成的影响，但实验仍然有一些不足，可以在未来的研究中加以弥补，并根据现有的结论突出一些未来的研究方向。

首先，由于项目资金和时间的限制，整个实验采用问卷的方式来调查居民的节水态度和行为，虽然符合心理学科研标准和本项目的预期要求，但是未来研究中可以应用现场真实实验的方式，收集被试的真实行为数据，与问卷数据形成对比，来分析两者之间是否存在差异性。

其次，本项目研究了社会情绪和框架效应对居民节水态度、行为的即时影响，是一项横断面研究。在未来的研究中可以收集被试在一个时期内连续的节水态度、行为数据，用于分析社会情绪和框架效应影响居民节水态度、行为的持久性。

最后，关于节水信息的框架效应在这次研究中并没有结论，可能是因为被试在阅读文字信息时代入感较弱，今后的研究中可以改进节水信息框架的呈现方式，例如以宣传海报或短视频的方式呈现给被试。

参考文献

周娜、王建华、李海红、高娟：《节水型社会概念与内涵分析》，《人民黄河》2008年第12期。

B.8
基于用户特征的北京市网民微博空间社会情绪研究

陈　杰*

摘　要： 本文以微博空间中的北京市网民作为研究对象，获取并分析了其在微博空间中的特征；进而筛选重大热点事件并对其分类，对事件中北京市微博网民的评论内容进行了分析；最后，探索了微博空间中社会情绪疏解的对策与建议。

关键词： 微博　社会情绪　用户特征

一　研究背景与意义

近几年，随着社会的不断发展、改革的不断深入，社会情绪迅速进入学者、管理层和社会的视野，逐渐成为学术界和媒体的关注热点，在社会学、经济学、心理学、传播学、政治学、管理学、计算机科学等学科领域都引起了广泛的关注。沿用学术界已有的对于“社会情绪”的相关界定，本研究认为，社会情绪是指存在于普通百姓之中的针对某些社会事件或某些群体的一种情绪状态①；是在个体情绪基础上形成的、一个群体和社会中多数成员共享的情绪体验②；这种体验会对个体或群体产生指导性和动力性的影响③。

---

* 陈杰，北京交通大学副教授，研究方向新媒体数据挖掘。

① 张结海：《社会情绪研究在中国：概念、测量、成因与疏导》，《社会学》2015 年第2 期。

② 王俊秀：《社会情绪的结构和动力机制：社会心态的视角》，《云南师范大学学报》（哲学社会科学版）2013 年第5 期。

③ 刘行芳：《社会情绪的网络扩散及其应对》，《新闻爱好者月刊》2011 年第12 期。

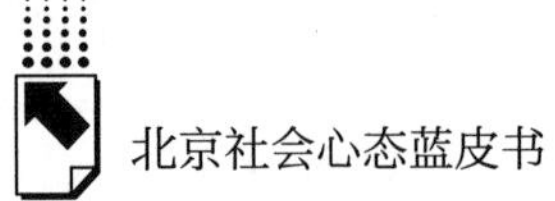

移动互联网的发展，推动了以 Web2.0 理念为基础的博客、微博、SNS、微信等新媒体的蓬勃发展，在为网民提供便捷的表达机会的同时，也为社会情绪的网络扩散提供了通道，使得一些社会情绪通过网络被迅速扩大。

目前，微博在社交网络中依然占据着较大的市场份额，是社会热点事件传播的重要工具，也为研究社会情绪提供了良好的“试验田”。与微信更多地依赖强联系传播、注重小群体私密传播不同，微博空间拥有更为开放的用户生成内容（User Generated Content，UGC）。这些海量的、公开的、作为社会情绪扩散的载体的用户生成内容，具有可获取的用户特征，为分析和研究社会情绪的特征、疏导机制提供了良好的内容条件。时至今日，微博不仅依然是互联网用户意见、情绪表达的重要途径，而且也是政府部门进行舆论引导、心理疏导、危机干预的重要手段。

作为“全国政治中心、文化中心、国际交往中心、科技创新中心”的北京，在热点事件、群体性事件的传播中，是举足轻重的重要节点；同样，在由诸多事件引发的社会情绪的酝酿、累积、引爆、宣泄、传染、转化、疏导过程中，也起到至关重要的作用。

因此，本研究基于微博开放数据的获取，结合内容分析及大数据的研究方法，分析不同类型的热点事件的传播过程中，北京市网民在微博空间中所形成的社会情绪特征，为营造风清气正的网络环境、建立良好的疏导和危机干预机制服务。

二　相关研究综述

（一）社会情绪的概念

目前学术界对于“社会情绪”的概念仍然存在多种表述。张结海在其“社会情绪研究在中国”一文中，梳理了近年来有关社会情绪概念的界定。该文分析了国内三类学者对于“社会情绪”的定义。第一类学者认为，与个体情绪不同，社会情绪有其特定的主体、对象和表现形式。社会情绪是在个体情绪基础上形成的、一个群体和社会中多数成员共享的情绪体验①；同时，强调

① 王俊秀：《社会情绪的结构和动力机制：社会心态的视角》，《云南师范大学学报》（哲学社会科学版）2013 年第 5 期。

社会情绪因事件而起以及群体成员之间的身份认同①；更有学者将其拓展为社会态度和社会心态②。第二类学者主要采用大数据的方法研究社会情绪，他们回避了个体情绪和社会情绪的区别。第三类学者则假定社会情绪已经有公认的定义从而未在研究中做明确界定。

本研究倾向于认同第一类学者的观点，认为社会情绪是指存在于普通百姓之中的针对某些社会事件或某些群体的一种情绪状态；是在个体情绪基础上形成的、一个群体和社会中多数成员共享的情绪体验；这种体验会对个体或群体产生指导性和动力性的影响。

（二）社会情绪的测量

研究和分析社会情绪，离不开对社会情绪的测量。

在以往的研究中，有的使用了量表对社会情绪进行了测量。例如，北京社会心理研究所在 2013 年进行的一项北京居民社会情绪调查中，基于当年发生的重大社会事件和 35 个生活事件，采用量表测量了被访者的情绪性质、情绪强度、情绪类型和情绪持续时间③。赵玉芳等人在西部大开发的社会认知的研究中，选取当时的九大突出问题，采用量表测量了被调查者的情绪体验④。

此外，在基于网络数据获取的社会情绪分析中，来自社会科学和自然科学的研究者们通常采用自然语言处理（NLP）技术，基于数据挖掘的算法，借助第三方的软件工具或者编写程序对网络文本进行挖掘和情绪测量。例如，有的研究者利用内容挖掘软件进行微博内容的情感分析，识别忧愁、悲伤、愤怒、紧张、焦虑、痛苦、恐惧、憎恨等负面情绪⑤；有的基于多种文本分类方法的对比研究构建情绪分类器⑥；有的通过构建基本情绪词库，结合在线文本词汇

---

① 赵玉芳、张庆林等：《西部大开发的社会认知研究》，新华出版社，2006。

② 张润泽、杨华：《转型期乡村治理的社会情绪基础：概念、类型及困境》，《湖南师范大学社会科学学报》2006 年第 4 期。

③ 北京社会心理研究所：《北京社会心态分析报告（2013 ~ 2014）》，社会科学文献出版社，2014。

④ 赵玉芳、张庆林等：《西部大开发的社会认知研究》，新华出版社，2006。

⑤ 王林、时勘、赵杨等：《基于突发事件的微博集群行为舆情感知实验》，《情报杂志》2013 年第 5 期。

⑥ 何跃、邓唯茹、张丹：《中文微博的情绪识别与分类研究》，《情报杂志》2014 年第 2 期。

匹配技术对海量用户的情绪进行分析，得到快乐、悲伤、愤怒、恐惧和厌恶等五种基本社会情绪①；此外，还有的采用人工阅读的方式直接感知、标注网民的情绪，编码后进行统计分析②。

（三）微博空间的社会情绪研究

微博空间蕴含着大量的社会化交流和表达的文本，是研究社会情绪的一个数据宝藏。近几年来，微博空间用户数据的社会情绪问题，受到了社会学、传播学、计算机科学等领域的研究者们越来越多的关注。例如，有的运用内容分析法和语义分析等多种方法，对微博公共事件中的社会情绪进行了内容分析，并探索应对微博公共事件中社会情绪的措施③。有的学者对微博公共事件与社会情绪进行了文献研究，指出在该领域的一些研究方向，包括微博用户的媒介素养、微博意见领袖的舆论影响力、政府公共政策与新媒体传播之间的关系等等④。有的则对微博用户特征进行了分析，并对用户进行了分类研究，指出微博用户的发文时间、关注问题、地域特征等具有统计特征⑤。在基于热点事件传播的社会情绪分析方面，有的研究了微博社区内不同情绪的传染关系⑥，有的研究了社会情绪与网络表达的互动影响⑦，有的研究了信息化时代网络舆论与社会情绪的共振⑧。

（四）国外对于社会情绪的相关研究

国外也有众多学者对社会情绪识别与测量、社交网站中的情绪识别进行了

---

① 董颖红、陈浩、赖凯声等：《微博客基本社会情绪的测量及效度检验》，《心理科学》2015年第5期。

② 廖卫民：《网络舆情爆发时的社会情绪测量及其结构分析——以李某某案为例》，《浙江理工大学学报》（社会科学版）2016年第2期。

③ 谢君玮：《微博公共事件与社会情绪的内容分析》，苏州大学硕士学位论文，2016。

④ 罗坤瑾：《微博公共事件与社会情绪共振研究文献综述》，《学术论坛》2013年第10期。

⑤ 彭希羡、朱庆华、刘璇：《微博客用户特征分析及分类研究——以“新浪微博”为例》，《情报科学》2015年第1期。

⑥ 何跃、张月、肖敏等：《微博社区内不同情绪的传染关系研究——以亚航失联事件为例》，《统计与信息论坛》2017年第8期。

⑦ 李婷：《我国社会情绪与网络表达的互动影响研究》[D]，华中科技大学硕士学位论文，2014。

⑧ 冯超：《信息化时代网络舆论与社会情绪共振机制研究——以乌克兰事件为例》，《商丘职业技术学院学报》2015年第3期。

研究。Chew Yean Yam 阐述了借助微软公司的机器学习工具包，采用深度学习的方法，对文本中蕴含的愤怒、厌恶、恐惧、快乐、悲伤、惊奇（anger，disgust，fear，happiness，sadness and surprise）等六种情绪进行有效识别的方法。在第11届语言计算国际大会上，Hasan 等人展示了在社会情绪中发现社会趋势的案例。在社会关注及社会情绪的交互作用方面，也有学者进行了研究。例如，Tai-Quan Peng 运用大数据的方法，通过对2.6亿条推文（Tweets）的分析，构建了一个社会关注与社会情绪交互作用的理论框架。此外，在基于文本的社会情绪测量方面，微软、IBM、Google 等巨头也纷纷开发了相应的工具包。

总体而言，国内外学者从不同角度对社会情绪进行了研究，其研究成果中也有很多可以借鉴的地方。北京是我国的首都，其网民在微博空间的社会关注和社会情绪的表达，尤其值得深入挖掘和分析，而现有研究尚缺乏这方面内容。

三　研究目标、内容和方法

（一）研究目标

基于对已有研究的吸收和借鉴，本研究以微博空间（以目前最为主流的新浪微博为例）中的北京市网民作为研究对象，通过大数据的手段与技术，获取并分析其在微博空间公开信息中的显性特征（如城区、用户类型、年龄、性别等），研究其在重大、热点事件中表现出来的社会情绪特征与规律，探索社会情绪疏导策略。

（二）研究内容和方法

围绕研究目标，制定以下研究思路、研究内容和方法（见图1）。

1. 新浪微博中北京市网民的用户特征分析

基于新浪微博的开放接口（Open API）及编写爬虫程序，基于新浪微博的搜索接口，按照地理位置信息，抽样获取北京市网民的微博地址；进而获取并分析其显性特征和隐性特征，进行用户分类和画像。

用户的显性特征可以直接从其公开信息中获取。

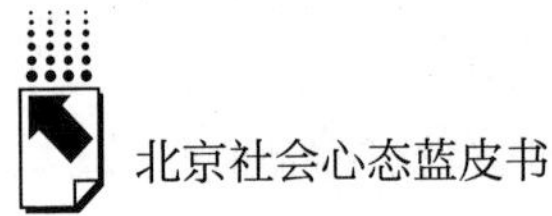

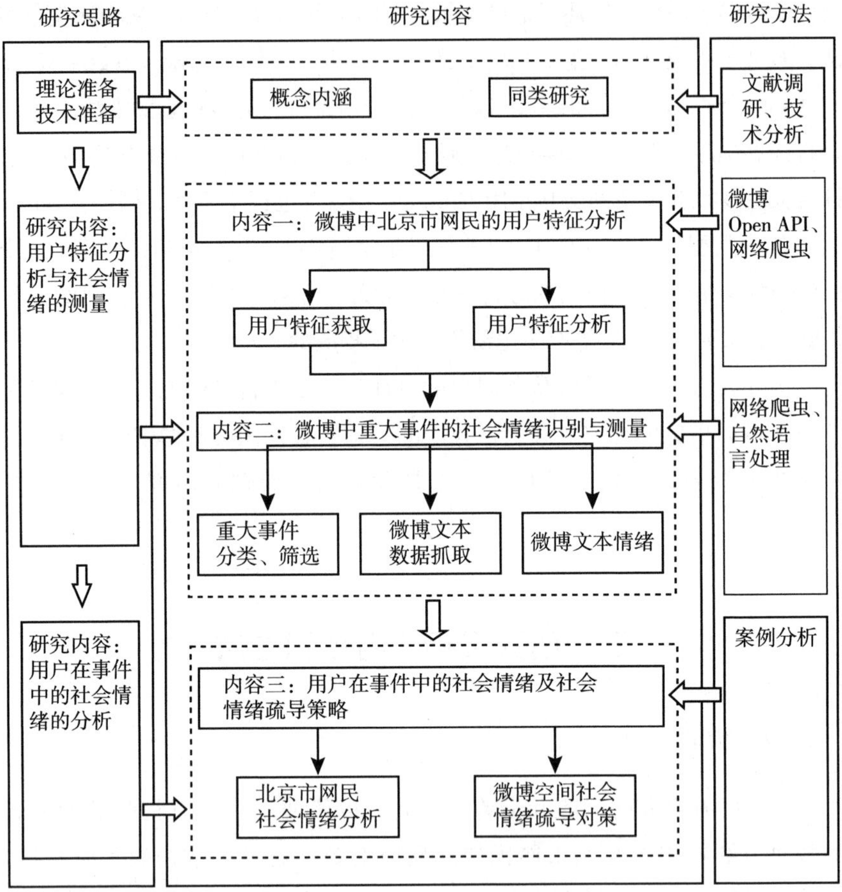

研究思路 | 研究内容 | 研究方法

理论准备
技术准备

研究内容：用户特征分析与社会情绪的测量

研究内容：用户在事件中的社会情绪的分析

概念内涵　同类研究

内容一：微博中北京市网民的用户特征分析

用户特征获取　用户特征分析

内容二：微博中重大事件的社会情绪识别与测量

重大事件分类、筛选　微博文本数据抓取　微博文本情绪

内容三：用户在事件中的社会情绪及社会情绪疏导策略

北京市网民社会情绪分析　微博空间社会情绪疏导对策

文献调研、技术分析

微博Open API、网络爬虫

网络爬虫、自然语言处理

案例分析

图1　研究思路、内容与方法

2. 对重大热点事件在新浪微博传播中的社会情绪进行识别与测量

筛选重大热点事件并对其分类，通过网络爬虫获取各事件在微博传播的文本内容，对筛选出的北京市微博网民的发帖、转发、评论内容进行社会情绪的识别与测量。

这部分内容将借助自然语言处理（NLP）的相关研究成果和工具，运用文本分析的方法进行研究。

3. 研究用户在事件中的社会情绪及社会情绪疏导策略

基于上述用户特征、事件类型以及识别出的社会情绪的特征，探寻微博空间社会情绪疏导策略。

四　研究实施

本项目包含四个子课题，见表1。

表1　四个子课题

序号	子课题
1	微博中北京市网民的用户特征分析
2	微博事件的社会情绪识别与测量
3	微博用户在重大事件中的社会情绪分析
4	微博空间社会情绪疏导对策

（一）新浪微博中北京市网民的用户特征分析

1. 数据获取工具

本项目执行中，需要抓取新浪微博的相关数据。根据数据的特点，综合工具操作便利性与数据获取的灵活性因素，项目组采用了两种形式的数据抓取工具。一是采用市场中已有的成熟爬虫工具 Gooseeker，二是自行编写爬虫程序。前者基于 Gooseeker 的功能，需要配置目标网页的抓取规则，后者借助 Python 语言及相应爬虫扩展包实现。

方法一：Gooseeker 爬虫工具。Gooseeker 是一款国产的爬虫工具，它允许用户不编写程序，直接通过配置爬虫规则，批量地爬取目标网页的内容。软件分为免费版和付费版，在爬取模式、爬取后的数据下载、爬虫队列的调度等方面有所区别。

方法二：Python 编写爬虫程序。Python 语言是目前在数据科学领域最为流行的编程语言。基于其免费、开源、开放的特性，借助一些第三方的爬虫相关工具包（例如 BeautifulSoup、RE、Selenium 等）及爬虫框架程序，可以很好地实现对 Web 网页的爬取。

2. 数据获取、预处理及存储

（1）数据获取。本研究中，数据主要来源于两个方面。一是基于爬虫对新浪微博的用户信息、热点事件进行抓取，二是利用项目前期研究团队已经积累的微博数据。

——微博用户数据。

该项数据基于新浪微博的用户搜索接口（https：//s. weibo. com/user）进行获取。

该搜索接口具有昵称、标签、学校、公司、用户（类型）、地点、年龄、性别等参数（如图 1 所示），可以基于上述参数，编写 Python 爬虫程序，批量地获取用户属性。

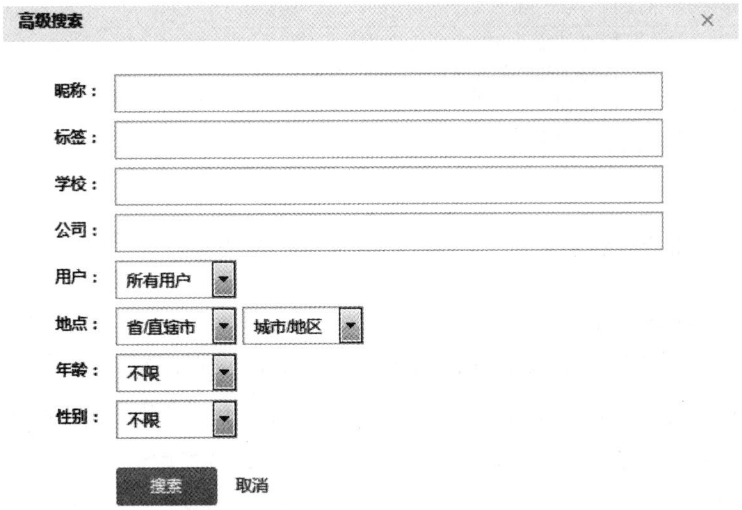

高级搜索

昵称：

标签：

学校：

公司：

用户：所有用户

地点：省/直辖市 城市/地区

年龄：不限

性别：不限

搜索 取消

图 2　新浪微博用户搜索参数

研究实施中，项目组采用了 Scrapy 爬虫框架，使用 Python 调用 BeautifulSoup、Xpath、RE 等第三方网页解析库，对用户数据进行了抓取。

对于新浪微博用户信息，需要说明的是：①新浪微博的地址信息，是用户注册时填写并可以在个人信息中修改；②新浪微博中，区县合并前的“崇文”“宣武”依然在列，因此后续需要对抓取到的数据，进行合并；③研究中，无法确定用户的所在地属性与其实际情况一致；但总体而言，该属性对于用户仍然具有一定的区分度。

运用上述工具，项目组对新浪微博中“所在地”为“北京”（各区县）的用户数据进行了抓取。

——微博用户数据抽样。

时至今日，新浪微博依然拥有非常庞大的用户群。以新浪微博中所属地为

“北京”的用户数为例，截至2018年10月20日，该数值为78641383；其中东城区25260017，西城区3620840，朝阳区38930151。

此外在数据获取中，项目组还发现：①新浪用户搜索接口的每一次查询最多返回50页内容（1000条）；为了更全面地抓取数据，需要根据搜索接口的其他参数，结合搜索关键词对查询结果进行“切片”处理，尽可能使得每一个“切片”的数据量在50页之内。最后，对每一个“切片”的数据，进行合并、去重。②新浪微博实施了越来越强的反爬虫机制，获取其所有用户的信息有现实的难度。因此，项目组一方面通过爬虫不断地抓取、合并、去重，保证数据总量；另一方面，也对搜索关键词进行了随机抽样。

对于如此庞大的用户数量，获取全部的用户信息不仅有现实难度，在本研究中也没有必要。因此，项目组对北京各区的用户进行了抽样。具体做法为：①根据所在城区（18个取值）、用户账号类型（4个取值）、年龄段（5个取值）、性别（3个取值，包括“不限”）这四个属性的不同取值，进行组合，形成1080个取值的组合。②基于《现代汉语常用字表》中的常用字（2500个，https://baike.baidu.com/item/%E7%8E%B0%E4%BB%A3%E6%B1%89%E8%AF%AD%E5%B8%B8%E7%94%A8%E5%AD%97%E8%A1%A8）和次常用字（1000个），从中经人工筛选出常用于人名的汉字1000个；加上26个英文字母，与上述1080个取值组合进行二次组合，得到1026 * 1080 = 1108080个取值的组合。③根据微博用户搜索结果的输入参数及上述约110万个取值，生成约110万个微博用户搜索地址URL（例如，https://s.weibo.com/user?q=海®ion=custom:11:1&gender=women，表示搜索东城区昵称中有“海”字的女性微博用户）。④将上述地址置入网络爬虫的URL队列，启动爬虫进行数据获取；共获取260万个微博用户数据。⑤在获取的用户集中，按照每个区县1万名用户的样本量进行简单随机抽样。

——围绕热点事件的微博数据。

该项数据基于新浪微博的微博搜索接口（https://s.weibo.com/weibo）进行获取。

该搜索接口具有关键词、类型、时间、地点等参数（如图2所示），可以

基于上述参数，围绕热点事件，编写 Python 爬虫程序，批量地获取事件相关的微博内容及回复内容。

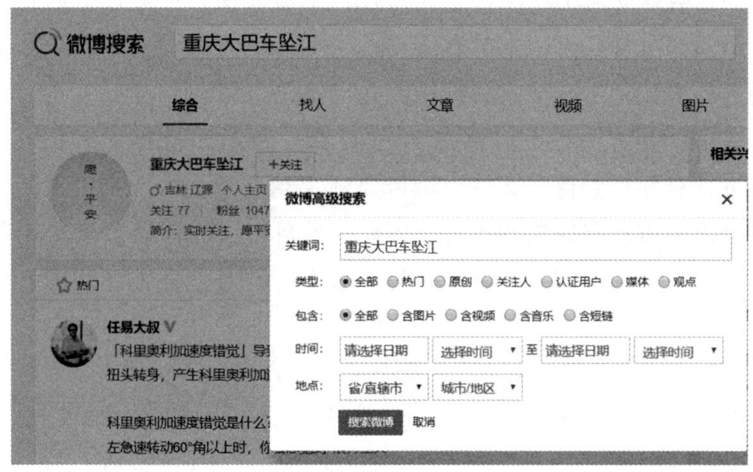

图 3　新浪微博搜索参数

——研究者前期积累的微博数据。

项目前期，研究者已经在以往的研究实践中，积累了大量的微博数据，涵盖了 2012～2018 年的热点微博内容，可以围绕本项目需求，辅助支持抓取的数据完成分析。

（2）数据预处理及存储。针对爬虫抓取的数据及项目组前期积累的微博数据，项目组使用 Python 语言及 Excel、OpenRefine 等工具对数据进行预处理，并结合文件系统及开源数据库管理系统 MySQL 进行存储。

· 数据清洗：包括缺失值、异常值的处理。

· 数据集成：合并来自多个数据源的数据，并进行实体识别、冗余属性识别。

· 数据转换：结合项目分析需要，对原始数据进行函数变换、规范化及属性构造。

· 数据规约：结合项目分析需要，对数据进行规约处理。

3. 微博用户特征提取

通过上述方法获取到的微博用户信息，包括了昵称、用户类型、地点、性别、年龄、个人简介、标签、教育信息、职业信息、关注数、粉丝数、微博数等信息。研究中，将这些显性信息进行了清理、提取，并存储到数据库中。

（二）微博热点事件的社会情况识别与测量

本项目筛选重大热点事件并对其进行分类，通过爬虫获取各事件在微博传播的文本内容，对筛选出的北京市微博网民的发帖、转发、评论内容进行社会情绪的识别与测量。

这部分内容借助自然语言处理（NLP）的相关研究成果和工具，运用文本分析的方法进行。

1. 微博重大/热点事件筛选

本研究依据“大事记”网站（http：//www. dsj365. cn）的每月十大热点事件、微博热搜榜对重大/热点事件进行了筛选。

根据项目实施进度要求，热点事件的选取截至 2018 年 8 月。

表 2　“大事记”网站的月度事件（2018 年 1～8 月）

月份	事件
2018 年 1 月	台当局阻挠春运加班机、印度 8 月女婴遭性侵案、女童被强奸致怀孕案、李小璐出轨事件、高铁扒门事件、桑吉轮碰撞事故、柯基犬摔亡事件、雪乡宰客事件、万豪调查问卷事件、泰国快艇爆炸事件
2018 年 2 月	卫计委怼阿胶、浙大造四足机器人、香港大巴侧翻事故、武大靖夺短道速滑冠军、A 股一周蒸发 6 万亿、猎鹰重型发射成功
2018 年 3 月	李敖去世、习近平当选主席、3·15 晚会
2018 年 4 月	中美贸易战、五周杀人案、今日头条关停“内涵段子”、西湖大学成立
2018 年 5 月	宫颈癌九价疫苗开打、美元升值、A 股纳入 MSCI 获确认、美国退出伊核协议
2018 年 6 月	阴阳合同、G7 领导人互怼照片
2018 年 7 月	长春长生问题疫苗事件、公益人雷闯“性侵事件”、世界杯华帝退款事件、世界杯法国夺冠、大爷海野泳事件、美国 2000 亿关税牌、泰国普吉游船倾覆事故、泰国少年足球队救援行动

结合上述事件，再根据热点时事在微博进行搜索，根据相关帖子转发以及回复的热度，确定目标事件，如表 3。

表3　2018年（1~8月）目标事件

序号	事件
1	携程天价退票费
2	阴阳合同
3	问题疫苗
4	提高个税起征点
5	泰国游船倾覆
6	网贷平台集体爆雷
7	我不是药神
8	寿光泄洪事件
9	二胎基金
10	红芯浏览器

进一步地，基于“知微事见”微博分析平台，找到每个热点事件对应的热点微博的URL地址，作为数据获取的入口地址。

表4　2018年（1~8月）目标事件对应的热点微博数量

	事件	事件类型	热点微博URL数量
1	携程天价退票费	经济生活	20
2	阴阳合同	明星违法	73
3	问题疫苗	民生问题	58
4	提高个税起征点	民生问题	57
5	泰国游船倾覆	安全事故	35
6	网贷平台集体爆雷	经济热点	33
7	我不是药神	民生问题	69
8	寿光泄洪事件	自然灾害	43
9	二胎基金	民生问题	52
10	红芯浏览器	科技造假	30

2. 数据抓取、清洗及存储

该部分获取的是热点事件引发的微博发帖及评论数据。

首先，根据热点事件，提炼关键词，调用微博搜索接口；其次，使用项目中前述数据获取工具，对相关微博数据进行获取；最后，对获取的数据进行清洗和存储。

项目实施中，基于1～8月十大热点事件，获取到微博评论数据共62.5万条。

表5　各事件抓取到的微博评论数

序号	事件	事件类型	评论数(万条)
1	携程天价退票费	经济生活	5.5
2	阴阳合同	明星违法	13.6
3	问题疫苗	民生问题	11.2
4	提高个税起征点	民生问题	6.5
5	泰国游船倾覆	自然灾害	3.4
6	网贷平台集体爆雷	经济热点	2.3
7	我不是药神	民生问题	9.7
8	寿光泄洪事件	自然灾害	2.3
9	二胎基金	民生问题	5.5
10	红芯浏览器	科技造假	2.5
合计:			62.5

3. 文本分词工具准备

分词是对文本进行自然语言处理（NLP）的基础。支持中文分词的工具包有很多，如Jieba、SnowNLP（MIT）、Pynlpir（北京市海量语言信息处理与云计算应用工程技术研究中心）、Thulac（清华大学自然语言处理与社会人文计算实验室）。根据工具的易用性和开放性，本项目选用SnowNLP包进行分词，编程语言选用Python。

项目执行过程中，对SnowNLP包的使用进行了深入的研究，结合编程语言Python，能够对包含中文的输入文本（以Excel或数据库形式存储）进行有效的分词。

4. 情绪词典构建

本研究采用大连理工大学信息检索研究室提供的中文情绪词汇本体库（http://ir.dlut.edu.cn/）。这是一个从多个角度描述中文词汇或者短语的词汇库，其中包括词性种类、情绪类别、情绪强度以及情绪极性等多方面信息。

该情绪词汇库将情绪分为七大类（分别是乐、好、怒、哀、惧、恶、惊；其中，前两个情绪属于正向情绪，后面的属于负向情绪）。

5. 情绪分析模型构建

模型主要包括以下环节。

（1）根据事件提取关键词，获取与事件相关的微博数据，包括评论文本；（2）使用分词工具对文本进行分词处理、词性标注，按照分词原则保留剩下的词汇；（3）基于情绪词典，将每条评论分词后的词汇表与情绪词典进行匹配，识别情绪词，计算情感倾向；（4）结合评论用户的属性及标签，对其在事件中的情感倾向进行统计、分析和可视化处理。

6. 情绪识别与分析

在项目实际实施中，发现基于上述词汇库进行情绪识别，对于微博评论信息的适用性不高，所识别的情绪类型准确性低。因此，围绕上述事件，针对获取到的每一个事件的微博评论文本，调用 SnowNLP 包对其进行情感极性分析，并使用百度 AI 开放平台自然语言处理模块中的“对话情绪识别”功能进行情绪识别。

百度 AI 平台的“对话情绪识别”功能，可以针对一段对话文本，自动识别出当前会话者所表现出的情绪类别及置信度。目前可识别情绪包含强烈负向、非强烈负向情绪两种分类，后续可扩展出更多的情绪类别。

此外，本研究还采用了百度 AI 平台的“评论观点抽取”、“情感倾向分析”等功能，对微博评论文本进行了分析。

（三）微博用户在重大事件中表现的社会情绪

1. 基于知微平台的热点事件分析

项目使用知微平台对热点事件进行了分析。知微平台能够提供对热点事件的分析功能，包括事件影响力指数、传播趋势、重要渠道、舆论聚合、人群画像等功能（见图 4）。

2. 微博评论观点分析

项目调用了百度 AI 开放平台的“评论观点抽取”、“对话情绪识别”、“情感倾向分析”等功能的 API 接口，编写 Python 程序，对所获取到的微博评论进行了分析。

评论观点抽取接口用来提取评论句子的关注点和评论观点，并输出评论观点标签及评论观点极性。

对话情绪识别接口可识别出基于文本的对话中所表现出的情绪类别及其置信度。

图 4　知微平台功能示意

情感倾向分析接口能够对包含主观观点信息的文本进行情感极性类别（积极、消极、中性）的判断，并给出相应的置信度。

3. 评论文本的词云分析

基于词频的词云分析，是自然语言处理（NLP）技术在文本分析中常用的技术。本项目运用这一技术对评论文本进行了分析。

五　研究结果

（一）新浪微博中北京市网民的用户特征

1. 北京各城区微博用户数量

通过新浪微博的用户搜索接口（https：//s. weibo. com/user？q = ®ion = custom：11：1），可以获得北京市各区县的微博用户总数。表 6 为项目组在三个时间点获取的 18 个区县的用户数量。（说明：新浪微博的用户搜索接口的城区选择下拉框中，目前仍然有崇文、宣武两个取值）进一步地，将上述18个区县中的崇文、宣武两区的数据，分别并入东城、西城两区（依据2010年9月北京市行政区划合并方案），得到表7。

表6　北京市各区新浪微博用户数（18个区县）

城区	用户数(2018.6.20)	用户数(2018.8.20)	用户数(2018.10.20)
东城区	14853162	15735661	25002976
西城区	3081446	3143546	3613344
崇文区	728568	743329	791948
宣武区	904480	912902	999858
朝阳	23497014	24739398	38648020
丰台	1900371	1946905	2115022
石景山	705699	717072	766729
海淀	8835148	9045402	12599124
门头沟	265068	273374	298111
房山	559033	572043	608035
通州	1001989	1026878	1103531
顺义	658515	669912	712900
昌平	1040885	1069271	1140891
大兴	844201	852246	910185
怀柔	343668	346601	379197
平谷	271054	274341	295343
密云	281707	285416	307224
延庆	170593	171932	185068
合计	59942601	62526229	90477506

表7　北京市各区新浪微博用户数（合并为16个区县）

城区	用户数(2018.6.20)	用户数(2018.8.20)	用户数(2018.10.20)
东城区	15581730	16478990	25794924
西城区	3985926	4056448	4613202
朝阳	23497014	24739398	38648020
丰台	1900371	1946905	2115022
石景山	705699	717072	766729
海淀	8835148	9045402	12599124

续表

城区	用户数(2018.6.20)	用户数(2018.8.20)	用户数(2018.10.20)
门头沟	265068	273374	298111
房山	559033	572043	608035
通州	1001989	1026878	1103531
顺义	658515	669912	712900
昌平	1040885	1069271	1140891
大兴	844201	852246	910185
怀柔	343668	346601	379197
平谷	271054	274341	295343
密云	281707	285416	307224
延庆	170593	171932	185068
合计	59942601	62526229	90477506

由表6、表7可见，北京市微博用户总数庞大，已经接近1亿。进一步地，可以做出各个区县用户数量的条形图，见图5。

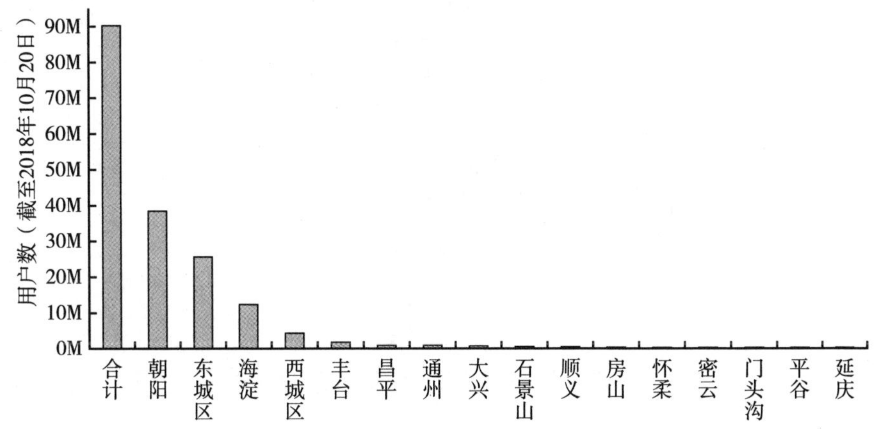

图5 北京市各城区新浪微博用户数

从图5可见，北京市主城区中，朝阳区、东城区两个区的微博用户数量最为庞大，石景山区最少；而远郊区县中，昌平区、通州区的用户数量相对较多，平谷、延庆的用户数量很小。

由于远郊区县的用户比较少且分散，本研究将10个远郊区县合并，作为一个区县进行处理，得到各城区用户数量分布（图 6）及各城区用户占比（图 7）。

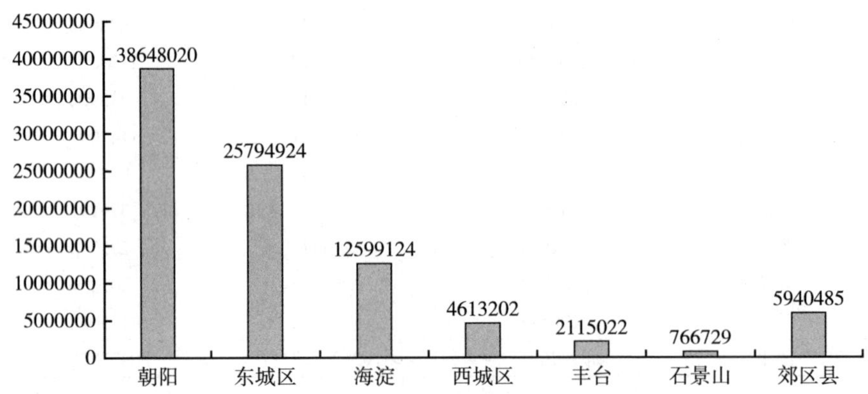

图 6　10 个远郊区县合并后的用户数

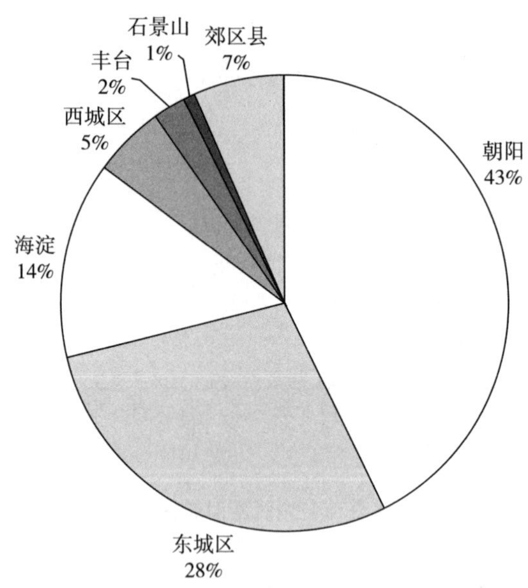

图 7　合并后各城区用户数占比

上述用户数量特征，与各城区的人口数量、居民组成都有着重要的内在联系；在微博空间治理乃至更广泛的互联网治理方面，朝阳、东城、海淀等网民

密集区，理应成为重点。

2. 北京各城区微博用户数量增长趋势

项目组在 2018 年 6 月 20 日、8 月 20 日、10 月 20 日分别使用微博的查询接口获取微博用户总数，发现北京市的新浪微博用户数仍在不断增长，见图 8。

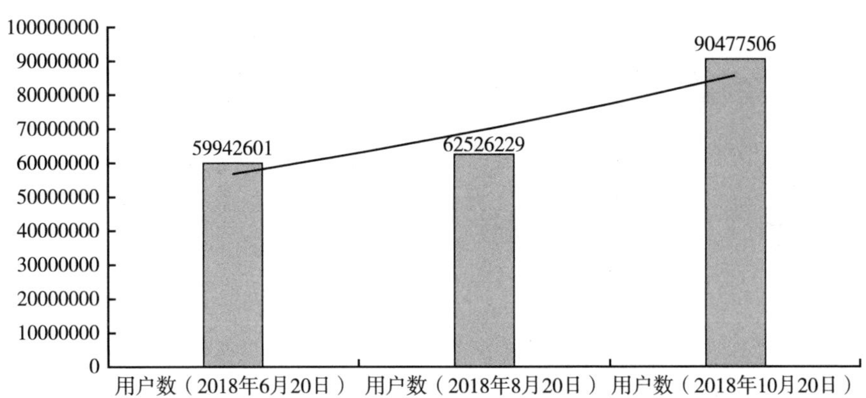

图 8　北京市新浪微博用户总数

由图 8 可见，新浪微博中，北京市用户的数量庞大，并且从本研究的三个时间采样点来看，微博用户数还在不断增长；尤其在 2018 年 8 月 20 日至 2018 年 10 月 20 日之间，用户数增长近 2800 万，并且这部分增长的用户，多数来自东城区和朝阳区；这两个区分别增长了约 900 万和约 1400 万。

3. 北京各城区微博用户抽样特征

为了研究微博用户的抽样特征，对上述合并后的 7 个区（6 个主城区及一个合并后的远郊区县）的用户数据进行了随机抽样，从每个区抽取 1 万名用户作为样本进行分析。

研究中获取到的用户属性有昵称、用户类型、地点、性别、年龄、个人简介、标签、教育信息、职业信息、关注数、粉丝数、微博数等信息。基于这些信息，分析了用户特征。

（1）各城区抽样用户的性别特征。对北京市各城区的样本总和按照性别属性计算比例，得到男女性别比例图。如图 9 所示，北京市微博用户中，男性用户与女性用户数量相当。分别统计各个区县的男女用户比例，见表 8。由表

8 可见，除朝阳、海淀两区的男性用户比例高出女性用户比例较多以外，各区县男女用户比例与北京市总体微博用户的男女比例相差不大。

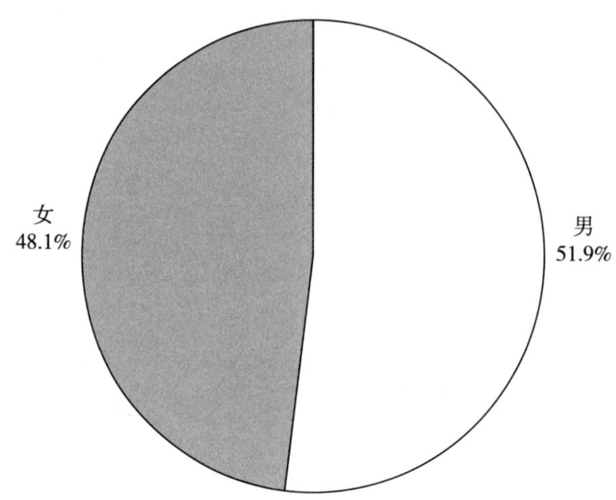

图 9　抽样用户的男女性别比例

表 8　北京市各城区男女用户比例

单位：%

性别	朝阳	东城	海淀	西城	丰台	石景山	郊区县
男	58.4	53.3	57.7	54.8	54.0	54.1	53.7
女	41.6	46.7	42.3	45.2	46.0	45.9	46.3

（2）各城区抽样用户的类型。新浪微博的用户分为三种类型：经认证的机构用户、经认证的个人用户、普通用户。基于抽样数据，可以计算出三类用户的比例。由图 10 可见，经认证的机构用户、经认证的个人用户分别占 1 成比例，而普通用户占比接近 8 成。

（3）各城区抽样用户的年龄特征。新浪微博用户的年龄属性分为 5 段：18 岁及以下、19 ~ 22 岁、23 ~ 29 岁、30 ~ 39 岁、40 岁以上。基于抽样数据，可以计算出各年龄段用户的比例。由图 11 可见，基于采样数据来看，30 ~ 39 岁用户的占比最大。

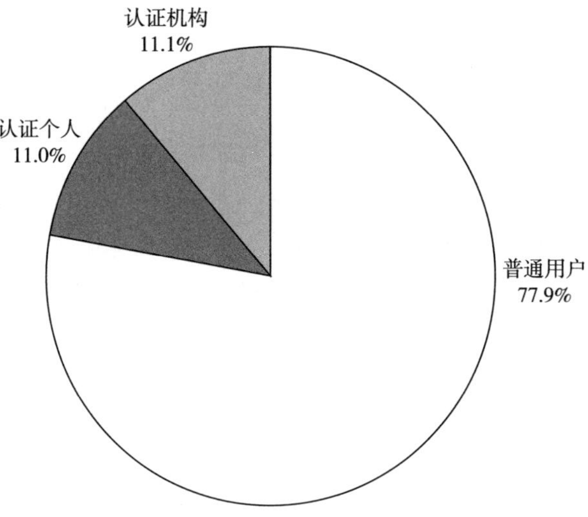

图10　三类用户的比例

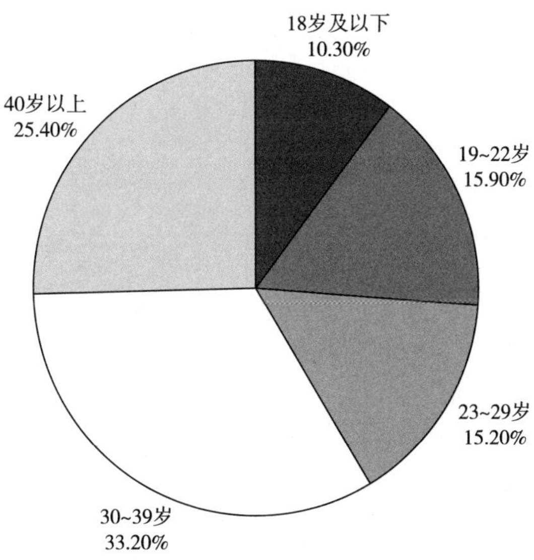

图11　各年龄段用户的比例

（二）微博空间中北京网民的社会情绪

1. 北京市网民在微博事件中的参与情况

项目组采用知微平台对热点事件进行了分析，数据表明，北京市网民在微博事件中的参与度很高。例如，在携程天价退票费的微博讨论中，北京市用户的评论量占 23.7%；在阴阳合同事件中，北京市微博用户的评论总数占了 11.6%；在问题疫苗、提高个税起征点、网贷平台集体爆雷等事件中，评论占比均超过了 20%。表 8 列出了十大热点事件中北京市微博用户的发帖参与情况，在各省的排名几乎都是第 1。

由此可见，北京确实是全国的舆论高地，无论哪种类型的热点事件，都能够引起北京微博用户的广泛讨论。

表 9　十大热点事件中，北京用户的参与度

	事件	事件类型	回帖数占比(%)	各省排名
1	携程天价退票费	经济生活	23.7	1
2	阴阳合同	明星违法	11.6	1
3	问题疫苗	民生问题	20.2	1
4	提高个税起征点	民生问题	23.6	1
5	泰国游船倾覆	安全事故	18.8	1
6	网贷平台集体爆雷	经济热点	20.8	1
7	我不是药神	民生问题	27.8	1
8	寿光泄洪事件	自然灾害	6.2	5
9	二胎基金	民生问题	14.4	1
10	红芯浏览器	科技造假	23.7	1

2. 微博评论观点分析

项目采用了百度 AI 开放平台的“评论观点抽取”功能，编写 Python 程序，对所获取的微博评论进行分析。可以发现，热点事件中，微博用户的评论中不仅包含针对事件当事人的情绪，还通常带出对政府相关部门的情绪。

例如，阴阳合同事件中，网民的评论观点集中于金额巨大、演艺圈腐败、明星片酬高、呼唤法律公平、呼唤正义等方面，掺杂着震惊、厌恶、愤怒、担忧等复杂的社会情绪；同时，也对涉及的国家法律、税务等部门，表露出了不满、期盼的强烈情绪。同样，在其他如问题疫苗、我不是药神、网贷平台集体爆雷等事件中，网民的情绪也多有对政府有关部门的不满和期待。

3. 评论文本的词云分析

研究中针对各个事件的评论信息，进行了分词、词频统计后，做了词云分析。

图 12　评论文本的词云分析

图 12 呈现了“阴阳合同”、“泰国游船倾覆”、“问题疫苗”三个事件微博评论的词云图，从中可以直观地看出在各个事件的评论中网民们讨论的关注点。例如，在与“问题疫苗”事件对应的词云图中，从“尼玛”、“畜生”、“无良”等用词可以明显看出网民的愤怒情绪。

4. 不同事件中的情绪倾向

通常情况下，负向的事件会更多地引发负向的情绪表达。这一点也在对评论文本的情绪倾向分析的结果中得到佐证。在对上述事件引发的微博回帖的情绪分析中，对于“阴阳合同”“问题疫苗”等负面新闻，网民的情绪呈现一边倒的情况，充满了“震惊”“担忧”“恐惧”“无助”“不满”等情绪。对于安全事故、自然灾害相关事件（如泰国游船倾覆、寿光泄洪事件）的评论中，网民表露出的情绪除了“悲伤”“担忧”等之外，还伴随着大量的给受灾害民众“鼓舞”“加油”的正向情绪。在本意是利于民生的“提高个税起征点”这样的事件中，微博网民依然表现出负面情绪。

由此可见，对于不同的事件类型，哪怕是利好事件，网民都会表露出或多或少的负面情绪。从这点恰恰可以看出，微博空间是网民情绪宣泄的重要场所，尤其是在事件关乎自身切身利益的时候。

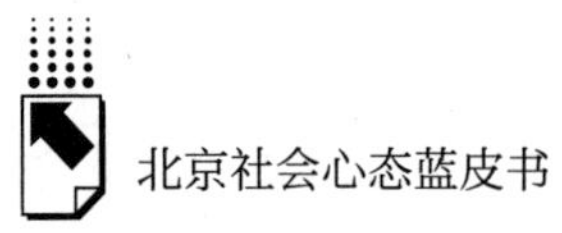

六　疏解对策与建议

（一）微博空间仍然是网络空间治理的重要场所

几年前随着微信的崛起，曾经是最活跃社交网络平台的微博的用户活跃度快速下降，业界甚至一度发出“微博式微”“微博已死”的呼声。然而，本研究发现，与微信注重强联结（熟人联系）的社交模式不同，微博在基于事件的弱联结社交活动中，仍然发挥着重要的作用。例如，北京市微博用户的数量不但没有下降，还在不断增加，个别城区增加的幅度还挺大。同时，每一次社会重大、热点事件，都会在微博空间引发热烈的讨论。因此，对于网络空间社会情绪的疏解而言，微博仍然是重要场所，需要保持持续的关注。

（二）重点关注微博用户量突出的城区

研究中发现，北京朝阳、东城、海淀三个区的微博用户量最大，并且新用户的增长率也是很大。这个规律也从侧面反映了互联网网民在这三个区的规模和发展程度。因此，在社会情绪有关的线下引导、宣传、教育、疏解活动中，可以重点关注这三个城区的民众。

（三）建立网络社会情绪识别与预警机制

研究中发现，不同类型的事件引发的网络社会情绪中，不可避免地都会出现网民对政府相关部门的不满和期待情绪。在某些重大事件背景下，社会情绪在网络上酝酿、传播、发酵、转化的过程非常迅速，需要相关部门尽早、尽快地对网络中的社会情绪进行有效的识别；同时，建立预警、应急干预机制，及时有效地对社会情绪进行引导、疏解和消除。

参考文献

1. 张结海：《社会情绪研究在中国：概念、测量、成因与疏导》，《社会学》2015 年第 2 期。

2. 王俊秀：《社会情绪的结构和动力机制：社会心态的视角》，《云南师范大学学报》（哲学社会科学版）2013 年第 5 期。
3. 刘行芳：《社会情绪的网络扩散及其应对》，《新闻爱好者月刊》2011 年第 12 期。
4. 赵玉芳、张庆林等：《西部大开发的社会认知研究》，新华出版社，2006。
5. 张润泽、杨华：《转型期乡村治理的社会情绪基础：概念、类型及困境》，《湖南师范大学社会科学学报》2006 年第 4 期。
6. 北京社会心理研究所：《北京社会心态分析报告（2013～2014）》，社会科学文献出版社，2014。
7. 何跃、邓唯茹、张丹：《中文微博的情绪识别与分类研究》《情报杂志》2014 年第 2 期。
8. 董颖红、陈浩、赖凯声等：《微博客基本社会情绪的测量及效度检验》，《心理科学》2015 年第 5 期
9. 廖卫民：《网络舆情爆发时的社会情绪测量及其结构分析——以李某某案为例》，《浙江理工大学学报》（社会科学版）2016 年第 2 期。
10. 谢君玮：《微博公共事件与社会情绪的内容分析》，苏州大学硕士学位论文，2016。
11. 罗坤瑾：《微博公共事件与社会情绪共振研究文献综述》，《学术论坛》2013 年第 10 期。
12. 彭希羡、朱庆华、刘璇：《微博客用户特征分析及分类研究——以“新浪微博”为例》，《情报科学》2015 年第 1 期。
13. 何跃、张月、肖敏等：《微博社区内不同情绪的传染关系研究——以亚航失联事件为例》，《统计与信息论坛》2017 年第 8 期。
14. Chew Yean Yam. Emotion Detection and Recognition from Text Using Deep Learning. https：//www. microsoft. com/developerblog/2015/11/29/emotion - detection - and - recognition - from - text - using - deep - learning/，2015.
15. Hasan，M.，Rundensteiner，E.，Kong，X.，and Agu，E. 2017. Using Social Sensing to Discover Trends in Public Emotion. In Proceedings of the 11th IEEE International Conference on Semantic Computing（ICSC）2017. IEEE.
16. Peng T - Q，Sun G.，Wu Y.（2017）Interplay between Public Attention and Public Emotion toward Multiple Social Issues on Twitter. PLoS ONE 12（1）：e0167896. https：//doi. org/10. 1371/journal. pone. 0167896.
17. 冯超：《信息化时代网络舆论与社会情绪共振机制研究——以乌克兰事件为例》，《商丘职业技术学院学报》2015 年第 3 期。
18. 李婷：《我国社会情绪与网络表达的互动影响研究》，华中科技大学硕士学位论文，2014。

B.9

北京市社会分离与卷入情绪调查报告

任孝鹏　向媛媛*

摘　要： 通过对2018年北京市各个地区居民共800人的调查发现，北京市居民的社会分离和卷入情绪程度介于“有些”和“中等”之间，处于中等水平。社会分离情绪在强度和影响力上都高于社会卷入情绪。与2013年相比，2018年北京市居民社会分离和卷入情绪的强度都在增强，而社会分离情绪的增幅更明显。在个体层面上，年龄越大，民众的社会分离情绪和社会卷入情绪的差距越小；社会阶层对社会分离情绪和卷入情绪的影响呈“U”形，社会阶层高和低群体呈现行为表现相似但是背后原因不同的两种高社会分离情绪类型。在社区层面上，生活便利程度会影响社会分离情绪的表达，生活越便利，人们越容易体验到社会分离情绪。与外地居民相比，北京市居民的社会分离情绪更高。针对上述发现，报告提出两大建议：第一，尝试采用“平台+站点”的形式为北京市居民提供社会心理或心理健康的咨询和服务。第二，在社区层面和城市层面，通过政策引导，加快与居民食和行有关的便利设施的建设。

关键词： 社会分离情绪　社会卷入情绪　社会阶层　社会心理服务

---

* 任孝鹏，中国科学院心理研究所副研究员，研究方向为文化和社会心理学。向媛媛，中国科学院心理研究所硕士生，研究方向为社会心理学。

引　言

中国过去40年的改革开放取得了巨大成就，有人根据国家统计局的数据进行测算，与1970年相比，2012年中国的城市化率增长了3倍，家庭平均消费增长了10倍，在校大学生人数占比从0.13%增长到24.33%（Zeng & Greenfield，2015）。而北京作为首都，这些指标也很亮眼。不过，随着客观生活质量的提高，人们的主观感受并没有随之明显提升。如有学者发现，与20世纪90年代相比，2007年的幸福感不仅没有增加，反而略有降低（Easterlin，Morgan，Switek，& Wang，2012）。正因为如此，习近平总书记才提出要提升民众的获得感（王俊秀，谭旭运，刘晓柳，2018）。获得感是具有中国特色的概念，现在的相关实证研究还偏少。我们在这里借鉴与之相类似的另外一个概念——主观幸福感的相关研究，为获得感的探索提供有价值的参考。主观幸福感包括两部分，一个是从总体上看对以往和现在生活状态的评价，如生活满意度；一个是过去一段时间内（如一周、两周）的各种情绪的体验，如快乐，心情低落等（Diener，2013）。获得感可能也包括对自己过去生活状况或生活质量的评价，也有日常生活中体验到的情绪。如果一个人对过去或现在生活状况或生活质量的评价比较高，日常生活中体验到更多的积极情绪，则这个人的获得感也比较多。

社会卷入和分离情绪（social engaging/disengaging emotion）是跨文化心理学家提出的描述人们情绪体验的分类，基于某种情绪是与人际活动有关还是与个人目标达成有关可将情绪分成两大类，一类是社会卷入情绪，如内疚、友好，体验到这些情绪的情境更多是与人际互动有关的；另一类是社会分离情绪，如自豪、优越感，体验到这些情绪的情境更多是与个人目标达成有关的。同时无论是社会卷入还是分离情绪，在情绪的效价上又可以分为正性和负性，比如上面提到的内疚就属于负性情绪，而自豪和友好感等属于正性情绪（Kitayama，Markus，& Kurokawa，2000）。跨文化研究发现社会卷入和分离情绪的体验存在着文化间的差异，主要体现在两个方面。一个是强度，与西方人（如美国、德国和英国）等体验到的社会分离情绪的强度高于社会卷入情绪相比，东方人（如日本、中国）等体验到的社会卷入情绪的强度高于社会分离情绪。另一个是社会卷入和

分离情绪对一般积极情绪（如快乐）的影响大小，也就是说对个人来说，其日常生活中体验到的快乐主要是受社会卷入情绪的影响还是受社会分离情绪的影响。与西方人（如美国、德国和英国）等社会分离情绪对快乐的影响大于社会卷入情绪相比，东方人（如日本、中国）等社会卷入情绪对快乐的影响大于社会分离情绪（Kitayama，Park，Sevincer，Karasawa，& Uskul，2009）。在同一文化内不同区域或者民族之间也可能有差别，比如维吾尔族人的社会卷入情绪和分离情绪都高于汉族人（Ren，Lu，& Tuerdi，2014）；日本北海道地区的居民因为有自愿移民的历史，所以其与其他地区的日本人相比，社会分离情绪的强度高于社会卷入情绪（Ishii，Kitayama，& Uchida，2014）。

社会分离/卷入情绪的文化间比较以及同一国家内部不同地区或民族的比较说明当两个或多个群体之间存在着价值观的差异时，其日常生活中体验到的情绪类别以及这些情绪对其一般积极情绪的贡献也存在差别。当社会价值观发生变迁时，不同时代的人们由于其社会价值观的不同，社会分离/卷入情绪也可能存在着差异。中国在过去几十年，社会价值观发生了很大的变化。与社会分离/卷入情绪有关的个体主义/集体主义价值观的研究表明，无论是自我报告（如自尊），的问卷，还是用档案资料（如最常见名字的百分比）或者是大数据中的词频分析（第一人称单数和复数）都发现自 20 世纪 70 年代末期到 2010 年，中国人的个体主义在逐渐增强，而集体主义或者保持不变或者变弱（Hamamura & Xu，2015；Yu et al.，2016；Zeng & Greenfield，2015；宋文天 & 任孝鹏，2018；苏红，任孝鹏，陆柯雯，& 张慧，2016）。

本研究准备从社会卷入/分离情绪的视角入手，基于人们在不同情境中对社会卷入/分离情绪的体验，分别从纵向和横向的角度评估北京市居民的社会卷入/分离情绪的现状和变化趋势，并分析其影响因素和模式。这一方面可以为社会卷入/分离情绪的基础性研究提供科学依据；另一方面有助于有效观察和预测北京居民心理的发展，进而服务于政府部门的公共政策制定和行政决策，从而助力于新时期社会心理服务体系的建设。

一　样本分析

本次调查采用分层多阶按人口比例的不等概率抽样在北京范围内取样。按照国家统计局的地区分类，调查了北京的16个地区居住年限超过3年的居民，平均每个区50人，共采集800名北京市居民的有效数据。表1是本次调查样本的人口学信息。如表1所示，普通民众样本中男性430人，占比53.7%，女性370人，占比46.3%；在年龄分布上，29岁及以下337人，占比42.1%，30~39岁355人，占比44.4%，40~54岁108人，占比13.5%；学历方面，初中及以下46人，占比5.8%，高中/中专/技校/职中126人，占比15.8%，大专165人，占比20.6%，本科及以上463人，占比57.9%；家庭月收入方面，4000元及以下21人，占比2.6%，4000~10000元112人，占比14%，1万~2万元266人，占比33.3%，2万~5万元320人，占比40%，5万元以上81人，占比10.1%；在户籍上，农业户口278人，占比34.8%，非农业户口522人，占比65.3%；在婚姻状况上，已婚498人，占比62.3%，未婚274人，占比34.3%，离异28人，占比3.5%。

此外，为了更完整地刻画北京市居民的社会卷入情绪和社会分离情绪状况，研究还结合了2013年对北京市居民调查的数据，从而在纵向尺度上考察其社会卷入情绪和社会分离情绪状况的变化趋势和特征。其中，男性138人，占比35.6%，女性250人，占比64.4%；年龄方面，29岁及以下302人，占比86.3%，30~39岁42人，占比12%，40~54岁6人，占比1.7%；学历方面，高中/中专/技校/职中8人，占比5.9%，大专37人，占比27.2%，本科及以上91人，占比66.9%；家庭月收入方面，4000元及以下41人，占比30.4%，4000~1万元77人，占比57%，1万~2万元13人，占比9.6%，2万~5万元4人，占比3%。

表1　2018年北京市居民社会卷入和社会分离情绪调查人口学信息

项目	类型	人数	百分比	项目	类型	人数	百分比
性别	男性	430	53.7	家庭月收入	4000元及以下	21	2.6
	女性	370	46.3		4000~1万元	112	14
年龄	29岁及以下	337	42.1		1万元~2万元	266	33.3
	30~39岁	355	44.4		2万元~5万元	320	40
	40~54岁	108	13.5		5万元以上	81	10.1

续表

项目	类型	人数	百分比	项目	类型	人数	百分比
教育程度	初中及以下	46	5.8	是否北京本地人	本地人	510	63.7
	高中/中专/技校/职中	126	15.8		进城务工人员	290	36.3
	大专	165	20.6	与北京本地相比的社会阶层	上层	178	22.3
	本科及以上	463	57.9		中层	574	71.8
婚姻状况	未婚	274	34.3		下层	48	6
	已婚	498	62.3	物业标准	1~4元/月/平方米	323	40.4
	离异	28	3.5		4~6元/月/平方米	269	33.6
户口	农业户口	278	34.8		6元及以上/月/平方米	208	26
	非农业户口	522	65.3	小区环境	非常好	219	27.4
居住环数	3环以内	37	4.6		比较好	464	58
	3~5环	382	47.8		一般	75	9.4
	5环以外	381	47.6		比较差	39	4.9
居住年限	5年以下	59	7.4		非常差	3	0.4
	5~10年	131	16.4	小区拥挤程度	非常拥挤	19	2.4
	10年以上	610	76.3		有点拥挤	224	28
居住小区等级	高	251	31.4		一般	276	34.5
	中	400	50		有点舒适	192	24
	低	149	18.6		非常舒适	89	11.1
小区便利设施	非常便利	240	30	通勤时间	30分钟以内	132	16.5
	比较便利	489	61.1		30~60分钟	491	61.4
	不确定	35	4.4		60~90分钟	151	18.9
	比较不便利	33	4.1		90分钟以上	26	3.3
	非常不便利	3	0.4				

续表

项目	类型	人数	百分比	项目	类型	人数	百分比
走到地铁口所花时间	5 分钟以内	75	9.4	过去一年内是否就医	有	541	67.6
	5~10 分钟	375	46.9		没有	259	32.4
	10~15 分钟	236	29.5	居住面积	70 平方米以下	39	4.9
	15 分钟以上	114	14.2		70~110 平方米	401	50.1
走到距离最近的便利店所花时间	5 分钟以内	308	38.5		110~150 平方米	287	35.9
	5~10 分钟	331	41.4		150 平方米以上	73	9.1
	10~15 分钟	129	16.1				
	15 分钟以上	32	4				

社会卷入/分离情绪测量：我们采用 Kitayama 等编制的内隐社会倾向问卷（implicit social orientation questionnaire）测量社会卷入和社会分离情绪（Kitayama，Park，Sevincer，& Karasawa，2007）。原问卷包括 10 个情境，分别是自己的相貌、看小说、听音乐或看电视、受伤、交通拥堵、工作过载、与朋友积极互动、与家人良好互动、家人有好事、和家人有矛盾。在每种情境下，让被试回忆其体验到的 12 种情绪，其中分离情绪包括自尊、骄傲、愤怒、沮丧，卷入情绪包括羞耻、亲密、内疚、友好，一般情绪包括得意、开心、平静、不开心。这 12 种情绪又可以分为正性和负性两种类别，无论是社会卷入、社会分离情绪还是一般情绪都包括正性和负性两种类别。评分采用 Likert 量表 6 级评分（1 = 一点也不，6 = 非常强烈）。基于内隐社会取向问卷结果，我们可以计算两种指标。一种是社会卷入和分离情绪的强度，根据社会卷入和分离情绪强度的高低，来看被试最常体验到的情绪是偏向社会卷入还是偏向社会分离情绪。另一种是社会卷入和分离情绪的影响力，是利用这两种情绪对一般积极情绪的回归系数的大小进行比较，哪种类型的回归系数大，就表示被试是更偏向于哪种方式来追求快乐。如果社会卷入情绪对一般积极情绪的回归系数大于社会分离情绪，则表示被试主要通过追求人际或群体和谐来获得快乐；反之

则表示被试主要通过追求个人目标的达成来获得快乐。·本问卷曾经在 2012 年被修订成中文版（Ren et. al，2014），在本次调查中增加了一个情境，就是去政府部门办事。

二 北京居民社会卷入/分离情绪分析

（一）总体描述

对北京普通民众的社会卷入/分离情绪进行分析，调查结果如图 1 所示。结果显示二者存在显著差异，t（799） = -8.68，$p<0.001$，北京居民的社会分离情绪（$M=3.39$，$SD=0.53$）要高于社会卷入情绪（$M=3.21$，$SD=0.70$）。

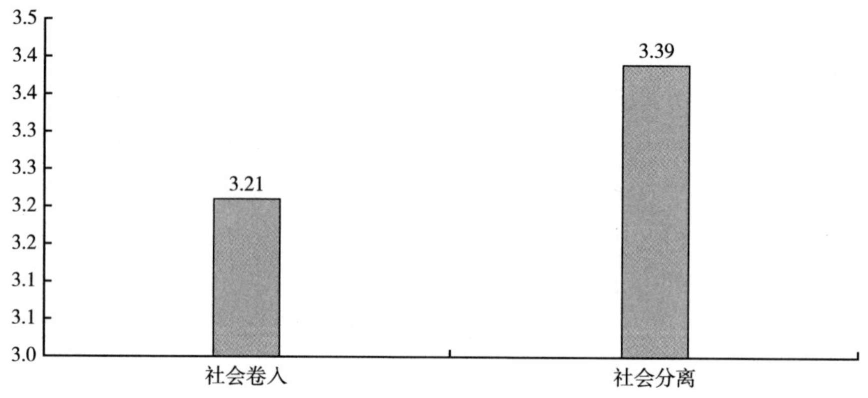

图 1 北京居民社会卷入和社会分离情绪

（二）2013年和2018年北京居民社会卷入和社会分离情绪的比较

为了比较北京居民社会卷入/分离情绪的代际差异，我们将 2013 年和 2018 年两年的数据进行了分析，将 2013 年和 2018 年的社会卷入/分离情绪进行重复测量方差分析，结果如图 2 所示。方差结果表明，2013 年和 2018 年的社会卷入/分离情绪主效应边缘显著，F（1，1190） = 3.63，$p=0.06$，社会卷入/分离情绪与年份的交互作用显著，F（1，1190） = 63.90，$p<0.001$，$\eta^2=$

0.05，年份主效应显著，$F(1, 1190) = 57.20$，$p < 0.001$，$\eta^2 = 0.05$，北京居民2018年的社会卷入情绪（$M = 3.21$，$SD = 0.70$）高于2013年（$M = 3.06$，$SD = 0.81$）；北京居民2018年的社会分离情绪（$M = 3.39$，$SD = 0.53$）高于2013年（$M = 2.95$，$SD = 0.85$）。从2013年到2018年，不管是社会卷入情绪还是社会分离情绪都呈现上升的趋势，但是社会分离情绪的上升更明显。此外，在2013年时，社会卷入情绪要高于社会分离情绪，也就是说，在2013年北京民众体验到更多的是社会卷入情绪，但到了2018年时体验到更多的是社会分离情绪。

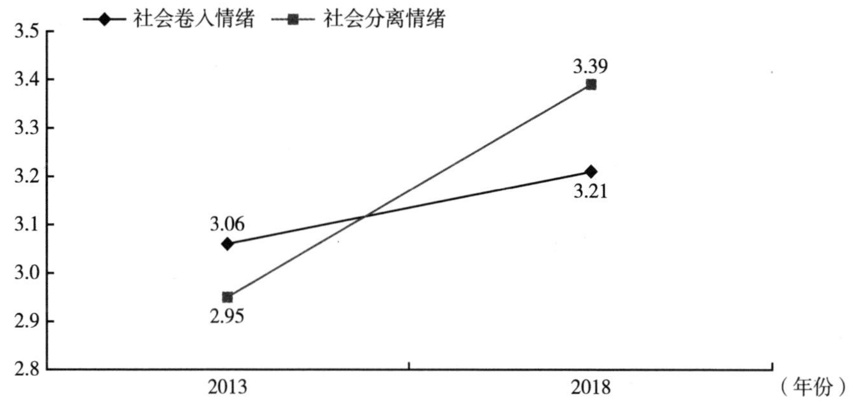

图2 2013年和2018年社会卷入和社会分离情绪变化趋势

三 不同群体间的社会卷入情绪和社会分离情绪差异

（一）社会卷入和社会分离情绪的性别差异

社会卷入/分离情绪的性别差异如图3所示。重复测量的方差分析结果显示，社会卷入/分离情绪的主效应显著，$F(1, 798) = 73.88$，$p < 0.01$，$\eta^2 = 0.09$，而性别的主效应不显著，$F(1, 798) = 0.25$，$p = 0.62$，性别和社会卷入/分离情绪的交互效应也不显著，$F(1, 798) = 0.58$，$p = 0.45$。这说明北京居民在社会卷入和分离情绪的体验上没有性别差异。

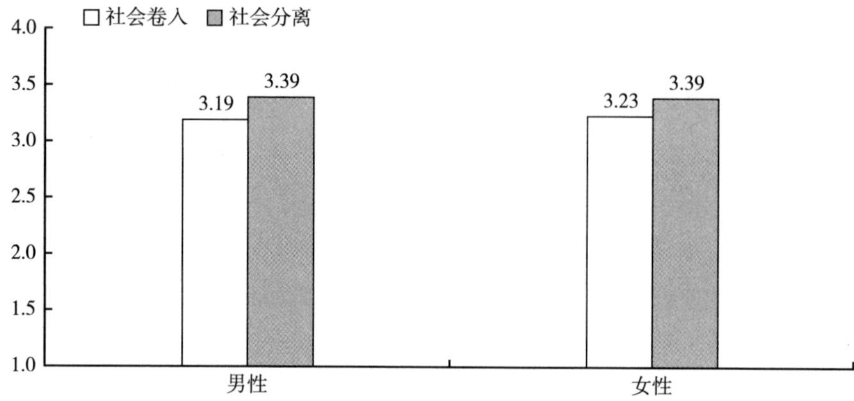

图3　社会卷入和社会分离情绪的性别差异

（二）社会卷入和社会分离情绪的年龄差异

为方便比较，我们将被试年龄分成29岁及以下，30~39岁、40~59岁3个年龄段。重复测量方差分析结果见图4。社会卷入/分离情绪的主效应显著 $F(1, 797) = 36.28$，$p < 0.01$，$\eta^2 = 0.04$），而年龄的主效应显著，$F(2, 797) = 3.93$，$p < 0.05$，$\eta^2 = 0.01$；社会分离情绪从低到高依次为：29岁及以下组（$M = 3.36$，$SD = 0.50$），30~39岁组（$M = 3.41$，$SD = 0.56$），40~59岁组（$M = 3.43$，$SD = 0.55$）；社会卷入情绪从低到高依次为：29岁及以下组（$M = 3.14$，$SD = 0.72$），30~39岁组（$M = 3.22$，$SD = 0.69$），40~59岁组（$M = 3.41$，$SD = 0.64$）。年龄和社会卷入/分离情绪的交互效应也显著，$F(2, 797) = 4.89$，$p < 0.01$，$\eta^2 = 0.01$；在40~59岁组，社会卷入情绪（$M = 3.41$，$SD = 0.64$）和社会分离情绪（$M = 3.43$，$SD = 0.55$）没有差别；而在29岁及以下组社会分离情绪（M = 3.36，SD = 0.50）高于社会卷入情绪（$M = 3.14$，$SD = 0.72$）；在30~39岁组社会分离情绪（$M = 3.41$，$SD = 0.56$）高于社会卷入情绪（$M = 3.22$，$SD = 0.69$）。

（三）社会卷入和社会分离情绪的教育程度差异

研究者将教育水平分为初中及以下、高中/中专/职高/技校、大专、本科及以上四类。方差分析的结果表明，社会卷入/分离情绪主效应显著，F（1，

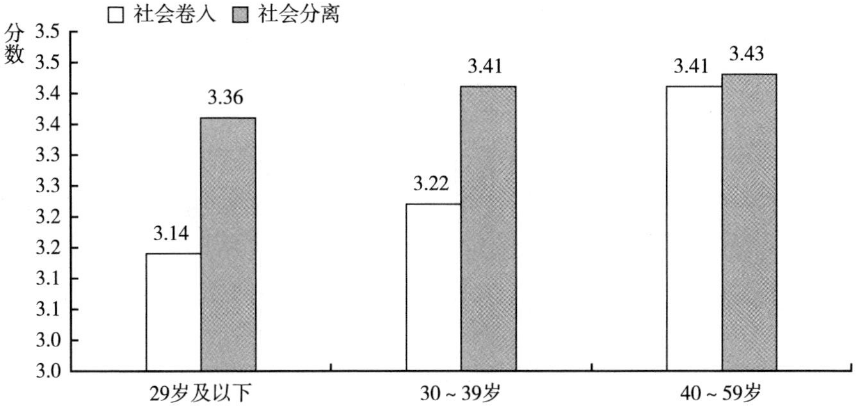

图4　不同年龄段的社会卷入和社会分离情绪

796） =70.32，$p<0.001$，$\eta^2=0.08$，教育程度的主效应显著 F（3，796） = 5.79，$p<0.01$，$\eta^2=0.02$，社会分离情绪从低到高依次为：大专（$M=3.30$，$SD=0.51$）、初中及以下（$M=3.34$，$SD=0.41$）、本科及以上（$M=3.40$，$SD=0.56$）、高中/中专/职高/技校（$M=3.50$，$SD=0.51$）；社会卷入情绪从低到高依次为：初中及以下（$M=2.90$，$SD=0.62$）、大专（$M=3.09$，$SD=0.70$）、本科及以上（$M=3.25$，$SD=0.69$）、中专/职高/高中（$M=3.33$，$SD=0.72$），教育程度和社卷入/社会分离情绪的交互作用显著，F（3，796） = 3.35，$p<0.05$，$\eta^2=0.01$，从整体上看，随着教育程度的增加，社会卷入情绪和社会分离情绪之间的差距在逐渐缩小，在初中及以下学历上，社会分离情绪（$M=3.34$，$SD=0.41$）与社会卷入情绪（$M=2.90$，$SD=0.62$）二者差距最大，相差0.44，在高中/中专/职高/技校上，社会分离情绪（M = 3.50，SD =0.51）与社会卷入情绪（$M=3.33$，$SD=0.72$）相差0.17，在大专学历上，社会分离情绪（$M=3.30$，$SD=0.51$）与社会卷入情绪（$M=3.09$，$SD=0.70$）相差0.21，在本科及以上学历上，社会分离情绪（$M=3.40$，$SD=0.56$）与社会卷入情绪（$M=3.25$，$SD=0.69$）相差最小，相差0.15。

进一步研究发现，父母的教育程度对社会卷入/社会分离情绪也能够产生影响，因大专学历人数较少，因此将大专学历合并到本科及以上学历中，方差分析的结果表明，社会卷入/社会分离情绪主效应显著，F（1，797） =

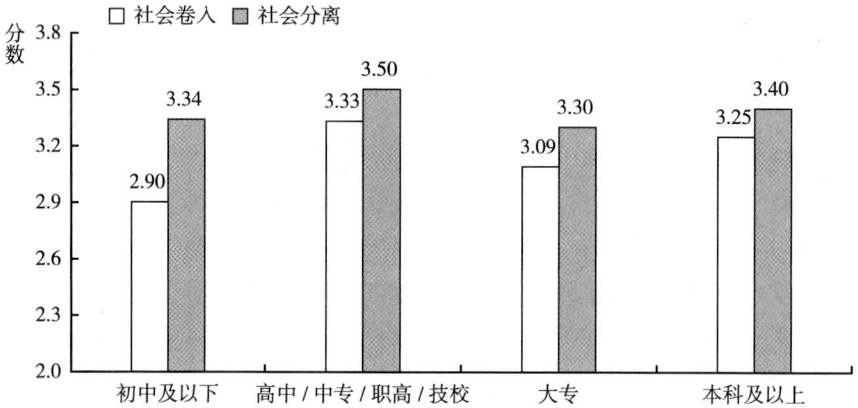

图5　不同教育高中程度的社会卷入/社会分离情绪

64.83，$p<0.001$，$\eta^2=0.08$，教育程度主效应不显著，$F(2, 797)=1.65$，$p=0.19$，社会卷入/社会分离情绪和教育程度交互作用显著，$F(2, 797)=4.54$，$p<0.05$，$\eta^2=0.01$，社会分离情绪从低到高依次为：高中/中专/职高/技校（$M=3.38$，$SD=0.57$）、初中及以下学历（$M=3.38$，$SD=0.46$）、大专及以上（$M=3.49$，$SD=0.61$），社会卷入情绪从低到高依次为：初中及以下学历（$M=3.14$，$SD=0.61$）、大专及以上学历（$M=3.23$，$SD=0.81$）、高中/中专/职高/技校（$M=3.26$，$SD=0.74$）。这说明父母的教育程度对社会卷入和社会分离情绪确实产生能够产生影响（见图6）。

（四）社会卷入和社会分离情绪的户口差异

比较农业户口和非农业户口对社会卷入/社会分离情绪的影响发现，社会卷入/社会分离情绪主效应显著，$F(1, 798)=62.33$，$p<0.001$，$\eta^2=0.07$，户口主效应不显著，$F(1, 798)=0.50$，$p=0.48$，户口与社会卷入/社会分离情绪交互作用不显著，$F(1, 798)=1.50$，$p=0.22$），在农业户口上，社会分离情绪（$M=3.39$，$SD=0.52$）高于社会卷入情绪（$M=3.25$，$SD=0.70$），在非农业户口上，社会分离情绪（$M=3.39$，$SD=0.54$）也高于社会卷入情绪（$M=3.19$，$SD=0.70$）（见图7），但是这些差异并没有达到显著水平，说明户口并没有对社会卷入和社会分离情绪产生影响。

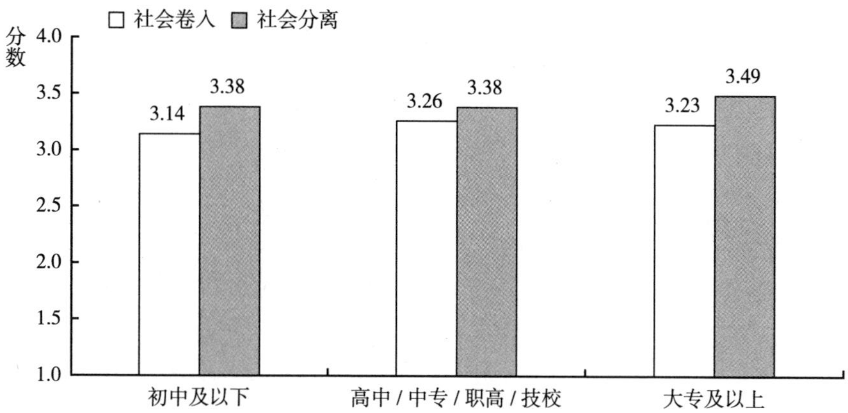

图 6　父母受不同教育程度的社会卷入/社会分离情绪

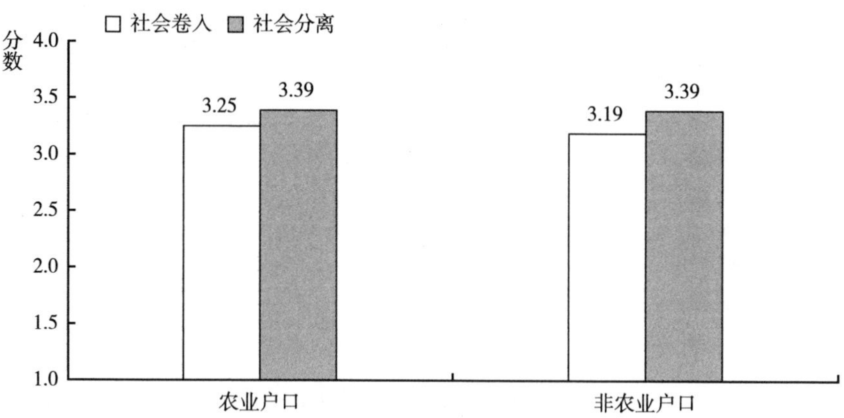

图 7　农业户口和非农业户口对社会卷入/社会分离情绪的影响

（五）社会卷入和社会分离情绪的婚姻状况差异

研究者将婚姻状况分为已婚、未婚、离异三种类型，方差分析结果表明，社会卷入/社会分离情绪的主效应不显著，$F(1, 797) = 0.74$，$p = 0.39$，婚姻状况的主效应也不显著，$F(2, 797) = 1.87$，$p = 0.15$，社会卷入/社会分离情绪和婚姻状况的交互作用显著，$F(2, 797) = 9.85$，$p < 0.01$，$\eta^2 = 0.02$，在未婚状况时，社会分离情绪（$M = 3.33$，$SD = 0.52$）高于社会卷入情

绪（$M=3.17$，$SD=0.70$）；在已婚状况时，社会分离情绪（$M=3.44$，$SD=0.52$）也高于社会卷入情绪（$M=3.22$，$SD=0.69$）；但在离婚状况时，社会卷入情绪（$M=3.46$，$SD=0.80$）高于社会分离情绪（$M=3.18$，$SD=0.74$）（见图8）。

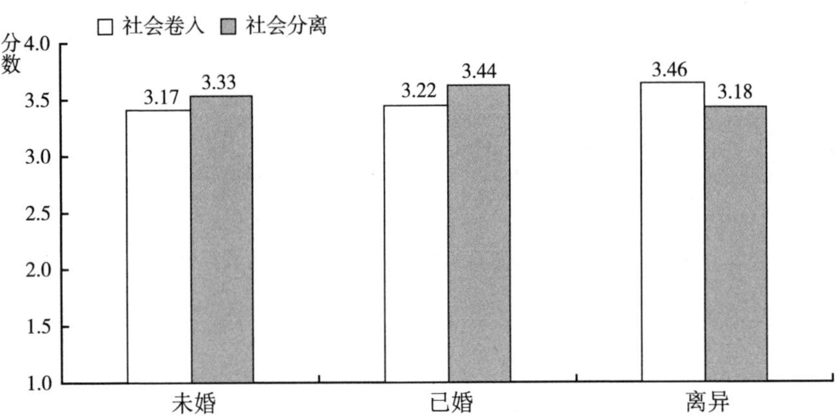

图8　不同婚姻状况群体在社会卷入/社会分离情绪得分

（六）社会卷入和社会分离情绪的收入差异

研究者将家庭收入一共分为4000元及以下、4000元~1万元、1万元~2万元、2万元~5万元、5万元及以上5个等级。不同收入群体的社会卷入/社会分离情绪情况如图9所示。方差结果显示，社会卷入/社会分离情绪主效应显著，$F(1, 795)=73.60$，$p<0.001$，$\eta^2=0.09$，收入主效应不显著，$F(4, 795)=1.33$，$p=0.26$，社会卷入/社会分离情绪和收入的交互作用显著，$F(4, 795)=3.97$，$p<0.05$，$\eta^2=0.02$），在4000元及以下时，社会卷入情绪（$M=3.12$，$SD=0.59$）显著低于社会分离情绪（$M=3.76$，$SD=0.38$），随着收入逐渐增加社会卷入情绪和社会分离情绪的差距在逐渐缩小，但是当收入增长到5万元及以上时，二者的差距开始增大。并且从整体上看，随着收入的增加，社会卷入情绪也在增加。社会卷入情绪从低到高依次为：4000元及以下（$M=3.12$，$SD=0.59$）、4000元~1万元（$M=3.16$，$SD=0.70$）、1万元~2万元（$M=3.19$，$SD=0.67$）、2万元~5万元（$M=3.24$，$SD=0.69$）、

5 万元及以上（$M=3.23$，$SD=0.85$）；社会分离情绪从低到高依次为：1 万元～2 万元（$M=3.33$，$SD=0.58$）、4000～1 万元（$M=3.34$，$SD=0.56$）、2 万元～5 万元（$M=3.41$，$SD=0.51$）、5 万元及以上（$M=3.48$，$SD=0.40$）、4000 元及以下（$M=3.76$，$SD=0.38$）。

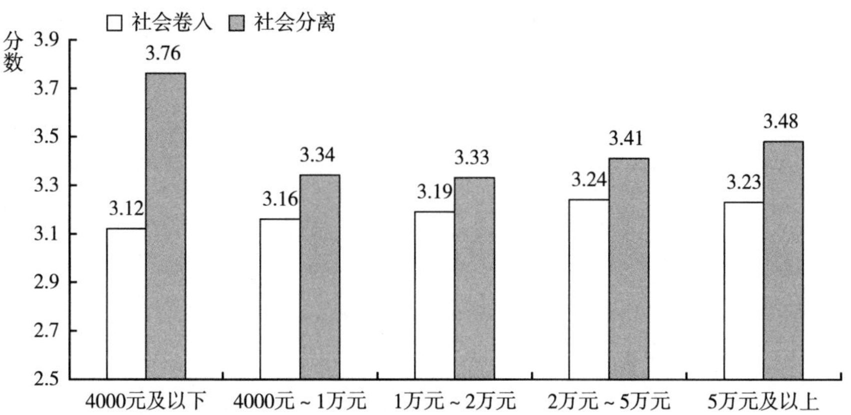

图 9　不同收入群体的社会卷入/社会分离情绪得分

（七）是否为当地人在社会卷入和社会分离情绪上的差异

对是否为北京本地人和社会卷入/社会分离情绪进行方差分析，结果显示社会卷入/社会分离情绪主效应显著，$F(1, 798)=61.94$，$p<0.001$，$\eta^2=0.07$，是否为当地人的主效应不显著，$F(1, 798)=1.77$，$p=0.18$，是否为北京本地人和社会卷入/社会分离情绪交互作用边缘显著，$F(1, 798)=3.12$，$p=0.08$）。如图 10 所示，在社会卷入情绪上，北京本地人（$M=3.21$，$SD=0.72$）和进城务工人员（$M=3.20$，$SD=0.67$）没有明显差异，在社会分离情绪上，本地人（$M=3.43$，$SD=0.54$）要高于进城务工人员（$M=3.33$，$SD=0.52$）（见图 10）。

（八）社会卷入和社会分离情绪的社会阶层差异

研究者按照社会阶层报告了不同社会阶层的社会卷入/社会分离情绪的差异。研究者首先将社会阶层分为上层、中产和下层 3 个社会层级。不同社会阶

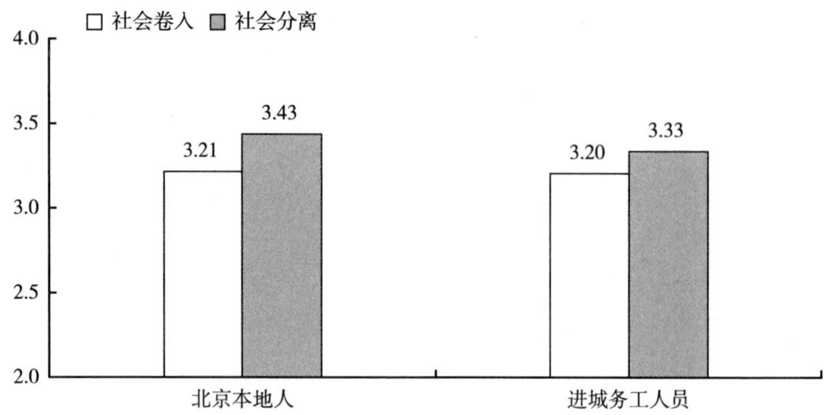

图 10　是否为北京当地人的社会卷入/社会分离情绪得分

层群体的社会卷入/社会分离情绪得分情况如图 11 所示。数据结果显示，社会卷入/社会分离情绪主效应显著，$F(1, 797) = 33.99$，$p < 0.001$，$\eta^2 = 0.04$，社会阶层的主效应显著，$F(2, 797) = 5.96$，$p < 0.01$，$\eta^2 = 0.02$。社会分离情绪从低到高依次为中产（$M = 3.36$，$SD = 0.52$）、下层（$M = 3.40$，$SD = 0.60$）、上层（$M = 3.51$，$SD = 0.54$）；社会卷入情绪从低到高依次为：中产（$M = 3.17$，$SD = 0.66$）、下层（$M = 3.17$，$SD = 0.66$）、上层（$M = 3.34$，$SD = 0.82$）。社会卷入/社会分离情绪和社会阶层的交互作用不显著，$F(2, 797) = 0.22$，$p = 0.80$。说明北京居民的社会卷入和社会分离情绪并没有受到社会阶层的影响。

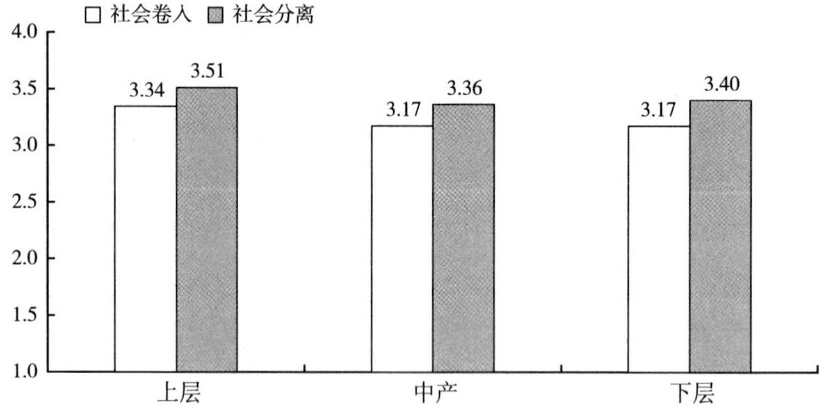

图 11　不同社会阶层的社会卷入/社会分离情绪得分

（九）社会卷入和社会分离情绪的居住环数差异

研究者将北京居住区域划分为3环以内、3～5环、5环以外3个类型。数据结果显示：社会卷入/社会分离情绪主效应显著，$F(1, 797) = 32.96$，$p < 0.001$，$\eta^2 = 0.04$，居住环数的主效应显著，$F(2, 797) = 4.86$，$p < 0.01$，$\eta^2 = 0.01$。在社会分离情绪上从低到高依次为：3～5环（$M = 3.35$，$SD = 0.52$）、5环以外（$M = 3.41$，$SD = 0.54$）、3环以内（$M = 3.62$，$SD = 0.60$）；社会卷入情绪从低到高依次为：3～5环（$M = 3.15$，$SD = 0.72$）、5环以外（$M = 3.26$，$SD = 0.68$）、3环以内（$M = 3.37$，$SD = 0.72$）。社会卷入/社会分离情绪和居住环数的交互作用不显著，$F(2, 797) = 0.78$，$p = 0.46$。这说明居住环数对社会卷入和社会分离情绪也没有产生显著的影响。

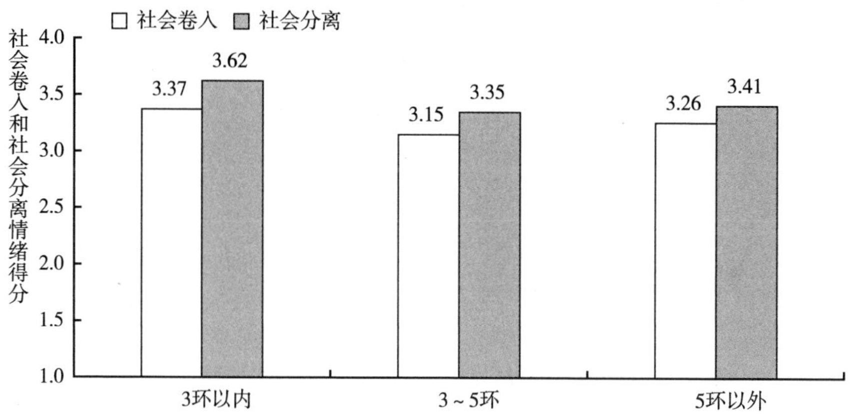

图12 不同居住环数的社会卷入和社会分离情绪得分结果

（十）社会卷入和社会分离情绪的居住小区等级差异

研究者将居住小区等级分为高、中、低三个等级，方差结果显示，社会卷入/社会分离情绪主效应显著，$F(1, 797) = 84.46$，$p < 0.001$，$\eta^2 = 0.10$，居住小区等级主效应显著，$F(2, 797) = 3.63$，$p < 0.05$，$\eta^2 = 0.1$。在社会分离情绪得分上从低到高依次为：中等级（$M = 3.31$，$SD = 0.52$）、高等级（$M = 3.45$，$SD = 0.51$）、低等级（$M = 3.52$，$SD = 0.58$）；在社会卷入情绪得

分上从低到高依次为：高等级（$M=3.18$，$SD=0.73$）、中等级（$M=3.20$，$SD=0.70$）、低等级（$M=3.27$，$SD=0.66$），社会卷入/社会分离情绪和居住小区等级的交互作用显著，$F(2, 797)=7.36$，$p<0.005$，$\eta^2=0.2$）。从图13可以看出，在高等级的居住小区内社会分离情绪（$M=3.45$，$SD=0.51$）与社会卷入情绪（$M=3.18$，$SD=0.73$）差距最大，相差0.27；其次是低等级的居住小区的社会分离情绪（$M=3.52$，$SD=0.58$）与社会卷入情绪（$M=3.27$，$SD=0.66$），相差0.25；差距最小的是中等级的居住小区的社会分离情绪（$M=3.31$，$SD=0.52$）和社会卷入情绪（$M=3.20$，$SD=0.70$），相差0.11。

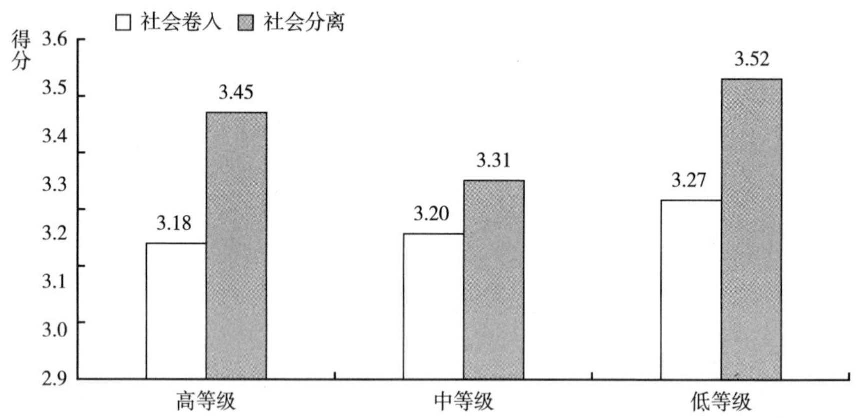

图13 不同小区等级居住者的社会卷入和社会分离情绪结果

（十一）社会卷入和社会分离情绪在居住小区物业费上的差异

研究者将小区物业费分为三个等级，1~4元/月·平方米、4~6元及以上/月·平方米以及6元/月·平方米。数据分析结果表明，社会卷入/社会分离情绪主效应显著，$F(1, 797)=79.55$，$p<0.001$，$\eta^2=0.09$，居住小区物业费主效应不显著，$F(2, 797)=0.35$，$p=0.71$，社会卷入/社会分离情绪和居住小区物业费的交互作用边缘显著，$F(2, 797)=2.77$，$p=0.06$。从图14可以看出，在社会分离情绪上，小区收取的物业费越高社会分离情绪也越高，在社会卷入情绪则没有出现相同的趋势。社会分离情绪从低到高依次

为：1～4元/月·平方米（M=3.36，SD=0.58）、4～6元/月·平方米（M=3.37，SD=0.48）、6元及以上/月·平方米（M=3.46，SD=0.52）；社会卷入情绪从低到高依次为：6元及以上/月·平方米（M=3.19，SD=0.75）、1～4元/月·平方米（M=3.20，SD=0.63）、4～6元/月·平方米（M=3.23，SD=0.74）。

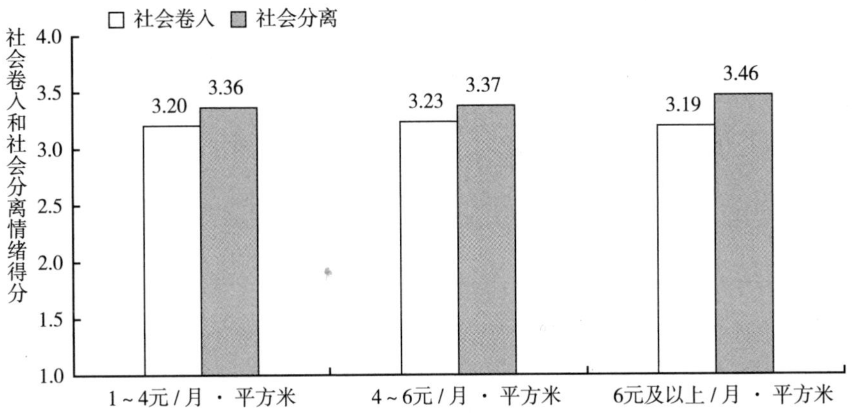

图14　不同物业标准的社会卷入和社会分离情绪结果

（十二）社会卷入和社会分离情绪在居住小区便利程度上的差异

研究者对当前居住小区生活便利程度在社会卷入/社会分离情绪上是否存在差异进行了分析，居住小区生活便利程度包括小区生活设施的便利程度、居住小区的拥挤程度、上下班的通勤时间、走到距离最近的地铁口以及便利店所花时间的长短五个方面的判断。分析结果表明，社会卷入/社会分离情绪主效应显著，F（1，797）=72.94，$p<0.001$，$\eta^2=0.08$，小区生活便利程度主效应显著，F（2，797）=6.10，$p<0.01$，$\eta^2=0.02$。在社会分离情绪上从低到高依次为：一般（M=3.36，SD=0.52）、非常便利（M=3.43，SD=0.54）、非常不便利（M=3.50，SD=0.57）；在社会卷入情绪上从低到高依次为：非常便利（M=3.00，SD=0.75）、一般（M=3.21，SD=0.68）、非常不便利（M=3.40，SD=0.71），社会卷入/社会分离情绪和小区生活便利程度交互作用显著，F（2，797）=13.26，$p<0.001$，$\eta^2=0.03$）。从图15可以看出，在社

会卷入情绪上，从非常便利（$M = 3.00$，$SD = 0.75$）、一般（$M = 3.21$，$SD = 0.68$）到非常不便利（$M = 3.40$，$SD = 0.71$），数值在逐渐增大；但是在社会分离情绪上则不能。

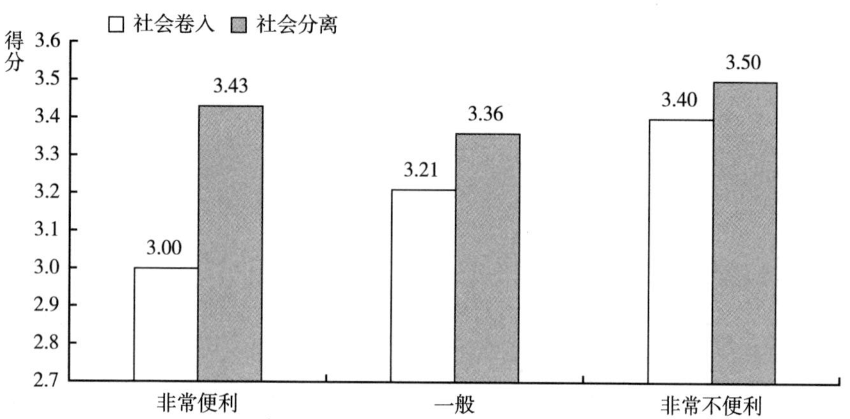

图 15　居住小区不同生活便利程度的社会卷入和社会分离情绪的得分

（十三）社会卷入和社会分离情绪在居住小区环境状况上的差异

研究者将小区环境分为 5 个等级：非常好、比较好、一般、比较差、非常差。研究者对这 5 个等级在社会卷入/社会分离情绪上的差别进行分析，结果如图 17 所示，社会卷入/社会分离情绪主效应显著，$F(1, 795) = 6.57$，$p < 0.05$，$\eta^2 = 0.08$，居住小区环境主效应显著，$F(4, 795) = 3.03$，$p < 0.05$，$\eta^2 = 0.02$。社会分离情绪从低到高依次为：一般（$M = 3.32$，$SD = 0.45$）、比较好（$M = 3.33$，$SD = 0.52$）、非常好（$M = 3.49$，$SD = 0.53$）、比较差（$M = 3.62$，$SD = 0.63$）、非常差（$M = 3.98$，$SD = 0.78$）；在社会卷入情绪上从低到高依次为：一般（$M = 3.18$，$SD = 0.61$）、比较好（$M = 3.20$，$SD = 0.69$）、非常好（$M = 3.21$，$SD = 0.76$）、比较差（$M = 3.32$，$SD = 0.56$）、非常差（$M = 3.91$，$SD = 1.09$）。社会卷入/社会分离情绪和居住小区环境交互作用显著，$F(4, 795) = 2.90$，$p < 0.05$，$\eta^2 = 0.01$），从图 16 可以看出，从非常好到一般，社会卷入情绪和社会分离情绪的数值都在下降，而从一般到非常差，社会卷入和社会分离情绪的数值都在不断上升。

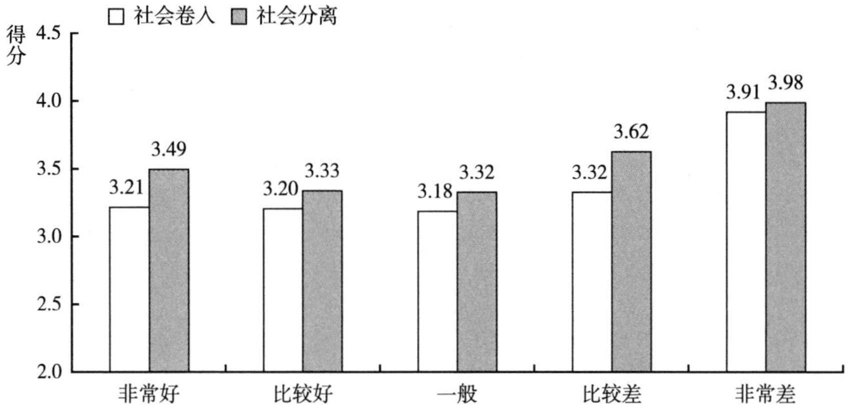

图 16　不同小区环境的社会卷入和社会分离情绪结果

（十四）社会卷入和社会分离情绪在居住面积上的差异

研究者将居住面积分为 70 平方米及以下、70～110 平方米、110～150 平方米、150 平方米及以上 4 个类型。方差分析结果显示，社会卷入情绪/社会分离情绪主效应显著，F（1，796）＝54.71，$p<0.001$，$\eta^2=0.06$，居住面积主效应不显著，F（3，796）＝1.19，$p=0.31$，社会卷入情绪/社会分离情绪和居住面积的交互作用边缘显著，F（3，796）＝2.16，$p=0.09$）。如图 17 所示，在社会分离情绪上从低到高依次为：70～110 平方米（$M=3.36$，$SD=0.52$）、110～150 平方米（$M=3.39$，$SD=0.56$）、150 平方米及以上（$M=3.49$，$SD=0.51$）、70 平方米及以下（$M=3.52$，$SD=0.46$）；在社会卷入情绪上从低到高依次为：70 平方米及以下（$M=3.11$，$SD=0.62$）、70～110 平方米（$M=3.18$，$SD=0.65$）、110～150 平方米（M＝3.24，SD＝0.78）、150 平方米及以上（$M=3.30$，$SD=0.64$）。从整体上看，随着居住面积的增大，社会卷入/社会分离情绪也在上升，但是在社会分离情绪上，70 平方米及以下居住面积的得分却是最高的。

（十五）社会卷入和社会分离情绪的城区差异

对北京 16 个区的社会卷入情绪/社会分离情绪进行分析，结果如图 18 所示，社会卷入情绪/社会分离情绪主效应显著，F（1，784）＝76.87，$p<0.001$，

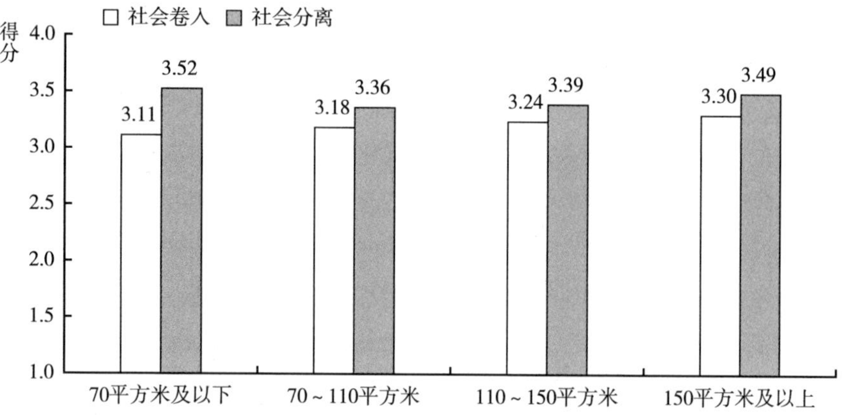

图 17　不同居住面积的社会卷入和社会分离情绪得分

□ 社会卷入 ■ 社会分离

城区	社会卷入	社会分离
延庆区	3.29	3.29
密云区	3.22	3.33
平谷区	3.15	3.32
怀柔区	3.09	3.41
大兴区	3.14	3.50
昌平区	3.11	3.23
顺义区	3.21	3.62
通州区	3.31	3.33
房山区	3.36	3.43
门头沟区	3.26	3.45
海淀区	3.28	3.42
石景山区	3.16	3.42
丰台区	3.19	3.33
朝阳区	3.13	3.41
西城区	3.05	3.31
东城区	3.39	3.47

图 18　不同居住地区的社会卷入和社会分离情绪的得分

$\eta^2=0.09$，城区主效应不显著，F（15，784）$=0.95$，$p=0.51$，社会卷入情绪/社会分离情绪和城区的交互作用显著，F（15，784）$=2.09$，$p<0.05$，$\eta^2=$

0.04)。在社会分离情绪上从低到高依次为：昌平区（$M=3.23$，$SD=0.43$）、延庆区（$M=3.29$，$SD=0.56$）、西城区（$M=3.31$，$SD=0.52$）、平谷区（$M=3.32$，$SD=0.42$）、通州区（$M=3.33$，$SD=0.62$）、密云区（$M=3.33$，$SD=0.63$）、丰台区（$M=3.33$，$SD=0.47$）、朝阳区（$M=3.41$，$SD=0.56$）、怀柔区（$M=3.41$，$SD=0.52$）、海淀区（$M=3.42$，$SD=0.49$）、石景山区（$M=3.42$，$SD=0.54$）、房山区（$M=3.43$，$SD=0.42$）、门头沟区（$M=3.45$，$SD=0.56$）、东城区（$M=3.47$，$SD=0.54$）、大兴区（$M=3.50$，$SD=0.50$）、顺义区（$M=3.62$，$SD=0.63$）；在社会卷入情绪上从低到高依次为：西城区（$M=3.05$，$SD=0.71$）、怀柔区（$M=3.09$，$SD=0.70$）、昌平区（$M=3.11$，$SD=0.68$）、朝阳区（$M=3.13$，$SD=0.76$）、大兴区（$M=3.14$，$SD=0.58$）、平谷区（$M=3.15$，$SD=0.65$）、石景山区（$M=3.16$，$SD=0.67$）、丰台区（$M=3.19$，$SD=0.57$）、顺义区（$M=3.21$，$SD=0.79$）、密云区（$M=3.22$，$SD=0.72$）、门头沟区（$M=3.26$，$SD=0.74$）、海淀区（$M=3.28$，$SD=0.70$）、延庆区（$M=3.29$，$SD=0.57$）、通州区（$M=3.31$，$SD=0.83$）、房山区（$M=3.36$，$SD=0.80$）、东城区（$M=3.39$，$SD=0.68$）。

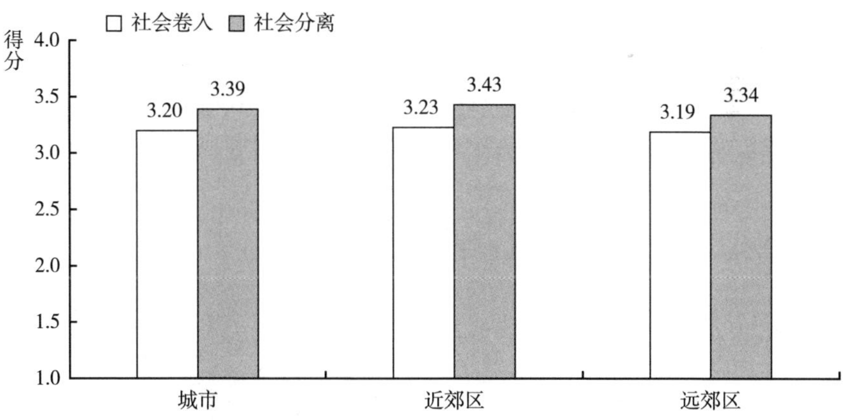

图 19　不同区域的社会卷入和社会分离情绪得分

进一步将北京 16 个区按照行政规划分为城市、近郊区、远郊区三个类型，分析不同地区类型在社会卷入/社会分离情绪上的差别，分析结果显示社会卷入情绪/社会分离情绪主效应显著，$F(1, 797)=69.79$，$p<0.001$，$\eta^2=$

0.08，城区类型主效应不显著，$F(2, 797) = 0.89$，$p = 0.41$，社会卷入/社会分离情绪和城区类型交互作用不显著，$F(2, 797) = 0.37$，$p = 0.69$）。社会卷入情绪从高到低依次为，近郊区（$M = 3.23$，$SD = 0.74$）、城市（$M = 3.20$，$SD = 0.69$）、远郊区（$M = 3.19$，$SD = 0.66$）；社会分离情绪从高到低依次为，近郊区（$M = 3.43$，$SD = 0.54$）、城市（$M = 3.39$，$SD = 0.52$）、远郊区（$M = 3.34$，$SD = 0.54$）（见图 19）。结果表明城市、近郊区、远郊区这三个不同的城区类型对社会卷入/社会分离情绪并没有产生显著影响，并且城区类型本身的差异也非常小，差异不显著。

四　社会卷入情绪和社会分离情绪的影响力的比较

在这个部分，我们比较了社会卷入情绪和社会分离情绪对快乐的影响力。增加了社会卷入与社会分离情绪的影响力的比较图。

（一）总体描述

研究者对北京普通民众的社会卷入/社会分离情绪对快乐的影响力进行了分析，分析结果如图 20 所示，显示二者存在显著差异，$t(799) = -4.05$，$p < 0.001$，北京居民的社会分离情绪（$M = 0.25$，$SD = 0.46$）要高于社会卷入情绪（$M = 0.18$，$SD = 0.37$）。

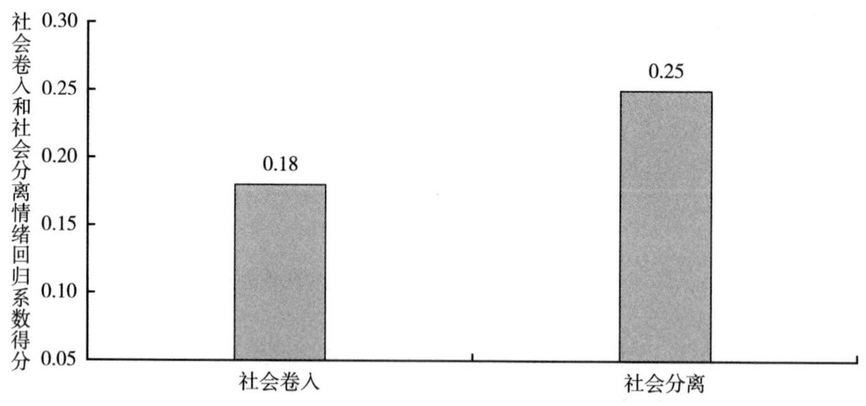

图 20　北京居民的社会卷入和社会分离情绪对快乐的影响力

（二）社会卷入和社会分离情绪的性别差异

研究者将性别作为组间变量、社会卷入情绪/社会分离情绪作为组内变量进行了重复测量方差分析，分析结果如图21所示。方差结果表明，社会卷入情绪/社会分离情绪主效应显著，$F(1, 798) = 16.46$，$p < 0.001$，$\eta 2 = 0.02$；性别主效应显著，$F(1, 798) = 5.70$，$p < 0.05$。社会卷入和社会分离情绪与性别交互作用不显著，$F(1, 798) = 0.10$，$p = 0.75$。在社会卷入情绪上，男性得分（$M = 0.15$，$SD = 0.37$）要低于女性（$M = 0.20$，$SD = 0.36$）；在社会分离情绪上，男性得分（$M = 0.23$，$SD = 0.47$）要低于女性（$M = 0.28$，$SD = 0.44$），但这些差异比较小，说明性别对社会卷入和社会分离情绪的影响力并没有达到显著水平。

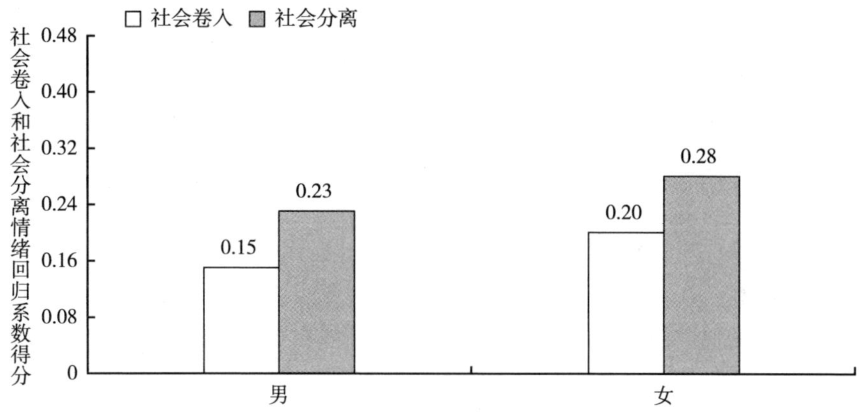

图21　社会卷入和社会分离情绪影响力的性别比较

（三）社会卷入和社会分离情绪的年龄差异

研究者将被试年龄分成29岁及以下，30～39岁、40～59岁3个年龄段。方差分析结果表明，社会卷入情绪/社会分离情绪主效应显著，$F(1, 797) = 7.46$，$p < 0.01$，$\eta^2 = 0.01$，年龄主效应不显著，$F(2, 797) = 0.27$，$p = 0.77$；社会卷入/社会分离情绪与年龄交互作用不显著，$F(2, 797) = 1.29$，$p = 0.28$。对于社会卷入情绪，29岁及以下（$M = 0.16$，$SD = 0.37$），30～39

岁（$M=0.17$，$SD=0.36$），40～59岁（$M=0.23$，$SD=0.37$）三个年龄段逐级增加；对于社会分离情绪而言，29岁及以下（$M=0.26$，$SD=.49$）得分最高，30～39岁（$M=0.25$，$SD=0.44$）其次，40～59岁（$M=0.23$，$SD=0.44$）最低。从图22可以看出，社会卷入情绪随着年龄的不断增大而增大，但社会分离情绪却随着年龄的增长而逐渐减小。但是由于每个年龄段间的差异比较小，年龄对社会卷入和社会分离情绪的影响力并没有达到显著的水平。

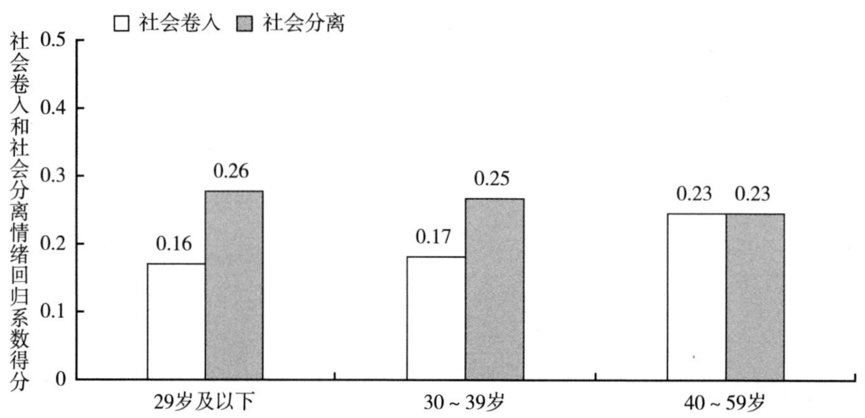

图22　社会卷入和社会分离情绪影响力的年龄比较

（四）社会卷入和社会分离情绪的教育程度差异

研究者分析了初中及以下、高中/中专/职高/技校、大专、本科及以上四种教育水平和社会卷入/社会分离情绪的重复测量结果。分析结果表明，社会卷入/社会分离情绪主效应显著，$F(1, 796)=6.28$，$p<0.05$，$\eta^2=0.01$，教育程度主效应显著，$F(3, 796)=4.97$，$p<0.005$，$\eta^2=0.02$，社会卷入/社会分离情绪与教育程度不存在显著的交互作用，$F(3, 796)=0.30$，$p=0.83$。社会卷入情绪从高到低依次为，本科及以上（$M=0.20$，$SD=0.37$）、高中/中专/职高/技校（$M=0.19$，$SD=0.35$）、大专（$M=0.11$，$SD=0.38$）、初中及以下（$M=0.08$，$SD=0.31$）；社会分离情绪从高到低依次为，本科及以上（$M=0.28$，$SD=0.46$）、高中/中专/职高/技校（$M=0.26$，$SD=0.45$）、大专（$M=0.22$，$SD=0.47$）、初中及以下（$M=0.10$，$SD=0.46$）（见图

23）。教育程度本身确实存在显著的差异，但是教育程度也没有对社会卷入和社会分离情绪的影响力产生显著的影响。

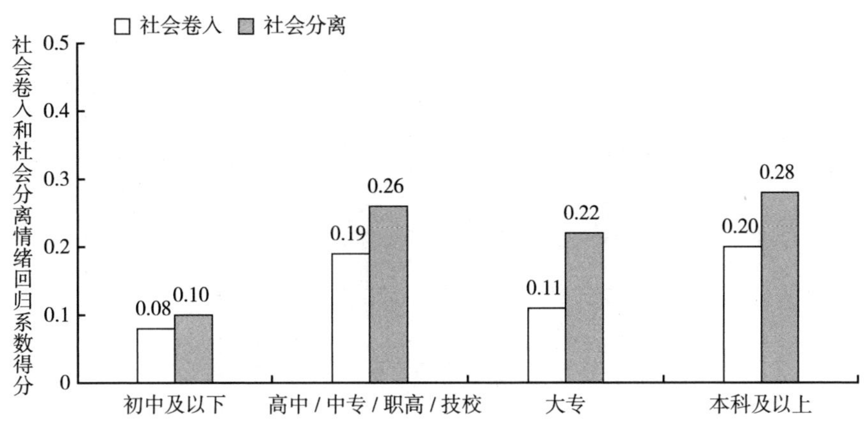

图 23　社会卷入和社会分离情绪影响力的教育程度比较

进一步分析父母的教育程度对社会卷入/社会分离情绪的影响发现，社会卷入/社会分离情绪主效应显著，F（1，797）=89.06，$p<0.001$，$\eta^2=.10$，教育程度主效应不显著，F（2，797）=0.63，$p=0.54$，社会卷入/社会分离情绪与教育程度交互作用不显著 F（2，797）=0.76，$p=0.47$。结果如图 24 所示，在社会卷入情绪上从高到低依次为，大专及以上（$M=0.22$，$SD=0.37$）、高中/中专/职高/技校（$M=0.18$，$SD=0.37$）、初中及以下（$M=0.16$，$SD=0.36$），在社会分离情绪上从高到低依次为初中及以下（$M=0.42$，$SD=0.30$）、大专及以上（$M=0.41$，$SD=0.30$）、高中/中专/职高/技校（$M=0.40$，$SD=0.30$）。结果表明，父母的受教育程度差异并不显著，并且对社会卷入和社会分离情绪的影响力也不显著。

（五）社会卷入和社会分离情绪的户口差异

比较农业户口和非农业户口对社会卷入/社会分离情绪的影响发现，社会卷入情绪/社会分离情绪主效应显著，F（1，798）=11.40，$p<0.005$，$\eta 2=0.01$，户口主效应显著，F（1，798）=6.56，$p<0.05$，$\eta 2=0.01$，社会卷入情绪/社会分离情绪和户口交互作用不显著，F（1，798）=2.48，$p=$

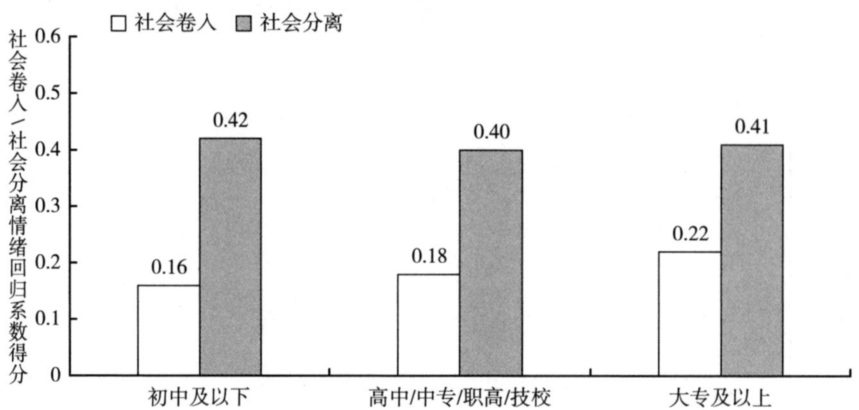

图 24　社会卷入和社会分离情绪影响力的教育程度比较

0.12。结果如图 25 所示，在社会卷入情绪上，农业户口（$M=0.16$，$SD=0.36$）低于非农业户口（$M=0.18$，$SD=0.37$）；在社会分离情绪上，农业户口（$M=0.19$，$SD=0.46$）也低于非农业户口（$M=0.28$，$SD=0.45$）。数据结果表明，户口对社会卷入和社会分离情绪的影响力并没有达到显著水平。

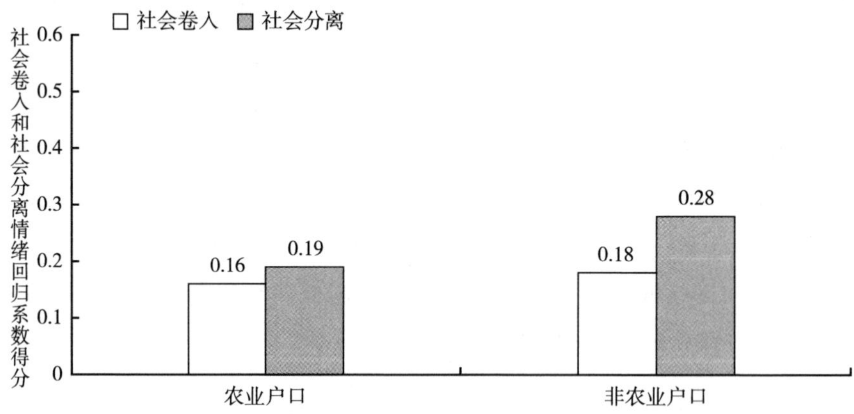

图 25　社会卷入和社会分离情绪影响力的户口比较

（六）社会卷入和社会分离情绪的婚姻状况差异

研究者对婚姻状况与社会卷入/社会分离情绪进行方差分析，分析结果表明社会卷入/社会分离情绪主效应不显著，$F(1, 797) = 0.44$，$p = 0.51$，婚姻状况的主效应不显著，$F(2, 797) = 2.22$，$p = 0.11$，社会卷入/社会分离情绪与婚姻状况交互作用也不显著，$F(2, 797) = 1.68$，$p = 0.19$。在社会分离情绪上，已婚人士分数最高（$M = 0.27$，$SD = 0.44$），离异人士分数最低（$M = 0.06$，$SD = 0.43$），未婚次之（$M = 0.25$，$SD = 0.48$），在社会卷入情绪上，已婚人士分数最高（$M = 0.19$，$SD = 0.37$），未婚最低（$M = 0.15$，$SD = 0.37$），离异人士分数次之（$M = 0.16$，$SD = 0.29$）（见图26）。数据结果表明，未婚、已婚、离婚这三者间的差异并没有达到显著水平，并且对社会卷入和社会分离情绪的影响力也不显著。

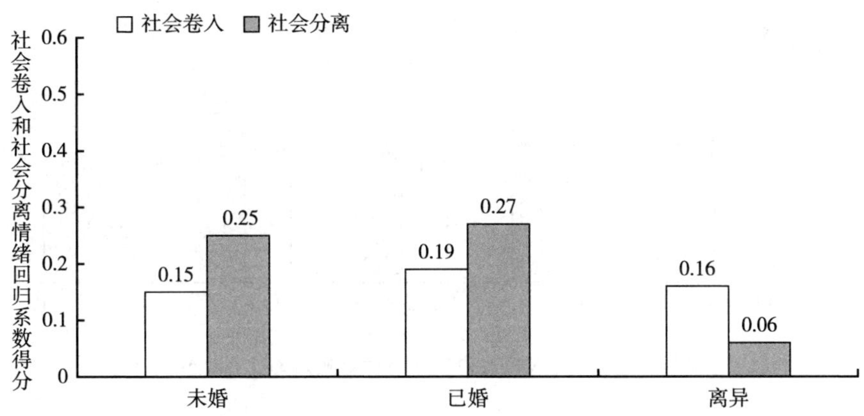

图26　社会卷入和社会分离情绪影响力的婚姻状况的比较

（七）社会卷入和社会分离情绪的收入差异

将不同收入群体与社会卷入/社会分离情绪进行重复测量方差分析，分析结果显示，社会卷入情绪/社会分离情绪主效应显著，$F(1, 795) = 9.73$，$p < 0.005$，$\eta^2 = 0.01$，收入主效应显著，$F(4, 795) = 3.12$，$p < 0.05$，$\eta^2 = 0.02$，社会卷入情绪/社会分离情绪与不同收入群体的交互作用不显著，$F(4, 795) = 1.09$，$p = 0.36$。如图27所示，在社会卷入上从高到低依次为，2万~5万元（$M = 0.21$，$SD = 0.37$）、1万~2万元（$M = 0.18$，$SD = 0.35$）、4000元及以下（$M = 0.16$，$SD = 0.35$）、4000~1万元（$M = 0.14$，$SD = 0.36$）、5万元及

以上（$M=0.06$，$SD=0.39$）；在社会分离上从高到低依次为，2万~5万元（$M=0.30$，$SD=0.43$）、4000~1万元（$M=0.28$，$SD=0.46$）、4000元及以下（$M=0.25$，$SD=0.45$）、1万~2万元（$M=0.21$，$SD=0.48$）、5万元及以上（$M=0.19$，$SD=0.51$）。整体上随着收入的增加社会卷入情绪也在增加，但5万元及以上收入群体的社会卷入情绪出现了下降，在社会分离情绪上基本也是随着收入的增加而增加，但收入在1万元~2万元以及5万元及以上时出现了下降。但是收入间的差异并没有对社会卷入和社会分离情绪的影响力产生显著影响。

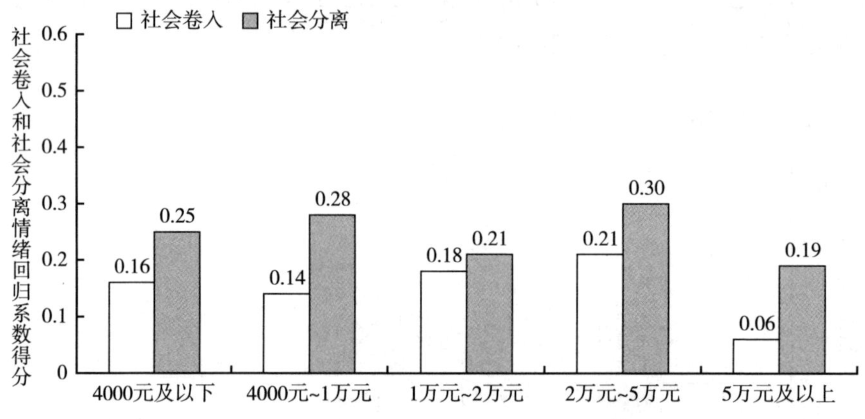

图27 社会卷入和社会分离情绪影响力的收入比较

（八）是否为本地人对社会卷入和社会分离情绪差异

对北京本地人与进城务工人员的差异进行方差分析发现，社会卷入情绪/社会分离情绪主效应显著，$F(1, 798)=12.27$，$p<0.001$，$\eta^2=0.02$；是否为本地人主效应不显著，$F(1, 798)=0.00$，$p=0.95$，社会卷入情绪/社会分离情绪与是否北京本地人的交互作用不显著，$F(1, 798)=2.00$，$p=0.16$。如图28所示，在社会卷入情绪上，进城务工人员（$M=0.19$，$SD=0.35$）高于本地人（$M=0.17$，$SD=0.37$）；在社会分离情绪上，北京本地人（$M=0.26$，$SD=0.45$）高于进城务工人员（$M=0.23$，$SD=0.47$）进城务工人员在社会卷入情绪上要高于北京本地人，在社会分离情绪上低于北京本地人，但是这些并没有产生显著影响。

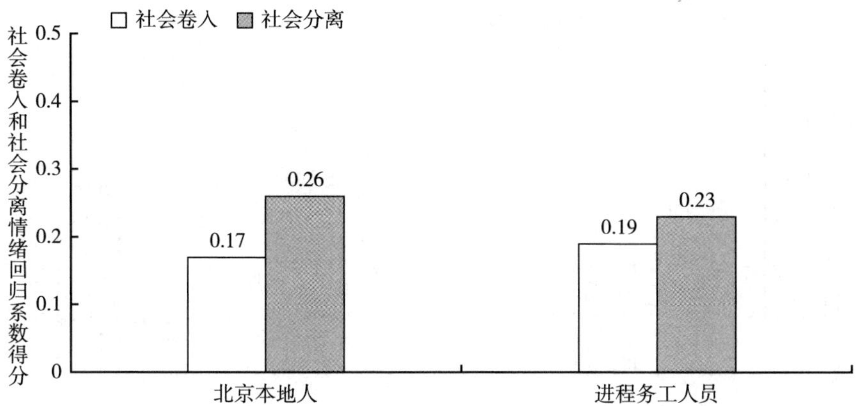

图 28　是否为北京本地人对社会卷入和社会分离情绪影响力的比较

（九）社会卷入和社会分离情绪的社会阶层差异

研究者对上层、中产和下层 3 个社会阶层与社会卷入/社会分离情绪进行重复测量发现，社会阶层主效应不显著，F（2，797）=0.13，p=0.88，社会卷入情绪/社会分离情绪的主效应显著，F（1，797）=19.33，p<0.001，η^2=0.02，社会卷入情绪/社会分离情绪与社会阶层的交互作用显著，F（2，797）=2.94，p=0.05，η^2=.01。如图 29 所示，在社会卷入情绪上从高到低依次为，中产（M=0.19，SD=0.37）、上层（M=0.16，SD=0.38）、下层（M=0.09，SD=0.31）；在社会分离情绪上从高到低依次为，下层（M=0.35，SD=44）、中产（M=0.25，SD=0.46）、上层（M=0.24，SD=0.47），社会分离情绪随着社会阶层升高而升高，但在社会卷入情绪上，上层和中产阶层随着社会阶层升高而升高，但在下层时社会卷入却出现了下降的趋势。此外，社会阶层之间的差异非常小，并没有达到显著的影响水平。

（十）社会卷入和社会分离情绪在居住环数上的差异

将居住的环数与社会卷入/社会分离情绪进行分析发现，居住环数主效应不显著，F（2，797）=1.62，p=0.20，社会卷入/社会分离情绪主效应不显著，F（1，797）=1.90，p=0.17 居住环数和社会卷入情绪/社会分离情绪交

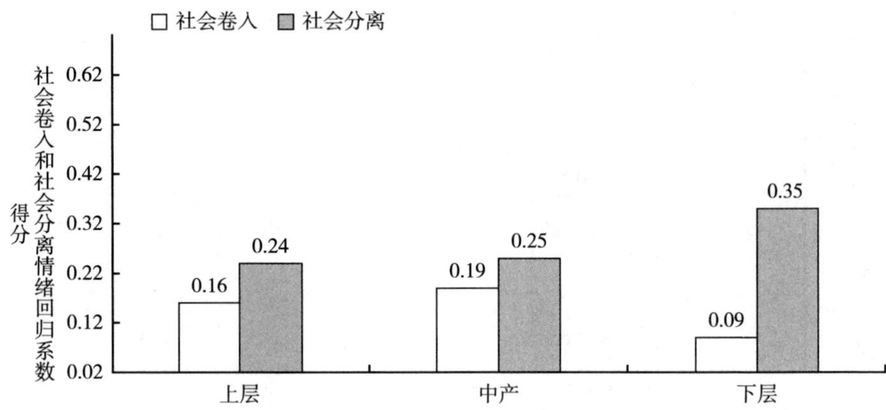

图 29　社会卷入和社会分离情绪影响力的社会阶层比较

互作用不显著，$F(2, 797)=0.78$，$p=0.46$。社会卷入情绪从高到低依次为3环以内（$M=0.19$，$SD=0.38$）、3~5环（$M=0.19$，$SD=0.37$）、5环以外（$M=0.16$，$SD=0.36$）；社会分离情绪从高到低依次为3~5环（$M=0.28$，$SD=0.45$）、5环以外（$M=0.24$，$SD=0.47$）、3环以内（$M=0.15$，$SD=0.46$）（见图30）。居住环数本身以及居住环数对社会卷入和社会分离情绪的影响力都没有达到显著水平。

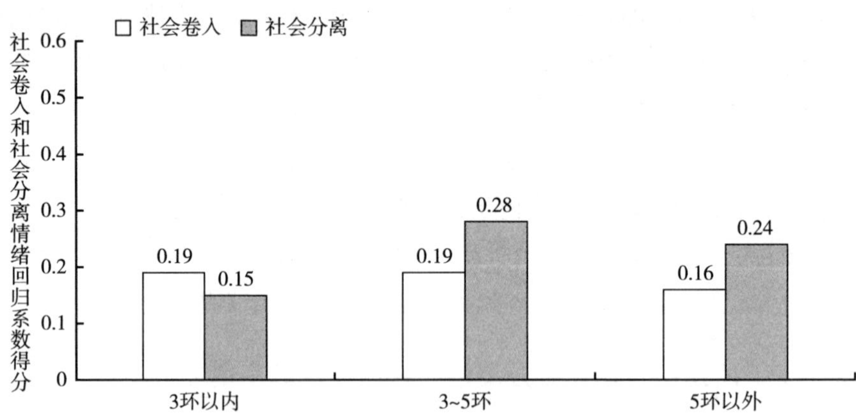

图 30　社会卷入和社会分离情绪影响力的居住环数比较

（十一）社会卷入和社会分离情绪在居住小区等级上的差异

对居住小区与社会卷入/社会分离情绪进行重复测量方差分析，分析结果显示社会卷入/社会分离情绪主效应显著，$F\ (1,\ 797)\ =12.65$，$p<0.001$，$\eta^2=0.02$，居住小区等级主效应不显著，$F\ (2,\ 797)\ =1.64$，$p=0.20$，社会卷入/社会分离情绪与小区等级交互作用不显著，$F\ (2,\ 797)\ =0.53$，$p=0.59$。如图31所示，社会卷入情绪和社会分离情绪的变化趋势是一致的，都是按照中、低、高的顺序排列，如社会卷入情绪从高到低依次为中等级（$M=0.19$，$SD=0.37$）、低等级（$M=0.17$，$SD=0.33$）、高等级（$M=0.16$，$SD=0.38$）；社会分离情绪从高到低依次为中等级（$M=0.28$，$SD=0.44$）、低等级（$M=0.24$，$SD=0.48$）、高等级（$M=0.21$，$SD=0.46$）。但是方差分析的结果表明这些差异都没有达到显著的水平。

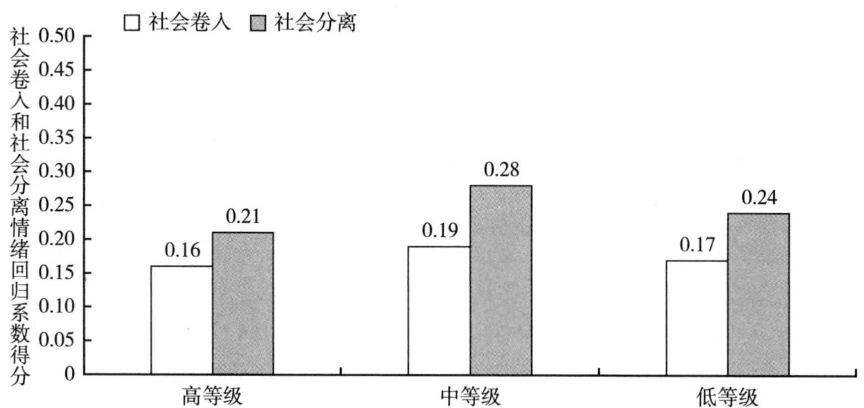

图31　社会卷入和社会分离情绪影响力的居住小区等级比较

（十二）社会卷入和社会分离情绪在居住小区物业费上的差异

对不同小区物业费的标准进行分析，数据分析结果表明，社会卷入/社会分离情绪主效应显著，$F\ (1,\ 797)\ =14.74$，$p<0.001$，$\eta 2=0.02$，居住小区物业费主效应不显著，$F\ (2,\ 797)\ =0.23$，$p=0.80$，社会卷入/社会分离情绪与小区物业费交互作用不显著，$F\ (2,\ 797)\ =0.63$，$p=0.53$。如图32

所示，社会卷入情绪从高到低依次为，4～6 元/月・平方米（M = 0.19，SD = 0.38）、1～4 元/月・平方米（M = 0.17，SD = 0.34）、6 元及以上/月・平方米（M = 0.17，SD = 0.37）；社会分离情绪从高到低依次为，1～4 元/月・平方米（M = 0.27，SD = 0.46）、4～6 元/月・平方米（M = 0.24，SD = 0.47）、6 元及以上/月・平方米（M = 0.23，SD = 0.44），社会卷入情绪在不同的物业收费标准上差距不大，但社会分离情绪随着收费的上升而显示逐渐下降的趋势，但是这些变化趋势对社会卷入和社会分离情绪的影响力都不显著。

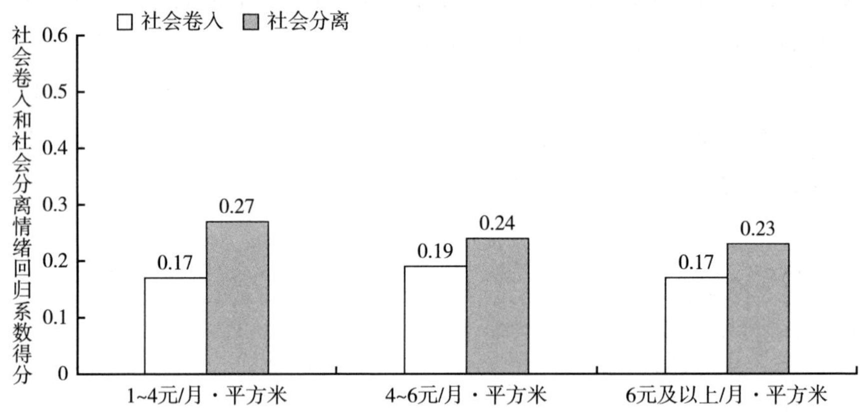

图 32　社会卷入和社会分离情绪影响力在居住小区物业费上的比较

（十三）社会卷入和社会分离情绪在居住小区生活便利程度上的差异

对居住小区生活的便利程度与社会卷入/社会分离情绪进行分析，小区生活便利程度包括小区生活设施的便利程度、居住小区的拥挤程度、上下班的通勤时间、走到距离最近的地铁口以及便利店所花时间的长短。分析结果显示，小区生活便利程度的主效应不显著，$F(2, 797) = 0.60$，$p = 0.55$，社会卷入/社会分离情绪的主效应显著，$F(1, 797) = 5.05$，$p < 0.05$，$\eta^2 = 0.01$，社会卷入/社会分离情绪与小区生活便利程度交互作用不显著，$F(2, 797) = 1.08$，$p = 0.34$。如图 33 所示，社会卷入情绪从高到低排序为非常不便利（M = 0.20，SD = 0.32）、一般（M = 0.17，SD = 0.37）、非常便利（M =

0.17，SD = 0.38），社会分离情绪从高到低依次为一般（M = 0.27，SD = 0.46）、非常不便利（M = 0.23，SD = 0.47）、非常便利（M = 0.21，SD = 0.42），但是程度间的差异非常小，因此居住小区生活便利程度并没有对社会卷入和社会分离情绪的影响力产生显著的影响。

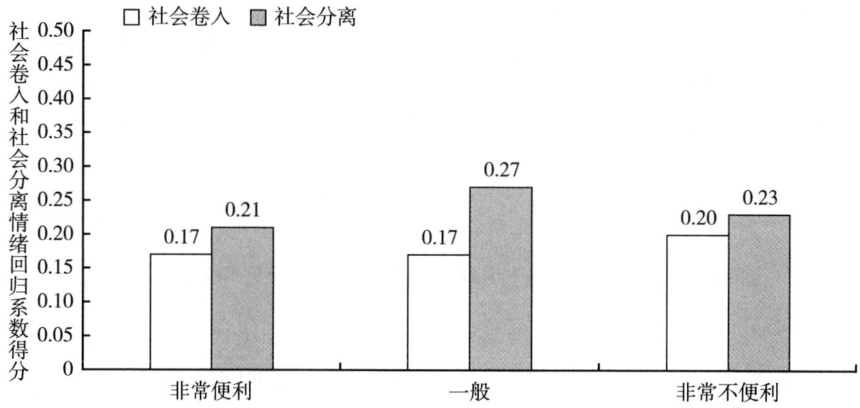

图 33　社会卷入和社会分离情绪影响力在居住小区生活便利程度上的比较

（十四）社会卷入和社会分离情绪在居住小区环境上的差异

将小区环境的 5 个等级与社会卷入/社会分离情绪一起分析，分析结果显示，小区环境主效应不显著，F（4，795） =0.47，p =0.72，社会卷入/社会分离情绪的主效应不显著，F（1，795） =1.00，p =0.33，社会卷入/社会分离情绪与环境交互作用不显著，F（4，795） =0.47，p =0.76。如图 34 所示，在社会卷入情绪上，五个等级从高到低依次为非常差（M =0.26，SD =0.38）、比较差（M =0.19，SD =0.33）、一般（M =0.19，SD =0.33）、比较好（M = 0.18，SD =0.37）、非常好（M = 0.17，SD = 0.38）；在社会分离情绪上，从高到低依次为非常差（M =0.35，SD =0.40）、比较好（M =0.27，SD =0.45）、一般（M =0.25，SD =0.49）、比较差（M =0.22，SD =0.48）、非常好（M = 0.21，SD =0.47）。整体上看，小区环境越差社会卷入情绪越高，社会分离情绪也越高，但社会分离情绪在小区环境一般和比较差的状况上出现了下降的趋势。此外，分析的结果表明，虽然存在差异，但是这些差异并没有达到显著水平，说明社会卷入和社会分离情绪的影响力并没有受到居住小区环境的影响。

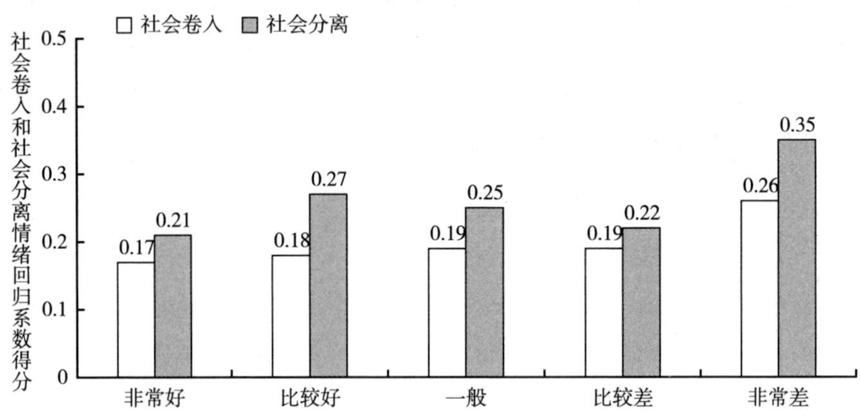

图 34　社会卷入和社会分离情绪影响力在居住小区环境上的比较

（十五）社会卷入和社会分离情绪在居住面积上的差异

研究者将居住面积与社会卷入情绪/社会分离情绪进行了分析，方差分析结果显示，社会卷入情绪/社会分离情绪主效应显著，F（1，796）=8.00，$p<0.01$，$\eta^2=0.01$，居住面积的主效应显著，F（3，796）=4.88，$p<0.01$，$\eta^2=0.02$，社会卷入情绪/社会分离情绪与居住面积交互作用不显著，F（3，796）=1.24，$p=0.29$。从图 35 可以看出在社会卷入情绪上，70 平方米以下（$M=0.20$，$SD=0.33$）最高，然后依次为，70～110 平方米（$M=0.18$，$SD=0.36$）、110～150 平方米（$M=0.18$，$SD=0.37$）、150 平方米以上（$M=0.08$，$SD=0.43$）；社会分离情绪从高到低依次为，70 平方米以下（$M=0.35$，$SD=0.46$）70～110 平方米（$M=0.29$，$SD=0.45$）、110～150 平方米（$M=0.22$，$SD=0.46$）、150 平方米以上（$M=0.11$，$SD=0.48$）。从整体上看，不管是社会卷入情绪还是社会分离情绪，都随着居住面积的增加而减小，但这种变化趋势并没有对社会卷入和社会分离情绪的影响力产生显著影响。

（十六）社会卷入和社会分离情绪的城区差异

对北京 16 个城区进行分析，分析结果显示，社会卷入情绪/社会分离情绪主效应显著，F（1，784）=16.31，$p<0.001$，$\eta^2=0.02$，城区主效应不显著，F（15，

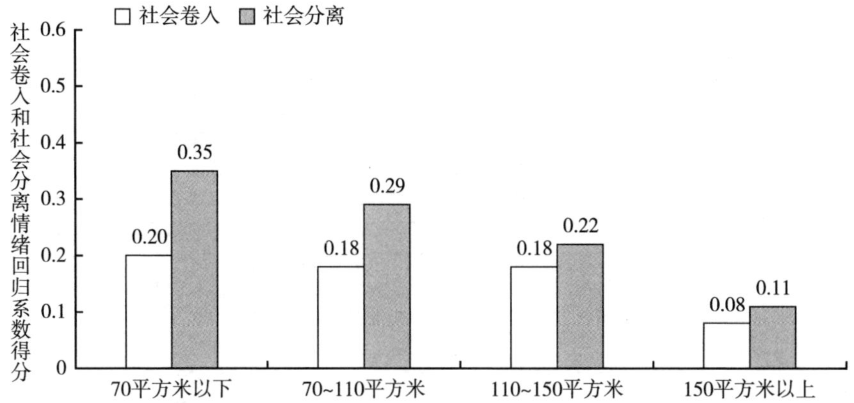

图 35　社会卷入和社会分离情绪影响力在居住面积上的比较

784）=1.61，$p=0.30$，社会卷入情绪/社会分离情绪与城区交互作用不显著，F（15，784）=0.80，$p=0.68$（见图 36）。社会卷入情绪从高到低依次为：密云区（$M=0.26$，$SD=0.36$）、朝阳区（$M=0.25$，$SD=0.35$）、西城区（$M=0.24$，$SD=0.29$）、怀柔区（$M=0.22$，$SD=0.37$）、东城区（$M=0.21$，$SD=0.40$）、石景山区（$M=0.21$，$SD=0.38$）、顺义区（$M=0.21$，$SD=0.31$）、通州区（$M=0.20$，$SD=0.38$）、海淀区（$M=0.18$，$SD=0.41$）、昌平区（$M=0.17$，$SD=0.33$）、门头沟区（$M=0.16$，$SD=0.36$）、房山区（$M=0.16$，$SD=0.36$）、延庆区（$M=0.13$，$SD=0.34$）、大兴区（$M=0.08$，$SD=0.34$）、平谷区（$M=0.06$，$SD=0.41$）；社会分离情绪从高到低依次为：朝阳区（$M=0.37$，$SD=0.32$）、顺义区（$M=0.32$，$SD=0.45$）、海淀区（$M=0.30$，$SD=0.52$）、房山区（$M=0.29$，$SD=0.47$）、怀柔区（$M=0.29$，$SD=0.42$）、西城区（$M=0.29$，$SD=0.42$）、延庆区（$M=0.26$，$SD=0.49$）、昌平区（$M=0.26$，$SD=0.52$）、丰台区（$M=0.25$，$SD=0.49$）、门头沟区（$M=0.23$，$SD=0.45$）、东城区（$M=0.22$，$SD=0.48$）、平谷区（$M=0.21$，$SD=0.48$）、通州区（$M=0.20$，$SD=0.43$）、石景山区（$M=0.20$，$SD=0.47$）、密云区（$M=0.18$，$SD=0.45$）、大兴区（$M=0.17$，$SD=0.47$）。这说明社会卷入和社会分离情绪的影响力并没有受到具体居住在哪一个城区的影响。

进一步将北京 16 个城区划分为三种类型（城市、近郊区、远郊区），分析结果显示社会卷入/社会分离情绪主效应显著，F（1，797）=15.40，$p<0.001$，$\eta^2=0.02$，城区类型的主效应不显著，F（2，797）=0.86，$p=0.42$，社会卷

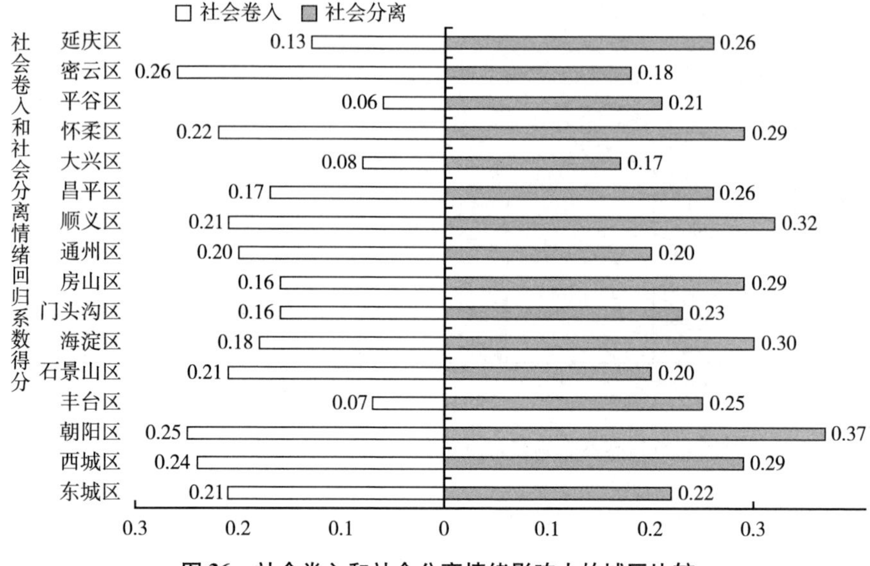

图 36　社会卷入和社会分离情绪影响力的城区比较

入/社会分离情绪与城区类型交互作用不显著，F（2，797）$=0.03$，$p=0.97$。如图 37 所示，社会卷入情绪从高到低依次为城市（$M=0.19$，$SD=0.38$）、远郊区（$M=0.17$，$SD=0.38$）、近郊区（$M=0.16$，$SD=0.35$）；社会分离情绪从高到低依次为城市（$M=0.27$，$SD=0.45$）、近郊区（$M=0.24$，$SD=0.46$）、远郊区（$M=0.24$，$SD=0.46$）。分析结果表明，城市、近郊区、远郊区三者间的差异非常小，并没有对社会卷入和社会分离情绪的影响力产生显著的影响。

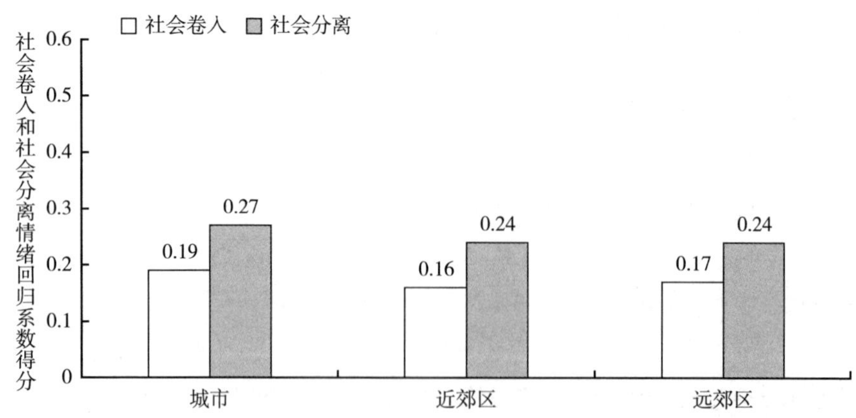

图 37　社会卷入和社会分离情绪影响力在城区类型上的比较

五　结语

此次调查表明，北京市居民的社会卷入情绪和社会分离情绪在强度上都介于“有些”和“中等”之间，表明北京居民的社会卷入和分离情绪都处在适度范围，比较理性平和。两者相比，人们体验到的社会卷入情绪低于社会分离情绪，也就是说对北京市居民来说，与人际或群际和谐有关的情绪相比，人们更多体会到与个人目标达成有关的情绪体验。从社会卷入和分离情绪对快乐的影响力比较来看，社会分离情绪的影响力大于社会卷入情绪的影响力。这说明与人们维持人际或群际和谐相比，人们从自己目标达成中获得的积极体验更多。从 2013 年和 2018 年的两次对比来看，与 2013 年相比，2018 年的北京市居民无论是在社会分离情绪还是社会卷入情绪的体验上都在增强，而且社会分离情绪的增强程度更大。无论是 2018 年社会卷入和分离情绪的自身对比，还是和 2013 年前后对比，对比结果显示北京市居民都更关注自己。造成这种现象的原因很多，最主要的原因可能和北京市的现代性程度比较高，而且与过去相比持续增高有关（Zeng & Greenfield，2015；苏红 et al.，2016）。从 20 世纪 70 年代末期开始，伴随着改革开放，中国人的现代性程度持续提高，无论是基于国际通行的现代性指标，还是各种调查数据，都可以看出中国人正变得越来越强调个体主义，而个体主义的一个特征就是人们更在意自己的目标，也越来越容易通过外在的、物质化的客观目标来肯定自己的价值。另外，从横断面来看，北京作为中国的一线城市和国际化程度比较高的大都市，其现代性可能也比一般省会城市或中国的大多数地区都要高（陈欣欣、任孝鹏、张胸宽，2018），这也提示与中国其他地区相比，北京市居民更偏好个体主义价值观（侯东霞、任孝鹏、张凤，2016；任孝鹏、向媛媛、周阳、朱廷劭，2017），所以北京市居民在情绪体验上也比较偏好社会分离情绪，而且也倾向于通过达成自己的目标来让自己快乐。

在个体有关的变量上，不同年龄段和社会经济地位的群体之间存在社会卷入和分离情绪的体验的差异。在年龄上，与 40 岁以下的人体验到更多的社会分离情绪相比，40 岁以上的人体验到的社会卷入和分离情绪没有差别。这可能和不同代际个体主义价值观的差异有关，40 岁以上的群体个体主义价值观可能没有那么强，人们在自己的目标达成和群体和谐之间兼顾，而40岁以下的群体则侧重于自己的目标达成。而且有越年轻这种侧重越明显的趋势。但是对于社会卷入和分离情绪对快乐的影响力来说，则年龄段之间没有差异。这表明40岁以下的群体存在着达成目标的手段和目标之间的分离，也就是说40岁以下的群体认为个人目标达成会给自己带来快乐，而实际上的影响力并没有那么强。这提示他们可能会面对更多的心理健康问题。

如果把受教育程度和收入以及自我感受的社会经济地位进行综合分析，会发现社会经济地位与社会卷入和分离情绪的关系呈“U”形，也就是说无论是社会经济地位偏低的群体还是偏高的群体，其体验到的社会分离情绪与社会卷入情绪的差异都更明显，都是社会分离情绪的强度更大。尽管没有直接证据，但是下面的推测可能是比较合理的。根据Van De Vliert的需求—资源理论，追求个体目标和人际或群体和谐于个体来说都不可缺少。但是资源丰富或者匮乏会调节需求的满足，从而导致不同的行为表现（E. Van de Vliert，2013；Evert Van de Vliert，Yang，Wang，& Ren，2013）。对社会经济地位偏高的群体来说，其具备更多的资源来实现其个体目标，因此能够从个体目标的实现中体验到更多的快乐。但是对社会经济地位偏低的群体来说，其虽然也想追求个体目标，但是由于资源限制，他用来维护人际或群体和谐的资源更少，可能社会卷入情绪体验也会减少。这提示我们应该区分两种不同性质的高社会分离情绪体验。

在社区层面上，我们发现生活的便利程度会影响社会分离情绪和卷入情绪的体验。我们采用步行到地铁、便利店的时间，上下班的通勤时间等综合判断生活的便利程度，发现生活便利群体体验到的社会分离情绪更强、社会卷入情绪更弱；而且从对快乐的影响力来说，社会分离情绪的影响更大。而且在三环以内的居民体验到的社会分离和卷入情绪都高于三环以外的居民，这可能和生活便利程度有关。这表明即使是在北京这样的大都市，人们的生活便利程度也存在不能忽视的差异。而生活越便利的社区，人们已满足自己基本需求，比如食、行等，可以把更多资源用来追求自我目标达成，所以他们体验到更多的社会分离情绪。同时，小区的环境、拥挤程度的影响不明显，这可能和现阶段人们对拥挤程度和小区的环境不太敏感有关。

与农村户口相比，城市户口的人的社会分离情绪对快乐的影响力更大；进城务工人员在社会分离情绪上低于城市户口；这可能提示城市的现代化程度更高，平时社会互动的人更多是陌生人，人们对人际和谐的重视程度没有农村那么高，更重视从个人目标的实现中去获取快乐，所以社会分离情绪对快乐的影响力大。但是远郊区（如怀柔、延庆等）与中心城区（如东城、西城）等之间却没有差别，这可能和远郊区的样本也多生活在远郊区的城区有关。

基于上述研究发现，我们建议如下。

第一，尝试采用“平台 + 站点”的形式为北京市居民提供社会心理或心理健康的咨询和服务。在城市层面，建立社会心理服务平台；在社区层面，建立社会心理服务站点。让社会力量参与社会心理服务内容的提供，通过政府搭建平台、社区提供站点，来把民众的需求和社会力量的服务进行有效链接，为北京市居民提供高质量的社会心理服务。与 2013 年相比，北京市居民体验到的情绪，无论是社会卷入情绪还是分离情绪都在增强。情绪体验的增强是双刃剑，从负面的角度来看，可能提示出现心理问题的概率在增加。而北京集中了最多和最高水平的心理服务从业人员和机构，可以通过试点摸索出符合中国国情的社会心理服务体系，一方面惠及北京市居民；另一方面也为中国的社会心理服务体系建设提供经验。

第二，在城市层面和社区层面，通过政策引导，加快与居民食和行有关的便利设施的建设。比如，便利店、到地铁的最后一公里的出行等。北京国际化程度的提升，不可避免地导致在中心城区的生活成本提升。那么更多的人会逐渐从中心城区向外迁移。如果这些新的生活社区能够提升其生活便利设施，则会有助于北京市居民实现其兼顾追求自己成就和人际/群际和谐的目标。

综上所述，北京市居民在日常情境中体验到的社会分离情绪高于社会卷入情绪，社会分离情绪对人们快乐的影响高于社会卷入情绪；与 5 年前相比，社会卷入和分离情绪在增强。通过可行的方式在北京进行社会心理服务体系建设、让北京居民获取更多社会心理服务，为其提升获得感做出贡献。

参考文献

Diener, E. （2013）. The remarkable changes in the science of subjective well-being. *Perspectives on Psychological Science*, *8* (6), 663 – 666. doi: 10.1177/1745691613507583

Easterlin, R. A., Morgan, R., Switek, M., & Wang, F. (2012). China's life satisfaction, 1990 – 2010. *Proceedings of the National Academy of Sciences of the United States of America*, *109* (25), 9775 – 9780. doi: 10.1073/pnas.1205672109

Hamamura, T., & Xu, Y. (2015). Changes in chinese culture as examined through changes in personal pronoun usage. *Journal of Cross-Cultural Psychology*, *46* (7), 930 – 941. doi: 10.1177/0022022115592968

Ishii, K., Kitayama, S., & Uchida, Y. (2014). Voluntary settlement and its consequences on predictors of happiness: the influence of initial cultural context. *Frontiers in Psychology*, *5*, 1 – 12.

Kitayama, S., Markus, H. R., & Kurokawa, M. (2000). Culture, emotion, and well-being: Good feelings in Japan and the United States. *Cognition & Emotion*, *14* (1), 93 – 124.

Kitayama, S., Park, H., Sevincer, A. T., Karasawa, M., & Uskul, A. K. (2009). A cultural task analysis of implicit independence: comparing North America, Western Europe, and East Asia. *J Pers Soc Psychol*, *97* (2), 236 – 255. doi: 10.1037/a0015999

Ren, X. P., Lu, K. W., & Tuerdi, M. (2014). Uyghur-Chinese and Han-Chinese differences on social orientation. *Culture and Brain*, *2* (2), 141 – 160. doi: 10.1007/s40167 – 014 – 0020 – x

Van de Vliert, E. (2013). Climato-economic habitats support patterns of human needs, stresses, and freedoms. *Behavioral and Brain Sciences*, *36* (5), 465 – 480. doi: 10.1017/s0140525x12002828

Van de Vliert, E., Yang, H., Wang, Y., & Ren, X. P. (2013). Climato-economic imprints on Chinese collectivism. *Journal of Cross-Cultural Psychology*, *44* (4), 589 – 605.

Yu, F., Peng, T., Peng, K., Tang, S., Chen, C. S., Qian, X., Chai, F. (2016). Cultural value shifting in pronoun use. *Journal of Cross-Cultural Psychology*, *47* (2), 310 – 316. doi: 10.1177/0022022115619230

Zeng, R., & Greenfield, P. M. (2015). Cultural evolution over the last 40 years in China: Using the Google Ngram Viewer to study implications of social and political change for cultural values. *International Journal of Psychology*, *50* (1), 47 – 55.

陈欣欣、任孝鹏、张胸宽：《深圳精神抚育独立我的行为方式》，《中国社会心理学评论》2019 年第 1 期。

侯东霞、任孝鹏、张凤：《基于客观指标的中国人的集体主义量表》，《中国社会心理学评论》2016 年第 11 期。

任孝鹏、向媛媛、周阳、朱廷劭：《基于微博大数据的中国人个体主义/集体主义的心理地图》《内蒙古师范大学学报》(哲学社会科学版)2017 年第 6 期。

宋文天、任孝鹏:《中国人自尊变迁的多截面元分析》,《青年研究》2018 年第 2 期。

苏红、任孝鹏、陆柯雯、张慧:《人名演变与时代变迁》,《青年研究》2016 年第 3 期。

王堇:《“习近平总书记的人民情怀”系列谈之四:让人民群众有更多获得感》,2018-02-19,http://cpc.people.com.cn/n1/2018/0219/c64387-29826160.html。

王俊秀、谭旭运、刘晓柳:《民众安全感、获得感与幸福感的提升路径》,王俊秀主编《社会心态蓝皮书 2018》,社会科学文献出版社,2018。

B.10
北京居民的情绪社会分享特征与影响机制

刘视湘　董洪杰*

摘　要：　目的：了解北京居民情绪社会分享的基本情况及情绪社会分享与情绪智力、生活满意度的关系。方法：采用随机抽样的方法调查了北京社区605名居民，运用课题组编制的情绪社会分享调查问卷进行调查。结果：（1）在性别和社区类型上情绪社会分享存在显著差异。（2）情绪社会分享与人格中的依恋因素呈现不同程度的显著正相关，与自尊因素呈现不同程度的显著负相关。（3）情绪智力与情绪社会分享呈现不同程度的显著正相关，情绪社会分享对生活满意度有显著的预测作用。（4）情绪智力在情绪社会分享解释生活满意度时，具有部分中介效应。

关键词：　社区居民　情绪社会分享　情绪智力　生活满意度

随着我国经济社会变迁与城市化进程的快速推进，各种各样的情绪事件随时随地在人们生活中发生。人们在日常生活、工作、学习和人际交往中遇到各种社会变动，这其中既包括诸如亲人亡故、意外事故、工作挫折、学习压力、家庭矛盾以及人际冲突等负向事件，也包括诸如结婚生子、升职加薪、乔迁新居等正向事件，心理学上统称为“生活事件”。带给人们身心威胁与损害的变化性“生活事件”经验会促使人们进行情绪社会分享。从以往经验来看，人

* 刘视湘，博士，副教授，北京联合大学师范学院，研究方向为心理健康教育与心理测量、社区心理学；董洪杰，通讯作者，博士研究生，上海大学社会学院，研究方向为经济社会学、转型社会与社区心理。

们一般认为情绪社会分享对缓解情绪是有效的，能够减轻情绪事件对当事人的影响，因而情绪社会分享也被看作一种常见的心理治疗手段。为此，研究者主张通过改善宏观社会环境和引导个人增强应对重大生活事件的能力及积极调整心态等来保持和提高生活满意度（陈世平，乐国安，2001）。

文献梳理可以发现，情绪社会分享的研究主要围绕其过程特征与作用，以及围绕个体层面的人格、事件源与人口学变量方面的影响因素进行探讨（孙俊才，卢家楣，2009；崔丽霞，郭婷婷，雷雳，2014）。情绪社会分享的应用研究主要围绕特定人群（如学生、教师等）展开，围绕社区居民开展的情绪社会分享研究在国内还鲜有资料。而上述研究成果中已涉及情绪社会分享与自尊、人际关系、生活满意度等因素的关系。因此，本研究聚焦北京居民的情绪社会分享特征与影响机制，着重考察自尊、人际关系、生活满意度以及人格中的依恋因素在情绪社会分享过程中的可能影响和作用机制。

一　文献综述

（一）情绪社会分享相关研究

社会生活中，情绪事件时常发生。当发生了一个情绪事件后，人们会倾向于一起谈论这一事件的经过，也会诉说这一事件带给自己的感受。Rimé 将这一过程定义为情绪社会分享。在完全形式上，情绪社会分享是在人们就情绪诱发事件的详细情况及其自身感觉和情绪反应向一个或一个以上的他人述说（Discourse）时发生的。在简要形式上，情绪社会分享包括潜在的或者间接的交流，分享对象只在文本符号水平上出现（Rimé B. et al.，2007）①。Decety 等人则认为，任何情境下个体所产生的共情都包含自下而上的情绪分享过程和自上而下的认知调节过程，二者彼此独立但互相补充，以保证个体对社会生活最大的适应性（Decety，Lamm，2006）②。自下而上的情绪分享过程一般有两个

① Bernard Rimé.（2007）. The social sharing of emotion as an interface between individual and collective processes in the construction of emotional climates. *Journal of Social Issues*, *63*（2）, 307 – 322.

② Decety, J., & Lamm, C.（2006）. Human empathy through the lens of social neuroscience. *The Scientific World JOURNAL*, *6*, 1146 – 1163.

阶段：第一个阶段是情绪的感染，第二个阶段是在情绪感染的基础上形成的有意识情绪分享。

早期基于回忆（recall）程序进行的情绪社会分享的基本状况调查表明，88%～96%的人进行了情绪分享，不受基本情绪类型（愤怒、恐惧、悲伤和快乐）和情绪效价（积极和消极）的影响。60%的情绪分享发生在当天，并且反复与不同对象尤其是关系密切的人分享（Rimé，et al.，1991）①。Luminet等研究发现，一般的人格维度（如"大五"人格）对情绪社会分享无预测作用。但述情障碍与情绪社会分享至少对于消极事件存在着稳定的负相关，这涉及情绪识别与语言表达的具体人格维度（Luminet，Zech，Rime，& Wagner，2000）②。情绪社会分享存在性别差异，女性的社会分享网络更大一些，而成人男性的分享对象仅限于伴侣，所以丧亲的男性面临了更严峻的挑战（Rimé，1998）。分享对象的类型随着性别和年龄而变化。对于青少年而言，父母是提及最多的分享对象；18～33岁的青年人的家庭作用会有所下降，对伴侣和好朋友提及最多；40～60岁的成年女性的分享网络呈现多样化的情形，其中伴侣处于优先地位，而男性则把伴侣作为唯一的分享对象。如果分享的是积极事件，将会带来更多的积极体验，这种积极情绪的提升甚至超越了积极事件本身所带来的积极情绪，研究者称之为"获益（capitalization）"（Gable et al.，2006；Diamond et al.，2008③）。洪婕（2008）对情绪社会分享与情绪恢复的关系以及影响因素进行了研究，发现社会分享类型对消极情绪的恢复有较为显著的影响，无关分享比情绪分享更能够促进情绪短期恢复；而对于积极情绪恢复，社会分享类型无显著作用。

有关情绪社会分享研究的方法有回忆法、追踪法和日志记录法，其中日志记录法是研究情绪社会分享的常用手段（Gable，Gonzaga & Straehman，2006；

---

① Bernard Rimé，Mesquita，B.，Boca，S.，& Philippot，P.（1991）. Beyond the emotional event：six studies on the social sharing of emotion. *Cognition & Emotion*，*5*（5－6），435－465.

② Luminet，O.，Zech，E.，Bernard Rimé，& Wagner，H.（2000）. Predicting cognitive and social consequences of emotional episodes：the contribution of emotional intensity，the five factor model，and alexithymia. *Journal of Research in Personality*，*34*（4），471－497.

③ Diamond，L. M.，Hicks，A. M.，& Otter－Henderson，K. D.（2008）. Every time you go away：changes in affect，behavior，and physiology associated with travel－related separations from romantic partners. *Journal of Personality and Social Psychology*，*95*（2），385－403.

Diamond et al., 2008[①]; Garrison & Kahn, 2010)。目前情绪社会分享的测评工具还较少，崔丽霞等（2014）根据国外一般日志记录法的研究范式编制情绪社会分享调查问卷，从信息和感受层面考察大学生的情绪社会分享水平，以五点计分。

（二）情绪其他相关研究

Rosenberg（1965）[②] 将自尊界定为一个人对自己能力或价值的看法。自尊是个体对自我的情感性评价，意味着个体对自我的积极肯定和自我接纳的程度。郑雯（2007）[③] 研究了不同情绪对不同自尊程度个体记忆效果的影响，发现消极情绪使高、低自尊被试的成绩显著下降，情绪和自尊的交互作用不显著。罗利等（2015）对情绪调节对大学生自尊与主观幸福感的中介作用的研究发现，相比女性，男性表达抑制较高一些，会有更多的负性情绪和较低的生活满意度，外显自尊与正性情绪、认知重评、生活满意度呈正相关，与表达抑制、负性情绪呈负相关，且能够正向预测正性情绪和生活满意度，负向预测负性情绪。自尊可能影响情感表达和分享过程。

Gable（2006）[④] 对积极情绪事件的研究发现，当分享积极事件的时候，如果分享对象被知觉为对分享者的获益目标做出了积极的和建设性的反应时，分享者会提高对关系满意度的评价，同时会增加与分享对象的亲密感。因为情绪社会分享主要发生在亲密者之间，分享时信息交流的双向过程又进一步增进了人际协调，进而增加了人际信任和亲密。甘强和苏虹（2013）研究了中学生依恋与情绪管理的相关性，发现父母及同伴（这些都是情绪分享的主要对象）均为中学生情绪管理的影响因素，通过改善依恋关系，可以提升情绪管理能力。钟信利（2016）研究了老年人依恋和情绪调节策略的关系，发现不同依恋风格的老人的情绪调节策略存在显著性的差异，因此可以通过改变老年

---

① Diamond, L. M., Hicks, A. M., & Otter – Henderson, K. D. (2008). Every time you go away: changes in affect, behavior, and physiology associated with travel – related separations from romantic partners. *Journal of Personality and Social Psychology*, *95* (2), 385 – 403.

② Rosenberg, M. (1965). Society and the adolescent self – image. Princeton, NJ: University Press.

③ 郑雯:《不同情绪对不同自尊程度个体记忆效果的影响之研究》，江西师范大学，2007。

④ Gable, S. L., Gonzaga, G. C., & Strachman, A. (2006). Will you be there for me when things go right? supportive responses to positive event disclosures. *Journal of Personality and Social Psychology*, *91* (5), 904 – 917.

人依恋风格帮助其合理使用情绪调节策略，改善情绪调节能力。

情绪智力与个体的认知能力密切相关，包括情绪感知和表达能力、情绪促进思维的能力、情绪理解能力和情绪管理能力（Mayer, Caruso & Salovey, 2000①）。Wong, Wong, & Law（2007）② 提出一个简单模型，核心基于 Mayer 的四因素模型，包含自我情绪评价、他人情绪评价、情绪调节和情绪运用。情绪智力，在我们面对情绪和压力事件的冲突时，是一种控制调节运用情绪的重要能力，在人际交往中也起到重要作用。马桢桢（2018）③ 对班级团体辅导对提高小学生情绪智力进行了干预研究，发现情绪智力总分和其他维度均与情绪症状呈负相关，他人情绪觉察维度、他人情绪管理维度和情绪智力总分与同伴交往呈正相关。

二　对象与方法

（一）对象

根据本研究的目的，采用随机抽样的方法在 2018 年 5 月到 8 月期间，抽取北京社区 800 名居民进行问卷调查，最终有效数据 605 份，问卷有效率为 75.63%。参与调查的居民构成如下：性别上，男性 302 人（49.9%），女性 303 人（50.1%）。年龄上，26~34 岁有 107 人（17.7%）、35~45 岁有 202 人（33.4%）、46~59 岁有 156 人（25.8%）、60~69 岁有 150（22.3%）、70 岁及以上 5 人（0.8%）。婚姻状况上，未婚有 59 人（9.8%）、已婚有 528 人（87.3%）、离婚有 13 人（2.1%）、再婚有 2 人（0.3%）、丧偶有 3 人（0.5%）。学历水平上，小学及以下有 5 人（0.8%）、初中有 29 人（4.8%）、高中/中专有 81 人（13.4%）、大专有 146 人（24.1%）、本科有 293 人（48.4%）、硕士及以上有 51 人（8.4%）。

---

① Mayer, J. D., Caruso, D. R., & Salovey, P.（2000）. Selecting a measure of emotional intelligence: The case for ability scales. In R. Bar-On & J. D. A. Parker (Eds.), The handbook of emotional intelligence: Theory, development, assessment, and application at home, school, and in the workplace (pp. 320-342). San Francisco, CA, US: Jossey-Bass.

② Wong, C. S., Wong, P. M., & Law, K. S.（2007）. Evidence of the practical utility of wong's emotional intelligence scale in hong kong and mainland china. *Asia Pacific Journal of Management*, *24*（1）, 43-60.

③ 马桢桢：《班级团体辅导对提高小学生情绪智力的干预研究》，南京中医药大学，2018。

社区类型上，老旧社区有130人（21.5%）、保障房社区有91人（15.0%）、普通商品房社区有133人（22.0%）、别墅区或高级住宅区有81人（13.4%）、单位（大院）社区有80人（13.2%）、城乡结合部社区有90人（14.9%）。

（二）测量工具

1. 自尊量表

采用Rosenberg自尊量表，量表由10个项目组成，采用“1 = 极不符合；2 = 不符合；3 = 符合；4 = 非常符合”的4级评分。量表用于测量单一维度的整体自尊水平，量表得分越高表示自尊水平越高。

2. 依恋量表

本研究采用的成人依恋量表（AAS－1996修订版），包括亲近维度、依赖维度、焦虑和亲近依赖复合维度共4个维度，共18个项目。量表采用“1 = 完全不符合；2 = 较不符合；3 = 不确定；4 = 较符合；5 = 非常符合”的5级评分。亲近维度测量的是个体对他人亲近和亲密感到舒适的程度，依赖维度测量的是个体感到当需要帮助时能有效依赖他人的程度，焦虑维度测量的是个体担心被抛弃或不被喜爱的程度。

3. 生活满意度

该部分参考吴志雄等人（2011）① 的大学生自我接纳与人际信任、人际关系满意度的相关性研究和Rahn（1996）② 的公众情绪研究框架的内容，由人际关系满意度和生活总体满意度构成。

4. 情绪智力量表（WLEIS）

WLEIS由Wong & Law's（2002）③ 编制。这一量表由16个题目构成，分为4个因素，每个因素有四个题目。这一量表有较好的信度和效度。量表包括自我情绪评价（SEA）、他人情绪评价（OEA）、情绪调节（ERS）和情绪运用

① 吴志雄、邱鸿钟、龚文进：《大学生自我接纳与人际信任、人际关系满意度的相关性研究》，《中国健康心理学杂志》2011年第19（12）期，第1496～1498页。

② Rahn，W. M.（1996）. A framework for the study of public mood. *Political Psychology*, *17*（1）, 29－58.

③ Wong，C. S.，& Law，K. S.（2002）. The effects of leader and follower emotional intelligence on performance and attitude：an exploratory study. *Leadership Quarterly*, *13*（3）, 243－274.

（UOE）四个方面。自我情绪评价关系到个人理解他们深层情绪和能够自然表达情绪的能力，他人情绪评价与个人感知和理解身边的人的情绪的能力有关，情绪调节是指个体调节自我情绪的能力，情绪运用是指个体通过引导情绪朝向结构性活动和个人表现来利用他们的情绪。Shi & Wang（2007）运用这一量表调查1458名中国大学生（Shi & Wang，2007）①，结果显示，WLEIS的四因子结构拟合程度良好，内部一致性α系数为0.72～0.87。

5. 情绪社会分享特征问卷

参考崔丽霞等（2014）的《日常情绪的社会分享对情绪的影响》中的自编日志记录表修订关于情绪社会分享的题目，涉及信息分享和情感分享，内部一致性α为0.93。

（三）统计分析方法

采用SPSS 20.0进行数据处理和统计分析。计量资料采用平均数、中值、众数等进行描述，通过偏度、峰度查看样本群体倾向性；通过皮尔逊积差相关考察各个因素与情绪社会分享的相关程度；通过回归分析探究影响情绪社会分享的因素。

三　结果

（一）北京居民情绪社会分享的现状分析

1. 北京居民情绪社会分享的内容

表1　北京居民情绪社会分享的内容

内容	频率	百分比	累积百分比
事业与前途	122	20.2	20.2
人际交往	73	12.1	32.2
异性交往与性	45	7.4	39.7
家庭关系与变故	89	14.7	54.4

① Shi, J., & Wang, L. (2007). Validation of emotional intelligence scale in chinese university students. *Personality & Individual Differences*, *43* (2), 377－387.

续表

内容	频率	百分比	累积百分比
交通与旅行	49	8.1	62.5
健康与医疗	120	19.8	82.3
时政动态	14	2.3	84.6
生活社会和经济问题	90	14.9	99.5
体育休闲	3	.5	100.0
合　计	605	100.0	

从表1中可看出，北京居民情绪社会分享的内容主要集中于事业与前途（122人，20.2%）、人际交往（73人，12.1%）、家庭关系与变故（89人，14.7%）、健康与医疗（120人，19.8%）、生活社会和经济问题（90人，14.9%）。

2. 北京居民情绪社会分享的情况

表2　北京居民情绪社会分享的情况

	N	均值	中值	众数	标准差	偏度		峰度	
	统计量	统计量	统计量	统计量	统计量	统计量	标准误	统计量	标准误
经历自我评价	605	3.36	4.00	4	1.212	-.343	.099	-.829	.198
信息分享程度	605	3.32	3.00	4	1.243	-.321	.099	-.865	.198
情感分享程度	605	3.22	3.00	4	1.235	-.333	.099	-.814	.198

情绪社会分享的经历自我评价评分从1到5分别对应从极度困扰到极度愉快，从表2中可看到，北京居民选择平均得分3.36，中值为4，众数为4，偏度-0.343，峰度-0.829，北京居民对于情绪社会分享的内容更偏向于积极性质的情绪社会分享。

情绪社会分享过程中信息分享程度评分从1到5对应从几乎没有透露到详尽的透露，从表9中可看到，北京居民选择平均得分3.32，中值为3，众数为4，偏度-0.321，峰度-0.865，北京居民在情绪社会分享过程中有一定的信息透露，但整体并不高，分享内容有限。

情绪社会分享的情感分享程度评分从1到5分别是几乎没有透露到详尽的透露，从表9中可看到，北京居民选择平均得分3.22，中值为3，众数为4，

偏度 -0.333，峰度 -0.814，北京居民在情绪社会分享过程中有一定的情感透露，但整体并不高，分享内容有限。

3. 北京居民情绪社会分享的途径

表 3　北京居民情绪社会分享的途径

	见面谈论	语音视频通话	短信留言聊天	写信发邮件	微信朋友圈	微博	贴吧知乎	网群里讨论
合计	605	605	605	605	605	605	605	605
选择“是”	468	298	234	50	221	62	36	41
众数	1	0	0	0	0	0	0	0
偏度	-1.310	.030	.466	3.039	.561	2.628	3.733	3.448
偏度的标准误	.099	.099	.099	.099	.099	.099	.099	.099
峰度	-.284	-2.006	-1.789	7.260	-1.691	4.923	11.977	9.920
峰度的标准误	.198	.198	.198	.198	.198	.198	.198	.198

北京居民情绪社会分享的途径如表 3 所示，最主要的方式是通过见面谈论的方式，其次是语音视频通话、短信留言聊天、微信朋友圈的方式，使用较少的途径包括写信发邮件、微博、贴吧知乎、网群里讨论。分享途径存在明显的偏度和峰度差异。

4. 北京居民情绪社会分享的对象

表 4　北京居民情绪社会分享的对象

	家人	亲戚	朋友	同学	同事	同乡	邻居	陌生人
合计	605	605	605	605	605	605	605	605
选择“是”	448	212	414	189	191	24	46	31
众数	1	0	1	0	0	0	0	0
偏度	-1.100	.629	-.795	.812	.795	4.729	3.207	4.081
偏度的标准误	.099	.099	.099	.099	.099	.099	.099	.099
峰度	-.793	-1.610	-1.373	-1.346	-1.373	20.428	8.313	14.701
峰度的标准误	.198	.198	.198	.198	.198	.198	.198	.198

北京居民情绪社会分享的分享对象如表 4 所示，最主要的对象是家人和朋友，其次是亲戚、同学和同事，较少的分享对象是同乡、邻居和陌生人。分享对象也存在明显的偏度和峰度差异。

（二）北京居民情绪社会分享人口学因素的比较

表 5 性别比较

	性别	N	均值	标准差	均值的标准误	t	sig
经历自我评价	男	302	3. 23	1. 197	. 069	-2. 685	0. 007
	女	303	3. 49	1. 215	. 070		
信息分享程度	男	302	3. 10	1. 185	. 068	-2. 621	0. 009
	女	303	3. 36	1. 287	. 074		
情感分享程度	男	302	3. 10	1. 185	. 068	-2. 505	0. 013
	女	303	3. 35	1. 272	. 073		
情绪社会分享	男	302	6. 20	2. 266	. 130	-2. 679	0. 008
	女	303	6. 71	2. 451	. 141		

表 6 年龄比较

		N	均值	标准差	标准误	F	sig
经历自我评价	26～34 岁	107	3. 43	1. 150	. 111	6. 288	. 000
	35～45 岁	202	3. 07	1. 254	. 088		
	46～59 岁	156	3. 36	1. 147	. 092		
	60～69 岁	135	3. 71	1. 184	. 102		
	≥70 岁	5	4. 00	1. 000	. 447		
信息分享程度	26～34 岁	107	3. 17	1. 285	. 124	2. 581	. 036
	35～45 岁	202	3. 03	1. 255	. 088		
	46～59 岁	156	3. 38	1. 251	. 100		
	60～69 岁	135	3. 39	1. 160	. 100		
	≥70 岁	5	3. 60	. 894	. 400		
情感分享程度	26～34 岁	107	3. 13	1. 244	. 120	1. 746	. 138
	35～45 岁	202	3. 08	1. 215	. 085		
	46～59 岁	156	3. 34	1. 226	. 098		
	60～69 岁	135	3. 38	1. 245	. 107		
	≥70 岁	5	3. 40	1. 517	. 678		
情绪社会分享	26～34 岁	107	6. 30	2. 454	. 237	2. 321	. 056
	35～45 岁	202	6. 11	2. 374	. 167		
	46～59 岁	156	6. 72	2. 382	. 191		
	60～69 岁	135	6. 77	2. 249	. 194		
	≥70 岁	5	7. 00	2. 236	1. 000		

表 7　文化程度比较

		N	均值	标准差	标准误	F	sig
经历自我评价	小学及以下	5	3. 80	1. 304	. 583	1. 082	. 369
	初中	29	3. 28	1. 131	. 210		
	高中/中专	81	3. 46	1. 245	. 138		
	大专	146	3. 33	1. 163	. 096		
	本科	293	3. 41	1. 226	. 072		
	硕士及以上	51	3. 04	1. 248	. 175		
信息分享程度	小学及以下	5	3. 20	2. 049	. 917	. 916	. 470
	初中	29	2. 83	1. 197	. 222		
	高中/中专	81	3. 23	1. 197	. 133		
	大专	146	3. 33	1. 193	. 099		
	本科	293	3. 25	1. 274	. 074		
	硕士及以上	51	3. 10	1. 221	. 171		
情感分享程度	小学及以下	5	3. 00	2. 000	. 894	. 942	. 453
	初中	29	2. 83	1. 311	. 243		
	高中/中专	81	3. 16	1. 250	. 139		
	大专	146	3. 31	1. 189	. 098		
	本科	293	3. 26	1. 237	. 072		
	硕士及以上	51	3. 12	1. 211	. 170		
情绪社会分享	小学及以下	5	6. 20	4. 025	1. 800	. 986	. 425
	初中	29	5. 66	2. 424	. 450		
	高中/中专	81	6. 40	2. 234	. 248		
	大专	146	6. 64	2. 307	. 191		
	本科	293	6. 51	2. 405	. 141		
	硕士及以上	51	6. 22	2. 378	. 333		

表 8　月收入比较

		N	均值	标准差	标准误	F	Sig
经历自我评价	2000 元以下	23	3. 04	1. 224	. 255	2. 964	. 005
	2000 ~ 6000 元	218	3. 27	1. 196	. 081		
	6000 ~ 10000 元	173	3. 22	1. 214	. 092		
	10000 ~ 15000 元	76	3. 50	1. 194	. 137		
	15000 ~ 30000 元	48	3. 48	1. 185	. 171		
	30000 ~ 50000 元	27	3. 96	. 940	. 181		
	50000 ~ 100000 元	12	3. 67	1. 435	. 414		
	100000 元以上	28	3. 93	1. 245	. 235		
	总数	605	3. 36	1. 212	. 049		

续表

		N	均值	标准差	标准误	F	Sig
信息分享程度	2000 元以下	23	3.13	1.217	.254	1.559	.145
	2000 ~ 6000 元	218	3.13	1.197	.081		
	6000 ~ 10000 元	173	3.13	1.256	.095		
	10000 ~ 15000 元	76	3.42	1.278	.147		
	15000 ~ 30000 元	48	3.48	1.167	.168		
	30000 ~ 50000 元	27	3.33	1.330	.256		
	50000 ~ 100000 元	12	3.17	1.267	.366		
	100000 元以上	28	3.71	1.384	.262		
	总数	605	3.23	1.243	.051		
情感分享程度	2000 元以下	23	3.09	1.276	.266	1.568	.142
	2000 ~ 6000 元	218	3.17	1.231	.083		
	6000 ~ 10000 元	173	3.08	1.234	.094		
	10000 ~ 15000 元	76	3.36	1.240	.142		
	15000 ~ 30000 元	48	3.46	1.071	.155		
	30000 ~ 50000 元	27	3.41	1.217	.234		
	50000 ~ 100000 元	12	3.33	1.303	.376		
	100000 元以上	28	3.71	1.384	.262		
	总数	605	3.22	1.235	.050		
情绪社会分享	2000 元以下	23	6.22	2.449	.511	1.667	.114
	2000 ~ 6000 元	218	6.30	2.328	.158		
	6000 ~ 10000 元	173	6.20	2.409	.183		
	10000 ~ 15000 元	76	6.78	2.313	.265		
	15000 ~ 30000 元	48	6.94	2.138	.309		
	30000 ~ 50000 元	27	6.74	2.379	.458		
	50000 ~ 100000 元	12	6.50	2.505	.723		
	100000 元以上	28	7.43	2.700	.510		
	总数	605	6.46	2.373	.096		

表 9　住房情况比较

		N	均值	标准差	标准误	F	Sig
经历自我评价	城区老旧社区	130	3.29	1.204	.106	3.904	.002
	保障房社区	91	3.37	1.142	.120		
	普通商品房社区	133	3.23	1.167	.101		
	别墅区或高级住宅区	81	3.89	1.245	.138		
	单位(大院)社区	80	3.19	1.192	.133		
	城乡结合部社区	90	3.31	1.251	.132		

续表

		N	均值	标准差	标准误	F	Sig
信息分享程度	城区老旧社区	130	3.11	1.271	.112	2.866	.014
	保障房社区	91	3.44	1.108	.116		
	普通商品房社区	133	3.08	1.271	.110		
	别墅区或高级住宅区	81	3.60	1.262	.140		
	单位(大院)社区	80	3.21	1.177	.132		
	城乡结合部社区	90	3.11	1.267	.134		
情感分享程度	城区老旧社区	130	3.12	1.258	.110	3.405	.005
	保障房社区	91	3.53	1.129	.118		
	普通商品房社区	133	3.05	1.236	.107		
	别墅区或高级住宅区	81	3.56	1.275	.142		
	单位(大院)社区	80	3.20	1.184	.132		
	城乡结合部社区	90	3.06	1.230	.130		
情绪社会分享	城区老旧社区	130	6.23	2.429	.213	3.378	0.005
	保障房社区	91	6.97	2.095	.220		
	普通商品房社区	133	6.12	2.425	.210		
	别墅区或高级住宅区	81	7.16	2.477	.275		
	单位(大院)社区	80	6.41	2.271	.254		
	城乡结合部社区	90	6.17	2.314	.244		

注：$^{*}p<0.05$，$^{**}p<0.01$，$^{***}p<0.001$，下同。

从表5至表9可知，性别方面，在经历自我评价、信息分享程度和情感分享程度以及情绪社会分享总分上男女存在显著差异；年龄方面，在经历自我评价、信息分享程度方面存在显著差异；文化程度方面，均不存在显著差异；住房类型方面，经历自我评价、信息分享程度、情感分享程度以及情绪社会分享总分均存在显著差异；月收入方面，在经历自我评价方面存在显著差异。

（三）北京居民情绪社会分享与人格因素的相关情况

1. 北京居民情绪社会分享与自尊因素的相关情况

如表10所示，北京居民情绪社会分享在经历自我评价、信息分享程度、情感分享程度以及情绪社会分享总分维度上与人格中的自尊因素呈显著负相关。

表 10　北京居民情绪社会分享与自尊因素的相关情况

		经历自我评价	信息分享程度	情感分享程度	情绪社会分享
自尊	Pearson 相关性	-.148***	-.107**	-.105**	-.111**
	显著性(双侧)	.000	.009	.010	.006
	N	605	605	605	605

表 11　自尊在情绪社会分享上的差异表现

	自尊分组	N	均值	标准差	t	df	Sig.(双侧)
经历自我评价	高分组	163	3.24	1.285	-3.149	324.802	.002
	低分组	164	3.68	1.262			
信息分享程度	高分组	163	3.09	1.280	-1.939	324.672	.053
	低分组	164	3.37	1.330			
情感分享程度	高分组	163	3.04	1.261	-1.999	324.315	.046
	低分组	164	3.32	1.329			
情绪社会分享	高分组	163	6.13	2.430	-2.063	324.580	0.040
	低分组	164	6.70	2.534			

进一步分析发现（见表 11），高低分组在经历自我评价、情感分享程度和情绪社会分享总分上存在显著差异，在上述维度上，高自尊组分数显著低于低自尊组。低自尊组在分享时更喜欢分享积极性质的内容，情感分享程度也更深。

2. 北京居民情绪社会分享与依恋因素的相关情况

表 12　北京居民情绪社会分享与依恋因素的相关情况

		经历自我评价	信息分享程度	情感分享程度	情绪社会分享
亲近	Pearson 相关性	.091*	.074	.070	.075
	显著性(双侧)	.025	.071	.085	.065
依赖	Pearson 相关性	.124**	.117**	.153**	.141**
	显著性(双侧)	.002	.004	.000	.001
焦虑	Pearson 相关性	-.101*	-.006	-.040	-.024
	显著性(双侧)	.013	.874	.326	.553
依恋总分	Pearson 相关性	.032**	.125**	.108**	.122**
	显著性(双侧)	.439	.002	.008	.003

如表 12 所示，北京居民情绪社会分享与人格中的依恋因素呈现不同程度的显著相关，其中亲近维度与经历自我评价存在显著正相关；依赖维度与经历自我评价、信息分享程度、情感分享程度以及情绪社会分享总分存在显著正相关；焦虑维度与经历自我评价存在显著负相关；依恋总分与经历自我评价、信息分享程度、情感分享程度以及情绪社会分享总分存在显著正相关。

（四）北京居民情绪社会分享与生活满意度因素的相关情况

表 13　北京居民情绪社会分享与生活满意度因素的相关情况

		经历自我评价	信息分享程度	情感分享程度	情绪社会分享
人际关系满意度	Pearson 相关性	.257 **	.208 **	.252 **	.240 **
	显著性(双侧)	.000	.000	.000	.000
生活满意度	Pearson 相关性	.245 **	.212 **	.225 **	.228 **
	显著性(双侧)	.000	.000	.000	.000
生活满意度总分	Pearson 相关性	.291 **	.244 **	.277 **	.272 **
	显著性(双侧)	.000	.000	.000	.000

从表 13 可知，人际关系满意度、生活满意度、生活满意度总分与经历自我评价、信息分享程度、情感分享程度以及情绪社会分享总分均存在显著的正相关。

（五）北京居民情绪社会分享与情绪智力因素的相关情况

表 14　北京居民情绪社会分享与情绪智力因素的相关情况

		经历自我评价	信息分享程度	情感分享程度	情绪社会分享
自我情绪评价	Pearson 相关	.163 **	.209 **	.240 **	.235 **
	显著性(双侧)	.000	.000	.000	.000
他人情绪评价	Pearson 相关	.245 **	.235 **	.279 **	.269 **
	显著性(双侧)	.000	.000	.000	.000
情绪调节	Pearson 相关	.224 **	.204 **	.243 **	.233 **
	显著性(双侧)	.000	.000	.000	.000
情绪运用	Pearson 相关	.228 **	.219 **	.244 **	.242 **
	显著性(双侧)	.000	.000	.000	.000
情绪智力总分	Pearson 相关	.141 **	.157 **	.181 **	.176 **
	显著性(双侧)	.001	.000	.000	.000

由表 14 可知，情绪智力的四个因素及总分与经历自我评价、信息分享程度、情感分享程度及情绪社会分享总分均存在显著的正相关。

（六）北京居民情绪社会分享的影响因素分析

表 15　北京居民情绪社会分享的影响因素多元回归分析

	感受最深的事件		经历自我评价		信息分享程度	
	β	t	β	t	β	t
性别	-.074	-.366	.180	1.880	.202	2.008*
年龄段	.373	3.641***	.050	1.026	.075	1.467
文化程度	-.113	-1.028	-.078	-1.493	.034	.618
月收入	-.117	-1.844	.104	3.417***	.045	1.410
生活满意度	.146	2.462**	.166	5.872***	.129	4.356***
自尊	.019	.403	-.082	-3.612***	-.061	-2.579**
情绪智力	-.106	-1.488	.057	1.683	.077	2.177*
依恋	-.027	-1.250	-.004	-.364	.024	2.228
调整后 R^2	0.41		0.127		0.090	

	情感分享程度		情绪社会分享	
	β	t	β	t
性别	.204	2.061*	.086	2.136*
年龄段	.068	1.357	.063	1.483
文化程度	.059	1.087	.040	.894
月收入	.036	1.150	.056	1.345
生活满意度	.150	5.136***	.206	4.981***
自尊	-.061	-2.599**	-.106	-2.719**
情绪智力	.092	2.643***	.102	2.529*
依恋	.018	1.679	.080	2.054*
调整后 R^2	0.105		.107	

以感受最深的事件、经历自我评价、信息分享程度和情感分享程度作为因变量，以性别、年龄段、文化程度、月收入、生活满意度、自尊情绪智力总分及依恋作为自变量进行多元回归分析。结果显示，年龄、生活满意度对感受最深的事件有显著的预测作用，能预测 41%。月收入、生活满意度、自尊对经历自我评价有显著的预测作用，能预测 12.7%。性别、生活满意度、自尊、

情绪智力对信息分享程度有显著的预测作用，能预测9.0%。性别、生活满意度、自尊和情绪智力对情感分享程度有显著的预测作用，能预测10.5%。

北京居民情绪社会分享对生活满意度的影响。情绪社会分享和情绪智力分别对生活满意度的回归表明（见表16），情绪社会分享和情绪智力对生活满意度均作出了显著的正向预测，分别解释变异7.4%和7.8%。

表16　情绪社会分享和情绪智力分别对生活满意度的回归

变量	生活满意度					
	B	*SE*	β	*T*	*F*	R^2
情绪社会分享	.201	.029	.272	6.931***	48.037	.074
情绪智力	.346	.048	.283	7.235***	52.345	.078

为了探究情绪智力在情绪社会分享对生活满意度的影响上是否具有中介效应，参考温忠麟的中介效应检验方法，在上述回归分析的基础上再进行以下两步回归分析：（1）以情绪社会分享为自变量、情绪智力为因变量的回归分析显示（见表17），情绪社会分享对情绪智力（$\beta=0.176$，$F=19.373$）正向回归效应显著，解释了变异3.1%。（2）以情绪社会分享和情绪智力为自变量，生活满意度为因变量的回归分析显示（见表18），情绪社会分享与情绪智力（$F=45.231$，$\beta_1=0.229$，$\beta_2=0.242$，$T_1=5.929$，$T_2=6.274$）对生活满意度的回归效应显著，解释变异13.1%。

表17　情绪社会分享分别对情绪智力的回归

变量	情绪智力					
	B	*SE*	β	*T*	*F*	R^2
情绪社会分享	.106	.024	.176	4.401***	19.373	.031

表18　情绪智力对情绪社会分享与生活满意度的中介效应

变量	生活满意度					
	B	*SE*	β	*T*	*F*	R^2
情绪社会分享	.169	.029	.229	5.929***	45.231	.131
情绪智力	.296	.047	.242	6.274***		

综合分析上述三个步骤的回归方程：（1）情绪社会分享对生活满意度的回归效应显著；（2）情绪社会分享对情绪智力的回归效应显著；（3）因情绪智力的介入，情绪社会分享对生活满意度的回归系数由 0.272 降至 0.229，且均未下降为 0，因此情绪智力在情绪社会分享解释生活满意度时，具备部分中介效应（见图 1）。

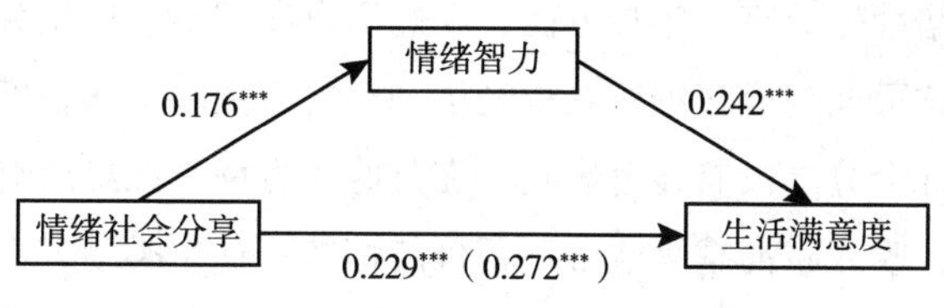

图 1　情绪智力的中介作用模型

四　讨论

本次调查结果显示，在分享内容方面，北京居民在事业与前途、人际交往、家庭关系与变故、健康与医疗以及生活社会和经济问题方面有着明显的倾向性。究其原因，分享的这些内容，都是与居民生活密切相关的重要事件，构成了居民的日常生活主线。同时也应注意到，这些事件既有可能引发积极愉快的情绪，也有可能引发消极困扰的情绪。在情绪社会分享内容的自我评价方面，北京居民更偏向于积极性质的情绪社会分享，即更愿意分享“好事情”，但仍有大部分的人会分享消极情绪。情绪社会分享过程中信息透露和情感透露的趋势基本相似，即人们在情绪社会分享的同时会有对事件以及事件过程的情绪表露，但表达程度有限，考虑到分享对象的性质（多为较为亲近的人），考虑到保密个人的隐私，因而信息透露和情感透露的程度有限。

以往研究认为，由于网络的隐蔽性人们会有更多与他人进行情绪分享的活动（薛素芬、鲁浩，2011），但本文的情绪社会分享研究结论并非如此。关于情绪社会分享途径，北京市居民更倾向于熟人之间以传统方式进行分享，而对于一些比较现代的方式如互联网聊天，北京市居民运用得并不是那么多。究其原因，一方面可能是因为互联网方式的匿名性和虚拟性反而抑制了人们对自己情绪和事件的表达；另一方面，可能由于中国人之间的信任从家人、亲朋好友、同学、同事到陌生人呈现逐步递减的差序格局（祁玲玲、赖静萍，2014），而在比较熟悉和亲近的人之间的传统面对面或打电话的方式更有利于情绪分享。但这两种推测是否成立有待进一步的研究验证。

在人口学因素上，性别方面，在经历自我评价、信息分享程度、情感分享程度以及情绪社会分享总分方面男女均存在显著差异，女性显著高于男性，女性有更多的情绪社会分享；年龄方面，在经历自我评价、信息分享程度方面存在显著差异，这可能与成长中所获得经历和经验有关；文化程度方面，文化程度对居民情绪社会分享没有显著影响；在月收入方面，在经历自我评价方面有着显著的差异，收入越高越喜欢分享积极的情绪；住房类型方面，经历自我评价、信息分享程度、情感分享程度以及情绪社会分享均存在显著差异，这一点也是预想之外的结果，不同的居住环境对居民的情绪社会分享产生了不同的影响。

自尊与经历自我评价、信息分享程度、情感分享程度以及情绪社会分享总分均存在显著负相关，高自尊可能并不利于情绪社会分享。情绪社会分享与人格中的依恋因素呈现不同程度的显著正相关，其中亲近维度与经历自我评价存在显著正相关，依赖维度与经历自我评价、信息分享程度、情感分享程度等存在显著正相关，依赖所描述的与他人建立关系的情况可能有利于人们进行情绪社会分享，这可能是依赖在情绪社会分享中的作用。人际关系满意度、生活满意度、生活满意度总分与经历自我评价、信息分享程度、情感分享程度以及情绪社会分享总分均存在显著的正相关，情绪社会分享能够反映居民对自己人生的满意程度。在情绪智力方面，情绪智力的四个因素及总分与经历自我评价、信息分享程度、情感分享程度等均存在显著的正相关，个体对自身情绪的认识、控制、运用以及对他人情绪的感受性均会影响情绪社会分享，特别是对他人情绪的感受性高者更能读懂他人的想法，有利于促进在他人情绪社会分享时的共情。

在讨论回归预测的过程中，我们发现情绪社会分享对生活满意度有着显著的正向预测作用，这一点对我们提升居民幸福感、创建和谐社会提供了理论依据。因此，在考虑增强人们情绪社会分享的问题上，我们可以针对不同人群开展社区工作，如老龄化人群、贫困人群、家庭有重大变故的人群等重点关注人群，对这样的群体有针对性地开展工作和帮扶活动，提升重点人群的情绪社会分享能力和条件，逐步提高居民的心理健康水平和生活满意度。

五　基本结论

研究结果表明：（1）在性别和社区类型上情绪社会分享存在显著差异。（2）情绪社会分享与人格中的依恋因素呈现不同程度的显著正相关，与自尊因素呈现不同程度的显著负相关。（3）情绪智力与情绪社会分享呈现不同程度的显著正相关，情绪社会分享对生活满意度有显著的预测作用。（4）情绪智力在情绪社会分享解释生活满意度时，具有部分中介效应。

六　建议与对策

为进一步改善北京居民的情绪社会分享环境，建议从以下几个方面开展相关工作。

（一）畅通情绪社会分享的社区支持渠道

从调查结果来看，居民情绪社会分享的程度并不深、途径较少，这就意味着居民欠缺获得情绪宣泄、情感支持和解决问题的渠道。由此出发，社区如能构建相应场所和途径，有效减少自尊（“好面子不好意思讲”）或依恋（“只能跟家人朋友讲，又不能讲太深”）对情绪社会分享的限制，将会畅通居民的情绪分享渠道。为此，可以立足社区开展相应情绪主题的团体心理辅导与小组成长活动，在保证团体心理辅导活动的合理性、规律性基础上，为居民提供专业的心理支持。同时，还可以通过社区有组织的情绪训练，提升居民对情绪的感知能力、调控能力，进而提高其情绪社会分享能力和心理健康水平，这将会有助于提升居民的生活质量。

（二）提升情绪社会分享的社区服务能力

社区服务兼有业务服务与心理服务的内涵，在实际的社区工作中社区人员也常会遇到各种各样的情绪困扰人群。因此，社区或街道工作人员掌握必要的心理和情绪干预理论和技能，特别是加强对居民情绪感受能力的培养，对处理社区工作中遇到的情绪问题具有积极作用。专项的情绪训练有利于社区工作人员在面对居民的困扰时，不仅能在业务层面提供服务，更能在精神层面为社区居民提供人文关怀，进而提升社区工作的服务品质。同时，在社区配备专业的心理活动场所与人员，理解居民真正的情绪需求与分享困境，将有助于提升社区工作的效能，增进居民和社区工作人员的情感联系。

（三）聚焦情绪社会分享的社区重点群体

社区是基层社会治理和公共服务的基本单元，研究的结果为社区心理服务提供了重要的启发和着力点。可以看出，加强居民的积极情绪社会分享，缓解消极情绪的困扰危害，亟须积极推进社区心理建设，增加居民情绪社会分享的机会、加深情绪社会分享的程度。为此，社区应开展情绪教育宣传活动，让居民了解到情绪分享与情绪调节的意义与方法，加强居民对自身情绪的认识、理解、调节和控制，通过情绪社会分享促进居民情绪调适。与此同时，应特别关注并鼓励重点群体（如调查中情绪社会分享行为相对较少的男性、中年人以及低收入人群）参与到活动中。

参考文献

崔丽霞、郭婷婷、雷雳：《日常情绪的社会分享对情绪的影响》，《心理科学》2014年第1期。

陈世平、乐国安：《城市居民生活满意度及其影响因素研究》，《心理科学》2001年第6期。

甘强、苏虹：《中学生依恋与情绪管理的相关性研究》，《安徽医学》2013年第9期。

耿亮、竺培梁：《情绪智力量表（EIS）中文版的项目功能差异分析》，《外国中小学教育》2008年第8期。

洪婕：《情绪的社会分享与情绪恢复的关系及其影响因素研究》，首都师范大学硕士学位论文，2008。

罗利、钟娟：《情绪调节对大学生自尊与主观幸福感的中介作用》，《内江师范学院学报》2015年第8期。

马桢桢：《班级团体辅导对提高小学生情绪智力的干预研究》，南京中医药大学，2018。

祁玲玲、赖静萍：《信任的差序格局与民主价值》，《江苏社会科学》2014年第2期。

孙俊才、卢家楣：《大学生情绪社会分享的公众观》，《心理科学》2009年第1期。

谭日辉：《社会空间分化对城市居民人际关系满意度的影响研究》，《天府新论》2010 年第 2 期。

王叶飞：《情绪智力量表中文版的信效度研究》，中南大学硕士学位论文，2010。

温忠麟、杰泰、张雷：《调节效应与中介效应的比较和应用》，《心理学报》2005 年第 2 期。

隗晶林、王希华：《成人亲密关系质量的影响因素研究综述》，《漳州师范学院学报》（哲学社会科学版）2012 年第 2 期。

吴志雄、邱鸿钟、龚文进：《大学生自我接纳与人际信任、人际关系满意度的相关性研究》，《中国健康心理学杂志》2011 年第 19 期。

薛素芬、鲁浩：《关于当前网络社会情绪及其化解疏导的调查分析》，《河南社会科学》2011 年第 6 期。

张汉坤：《情绪智力量表（EIS）中文版的修订》，华南师大范大学硕士学位论文，2008。

郑雯：《不同情绪对不同自尊程度个体记忆效果的影响之研究》，江西师范大学硕士学位论文，2007。

钟信利：《老年人依恋和情绪调节策略的关系——社会支持的中介作用》，西南大学硕士学位论文，2016。

Anderson, T. , Carson, K. L. , Darchuk. A. J. & Keefe, F. J. (2004) . The influence of social skills on private and interpersonal emotional disclosure of negative events. *Journal of Social and Clinical Psychology*, *23* (5), 635 – 652.

Beck, A. T. (1967) . *Depression: Causes and Treatment.* Pennsylvania: University of Pennsylvania Press.

Bernard Rimé. (2007) . The social sharing of emotion as an interface between individual and collective processes in the construction of emotional climates. *Journal of Social Issues*, *63* (2), 307 – 322.

Bernard Rimé, Mesquita, B. , Boca, S. , & Philippot, P. (1991) . Beyond the emotional event: six studies on the social sharing of emotion. *Cognition & Emotion*, *5* (5 – 6), 435 – 465.

Chrostphe V, Rimé B. (1997) . Exposure to the social sharing of emotion: emotional impact, listener responses and secondary social sharing. *European Journal of Social Psychology*, *27*: 37 – 54.

Curci A, Bellelli G. (2004) . Cognitive and social consequences of exposure to emotional narratives: two studies on secondary social sharing of emotions. *Cognition and Emotion*, *18* (7): 881 – 900.

Decety, J. , & Lamm, C. (2006) . Human empathy through the lens of social neuroscience. *The Scientific World JOURNAL*, *6*, 1146 – 1163.

Diamond, L. M. , Hicks, A. M. , & Otter – Henderson, K. D. (2008) . Every time you go away: changes in affect, behavior, and physiology associated with travel – related separations from romantic partners. *Journal of Personality and Social Psychology*, *95* (2), 385 –403.

Gable, S. L., Gonzaga, G. C., & Strachman, A. (2006). Will you be there for me when things go right? Supportive responses to positive event disclosures. *Journal of Personality and Social Psychology*, 91 (5), 904 –917.

Garrison, A. M., & Kahn, J. H. (2010). Intraindividual relations between the intensity and disclosure of daily emotional events: The moderating role of depressive symptoms. *Journal of Counseling Psychology*, 57 (2), 187 –197.

Kahn, J. H., & Garrison, A. M. (2009). Emotional self-disclosure and emotional avoidance: relations with symptoms of depression and anxiety. *Journal of Counseling Psychology*, 56 (4), 573 –584.

Luminet, O., Zech, E., Bernard Rimé, & Wagner, H. (2000). Predicting cognitive and social consequences of emotional episodes: the contribution of emotional intensity, the five factor model, and alexithymia. *Journal of Research in Personality*, *34* (4), 471 –497.

Mayer, J. D., Caruso, D. R., & Salovey, P. (2000). Selecting a measure of emotional intelligence: The case for ability scales. In R. Bar – On & J. D. A. Parker (Eds.), *The handbook of emotional intelligence: Theory, development, assessment, and application at home, school, and in the workplace* (pp. 320 –342). San Francisco, CA, US: Jossey – Bass.

Pennebaker J W. (1993). Mechanisms of social constraint. In: D. M. Wegner, J W Pennebaker. (Eds.), . *Handbook of mental control* (pp. 200 –219). Englewood Cliffs, NJ: Prentice Hal.

Rahn, W. M. (1996). A framework for the study of public mood. *Political Psychology*, *17* (1), 29 –58.

Rimé B., Finkenauer. C., Luminet O., Zech E., Philippot P. (1998). Social sharing of emotion: new evidence and new question. In: W Stroebe, M Hewstone (Eds.). *European Review of Social Psychology*. England: Wiley. (9): 145 –189.

Rosenberg, M. (1965). Society and the adolescent self – image. Princeton, NJ: University Press.

Shi, J., & Wang, L.. (2007). Validation of emotional intelligence scale in chinese university students. *Personality & Individual Differences*, *43* (2), 377 –387.

Wong, C. S., Wong, P. M., & Law, K. S. (2007). Evidence of the practical utility of wong' s emotional intelligence scale in hong kong and mainland china. *Asia Pacific Journal of Management*, *24* (1), 43 –60.

Wong, C. S., & Law, K. S. (2002). The effects of leader and follower emotional intelligence on performance and attitude: an exploratory study. *Leadership Quarterly*, *13* (3), 243 –274.

B.11

北京市居民人际冷漠现状与形成原因分析

蒋 奖 张 玥*

摘 要： 为了更好地把握北京居民的人际冷漠状况，本次调查从三个角度（认知、情境反应和利益关联行为）考察人际冷漠，并从社会和群体两个层面探索了预测人际冷漠的因素。社会层面的成因主要关注物质主义价值观，群体层面的成因则关注社区心理（包含社区认同和社区行为）。通过对来自北京16个城区的17~67岁的2042名居民进行问卷调查，结果显示：①总体上，北京居民的人际冷漠程度较低，具体体现在有较低的人际冷漠认知、较高的助人倾向。②不同性别、年龄和客观社会经济地位的群体，人际冷漠存在差异；具体来说，女性在认知上的人际冷漠倾向更低，但是在涉及金钱利益的助人行为上，男性表现出了更高的助人倾向；17~29岁群体的人际冷漠程度较高；在不同的人际冷漠指标上，客观社会经济地位展现了不同的影响，高社会经济地位的个体更可能通过捐款的方式帮助他人，但是在模糊的助人情境下，他们也展现了更高的冷漠倾向。③物质主义会增加人际冷漠，而社区认同和邻里互动可以降低人际冷漠、相比于社区认同，物质主义和邻里互动对人际冷漠有更强的预测作用。具体来说，人际冷漠认知更容易受到物质主义和邻里互动的影响；情境助人更容易受到社区认同和邻里互动的影响，邻里互动的预测作用更强；而利益关联的助人行为容易受到物质主义

---

* 蒋奖，北京师范大学心理学部教授，研究方向为亲环境行为、消费行为、价值观和幸福感等；张玥，北京师范大学心理学部，博士研究生，研究方向为亲环境行为和消费行为等。

的负面影响。最后，从社会工作角度对如何干预物质主义并提高社区认同和邻里互动，进而降低人际冷漠、建设和谐社会提出了相关的建议。

关键词： 人际冷漠　物质主义　社区认同　邻里互动　社区参与

一　研究背景与文献综述

（一）研究背景

6 年前，广东佛山的两岁女童小悦悦，先后被两辆车碾压，7 分钟内先后路过的 18 名路人见死不救，漠然离去，事发之后广大网友抨击路人的冷漠，然而人们仿佛并未在该事件中得到成长。2017 年 3 月，北京地铁一男子辱骂两名推广扫码的女孩，地铁上其他乘客大多安静旁观，并未施以援手或者通知地铁工作人员。同年 4 月，一名女子走斑马线时被一辆出租车撞倒，出租车逃逸，在之后一分多钟的时间内，多名行人和多辆汽车路过，均未有人停留、出手相救，直到再一辆 SUV 从女子身上碾过……类似的事件不断冲击着人们的道德底线，人际冷漠（interpersonal apathy）的现象被推上热议的高潮。艺术作品中也开始号召民众关注此现象，比如春晚小品《扶不扶》中就对此现象进行了揭露；《唱响主旋律，喜迎十九大》歌曲中也出现“别再冷漠，让无助的眼光停止漂泊”的歌词。可见，人际冷漠的现象正日渐凸显，并成为不容忽视的社会问题。这一问题启示研究者重视人际冷漠这一社会现象，在探究其影响因素的基础上减少人际冷漠，让人心“回暖”。

一直以来，“助人为乐”“与人为善”就是中华民族传统优良美德，也是民众应该一直坚守的道德原则。党和政府十分重视公民的人际关系，习近平总书记提出的社会主义核心价值观明确了对“友善”的要求，强调公民之间应互相尊重、互相关心、互相帮助、和睦友好，努力形成社会主义的新型人际关系。党和政府为了更有效地改善人际关系、促进助人行为，在 2017 年 10 月 1 日正式推行了《中华人民共和国民法总则》，为助人为乐的好心人提供了法律保障，第 184 条明确规定“因自愿实施紧急救助行为造成受助人损害的，救助人不承担民事责任”，这就为改变人际冷漠提供了法律的土壤，让冷漠不再有托词。习近平总书记在十九大中也对社会心理服务体系建设提出了要求，要求“培育自尊自信、理性平和、积极向上的社会心态”。

在此社会和法律背景下，为弘扬正气、挽回善心，我们更应该关注当下的人际冷漠现象的现状及成因。对人际冷漠现状与原因的分析有助于理解当下民众社会情绪中存在的问题，为改变人际冷漠现象提供证据支持，为社会和相关部门采取合适、有效的措施干预和改变社会中人际冷漠的现象提供科学依据，有利于弘扬社会主义核心价值观、构建社会主义和谐社会。

因此，在本课题中，研究者首先对北京市居民的人际冷漠现状进行调查，并在此基础上从社会和群体两个层面多角度地对人际冷漠的影响因素进行分析。

（二）文献综述

社会情绪是社会心态中的感情性成分，是指在某一社会环境下，社会成员所共享的情绪体验；它不等同于个体情绪的总和，而是个体间、群体内以及群体间互动和相互影响下形成的情感氛围。而且，有些社会情绪还会逐渐形成较为内在的、持续的、稳定的社会情感①。社会情绪体现了社会心态的动力特征，在人际互动、群体内互动、群际互动以及社会行动中成为社会心态的“燃料”，使社会成员相互联系，避免了社会疏离，从而推动和调节着社会的运行②。

如个体情绪一样，社会情绪也存在积极情绪和消极情绪，社会情绪的积极和消极维度体现了社会情绪的调节和信号作用③，积极的社会情绪有助于调节社会心态，而社会情绪又是社会运行状况的“晴雨表”，消极社会情绪可以反映当下社会亟待解决的问题。王俊秀在《社会心态的结构和指标体系》一文中根据以往研究结果和社会心态研究目的建立了社会心态的指标体系，对社会

① 王俊秀：《社会情绪的结构和动力机制：社会心态的视角》，《云南师范大学学报》（哲学社会科学版）2013 年 45 期。

② 王俊秀：《社会心态的结构和指标体系》，《社会科学战线》2013 年第 2 期。

③ 马广海：《论社会心态：概念辨析及其操作化》，《社会科学》2008 年第 10 期。

情绪进行了分类。他认为社会情绪与个体基本情绪一样，也可以分为喜、怒、哀、乐、爱、恶和欲，其中就包含了社会冷漠。社会冷漠是社会对于一些现象的漠然、无视、不关心、不为所动的情绪，较多地体现在人际方面，指因对他人的不信任而采取的应作为却不作为的态度和情绪[①]，即人际冷漠（interpersonal apathy）。

人际冷漠一词最早来源于对轰动美国的 Kitty 案的研究[②]，在这些研究中，人际冷漠被定义为旁观者冷漠（bystander apathy），指他人在场会明显降低个体介入紧急事件并提供帮助的可能性。相较于旁观者冷漠，人际冷漠是涵盖范围更广的社会现象，是中国社会转型带来的亟待解决的社会问题[③]。

社会情绪受到社会价值观、社会认知和社会现实等多种因素的影响，作为社会情绪的一种，人际冷漠也是由经济、社会和个体等众多因素共同造成的[④]。以往研究较多关注个体和微观情境层面的影响，较少从宏观和中观层面探索人际冷漠的成因。本课题将从宏观和中观两个层面依次探讨影响人际冷漠的因素。

首先在宏观层面或说意识形态层面，关注社会成员的信念、表征体系、价值观和规范。这一分析层面下，物质主义价值观的盛行很可能是人际冷漠的成因之一。近年来，关于中国人奢侈品购买热的新闻层出不穷，显示出中国人价值观中的物质主义色彩日渐浓厚。跨文化研究展现了同样的结果，中国年轻人的物质主义得分显著高于美国人，并且呈上升趋势[⑤]。物质主义价值观强调拥有财富的重要性，将财富作为衡量自身价值的标准以及人生目标[⑥]。高物质主

---

① 许帅丹：《“见死不救”事件背后的人际冷漠反思》，《现代经济：现代物业中旬刊》2012年第6期。

② Latane，Bibb，and John M. Darley. Group inhibition of bystander intervention in emergencies. *Journal of Personality and Social Psychology* 10.3（1968）：215－221.

③ 柴艳萍：《经济制度变迁与中国人际关系的演变》，《中国矿业大学学报》（社会科学版）2012年第1期。

④ 刘国云：《道德祛魅：伦理学维度下的人际冷漠问题》，《思想战线》2012年第1期。

⑤ Podoshen，Jeffrey S.，Lu Li，and Junfeng Zhang. Materialism and conspicuous consumption in China：A cross-cultural examination. *International Journal of Consumer Studies* 35.1（2011）：17－25.

⑥ Richins，Marsha L.，and Scott Dawson. A consumer values orientation for materialism and its measurement：Scale development and validation. *Journal of Consumer Research*19.3（1992）：303－316.

义者通常被认为是自我中心和自私的①，他们将他人视为实现个人目标的工具。研究指出物质主义会降低个体的助人行为，例如有研究发现相较于经过奢侈品商店的路人来说，刚从奢侈品商店走出来的消费者助人意愿更低，而路过奢侈品商店的行人的助人意愿则要显著低于路过普通商店的行人，这是由于奢侈品商店是一种可以激活物质主义的环境线索，即物质主义的激活会降低个体的助人意愿②。还有研究指出物质主义的启动会降低个体的社会卷入，即个体会更少地参加需要合作的高投资社会活动，例如加入学生组织③。关于物质主义和捐赠行为的研究也发现高物质主义者更不愿意给慈善机构进行捐款④⑤。而助人行为的反面就是人际冷漠，也就是说，物质主义很可能会增加社会的人际冷漠。

其次是群体层面，一个与人际冷漠有关的变量是社区认同和社区行为。社区认同是指居民对社区功能状况的认可程度以及居民与社区的情感联结强度，而社区行为包含与邻居间的互动，以及居民对社区活动的参与，如参加社区组织、参与社区问题讨论、参与社区组织的各项活动等⑥。有研究指出，社区认同会增加个体在紧急情况下对社区居民的助人倾向⑦。

人际冷漠有碍于社会和谐，但国内现有关于人际冷漠的调查和研究较少。因此，需要更多的研究来展现当前社会人际冷漠的严重程度，并探索人际冷漠

---

① Van Boven, Leaf, Margaret C. Campbell, and Thomas Gilovich. Stigmatizing materialism: On stereotypes and impressions of materialistic and experiential pursuits. *Personality and Social Psychology Bulletin* 36.4 (2010): 551 -563.

② Lamy, Lubomir, et al. "Wrong place to get help": A field experiment on luxury stores and helping behavior. *Social Influence* 11.2 (2016): 130 -139.

③ Bauer, Monika A., et al. Cuing consumerism: Situational materialism undermines personal and social well-being. *Psychological Science* 23.5 (2012): 517 -523.

④ Bennett, Roger. Factors underlying the inclination to donate to particular types of charity. *International Journal of Nonprofit and Voluntary Sector Marketing* 8.1 (2003): 12 -29.

⑤ Roberts, James A., and Aimee Clement. Materialism and satisfaction with over-all quality of life and eight life domains. *Social Indicators Research* 82.1 (2007): 79 -92.

⑥ 辛自强、凌喜欢：《城市居民的社区认同：概念、测量及相关因素》，《心理研究》2015 年第 5 期。

⑦ Yang, Zhixu, and Ziqiang Xin. Community identity increases urban residents' in-group emergency helping intention. *Journal of Community & Applied Social Psychology* 26.6 (2016): 467 -480.

的成因，为降低人际冷漠的社会政策制定提供参考，以提高社会和谐程度为最终目标。

二　研究方法

（一）调查对象

共调查了2042位在北京工作和生活的居民，最小年龄17岁，最大年龄67岁，平均年龄为31.99±9.87岁，具体人口学变量分布见表1。

从表1可知样本主要集中在城六区，朝阳区最多（426个样本），海淀区次之（369个），远郊区县样本量相对较少，门头沟区最少（19个），平谷区次之（24个），本次调查在地区分布上与北京市统计局发布的2017年北京常住人口总量分布基本一致。在其他如职业和家庭年收入等人口学变量上，本次调查的样本分布与北京市2017年度统计资料所展示的分布比较一致，表明本次调查的样本比较具有代表性。

表1　调查样本的人口学分布

人口学变量	类别	人数	百分比(%)
性别	男	802	39.28
	女	1240	60.72
年龄	17~29岁	955	46.77
	30~39岁	630	30.85
	40~49岁	344	16.85
	50~59岁	94	4.60
	60岁及以上	19	0.93
教育水平	小学及以下	8	0.39
	初中	69	3.38
	高中(技校、职高、中专)	172	8.42
	大专(含在读)	294	14.40
	大学本科(含在读)	1168	57.20
	研究生(含在读)及以上	331	16.21

续表

人口学变量	类别	人数	百分比(%)
家庭年收入（区间均为左闭右开）	小于5万	213	10.43
	5万~10万	519	25.42
	10万~20万	640	31.34
	20万~30万	343	16.80
	30万~40万	146	7.15
	40万~50万	82	4.02
	50万~60万	33	1.62
	60万~70万	16	0.78
	70万~80万	9	0.44
	80万~90万	9	0.44
	90万~100万	7	0.34
	100万以上	25	1.22
家庭所在地	东城区	145	7.10
	西城区	112	5.48
	朝阳区	426	20.86
	海淀区	369	18.07
	丰台区	159	7.79
	石景山区	67	3.28
	房山区	104	5.09
	通州区	140	6.86
	顺义区	92	4.51
	昌平区	178	8.72
	大兴区	87	4.26
	门头沟区	19	0.93
	怀柔区	41	2.01
	平谷区	24	1.18
	密云区	37	1.81
	延庆区	42	2.06
婚姻状况	未婚	855	41.87
	已婚	1152	56.42
	离异	3	0.15
	丧偶	30	1.47
	其他	2	0.10

续表

人口学变量	类别	人数	百分比(%)
职业	国家与社会管理者	122	5.97
	经理人员	192	9.40
	私营企业主	55	2.69
	专业技术人员	619	30.31
	办事人员	242	11.85
	个体工商户	48	2.35
	商业或服务业员工	217	10.63
	产业工人	47	2.30
	农业劳动者	28	1.37
	无业、失业或半失业者	110	5.39
	离、退休人员	31	1.52
	其他	331	16.21
住房情况	租房住	547	26.79
	自建房	134	6.56
	公租房	38	1.86
	经济适用	169	8.28
	商品房	689	33.74
	单位宿舍	137	6.71
	借住父母或他人房	290	14.20
	其他	38	1.86

（二）调查过程及内容

1. 调查过程

首先，查找文献资料，编制调查问卷，并经专家组和课题组成员反复讨论后，确定最终使用问卷。问卷共有62道题目（包含2项情景题），其中人口学变量9道，筛查题2道（用以筛查被调查者是否认真填答）；共涉及7个心理与行为变量，包括人际冷漠倾向、情境助人、独裁者博弈、物质主义、社区认同、社区参与和社会赞许性（控制变量）。然后，通过网络平台“问卷星”发放问卷（https：//www.wjx.cn/jq/29811080.aspx），符合条件的居民在网上填写问卷，作答完毕后提交。问卷回收后，筛除未认真填答的被调查者。

2. 调查内容

（1）基本人口统计学变量

包括性别、年龄、婚姻状况、学历、职业、年收入、住房情况、家庭所在地、主观社会经济地位等方面。

（2）人际冷漠倾向

主要考察北京居民的总体人际冷漠现状。本次调查将从三个角度对北京市居民的人际冷漠现状进行全面考察：人际冷漠问卷、情景助人意向以及独裁者博弈。人际冷漠问卷反映了人们一般人际冷漠的倾向，而情境助人意向和独裁者博弈则是通过助人行为的角度反向考察人际冷漠。情境助人意向反映了具体的助人行为，独裁者博弈反映了一般的助人行为。由于自评量表得分可能会受到社会赞许性的影响，本次调查通过测量社会赞许性并在统计上采用协变量的方法控制这一干扰。社会赞许性量表采用艾森克量表中的测谎（Q）这一分量表。

①人际冷漠问卷：选自国内编制的人际冷漠问卷（刘小豪，2016），共 8 道题目，如“有人需要帮助时，我更希望其他人帮忙而不是自己去帮忙”。采用 5 点计分，1 代表“完全不同意”，5 代表“完全同意”，得分越高，代表个体有越高的人际冷漠。本次调查中人际冷漠问卷的信度良好，内部一致性信度为 0. 822。

②情境助人意向：四道自编的情景题，考察个体在常见的模糊和清晰两种助人情境下的冷漠倾向，每个情境下各两题。模糊情境为“你一人逛街途中，遇到一陌生人躺在地上一动不动，来往行人无一出手相助”；清晰情境为“假设你在回家的路上看见一陌生人倒在路中，满身都是血，像是被车撞伤”。为了排除题目本身的框架效应，本次调查在施测时分别在“帮助”和“忽视”两种正负框架下测量个体的人际冷漠，如“你帮助此人的可能性是多大?”以及“你快步离开的可能性是多大?”。采用 10 点计分，1 表示“非常不可能”，10 表示“非常可能”。对忽视框架下的题目得分进行反向计分后，与帮助框架下的题目得分进行加总，两道题的总分代表个体在模糊或者清晰情景下的助人意向。清晰情境下两道题的内部一致性信度为 0. 713，模糊情境两道题内部一致性信度为 0. 654。

③独裁者博弈：参照以往研究（Cialdini，Brown，Lewis，Luce，& Neuberg，1997）对独裁者博弈进行助人情境故事的改编（丁凤琴，宋有明，

2017），被调查者仍作为独裁者博弈中的分配者，但是将接受者设定为一个经济困难且需要帮助的对象。告知被调查者“陌生人乙家庭经济困难，需要学费和生活费的支援。你现在要和乙玩一个游戏，游戏有分配者和接受者两个角色，分配者有权决定如何分配2000元初始资金，而接受者只能选择同意接受这一方案。分配者可以获得总初始资金减去分配出去的所有剩余金额，而接受者可以获得分配者所分配金额的三倍。例如，如果分配者决定送300元钱给接受者，接受者会得到300×3＝900元，而分配者则会获得2000－300＝1700元。现在，你被系统随机选为分配者，而乙则作为接受者。”被调查者阅读完上述情境后，依次回答下列三个问题：“1. 你愿意分配多少金额给乙？2. 在你的分配方案下，乙会获得多少钱？3. 在你的分配方案下，你会获得多少钱？”。第一题的答案，即被调查者的分配金额作为人际冷漠的指标，金额越大，人际冷漠程度越低；第二题和第三题的答案用于筛除那些未能正确理解这一博弈游戏的被调查者，这一部分被调查者的答案无效。有462名被调查者未通过检验，因此独裁者博弈有效的被调查者为1580人。

（3）北京居民人际冷漠的影响因素

主要从社会和群体两个层面进行考察。

a. 社会层面：考察物质主义价值观对人际冷漠的影响。物质主义价值观量表采用6题版的物质价值观量表（Material Values Scale，MVS；Richins & Dawson，1992），题目有“我喜欢生活中有许多奢侈品”等。采用5点计分的方式，1代表“完全不同意”，5代表“完全同意”，得分越高，代表个体物质主义倾向越强；该量表信度良好：内部一致性信度为0.75。

b. 群体层面：主要考察社区心理对人际冷漠的影响。具体来说，社区心理包括社区认同和社区行为。

其中，社区认同的测量采用辛自强和凌喜欢（2015）编制的社区感认同量表。该量表共计8个项目，包含两个维度：功能认同和情感认同。每个维度4道题，功能认同题目如“我现在居住的社区，生活便利”；情感认同题目如“我觉得这个社区已经成为我生命的一部分”。功能认同是指居民对于社区功能方面的认同，反映居民对自己所住社区在便利程度、管理水平、环境条件以及能否满足家庭需求上的认同程度；情感认同指社区给居民带来的情感体验，考察居民是否在意别人对自己所在社区的看法、自己对社区是否具有特殊的情感、社区是否成为自己生命中重要的一部分以及社区是否能够带来家一样的感觉。该量表共计 8 个项目，采用 6 点计分，1 代表“完全不符合”，6 代表“完全符合”。得分越高表示个体的社区认同程度越高。社区认同总量表信度良好，内部一致性系数为 0.857，情感认同和功能认同这两个维度的内部一致性系数分别为 0.844 和 0.837。

社区行为的测量采用辛自强和凌喜欢（2015）的社区参与问卷，该问卷可以衡量社区居民在日常生活中和邻里之间的互动，以及参与社区活动的情况。该调查问卷共 10 个描述项目，前四题测量邻里互动，如“你请小区里的邻居帮过忙吗?”；后六题测量社区参与，如“你参与过社区居民自发组织的集体活动吗?”。被调查者评价最近一年里自己在邻里关系和社区参与方面的行为频率，3 点计分，1 表示“没有”，2 表示“偶尔”，3 表示“经常”。得分越高代表个体社区参与和邻里互动的频率越高。社区参与总量表信度良好，内部一致性系数为 0.851，邻里互动和社区参与这两个维度上的内部一致性系数分别为 0.709 和 0.838。

三　北京居民人际冷漠现状

（一）北京居民人际冷漠的总体状况

首先，在人际冷漠认知得分上，北京居民人际冷漠认知平均分为 18.52（$SD=5.37$，95% CI =［18.28，18.75］），显著低于量表中间值 24，t（2041）= −46.10，$p<0.001$，表明在认知上，北京居民人际冷漠程度较低。

其次，在助人倾向上，在模糊情境下个体的助人倾向得分为 12.74（$SD=4.17$，95% CI =［12.56，12.92］），显著高于量表中间值 11，t（2041）= 18.86，$p<0.001$；在清晰情境下个体的助人倾向得分为 14.58（$SD=4.28$，95% CI =［14.39，14.76］），显著高于量表中间值 11，t（2041）= 18.86，$p<0.001$；配对样本 t 检验结果表明，清晰情境下的助人倾向显著高于模糊情境下个体的助人倾向，t（2042）= 21.50，$p<0.001$。结果表明北京居民助人倾向较高，且清晰情境有助于提高个体的助人行为。

最后，在独裁者博弈中，北京居民平均给需要帮助的接受者分配了

949.02 元（$SD = 567.10$，95% CI = [921.03，977.00]）。根据95%置信区间的结果，北京居民分配金额显著高于900元，t（1579） = 3.44，$p = 0.001$，但显著低于1000元（即分配一半给需要帮助的个体），t（1579） = −3.57，$p < 0.001$。结果表明，当助人与居民的经济利益相关联时，个体的助人水平并未如自评结果一样显著高于中间值，但也仍处于中等水平。

三个测量方式的相关系数见表2，从表2中可知，自评问卷的结果之间相关性更高，但自评问卷与实际利益有关的行为倾向相关性相对较低。

上述结果表明，总体上北京居民的人际冷漠程度较低，助人倾向较高，但当涉及自身经济利益时，助人倾向有所下降。

表2　三种人际冷漠测量方式的相关系数

	1	2	3	4
1. 人际冷漠认知	—			
2. 清晰情境助人	−0.36***	—		
3. 模糊情境助人	−0.40***	0.58***	—	
4. 独裁者博弈	−0.18***	0.17***	0.14***	—
均值	18.52	14.58	12.74	949.02
标准差	5.37	4.28	4.17	567.10
样本量	2042	2042	2042	1580

注：* $p < 0.05$，** $p < 0.01$，*** $p < 0.001$，下同。

（二）各群体的人际冷漠现状

本次调查主要分析不同性别、年龄、家庭年收入、教育水平、职业和住房情况的群体的人际冷漠现状，以及不同群体之间的人际冷漠是否存在差异。其中。家庭年收入、教育水平、职业和住房情况构成了社会经济地位（Zhu & Xie，2007）。描述性统计见表4。

1. 人际冷漠的性别差异

首先，将男女居民各自得分与量表中间值进行比较，考察各自的人际冷漠程度。单样本t检验结果表明，男性的人际冷漠程度较低：人际冷漠认知得分显著低于中间值，清晰和模糊情境下助人倾向均显著高于中间值，$ps < 0.001$；在

独裁者博弈中，分配金额显著高于 900 元，$p<0.001$，与 1000 元没有显著差异，$p>0.05$。女性的人际冷漠程度也较低：人际冷漠认知得分显著低于中间值，清晰和模糊情境下助人倾向均显著高于中间值，$ps<0.001$；但在独裁者博弈中，分配金额显著低于 1000 元，$p<0.001$，与 900 元没有显著差异，$p>0.05$。

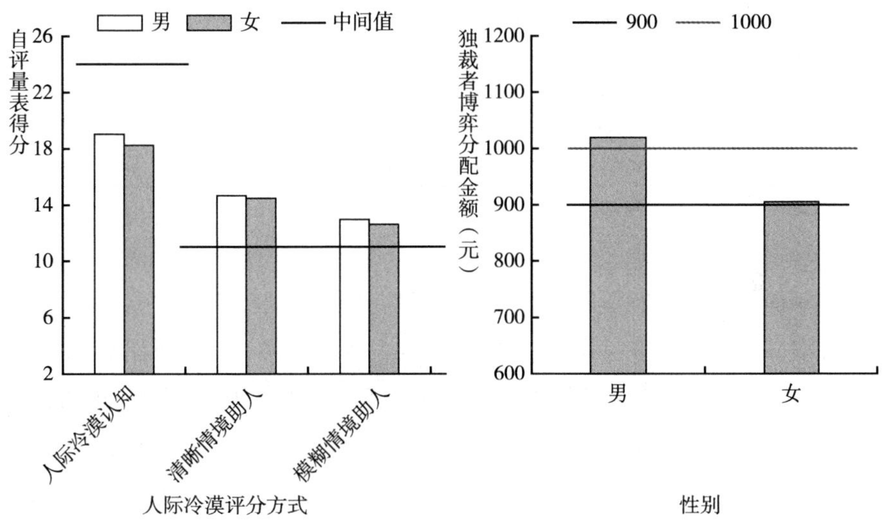

图 1　不同性别的人际冷漠倾向

其次，比较男性居民与女性居民的人际冷漠是否存在差异。如图 1 所示，在助人倾向上，无论是模糊情境还是清晰情境，男女居民的助人倾向均没有显著差异，$F_1(1, 2040)=0.41$，$F_2(1, 2040)=3.00$，$ps>0.05$。但是在人际冷漠认知得分上，男性居民显著高于女性，$F(1, 2040)=12.64$，$p<0.001$，而在独裁者博弈中，男性居民却比女性居民向需要帮助者分配了更大数额的金钱，$F(1, 1578)=15.66$，$p<0.001$。各性别的人际冷漠倾向见图 1。

上述结果说明，在认知上，女性的人际冷漠倾向更低，但是在涉及金钱利益的助人行为上，男性却表现出了更高的助人倾向，即认知和行为结果出现了部分分离。

2. 人际冷漠的年龄差异

将年龄作为连续变量，分析年龄与人际冷漠的关系，结果发现，除模糊情境助人外，年龄与其他三种人际冷漠评分均无显著相关，$ps>0.05$，而与模糊情境助人的相关系数虽然显著，但也小于 0.1。相关系数见表 3。

表 3　年龄与人际冷漠的相关系数

	1	2	3	4	5
1. 年龄	—				
2. 人际冷漠认知	-0.01	—			
3. 清晰情境助人	-0.05	-0.36 ***	—		
4. 模糊情境助人	0.06 *	-0.40 ***	0.58 ***	—	
5. 独裁者博弈	-0.03	-0.18 ***	0.17 ***	0.14 ***	—
均值	31.99	18.52	14.58	12.74	949.02
标准差	9.87	5.37	4.28	4.17	567.10
样本量	2042	2042	2042	1580	2042

注：* $p<0.05$，** $p<0.01$，*** $p<0.001$，下同。

将年龄按照 17～29 岁、30～39 岁、40～49 岁、50～59 岁、60 岁及以上进行分组，首先分析各年龄群体的居民各自的人际冷漠程度。单样本 t 检验结果表明，在自评量表上，各年龄组的人际冷漠问卷得分均显著低于中间值，清晰情境下助人倾向均显著高于中间值，$ps<0.001$；60 岁及以上居民在模糊情境下的助人行为与中间值没有显著差异，$p>0.05$。在独裁者博弈的分配金额上，30～49 岁的居民显著高于 900 元，$p<0.001$，与 1000 元没有显著差异，$p>0.05$；17～29 岁、50～59 岁及 60 岁及以上的与 900 元没有显著差异，$p>0.05$。结果表明，30～49 岁居民的人际冷漠倾向较低，另外两个年龄组的人际冷漠程度中等，可能需要改善。

其次，分析各年龄群体间人际冷漠的差异。方差分析结果表明，各年龄群体在清晰情境下的助人倾向没有显著差异，$F(4, 2037)=1.20$，$p>0.05$，但是在人际冷漠认知、清晰情境助人倾向和独裁者博弈分配金额上却有显著的区别，$F_1(4, 2037)=4.05$，$F_2(4, 2037)=5.06$，$F_3(4, 1575)=2.50$，$ps<0.05$。具体来说，事后 LSD 检验结果表明，40～49 群体的人际冷漠程度最低，其人际冷漠认知和模糊情境下助人倾向均显著高于 17～39 岁的群体，独裁者博弈中分配给需要帮助者的金额也显著高于 17～29 岁和 50～59 岁的群体。而 17～29 岁群体的人际冷漠程度较高，具体体现为在认知上有更高的人际冷漠水平，在模糊情境下也更不愿意帮助他人，也更不愿意花费更多的钱去帮助他人。人际冷漠随年龄变化趋势见图 2。

值得注意的是，17～29岁这一年龄群恰恰是社会的青年一代，他们在逐渐成为社会发展的中坚力量，因此这部分人的人际冷漠格外需要关注。

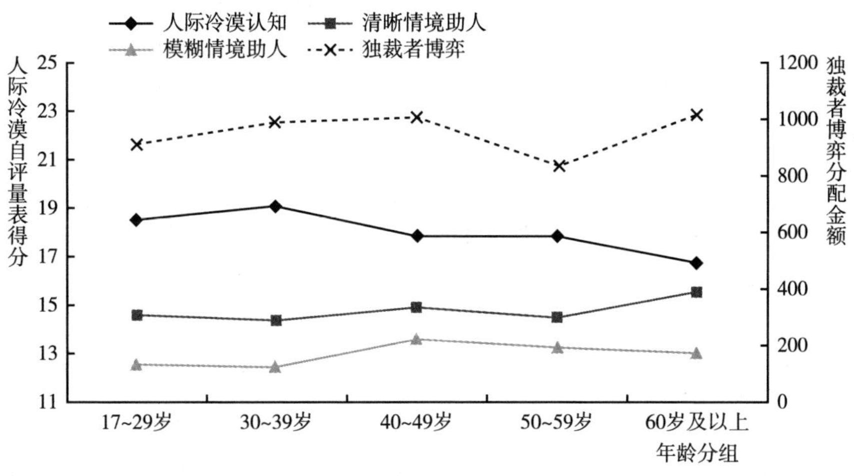

图2　居民人际冷漠随年龄变化趋势

3. 不同社会经济地位居民的人际冷漠差异

（1）客观社会经济地位

如前文所述，客观社会经济地位由家庭年收入、教育水平、职业和住房条件构成，下面将依次分析这四个变量对人际冷漠的影响。

①家庭年收入

首先，将不同收入群体的得分与量表中间值进行比较，考察各自的人际冷漠程度。在自评量表中，各收入区间的人际冷漠认知均显著低于中间值。但在情境助人倾向上，家庭年收入在70万元以下的居民和在90万元以上的居民人际冷漠认知均显著低于中间值，清晰和模糊情境下助人倾向均显著高于中间值，$ps < 0.001$；家庭年收入在70万～80万元的居民清晰情境下助人倾向显著高于中间值，$p < 0.05$，但模糊情境下助人倾向与中间值没有显著差异，$p > 0.05$；家庭年收入在80万～90万元的居民在清晰和模糊情境下助人倾向均与中间值没有显著差异，$ps > 0.05$。在独裁者博弈中，除家庭年收入在30万～40万元和90万～100万元的居民外，其余收入区间的居民分配给需要帮助者的金额均与900元没有显著差异；家庭年收入在30万～40万元的居民分配金额显著高于900元。

其次，比较各收入群体的人际冷漠差异。方差分析结果表明，各收入群的人际冷漠认知和两种情境下的助人倾向均没有显著差异，F_1（11，2030）=1.23，F_2（11，2030）=1.41，F_3（11，2030）=1.59，$ps > 0.05$。但是收入对居民在独裁者博弈中分配给需要帮助个体的金额却有显著影响，F（11，1568）=2.86，$p < 0.01$。家庭年收入在90万~100万元的居民分配金额最高，显著高于家庭年收入在60万元以下的居民，家庭年收入在5万~10万元的居民分配金额最低，显著低于家庭年收入在10万元以上的居民。人际冷漠随家庭年收入的变化趋势见图3。

但是需要特别说明的是，虽然低收入者并未捐赠更多金钱，但是并不意味着他们就有更高的人际冷漠程度。因为对收入不同的群体来说，金钱所代表的意义可能不同。比如对于年收入在6万元的家庭来说，2000块钱相当于家庭月收入的约三分之一，但是对于年收入在百万元的家庭来说，2000块钱仅占月收入的约四十分之一。因此，在考察收入对人际冷漠的影响时，也要结合其他自评量表综合比较分析。

综合两个分析的结果，收入对人际冷漠的影响可能不是线性的，较低收入者更少通过捐赠金钱等方式帮助他人；而收入较高的居民人际冷漠程度并不稳定，他们更可能通过捐钱的方式帮助他人，但是在模糊情境下也可能表现出更高的冷漠。

②教育水平

首先，将不同教育水平群体的得分与中间值进行比较，考察各自的人际冷漠程度。在自评量表中，小学及以下的居民的人际冷漠认知和清晰情境下助人与中间值没有显著差异，模糊情境下助人显著高于中间值；其余学历的居民人际冷漠认知均显著低于中间值，清晰与模糊情境下助人均显著高于中间值，$ps < 0.001$。在独裁者博弈中，由于这一测量工具可能要求受试者有一定阅读能力和数学计算能力，小学及以下的居民均只有一人正确理解材料，故无法进行差异检验。大学本科以上学历的居民分配金额均显著高于900元。

其次，比较人际冷漠在教育水平上的差异。方差分析结果表明，不同教育水平的居民的人际冷漠认知和独裁者博弈中的分配金额均没有显著差异，F_1

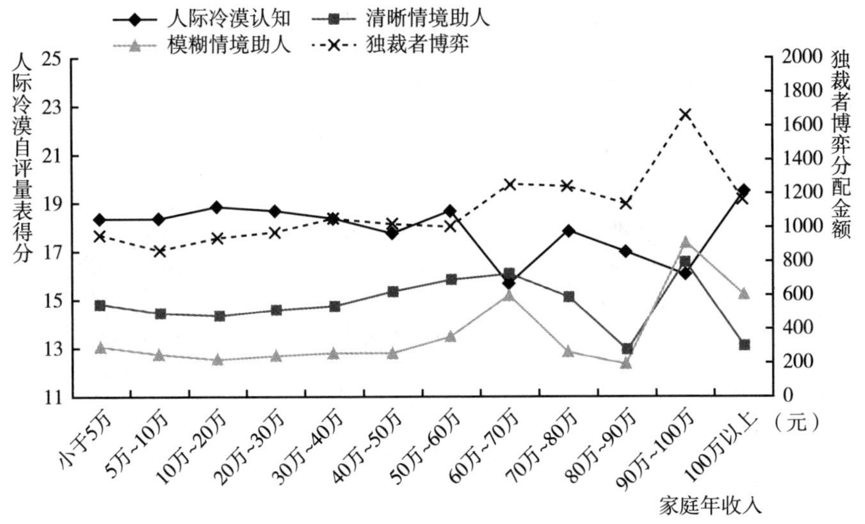

图3　人际冷漠随收入变化趋势

（5，2036）=1.04，F_2（5，1574）=2.04，$ps>0.05$。但是教育水平对居民的情境助人倾向却有显著影响，F_1（5，2036）=4.15，F_2（5，2036）=2.45，$ps<0.05$。事后检验结果表明，在清晰情境下，研究生及以上学历的居民其助人倾向显著高于大专和大学本科学历的居民，$ps<0.05$；但在模糊情境下，大学本科的居民助人倾向最低，显著低于小学学历、初中学历、高中学历和大专学历的居民；小学学历的居民助人倾向最高，显著高于除高中学历外其他学历的群体，$ps<0.05$。各教育水平的人际冷漠倾向见图4。

综合上述两个分析的结果，高教育水平的居民更多通过捐钱的方式或者是在清晰的情境下来帮助他人；在模糊的情境下，他们表现出了更高的人际冷漠程度。

③职业

首先，将不同职业居民的得分与中间值进行比较，考察各自的人际冷漠程度。各职业居民的人际冷漠得分均显著低于中间值，清晰和模糊情境下助人倾向均显著高于中间值，$ps<0.001$。在独裁者博弈中，除经理人员和无业或失业者的分配金额显著高于900元外，其余职业的分配金额均与900元没有显著差异。

其次，比较不同职业居民的人际冷漠。结果表明，各职业的居民在独裁者博弈的分配金额中没有显著差异，F_1（10，1303）=1.09，$p>0.05$。人际

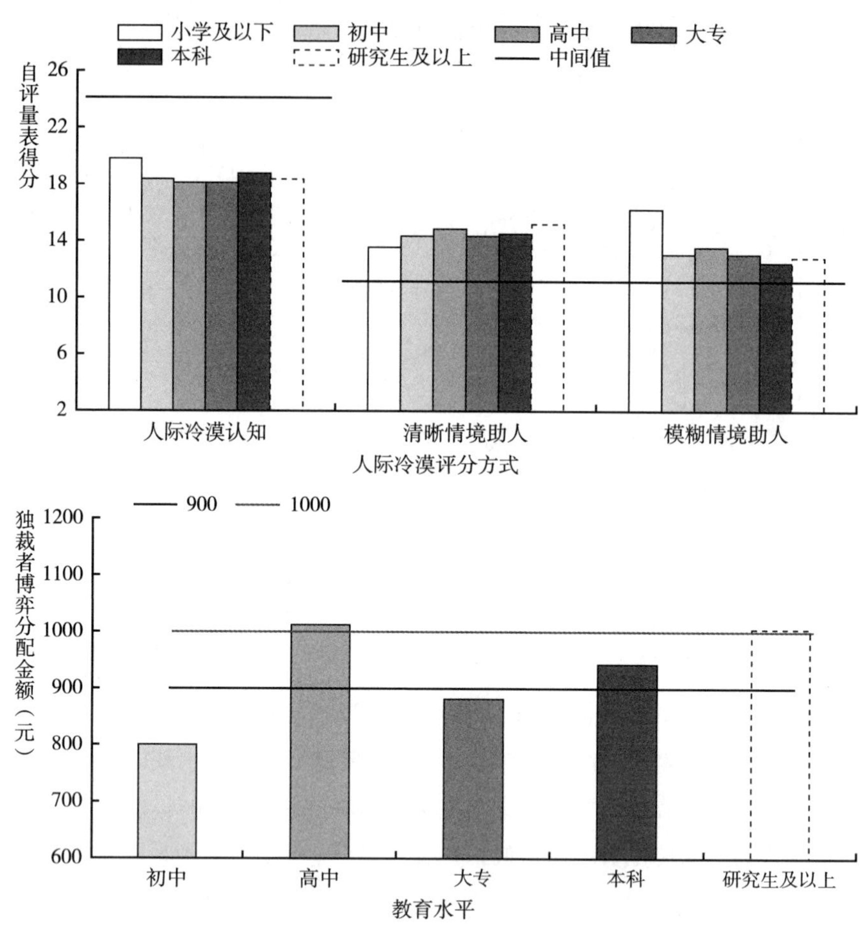

图4　各教育水平下的居民人际冷漠倾向

冷漠认知和清晰/模糊两种情境下的助人倾向均存在显著差异，F_1（10，1700）=2.02，F_2（10，1700）=2.00，F_3（10，1700）=2.45，$ps<0.05$。事后检验结果表明，专业技术人员的人际冷漠认知最高，显著高于经理人员、个体工商户和无业或失业者，$ps<0.05$；无业或失业者在模糊情境下助人倾向最低，显著低于社会管理者、经理人员、商业或服务业员工、个体工商户以及农业劳动者，$ps<0.05$；而在清晰情境下，无业或失业者表现出了更高的助人倾向，显著高于社会管理者、私营企业主、专业技术人员、办事人员、商业或服务业员工，以及产业工人等，$ps<0.05$。各职业居民的人际冷漠倾向见图5。

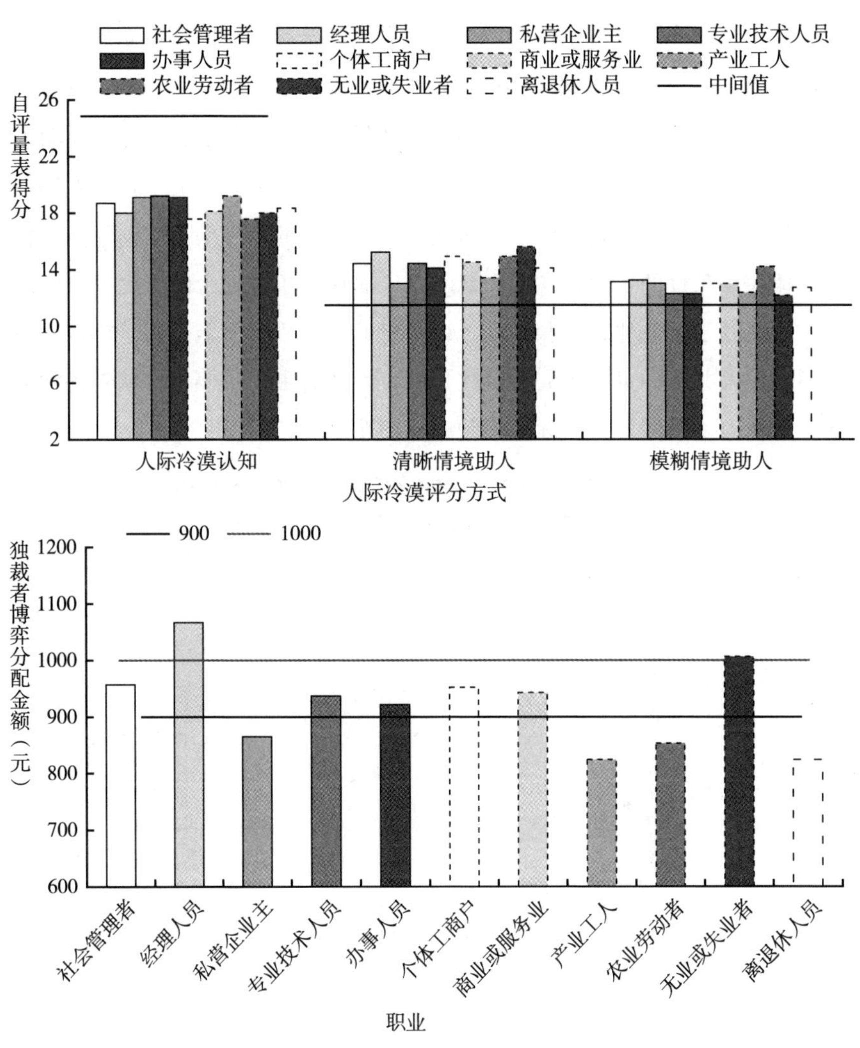

图5　不同职业居民的人际冷漠倾向

④住房条件

首先，将不同住房条件的居民的得分与中间值进行比较，考察各自的人际冷漠程度。各住房条件的居民人际冷漠得分均显著低于中间值，清晰和模糊情境下助人倾向均显著高于中间值，$ps < 0.001$。在独裁者博弈中，除住在商品房和单位宿舍的居民分配金额显著高于900元外，其他均与900元没有显著差异。

其次，比较不同住房条件的居民人际冷漠的差异。不同住房条件的居民人际冷漠认知和独裁者博弈中的分配金额均没有显著差异，F_1（6，1997）=1.86，F_2（6，1545）=1.53，$ps>0.05$。但是住房条件对居民的情境助人倾向有显著影响，F_1（6，1997）=3.22，F_2（6，1997）=2.73，$ps<0.05$。事后检验结果表明，在清晰情境下，居住在单位宿舍的居民助人倾向最高，显著高于其他住房条件的居民；在模糊情境下，居住在单位宿舍的居民助人倾向也较高，显著高于借助他人房和住经济适用房的居民。这可能是由于单位宿舍一般需要与他人共居一室，更需要彼此帮助，因此有更大的概率接触到各种助人情境。各住房条件居民的人际冷漠倾向见图6。

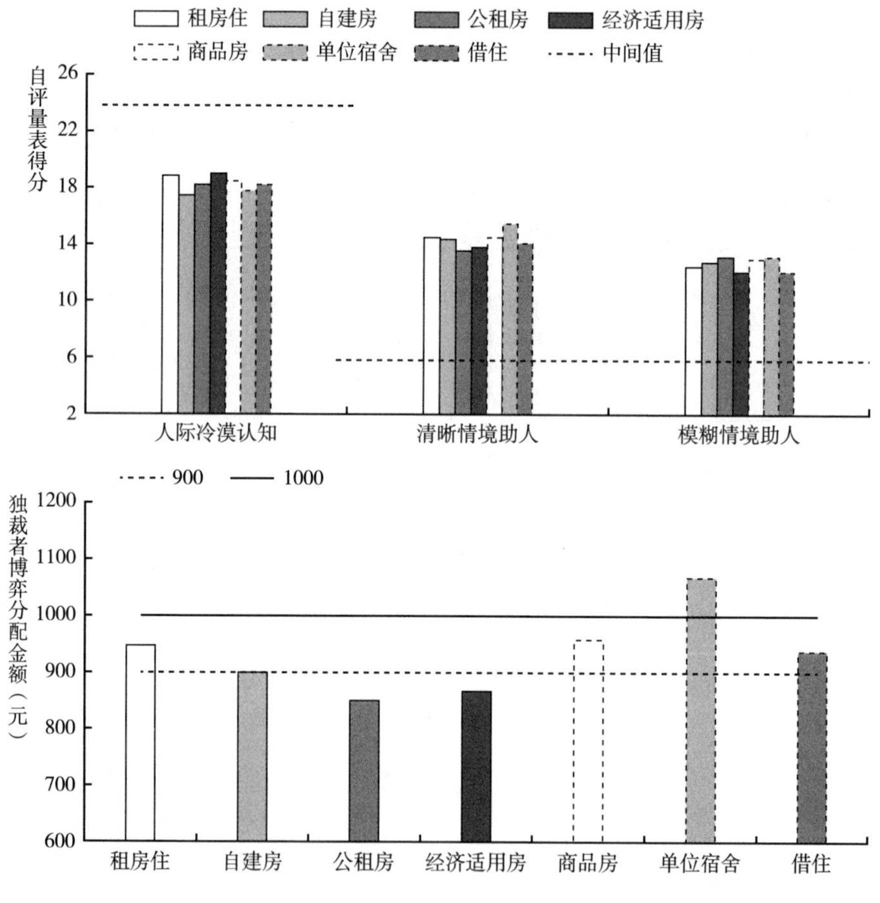

图6　各住房条件下的人际冷漠倾向

表 4　各群体的人际冷漠现状

		人际冷漠(中间值 24) $N=2042$		清晰情境助人(中间值 11) $N=2042$		模糊情境助人(中间值 11) $N=2042$		独裁者博弈 $N=1580$	
		$M \pm SD$	95% CI	$M \pm SD$	95% CI	$M \pm SD$	95% CI	$M \pm SD$	95% CI
性别	男	19.04 ±5.65	[18.65,19.43]	14.65 ±4.23	[14.36,14.95]	12.94 ±4.11	[12.65,13.22]	1018.59 ±602.00	[971.26,1065.91]
	女	18.18 ±5.16	[17.89,18.47]	14.53 ±4.31	[14.29,14.77]	12.61 ±4.20	[12.38,12.84]	903.61 ±538.60	[869.42,937.79]
年龄	17~29 岁	18.50 ±5.29	[18.16,18.83]	14.58 ±4.48	[14.30,14.87]	12.54 ±4.18	[12.28,12.81]	915.25 ±532.10	[878.20,952.29]
	30~39 岁	19.08 ±5.62	[18.64,19.52]	14.37 ±4.24	[14.03,14.70]	12.49 ±4.22	[12.16,12.82]	989.06 ±605.85	[934.72,1043.40]
	40~49 岁	17.82 ±5.07	[17.29,18.36]	14.93 ±3.86	[14.52,15.34]	13.58 ±4.02	[13.15,14.01]	1005.87 ±593.49	[929.60,1082.15]
	50~59 岁	17.88 ±5.41	[16.78,18.99]	14.49 ±3.95	[13.68,15.30]	13.28 ±3.73	[12.51,14.04]	838.98 ±527.20	[701.59,976.37]
	60 岁及以上	16.74 ±4.56	[14.54,18.93]	15.53 ±3.67	[13.76,17.30]	13.00 ±4.69	[10.74,15.26]	1018.18 ±737.32	[522.85,1513.52]
职业	社会管理者	18.71 ±5.55	[17.72,19.71]	14.41 ±4.34	[13.63,15.19]	13.15 ±4.22	[12.39,13.90]	959.00 ±581.55	[843.61,1074.39]
	经理人员	18.04 ±5.87	[17.21,18.88]	15.28 ±3.98	[14.71,15.84]	13.28 ±4.36	[12.66,13.90]	1064.29 ±630.76	[958.89,1169.69]
	私营企业主	19.11 ±6.16	[17.44,20.77]	13.13 ±4.44	[11.93,14.33]	13.09 ±3.77	[12.07,14.11]	864.10 ±542.16	[688.35,1039.85]
	专业技术人员	19.26 ±5.12	[18.86,19.67]	14.43 ±4.23	[14.09,14.76]	12.33 ±4.17	[12.00,12.66]	936.28 ±568.96	[886.44,986.12]
	办事人员	19.09 ±5.58	[18.38,19.79]	14.12 ±4.54	[13.55,14.70]	12.31 ±4.14	[11.79,12.83]	919.85 ±553.82	[841.42,998.27]
	个体工商户	17.60 ±4.65	[16.25,18.96]	14.94 ±3.64	[13.88,15.99]	13.00 ±3.70	[11.93,14.07]	951.61 ±646.98	[714.30,1188.93]
	商业或服务业	18.08 ±5.40	[17.36,18.8]	14.53 ±4.40	[13.95,15.12]	13.05 ±4.02	[12.51,13.59]	942.17 ±563.91	[855.75,1028.59]
	产业工人	19.30 ±4.91	[17.86,20.74]	13.55 ±4.27	[12.30,14.81]	12.43 ±4.08	[11.23,13.62]	824.32 ±449.94	[674.31,974.34]
	农业劳动者	17.54 ±4.45	[15.81,19.26]	15.00 ±4.05	[13.43,16.57]	14.21 ±3.99	[12.67,15.76]	854.55 ±403.39	[583.54,1125.55]
	无业或失业者	17.99 ±5.21	[17.01,18.97]	15.57 ±3.81	[14.85,16.29]	12.20 ±4.31	[11.38,13.02]	1005.26 ±590.34	[870.36,1140.16]
	离退休人员	18.35 ±5.15	[16.47,20.24]	14.19 ±4.26	[12.63,15.76]	12.81 ±4.18	[11.27,14.34]	823.53 ±599.51	[515.29,1131.77]
	其他	17.40 ±5.25	[16.83,17.96]	14.89 ±4.36	[14.41,15.36]	13.15 ±4.16	[12.70,13.60]	959.59 ±538.01	[894.64,1024.54]

续表

		人际冷漠（中间值 24） $N=2042$		清晰情境助人（中间值 11） $N=2042$		模糊情境助人（中间值 11） $N=2042$		独裁者博弈 $N=1580$	
		$M \pm SD$	95% CI	$M \pm SD$	95% CI	$M \pm SD$	95% CI	$M \pm SD$	95% CI
教育水平	小学及以下	19.75 ±11.79	[9.89,29.61]	13.63 ±6.00	[8.61,18.64]	16.25 ±4.03	[12.88,19.62]	—	—
	初中	18.29 ±5.82	[16.89,19.69]	14.41 ±4.03	[13.44,15.37]	13.03 ±4.32	[11.99,14.07]	800.00 ±485.80	[635.63,964.37]
	高中	18.18 ±5.45	[17.36,19.00]	14.84 ±4.24	[14.2,15.48]	13.61 ±3.61	[13.07,14.15]	1013.86 ±603.66	[894.69,1133.03]
	大专	18.05 ±5.10	[17.47,18.64]	14.32 ±4.11	[13.84,14.79]	13.00 ±3.96	[12.54,13.45]	884.34 ±531.32	[812.41,956.27]
	本科	18.72 ±5.37	[18.41,19.03]	14.43 ±4.36	[14.18,14.68]	12.46 ±4.19	[12.22,12.70]	944.62 ±557.13	[909.03,980.20]
	研究生及以上	18.41 ±5.26	[17.84,18.98]	15.27 ±4.10	[14.82,15.71]	12.91 ±4.39	[12.44,13.38]	1008.57 ±614.39	[937.06,1080.08]
住房情况	租房住	18.90 ±5.37	[18.45,19.35]	14.64 ±4.37	[14.27,15.01]	12.61 ±4.08	[12.27,12.95]	945.86 ±575.76	[892.34,999.38]
	自建房	17.55 ±6.02	[16.52,18.58]	14.51 ±3.94	[13.84,15.19]	12.94 ±4.41	[12.19,13.69]	896.43 ±548.92	[777.31,1015.55]
	公租房	18.34 ±6.68	[16.15,20.54]	13.66 ±5.41	[11.88,15.44]	13.21 ±4.88	[11.61,14.81]	848.15 ±597.02	[611.97,1084.32]
	经济适用房	19.02 ±5.44	[18.19,19.84]	13.86 ±4.59	[13.17,14.56]	12.15 ±4.33	[11.50,12.81]	865.32 ±529.00	[771.29,959.36]
	商品房	18.54 ±5.29	[18.15,18.94]	14.67 ±4.08	[14.37,14.98]	13.09 ±4.03	[12.79,13.40]	958.87 ±582.94	[908.74,1008.99]
	单位宿舍	17.84 ±5.10	[16.98,18.70]	15.55 ±3.96	[14.89,16.22]	13.25 ±4.18	[12.54,13.95]	1065.6 ±570.44	[957.29,1173.90]
	借住	18.33 ±5.19	[17.73,18.93]	14.20 ±4.48	[13.68,14.72]	12.07 ±4.26	[11.58,12.56]	939.33 ±523.58	[872.61,1006.05]
	其他	17.76 ±4.65	[16.24,19.29]	15.66 ±3.75	[14.43,16.89]	12.87 ±3.99	[11.56,14.18]	1070.36 ±623.02	[828.77,1311.94]

续表

		人际冷漠（中间值 24） $N = 2042$		清晰情境助人（中间值 11） $N = 2042$		模糊情境助人（中间值 11） $N = 2042$		独裁者博弈 $N = 1580$	
		$M \pm SD$	95% CI	$M \pm SD$	95% CI	$M \pm SD$	95% CI	$M \pm SD$	95% CI
家庭年收入	小于 5 万元	18.33 ±5.80	[17.54,19.11]	14.83 ±4.28	[14.25,15.40]	13.02 ±4.35	[12.44,13.61]	943.38 ±564.76	[846.51,1040.25]
	5 万～10 万元	18.37 ±5.40	[17.90,18.84]	14.42 ±4.30	[14.05,14.79]	12.73 ±4.28	[12.36,13.10]	864.59 ±500.31	[815.04,914.15]
	10 万～20 万元	18.87 ±5.28	[18.46,19.28]	14.34 ±4.40	[14.00,14.68]	12.51 ±4.04	[12.20,12.82]	941.23 ±550.27	[893.07,989.38]
	20 万～30 万元	18.64 ±5.08	[18.10,19.18]	14.59 ±4.12	[14.16,15.03]	12.69 ±3.93	[12.27,13.11]	966.01 ±583.61	[897.48,1034.55]
	30 万～40 万元	18.34 ±5.58	[17.42,19.25]	14.77 ±4.28	[14.07,15.47]	12.79 ±4.35	[12.08,13.51]	1051.28 ±643.22	[933.50,1169.06]
	40 万～50 万元	17.68 ±5.24	[16.53,18.83]	15.35 ±4.12	[14.45,16.26]	12.78 ±4.62	[11.77,13.80]	1012.11 ±649.60	[852.42,1171.80]
	50 万～60 万元	18.70 ±6.38	[16.44,20.96]	15.85 ±3.60	[14.57,17.12]	13.42 ±3.66	[12.13,14.72]	1003.33 ±695.05	[743.80,1262.87]
	60 万～70 万元	15.63 ±5.64	[12.62,18.63]	16.06 ±5.32	[13.23,18.90]	15.19 ±4.93	[12.56,17.81]	1253.85 ±609.12	[885.76,1621.93]
	70 万～80 万元	17.89 ±3.55	[15.16,20.62]	15.11 ±3.22	[12.64,17.59]	12.78 ±3.87	[9.81,15.75]	1242.86 ±382.35	[889.24,1596.47]
	80 万～90 万元	17.00 ±3.94	[13.97,20.03]	12.33 ±5.00	[8.49,16.18]	12.89 ±4.31	[9.57,16.20]	1133.33 ±600.00	[672.13,1594.53]
	90 万～100 万元	16.00 ±5.83	[10.61,21.39]	17.43 ±3.05	[14.61,20.25]	16.57 ±2.88	[13.91,19.23]	1660.00 ±421.90	[1136.14,2183.86]
	100 万元以上	19.44 ±5.29	[17.26,21.62]	15.20 ±3.07	[13.93,16.47]	13.00 ±3.93	[11.38,14.62]	1147.62 ±752.74	[804.98,1490.26]

综合四个客观经济地位指标可以发现，在不同的人际冷漠指标上，客观社会经济地位展现了不同的影响。概括来说，高社会经济地位的个体更可能通过捐款的方式帮助他人，但是在模糊的助人情境下，他们也展现了更高的冷漠倾向。这可能是由于他们更加厌恶助人的风险，或是助人风险带来的损失更大，因此在模糊情境下会感知到助人的更高风险，表现出了更低的助人倾向。上述结果指出在探讨人际冷漠问题中，需要多角度测量人际冷漠，仅通过一个指标来反映人际冷漠可能会带来片面的结果，掩蔽需要关注的问题；另外，在面对人际冷漠问题时，针对不同群体的人需要有不同的关注点，比如降低助人情境的模糊性或者保障助人者的利益，更可能增加高社会阶层者的助人行为。

（2）主观社会经济地位

对主观社会经济地位通过一道题目考察，题目为“在我们的社会里，有些人处在社会的上层，有些人处在社会的下层，如图所示，从上往下看梯子，10 分代表最顶层，1 分代表最底层。您认为您自己目前在哪个等级上?”

居民的主观社会经济地位仅与模糊情境下助人行为有微弱的相关性，$r = 0.06$，$p < 0.01$。与人际冷漠认知（$r = -0.02$）、清晰情境下助人行为（$r = 0.01$）和独裁者博弈中的分配金额（$r = -0.01$）的相关性均不显著，$ps > 0.05$。人际冷漠与主观社会经济地位的关系见图 7。

四　预测人际冷漠的社会和群体因素

（一）预测人际冷漠的社会因素：物质主义价值观

北京居民的物质主义价值观显著高于量表中间值 18，$t(2041) = 22.64$，$p < 0.001$，说明北京居民的物质主义水平较高。物质主义与居民人际冷漠的相关系数见表 5。

如表 5 所示，物质主义与人际冷漠认知、模糊情境助人和独裁者博弈中的分配金额均有关联，但与清晰情境下助人并无显著关联。为了更清晰地展现物质主义与人际冷漠的关系，分别以人际冷漠认知、模糊情境下助人行为和独裁者博弈中的分配金额为因变量，以性别、年龄、家庭年收入和社会赞许性为控

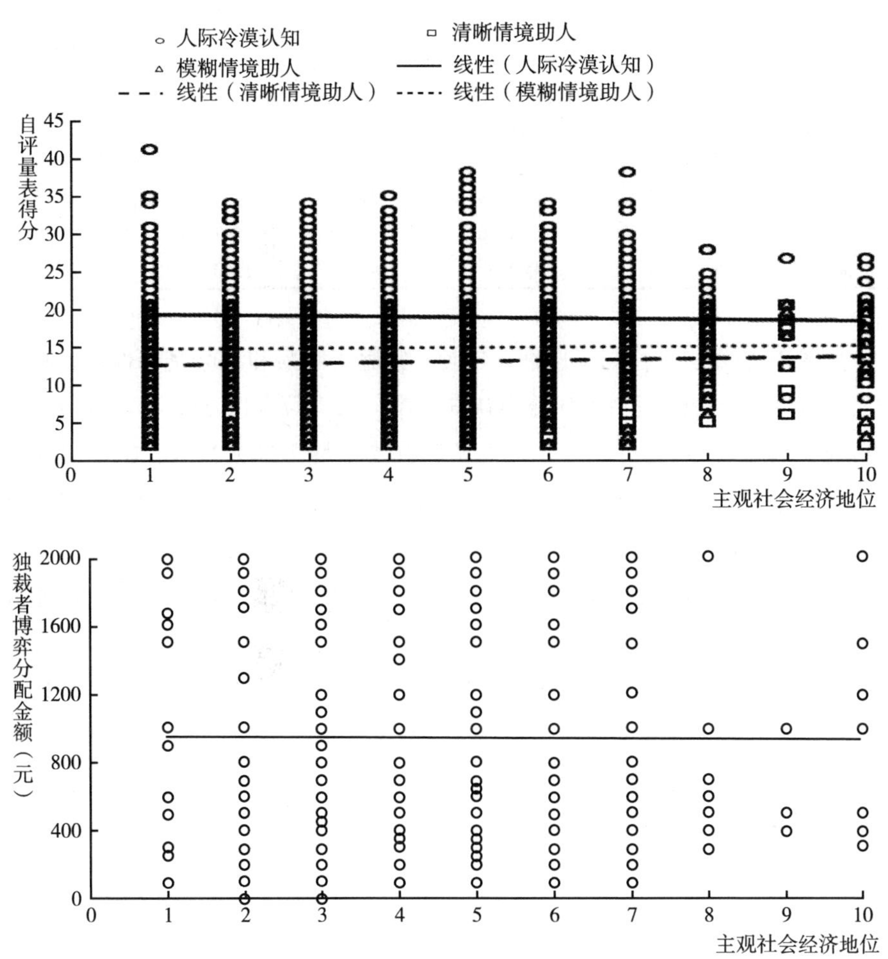

图7　主观社会经济地位与人际冷漠的关系

制变量，探讨物质主义对这三种人际冷漠的预测作用（见表6）。对物质主义以及三类人际冷漠进行标准化，以减少共线性。

表5　物质主义与人际冷漠的相关系数

	1	2	3	4	5
1. 人际冷漠认知	—				
2. 清晰情境助人	-0.36***	—			
3. 模糊情境助人	-0.40***	0.58***	—		

续表

	1	2	3	4	5
4. 独裁者博弈	-0.18***	0.17***	0.14***	—	
5. 物质主义	0.27***	-0.04	-0.09***	-0.09***	—
均值	18.52	14.58	12.74	949.02	20.15
标准差	5.37	4.28	4.17	567.10	4.30
样本量	2042	2042	2042	1580	2042

如图8a所示，在控制了性别、年龄、家庭年收入和社会赞许性后，物质主义仍可以显著正向预测人际冷漠认知，$\beta=0.27$，$t=12.31$，$p<0.001$，调整后的$R^2=0.084$；也可以显著负向预测模糊情境下助人行为，$\beta=-0.07$，$t=-2.96$，$p<0.001$，调整后的$R^2=0.028$，如图8b；也可以显著负向预测分配给需要帮助者的金额，$\beta=-0.10$，$t=-3.91$，$p<0.001$，如图8c。

分析结果说明，物质主义越高，个体的人际冷漠水平就越高，具体体现在：认为他人更不值得帮助，也更不愿意帮助他人，在模糊情境下也更不可能做出助人行为，也更不愿意捐钱给需要帮助者。从表6中的标准化回归系数可知，物质主义对人际冷漠的预测作用主要体现在人际冷漠认知上，即更看重物质幸福和成功的个体表现出了对他人更多的漠视，这与以往物质主义的研究结果一致。以往研究发现高物质主义者更不愿意给慈善机构捐款（Bennett，2003；Roberts & Clement，2007），且在模糊情境下会有更少的助人行为（Lamy，Guéguen，Fischer-Lokou，& Guegan，2016）。

（二）预测人际冷漠的社会因素：社区心理

社区心理包括社区认同和社区行为，其中社区认同又可分为情感认同和功能认同，社区行为又可分为社区参与和邻里互动。下面将依次分析这两个社区变量对人际冷漠的预测作用。

1. 社区认同

北京居民的社区认同显著高于量表中间值28，t（2041）$=11.88$，$p<0.001$；其中，功能认同维度得分显著高于量表中间值14，t（2041）$=24.36$，$p<0.001$，但是情感认同得分与量表中间值14没有显著差异，t（2041）$=-1.89$，$p>0.05$，说明北京居民的社区认同较高，对社区的认同主要来自对

表 6　物质主义对人际冷漠的预测作用

	人际冷漠认知（$N=2042$）		模糊情境助人倾向（$N=2042$）		独裁者博弈分配金额（$N=1580$）	
	β_1（SE）	β_2（SE）	β_1（SE）	β_2（SE）	β_1（SE）	β_2（SE）
第一层						
性别[a]	-0.08**（0.05）	-0.09***（0.04）	-0.04（0.05）	-0.04（0.05）	-0.09***（0.05）	-0.09***（0.05）
年龄	0.01（0.00）	0.05*（0.00）	0.02（0.00）	0.01（0.00）	0.02（0.00）	0.00（0.00）
家庭年收入	-0.02（0.01）	-0.05*（0.01）	0.03（0.01）	0.03（0.01）	0.11***（0.01）	0.12***（0.01）
社会赞许性	-0.11***（0.01）	-0.07**（0.01）	0.15***（0.01）	0.14***（0.01）	-0.03（0.01）	-0.04（0.01）
第二层						
物质主义	0.27***（0.02）		-0.07**（0.02）		-0.10***（0.03）	
F_1	9.22***		13.52***		9.17***	
F_2	38.21***		12.60***		10.16***	
ΔR_{adj}^2	0.068		0.004		0.009	

注：a 性别为虚拟变量，男性 =1，女性 =2，下同。

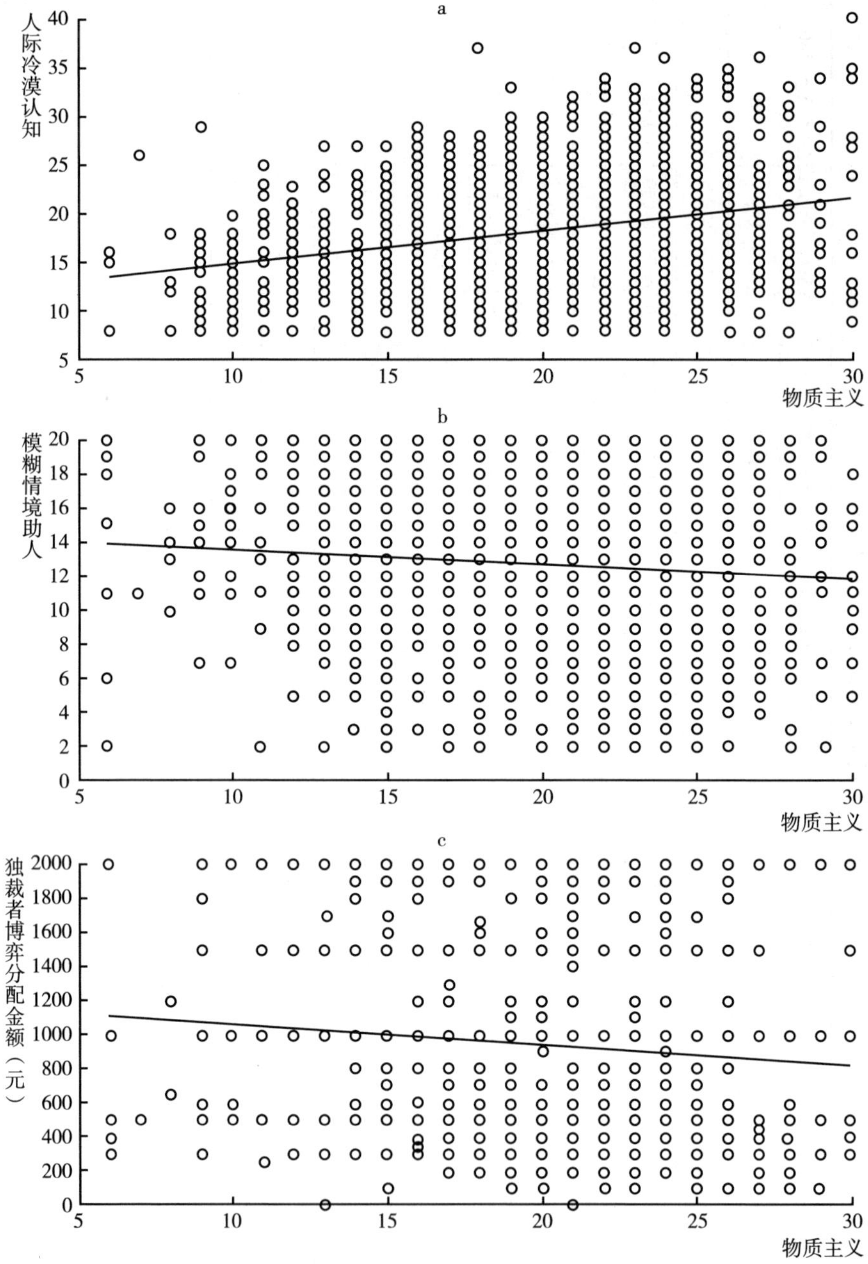

a

人际冷漠认知

物质主义

b

模糊情境助人

物质主义

c

独裁者博弈分配金额（元）

物质主义

图 8　物质主义与人际冷漠的关系

社区功能的认同，而非与社区在情感上建立联结。社区认同总分及其两个维度与居民人际冷漠的相关系数见表7。

表7 社区认同与人际冷漠的相关系数

	1	2	3	4	5	6	7
1. 人际冷漠认知	—						
2. 清晰情境助人	-0.36***	—					
3. 模糊情境助人	-0.40***	0.58***	—				
4. 独裁者博弈	-0.18***	0.17***	0.14***	—			
5. 社区认同总分	-0.06**	0.06**	0.13**	-0.02	—		
6. 功能认同	-0.07**	0.08***	0.10***	0.01	0.84***	—	
7. 情感认同	-0.04	0.04	0.12***	-0.04	0.88***	0.48***	—
均值	18.52	14.58	12.74	949.02	30.05	16.25	13.80
标准差	5.37	4.28	4.17	567.10	7.79	4.17	4.86
样本量	2042	2042	2042	1580	2042	2042	2042

如表7所示，社区认同与人际冷漠认知和清晰/模糊情境助人均有关联，但与独裁者博弈中的分配金额并无显著相关。为了更清晰地展现社区认同与人际冷漠的关系，分别以人际冷漠认知、清晰情境下助人行为和模糊情境下助人行为为因变量，以性别、年龄、家庭年收入和社会赞许性为控制变量，进行两步分析，第一步以社区认同总分为自变量（结果见表8），第二步以社区认同的两个维度为自变量（结果见表9）。第一步考察社区认同与人际冷漠的总体趋势，第二步考察哪种社区认同对人际冷漠有更大的预测作用。如前文所述，对社区认同以及三类人际冷漠进行标准化，以减少共线性。

如图9a所示，在控制了性别、年龄、家庭年收入和社会赞许性后，社区认同不再可以显著预测人际冷漠认知，$\beta = -0.04$，$t = -1.84$，$p > 0.05$，调整后的$R^2 = 0.017$；但仍可以显著正向预测清晰情境下助人行为，$\beta = 0.06$，$t = 2.50$，$p < 0.05$，调整后的$R^2 = 0.004$，如图9b所示；以及模糊情境下助人行为，$\beta = 0.10$，$t = 4.54$，$p < 0.001$，调整后的$R^2 = 0.033$，如图9c所示。

如图10a和11a所示，在控制了性别、年龄、家庭年收入和社会赞许性后，功能认同和情感认同都不再可以显著预测人际冷漠认知，$\beta_1 = -0.05$，$t_1 = -1.84$，$\beta_2 = -0.00$，$t_2 = -0.02$，$ps > 0.05$，调整后的$R^2 = 0.017$。而在情

表 8　社区认同总分对人际冷漠的预测作用

	人际冷漠认知（$N=2042$）		清晰情境助人倾向（$N=2042$）		模糊情境助人倾向（$N=2042$）	
	$\beta_1(SE)$	$\beta_2(SE)$	$\beta_1(SE)$	$\beta_2(SE)$	$\beta_1(SE)$	$\beta_2(SE)$
第一层						
性别[a]	-0.08^{**} (0.05)	-0.08^{**} (0.05)	−0.02(0.05)	−0.02(0.05)	−0.04(0.05)	−0.04(0.05)
年龄	0.01(0.00)	0.01(0.00)	0.02(0.00)	0.02(0.00)	0.02(0.00)	0.02(0.00)
家庭年收入	−0.02(0.01)	−0.02(0.01)	0.05^{*} (0.01)	0.04(0.01)	0.03(0.01)	0.02(0.01)
社会赞许性	-0.11^{***} (0.01)	-0.10^{***} (0.01)	0.04(0.01)	0.03(0.01)	0.15^{***} (0.01)	0.13^{***} (0.01)
第二层						
社区认同	−0.04(0.02)		0.06^{*} (0.02)		0.10^{***} (0.02)	
F_1	9.22^{***}		1.73		13.52^{***}	
F_2	8.06^{***}		2.64^{*}		15.04^{***}	
ΔR_{adj}^2	0.002		0.003		0.010	

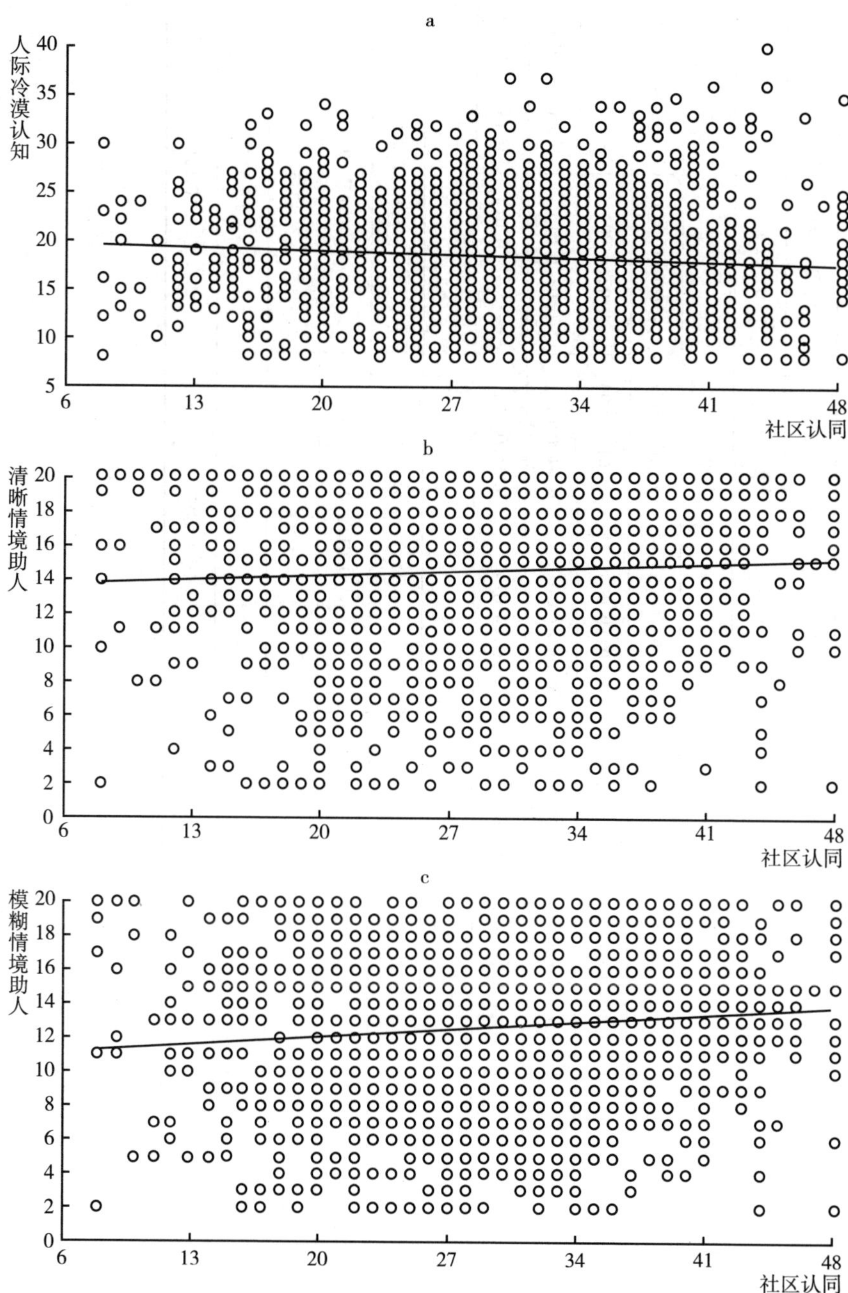

图 9　社区认同总分与人际冷漠的关系

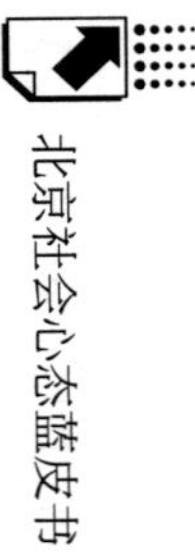

表 9　两种认同对人际冷漠的预测作用

	人际冷漠认知(N = 2042)		清晰情境助人倾向(N = 2042)		模糊情境助人倾向(N = 2042)	
	β_1(SE)	β_2(SE)	β_1(SE)	β_2(SE)	β_1(SE)	β_2(SE)
第一层						
性别[a]	-0.08**(0.05)	-0.07**(0.05)	-0.02(0.05)	-0.02(0.05)	-0.04(0.05)	-0.04(0.05)
年龄	0.01(0.00)	0.01(0.00)	0.02(0.00)	-0.01(0.00)	0.02(0.00)	0.02(0.00)
家庭年收入	-0.02(0.01)	-0.02(0.01)	0.05*(0.01)	0.04(0.01)	0.03(0.01)	0.02(0.01)
社会赞许性	-0.11***(0.01)	-0.10***(0.01)	0.04(0.01)	0.03(0.01)	0.15***(0.01)	0.13***(0.01)
第二层						
功能认同	-0.05(0.03)		0.08**(0.02)		0.05(0.03)	
情感认同	-0.00(0.03)		-0.01(0.03)		0.07**(0.03)	
F_1	9.22***		1.73		13.52***	
F_2	6.95***		2.85**		12.53***	
ΔR_{adj}^2	0.002		0.005		0.010	

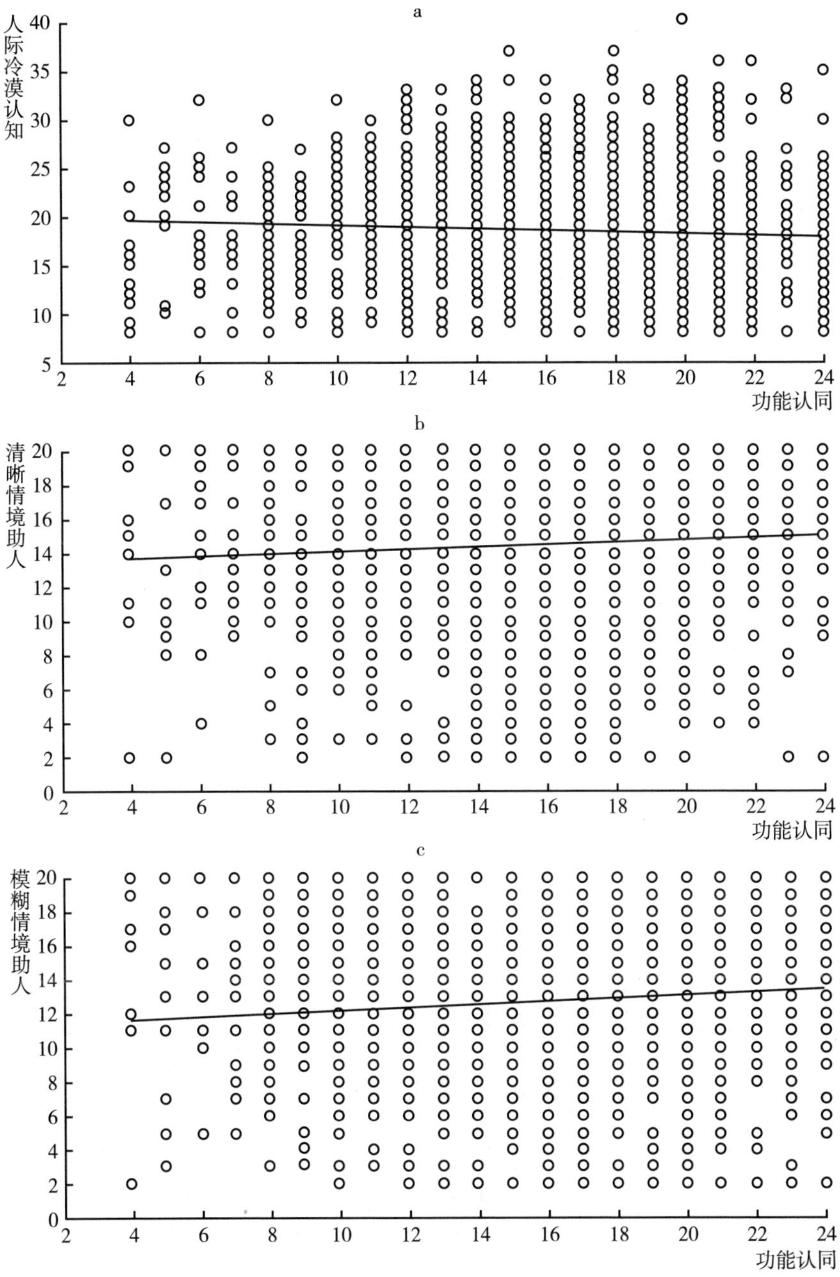

a

人际冷漠认知

40
35
30
25
20
15
10
5

2 4 6 8 10 12 14 16 18 20 22 24

功能认同

b

清晰情境助人

20
18
16
14
12
10
8
6
4
2
0

2 4 6 8 10 12 14 16 18 20 22 24

功能认同

c

模糊情境助人

20
18
16
14
12
10
8
6
4
2
0

2 4 6 8 10 12 14 16 18 20 22 24

功能认同

图 10　功能认同与人际冷漠的关系

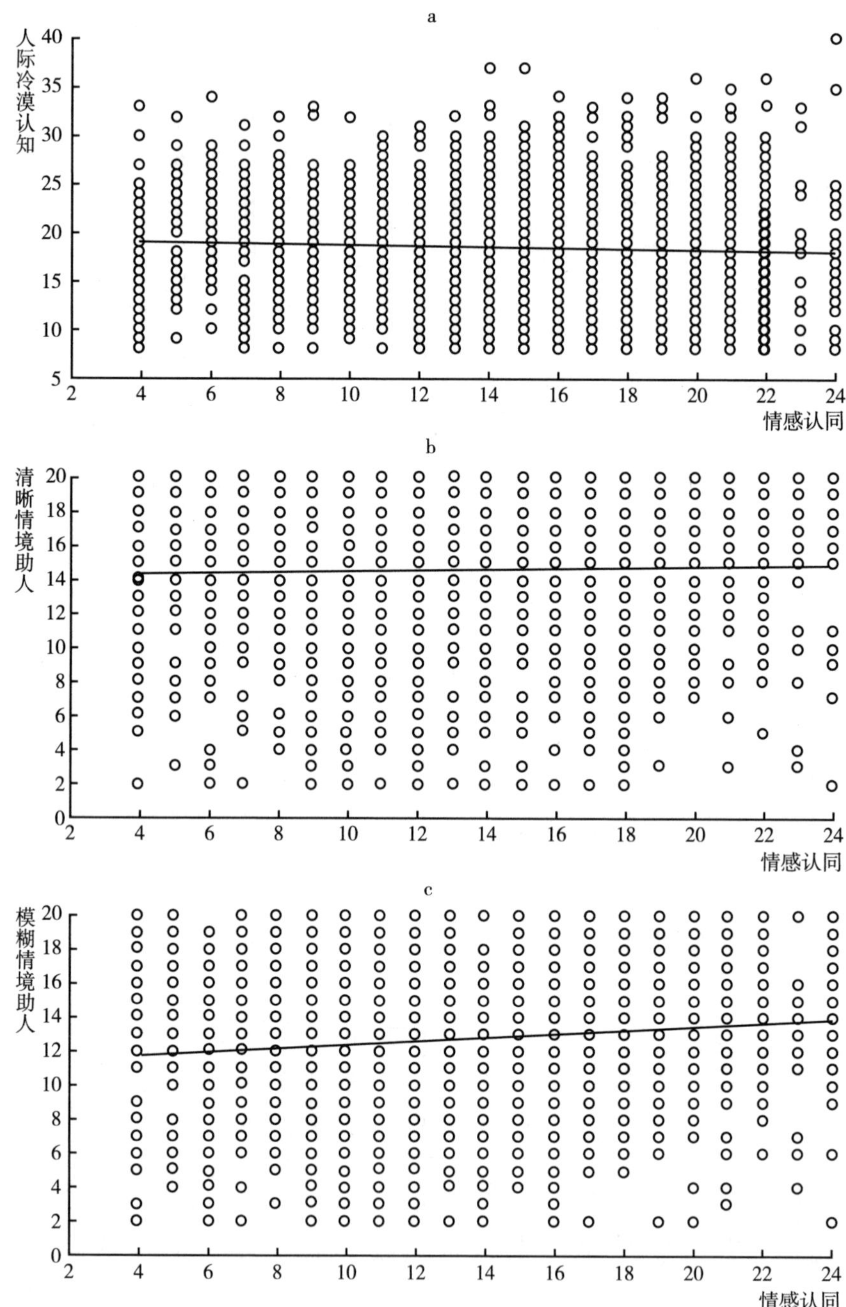

图 11　情感认同与人际冷漠的关系

境助人倾向上，功能认同可以显著正向预测清晰情境下的助人倾向，$\beta=0.08$，$t=2.92$，$p<0.01$；但不能显著预测模糊情境下的助人倾向，$\beta=0.05$，$t=1.96$，$p>0.05$，如图10b和10c所示。但情感认同结果与之相反，能显著正向预测模糊情境下的助人倾向，$\beta=0.07$，$t=2.66$，$p<0.01$；但不能显著预测清晰情境下的助人倾向，$\beta=-0.01$，$t=-0.27$，$p>0.05$，如图11b和11c所示。

结果说明，社区认同越高，个体就越可能做出助人行为，无论情境是模糊还是清晰。从表8和表9中的标准化回归系数可知，不同于物质主义主要预测人际冷漠认知，社区认同对情境助人倾向的预测作用更大，其中对社区功能上的认同有助于提高清晰情境下的助人倾向，与社区情感上的联结程度高有助于提高模糊情境下的助人倾向。本次调查拓展了以往研究的结果，以往研究指出社区认同会增加个体在紧急情况下对社区居民的助人倾向（Yang & Xin, 2016），本次调查指出对社区不同层面的认同会指向不同的助人行为。

2. 社区行为

北京居民的社区行为频率显著低于量表中间值20，$t(2041)=-26.36$，$p<0.001$；其中，社区参与显著低于中间值12，$t(2041)=-41.18$，$p<0.001$，但是邻里互动得分显著高于量表中间值8，$t(2041)=4.44$，$p<0.0015$，说明北京居民的社区行为有待提高，尤其是对社区活动的参与。社区行为总分及其两个维度与居民人际冷漠的相关系数见表10。

表10　社区行为与人际冷漠的相关系数

变量	1	2	3	4	5	6	7
1. 人际冷漠认知	—						
2. 清晰情境助人	-0.36***	—					
3. 模糊情境助人	-0.40***	0.58***	—				
4. 独裁者博弈	-0.18***	0.17***	0.14***	—			
5. 社区行为总分	-0.05*	0.08***	0.17***	-0.05**	—		
6. 邻里互动	-0.12***	0.12***	0.17***	-0.02	0.82***	—	
7. 社区参与	0.00	0.03	0.14***	-0.07**	0.93***	0.55**	—
均值	18.52	14.58	12.74	949.02	17.48	8.19	9.29
标准差	5.37	4.28	4.17	567.10	4.32	1.91	2.97
样本量	2042	2042	2042	1580	2042	2042	2042

如表10所示，社区行为与人际冷漠认知、清晰/模糊情境助人和独裁者博弈中的分配金额均有关联。为了更清晰地展现社区行为与人际冷漠的关系，分别以人际冷漠认知、清晰/模糊情境下助人行为和独裁者博弈中的分配金额为因变量，以性别、年龄、家庭年收入和社会赞许性为控制变量，进行两步分析，第一步以社区行为总分为自变量（结果见表11），第二步以社区行为的两个维度为自变量（结果见表12）。第一步考察社区行为与人际冷漠的总体趋势，第二步考察两种社区行为中何种对人际冷漠有更大的预测作用。如前文所述，对社区行为以及三类人际冷漠进行标准化，以减少共线性。

如图12a所示，在控制了性别、年龄、家庭年收入和社会赞许性后，社区行为不再可以显著预测人际冷漠认知，$\beta = -0.04$，$t = -1.52$，$p > 0.05$，调整后的 $R^2 = 0.016$；但仍可以显著正向预测清晰情境下助人行为，$\beta = 0.08$，$t = 3.28$，$p < 0.01$，调整后的 $R^2 = 0.006$，如图12b所示，以及模糊情境下助人行为，$\beta = 0.14$，$t = 6.19$，$p < 0.001$，调整后的 $R^2 = 0.041$，如图12c所示；但是在预测分配给需要帮助者的金额上，却存在负向预测，$\beta = -0.07$，$t = -2.63$，$p < 0.01$，如图12d所示。

具体分析结果发现，邻里互动和社区参与对人际冷漠的预测作用并不一致。如图13所示，在控制了性别、年龄、家庭年收入和社会赞许性后，邻里互动能负向显著预测人际冷漠认知，能正向显著预测清晰和模糊情境下的助人行为，$\beta_1 = -0.18$，$t_1 = -6.81$，$\beta_2 = 0.16$，$t_2 = 6.00$，$\beta_3 = 0.13$，$t_3 = 5.10$，$ps < 0.001$；不能显著预测独裁者博弈中的分配金额，$\beta = 0.03$，$t = 0.95$，$p > 0.05$。但是在控制了性别、年龄、家庭年收入和社会赞许性后，社区参与会正向显著预测人际冷漠认知，能负向显著预测清晰情境下的助人行为和独裁者博弈中的分配金额，$\beta_1 = 0.12$，$t_1 = 4.55$，$\beta_2 = -0.06$，$t_2 = 2.23$，$\beta_3 = -0.10$，$t_3 = -3.25$，$ps < 0.05$；不能显著预测模糊情境下的助人行为，$\beta = 0.03$，$t = 1.22$，$p > 0.05$，如图14所示。

结果说明，邻里互动越高，个体就越愿意去帮助他人，表现出越低的人际冷漠，越可能做出助人行为，无论情境是模糊还是清晰。从表11和表12中的标准化回归系数可知，相比于社区认同，邻里互动对人际冷漠认知、情境助人倾向的预测系数更大。但值得注意的是，本次调查结果指出社区参与可能会增加人际冷漠倾向，这一结果可能是缘于道德许可效应，即经常参与社区活动的

表 11　社区行为总分对人际冷漠的预测作用

	人际冷漠认知（N = 2042）		清晰情境助人倾向（N = 2042）		模糊情境助人倾向（N = 2042）		独裁者博弈分配金额（N = 1580）	
	$\beta_1(SE)$	$\beta_2(SE)$	$\beta_1(SE)$	$\beta_2(SE)$	$\beta_1(SE)$	$\beta_2(SE)$	$\beta_1(SE)$	$\beta_2(SE)$
第一层								
性别[a]	-0.08** (0.05)	-0.08*** (0.05)	-0.02 (0.05)	-0.01 (0.05)	-0.04 (0.05)	-0.03 (0.05)	-0.09*** (0.05)	-0.10*** (0.05)
年龄	0.01 (0.00)	0.02 (0.00)	0.02 (0.00)	0.03 (0.00)	0.02(0.00)	0.00(0.00)	0.02 (0.00)	0.03 (0.00)
家庭年收入	-0.02 (0.01)	-0.02(0.01)	0.05* (0.01)	0.04(0.01)	0.03(0.01)	0.02(0.01)	0.11*** (0.01)	0.11*** (0.01)
社会赞许性	-0.11*** (0.01)	-0.10*** (0.01)	0.04 (0.01)	0.02 (0.01)	0.15*** (0.01)	0.12*** (0.01)	-0.03 (0.01)	-0.01 (0.01)
第二层								
社区行为	-0.04 (0.02)		0.08* (0.02)		0.14*** (0.02)		-0.07** (0.03)	
F_1	9.22***		1.73		13.52***		9.17***	
F_2	7.84***		3.54**		18.66***		8.75***	
$\triangle R_{adj}^2$	0.001		0.005		0.018		0.004	

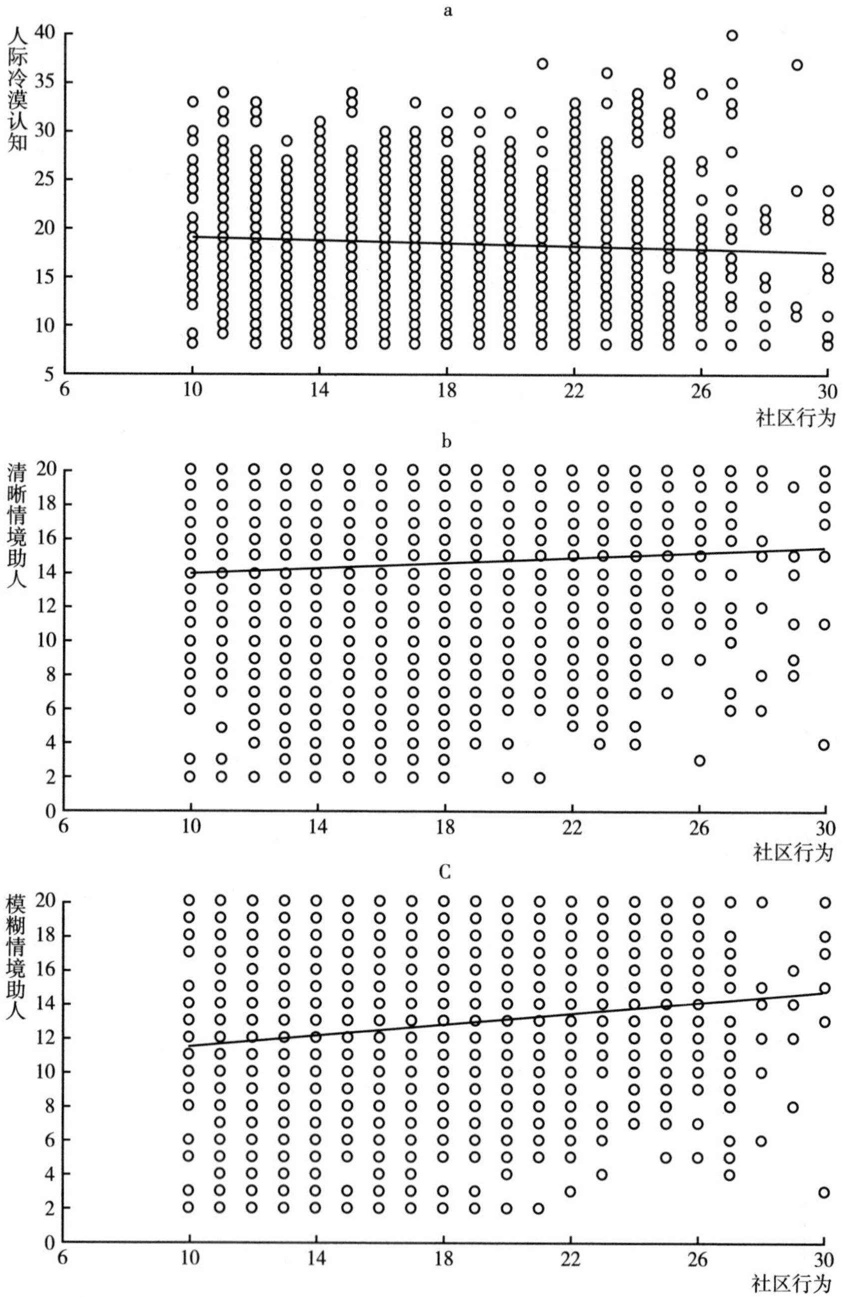

图 12　社区行为总分与人际冷漠的关系

表 12　两种社区行为对人际冷漠的预测作用

	人际冷漠认知（$N=2042$）		清晰情境助人倾向（$N=2042$）		模糊情境助人倾向（$N=2042$）		独裁者博弈分配金额（$N=1580$）	
	$\beta_1(SE)$	$\beta_2(SE)$	$\beta_1(SE)$	$\beta_2(SE)$	$\beta_1(SE)$	$\beta_2(SE)$	$\beta_1(SE)$	$\beta_2(SE)$
第一层								
性别[a]	-0.08^{**} (0.05)	-0.07^{**} (0.05)	−0.02 (0.05)	−0.02 (0.05)	−0.04 (0.05)	−0.04 (0.05)	-0.09^{***} (0.05)	-0.10^{***} (0.05)
年龄	0.01 (0.00)	0.04 (0.00)	0.02 (0.00)	−0.05 (0.00)	0.02 (0.00)	−0.01 (0.00)	0.02 (0.00)	0.02 (0.00)
家庭年收入	−0.02 (0.01)	−0.03 (0.01)	0.05^{*} (0.01)	0.05 (0.01)	0.03 (0.01)	0.03 (0.01)	0.11^{***} (0.01)	0.11^{***} (0.01)
社会赞许性	-0.11^{***} (0.01)	-0.11^{***} (0.01)	0.04 (0.01)	0.03 (0.01)	0.15^{***} (0.01)	0.13^{***} (0.01)	−0.03 (0.01)	−0.01 (0.01)
第二层								
邻里互动	-0.18^{***} (0.03)		0.16^{***} (0.03)		0.13^{***} (0.03)		0.03 (0.03)	
社区参与	0.12^{***} (0.03)		-0.06^{*} (0.03)		0.03 (0.03)		-0.10^{**} (0.03)	
F_1	9.22^{***}		1.73		13.52^{***}		9.17^{***}	
F_2	14.21^{***}		7.38^{***}		17.10^{***}		8.05^{***}	
ΔR_{adj}^2	0.022		0.018		0.022		0.007	

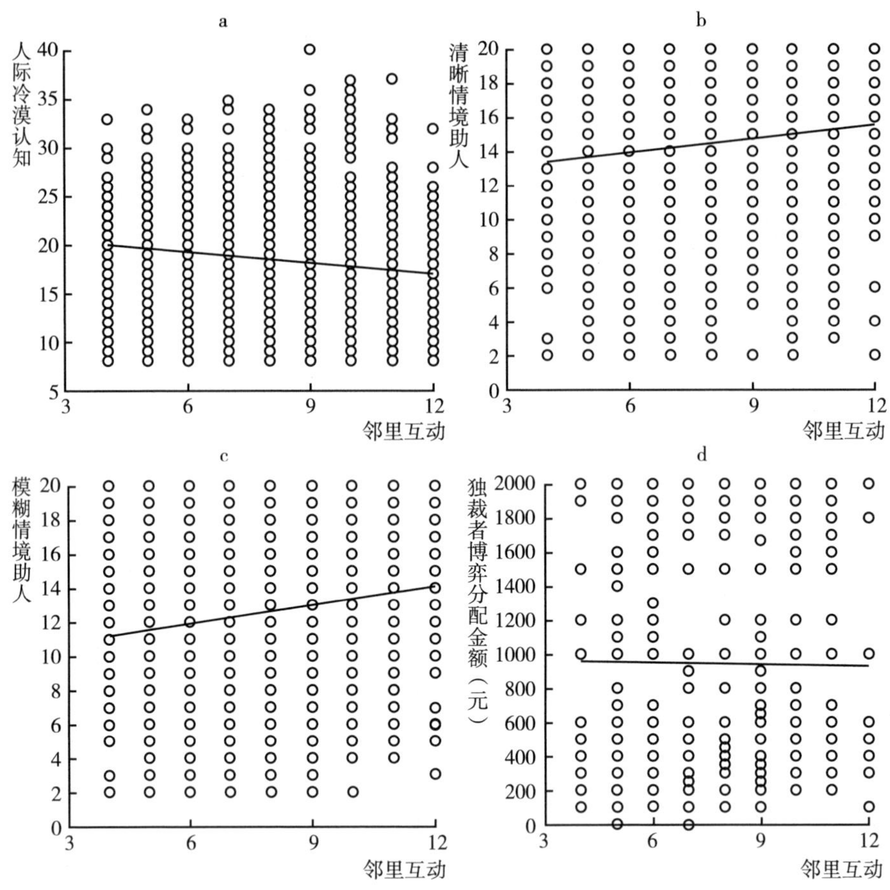

图13　邻里互动与人际冷漠的关系

群体认为自己已经为社会或他人做出一定贡献，因而更不愿意在社区外付出自己的时间和金钱。也可能是由于个体社区参与的经验不佳，例如倡导社区居民一同支持某项措施却无人响应；现有社区参与问卷只涉及了参与频率，未涉及参与感受，因此不佳的社区参与体验也可能是原因之一。还可能是由于社区参与这一变量与某些未在这次调查中的变量存在交互作用。但是就这一结果还需未来做更多的探索。

综合社会和群体层面的研究结果可以发现，物质主义会增加人际冷漠，而社区认同和邻里互动可以降低人际冷漠。具体来说，人际冷漠认知更容易受到物质主义和邻里互动的影响；情境助人更容易受到社区认同和邻里互动的影

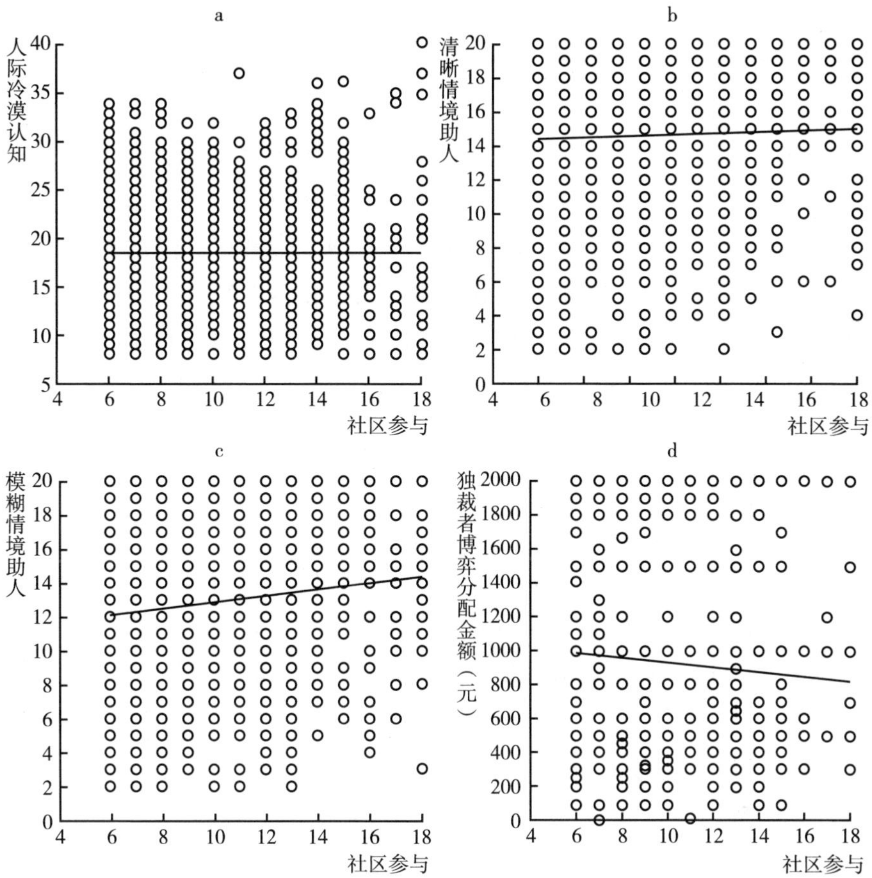

图 14　社区参与和人际冷漠的关系

响，邻里互动对两种情境下的助人倾向行为都有较强的提升作用；而功能认同对增加清晰情境下的助人倾向更有效，情感认同对增加模糊情境下的助人倾向更有效；而利益关联的助人行为则容易受到物质主义的负面影响。

（三）综合分析：预测人际冷漠的宏观和中观因素

上述分析结果展现了宏观上物质主义会促进人际冷漠而中观上社会心理会降低人际冷漠，为了进一步检验两个因素的共同作用，下面将在模型中同时纳入中观和宏观因素，考察哪一个因素影响更大。

如表 13 所示，物质主义与社区心理没有显著相关；社区认同与社区行为有显著的关联，相比于功能认同，情感认同与邻里互动和社区参与联系更紧密。下面将依次分析物质主义与社区心理对人际冷漠的共同影响。

1. 人际冷漠认知

如表 14 所示，在控制了性别、年龄、家庭年收入和社会赞许性，并同时纳入物质主义、功能认同、情感认同、邻里互动和社区参与后，情感认同不再可以显著预测人际冷漠认知，$\beta = 0.00$，$t = 0.04$，$p > 0.05$；但是物质主义和社区参与仍可以显著正向预测人际冷漠认知，$\beta_1 = 0.27$，$t_1 = 12.41$，$\beta_2 = 0.11$，$t_2 = 4.21$，$ps < 0.001$；功能认同和邻里互动可以显著负向预测人际冷漠认知，$\beta_1 = -0.05$，$t_1 = -1.98$，$\beta_2 = -0.17$，$t_2 = -6.70$，$ps < 0.001$；整个模型调整后的 $R^2 = 0.106$。

2. 情境助人

（1）清晰情境下助人

如表 14 所示，在控制了性别、年龄、家庭年收入和社会赞许性，并同时纳入物质主义、功能认同、情感认同、邻里互动和社区参与后，物质主义和情感认同不再可以显著预测清晰情境下的助人行为，$\beta_1 = -0.04$，$t_1 = 1.79$，$\beta_2 = -0.04$，$t_2 = 1.43$，$ps > 0.05$；但是功能认同和邻里互动仍可以显著正向预测清晰情境下的助人行为，$\beta_1 = 0.08$，$t_1 = 2.96$，$\beta_2 = 0.16$，$t_2 = 5.93$，$ps < 0.01$；社区参与可以显著负向预测清晰情境下的助人行为，$\beta = -0.06$，$t = 2.33$，$p < 0.05$；整个模型调整后的 $R^2 = 0.023$。

（2）模糊情境下助人

如表 14 所示，在控制了性别、年龄、家庭年收入和社会赞许性，并同时纳入物质主义、功能认同、情感认同、邻里互动和社区参与后，情感认同和社区参与不再可以显著预测模糊情境下的助人行为，$\beta_1 = 0.02$，$t_1 = 0.84$，$\beta_2 = 0.03$，$t_2 = 0.95$，$ps > 0.05$；但是功能认同和邻里互动仍可以显著正向预测模糊情境下的助人行为，$\beta_1 = 0.05$，$t_1 = -1.98$，$\beta_2 = 0.12$，$t_2 = 4.63$，$ps < 0.05$；物质主义可以显著负向预测模糊情境下的助人行为，$\beta = -0.07$，$t = -2.09$，$p < 0.01$；整个模型调整后的 $R^2 = 0.052$。

3. 独裁者博弈中的分配金额

如表 14 所示，在控制了性别、年龄、家庭年收入和社会赞许性，并同时纳入物质主义、功能认同、情感认同、邻里互动和社区参与后，功能认同、情感

表 13　各变量间的相关系数

	1	2	3	4	5	6	7	8	9	10	11
1. 人际冷漠认知	—										
2. 清晰情境助人	-0.36***	—									
3. 模糊情境助人	-0.40***	0.58***	—								
4. 独裁者博弈	-0.18***	0.17***	0.14***	—							
5. 物质主义	0.27***	-0.04	-0.09***	-0.09***	—						
6. 社区认同总分	-0.06**	0.06**	0.13**	-0.02	0.04	—					
7. 功能认同	-0.07**	0.08***	0.10***	0.01	0.03	0.84***	—				
8. 情感认同	-0.04	0.04	0.12***	-0.04	0.03	0.88***	0.48***	—			
9. 社区行为总分	-0.05*	0.08***	0.17***	-0.05**	-0.01	0.36***	0.19***	0.41***	—		
10. 邻里互动	-0.12***	0.12***	0.17***	-0.02	-0.02	0.31***	0.15***	0.35***	0.82***	—	
11. 社区参与	0.00	0.03	0.14***	-0.07**	0.01	0.33***	0.18***	0.37***	0.93***	0.55***	—
均值	18.52	14.58	12.74	949.02	20.15	30.05	16.25	13.80	17.48	8.19	9.29
标准差	5.37	4.28	4.17	567.10	4.30	7.79	4.17	4.86	4.32	1.91	2.97
样本量	2042	2042	2042	1580	2042	2042	2042	2042	2042	2042	2042

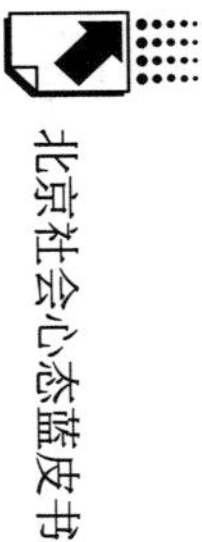

表 14　物质主义和社区心理对人际冷漠的共同预测作用

	人际冷漠认知($N=2042$)		清晰情境助人倾向($N=2042$)		模糊情境助人倾向($N=2042$)		独裁者博弈分配金额($N=1580$)	
	$\beta_1(SE)$	$\beta_2(SE)$	$\beta_1(SE)$	$\beta_2(SE)$	$\beta_1(SE)$	$\beta_2(SE)$	$\beta_1(SE)$	$\beta_2(SE)$
第一层								
性别[a]	-0.08 ** (0.05)	-0.08 *** (00.04)	-0.02 (00.05)	-0.02 (00.05)	-0.04 (00.05)	-0.04 (00.05)	-0.09 *** (00.05)	-0.10 *** (00.05)
年龄	0.01 (00.00)	0.07 ** (00.00)	0.02 (00.00)	-0.05 (00.00)	0.02 (00.00)	-0.02 (00.00)	0.02 (00.00)	0.00 (00.00)
家庭年收入	-0.02 (00.01)	-0.04 * (00.01)	0.05 * (00.01)	0.04 (00.01)	0.03 (00.01)	0.03 (00.01)	0.11 *** (00.01)	0.12 *** (00.01)
社会赞许性	-0.11 *** (00.01)	-0.07 ** (00.01)	0.04 (00.01)	0.02 (00.01)	0.15 *** (00.01)	0.11 *** (00.01)	-0.03 (00.01)	-0.02 (00.01)
第二层								
物质主义	0.27 *** (0.02)		-0.04(0.02)		-0.07 ** (0.02)		-0.10 *** (0.03)	
功能认同	-0.05 *** (0.02)		0.08 ** (0.03)		0.05 * (0.03)		0.03(0.03)	
情感认同	0.01(0.03)		-0.04(0.03)		0.02(0.03)		-0.04(0.03)	
邻里互动	-0.17 *** (0.03)		-0.16 *** (0.03)		0.12 *** (0.03)		0.03(0.03)	
社区参与	0.11 *** (0.03)		-0.06 * (0.03)		0.03(0.03)		-0.09 ** (0.03)	
F_1	9.22 ***		1.73		13.52 ***		9.17 ***	
F_2	27.78 ***		6.29 ***		13.50 ***		7.23 ***	
ΔR_{adj}^2	0.090		0.022		0.028		0.014	

认同和邻里互动不再可以显著预测独裁者博弈中的分配金额，$\beta_1 = 0.03$，$t_1 = 1.01$，$\beta_2 = -0.04$，$t_2 = -1.19$，$\beta_3 = 0.03$，$t_3 = 1.01$，$ps > 0.05$；但是物质主义和社区参与仍可以显著负向预测独裁者博弈中的分配金额，$\beta_1 = -0.10$，$t_1 = -3.73$，$\beta_2 = -0.09$，$t_2 = -2.89$，$ps < 0.01$；整个模型调整后的 $R^2 = 0.034$。

综合分析的结果与独立探讨各水平因素的结果基本一致：人际冷漠认知和利益相关的助人行为更易受到物质主义的影响，即物质主义会提高人际冷漠认知并降低利益相关的助人行为；而两种情境下的助人则更容易受到邻里互动的影响，即邻里互动会提高个体在清晰和模糊情境下的助人行为。另外，在探究社区认同的独立作用时，情感认同对模糊情境下的助人行为预测作用更大，而功能认同对清晰情境下的助人行为预测作用更大；但是当多因素共同发生作用时，情感认同不再可以显著预测情境助人行为，而功能认同则可以显著预测两种情境助人行为。这一结果表明，相比于情感认同，功能认同对助人行为的提升作用更稳定，更易应用于刺激因素交杂多样的现实生活。

综合来说，物质主义和邻里互动对人际冷漠的预测作用更大，但是两者的预测方向相反。

五　结果应用：年轻一代人际冷漠的原因

在现状分析部分我们发现 17～29 岁这一年龄群体更易具备人际冷漠，表现在认为他人更不值得帮助以及自己不需要帮助他人，在模糊情境下也更不愿意施以援手，也更不可能捐款。结合后面的成因分析，物质主义和邻里互动能在较大程度上预测人际冷漠；物质主义会增加人际冷漠，而邻里互动则会降低人际冷漠，那么更为冷漠的 17～29 岁这一年龄群体是否会有更高水平的物质主义和更低水平的邻里互动呢？本部分主要回答这一问题，即检验成因分析结果的应用性。

结果发现，17～29 岁这一代物质主义得分显著高于量表中间值 18，而邻里互动得分低于量表中间值 8，$p < 0.05$，描述性统计结果见表 15。

差异检验分析也发现，物质主义和邻里互动存在显著的年龄差异 F_1（4，2037）＝16.83，F_2（4，2037）＝16.92，$ps < 0.001$，而社区认同不存在显著

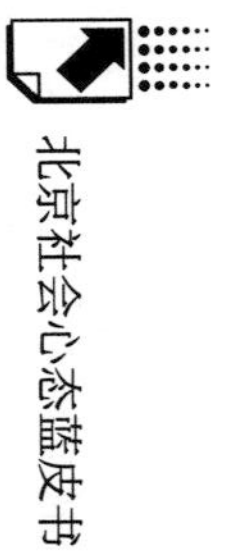

表 15　17～29 岁年龄群体的物质主义与社区心理（$N = 2042$）

		物质主义(中间值 18)		社区认同(中间值 28)		功能认同(中间值 14)		情感认同(中间值 14)	
		$M \pm SD$	95% CI	$M \pm SD$	95% CI	$M \pm SD$	95% CI	$M \pm SD$	95% CI
年龄	17～29 岁	20.78 ±4.13	[20.51,21.04]	29.75 ±7.77	[29.26,30.24]	16.30 ±4.21	[16.03,16.57]	13.45 ±4.96	[13.14,13.77]
	30～39 岁	20.16 ±4.20	[19.83,20.49]	30.13 ±7.91	[29.51,30.75]	16.23 ±4.19	[15.90,16.56]	13.90 ±4.85	[13.52,14.28]
	40～49 岁	18.99 ±4.47	[18.52,19.47]	30.91 ±7.80	[30.08,31.73]	16.52 ±4.08	[16.09,16.96]	14.38 ±4.72	[13.88,14.88]
	50～59 岁	18.66 ±4.68	[17.70,19.62]	29.59 ±7.13	[28.12,31.05]	15.19 ±3.87	[14.40,15.98]	14.39 ±4.36	[13.50,15.29]
	60 岁及以上	17.21 ±3.90	[15.33,19.09]	29.11 ±7.03	[25.72,32.49]	14.84 ±4.49	[12.68,17.01]	14.26 ±3.75	[12.45,16.07]

		社区行为(中间值 20)		邻里互动(中间值 8)		社区参与(中间值 12)	
		$M \pm SD$	95% CI	$M \pm SD$	95% CI	$M \pm SD$	95% CI
年龄	17～29 岁	16.71 ±4.32	[16.44,16.99]	7.77 ±1.98	[7.65,7.90]	8.94 ±2.89	[8.75,9.12]
	30～39 岁	17.87 ±4.28	[17.53,18.20]	8.41 ±1.89	[8.26,8.56]	9.46 ±2.95	[9.23,9.69]
	40～49 岁	18.45 ±4.01	[18.02,18.87]	8.72 ±1.53	[8.55,8.88]	9.73 ±3.02	[9.41,10.05]
	50～59 岁	18.57 ±4.46	[17.66,19.49]	8.72 ±1.67	[8.38,9.07]	9.85 ±3.39	[9.16,10.54]
	60 岁及以上	20.11 ±3.86	[18.25,21.96]	9.42 ±1.64	[8.63,10.21]	10.68 ±3.04	[9.22,12.15]

的年龄差异，$F(4, 2037) = 1.57$，$ps < 0.05$。事后 LSD 检验发现，17～29 岁一代的物质主义显著高于其余年龄群体，$ps < 0.01$；但是邻里互动则显著低于其他年龄群体，$ps < 0.001$，如图 15 所示。

上述结果表明，年轻一代更为人际冷漠的原因之一是他们更看重对物质的占有以及关注财富成功，但又更少地与邻居进行互动。该结果也表明了物质主义和社区心理确实是人际冷漠的成因之一。

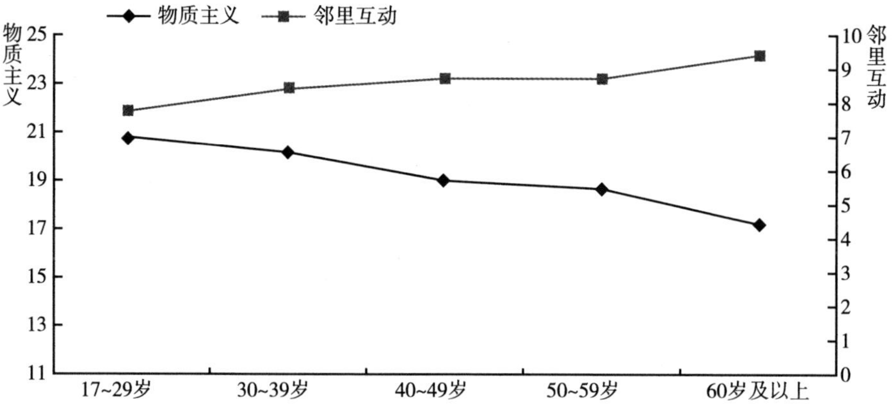

图 15　各年龄群体的物质主义与邻里互动

六　结论

（一）北京居民的人际冷漠程度较低

北京居民的人际冷漠程度较低，具体体现在有较低的人际冷漠认知、较高的助人倾向，即总体上更愿意帮助他人。

与之相关，北京居民的社区认同和邻里互动程度较高，但物质主义程度也较高，社区参与程度较低。

（二）人际冷漠存在性别、年龄和客观社会经济地位差异

首先，在性别上，男女的人际冷漠程度均较低，在认知上，女性的人际冷

漠倾向更低，但是在涉及金钱利益的助人行为上，男性表现出了更高的助人倾向，即认知和行为结果出现了部分分离。

其次，在年龄上，中年人（30～59 岁）的人际冷漠倾向较低，青年和老年的人际冷漠程度中等，可能需要改善。其中 17～29 岁群体的人际冷漠程度较高，具体体现为在认知上有更高的人际冷漠水平，在模糊情境下也更不愿意帮助他人，也更不愿意花费更多的钱去帮助他人。

最后，在客观社会经济地位上，在不同的人际冷漠指标上，客观社会经济地位展现了不同的影响。概括来说，高社会经济地位的个体更可能通过捐款的方式帮助他人，但是在模糊的助人情境下，他们也展现了更高的冷漠倾向。具体在四个客观社会经济地位指标上，收入和教育水平在预测人际冷漠上更为敏感。收入对人际冷漠的影响可能不是线性的，较低收入者更少通过捐赠金钱等方式帮助他人；而收入较高的居民人际冷漠并不稳定，他们更可能通过捐钱的方式帮助他人，但是在模糊情境下表现出了更高的冷漠。高教育水平的居民也与之类似，更多通过捐钱的方式或者是在明确的情境下来帮助他人，但是在模糊的情境下，他们也表现出更高的人际冷漠。

（三）物质主义增加人际冷漠，有碍于社会和谐发展

物质主义越高，个体的人际冷漠水平就越高，具体体现在认为他人更不值得帮助，也更不愿意帮助他人，在模糊情境下也更不可能做出助人行为，也更不愿意捐钱给需要帮助者。

物质主义对人际冷漠的预测作用主要体现在人际冷漠认知上，即更看重物质幸福和成功的个体表现出了对他人更多的漠视。

（四）社区认同和互动降低人际冷漠，利于建设友善社会

社区认同越高，个体就越可能做出助人行为，无论情境是模糊还是清晰。其中对社区功能上的高认同有助于提高清晰情境下的助人倾向，与社区情感上的高度联结有助于提高模糊情境下的助人倾向。

同样地，与邻居互动越频繁，个体就越愿意去帮助他人，无论情境是模糊还是清晰，展现出越低的人际冷漠。相比于社区认同，邻里互动这一行为变量对人际冷漠认知和情境助人倾向有更强的预测作用。

综合来说，物质主义会增加人际冷漠，而社区认同和邻里互动可以降低人际冷漠。具体来说，人际冷漠认知更容易受到物质主义和邻里互动的影响；情境助人更容易受到社区认同和邻里互动的影响，相比于社区认同，邻里互动对两种情境下的助人行为都有更强的提升作用；在独立影响下，功能认同对增加清晰情境下的助人更有效，情感认同对增加模糊情境下的助人更有效，但是相比于情感认同，功能认同更能在多因素共同影响的环境中提升个体的助人行为；利益关联的助人行为则容易受到物质主义的负面影响。

上述结果可用于解释为何 17～29 岁一代有更高的人际冷漠，因为他们有更高的物质主义水平和更低的邻里互动。

七　政策建议

（一）多角度测查人际冷漠，全面监测社会情绪

习总书记在十九大报告中对社会心理服务体系建设提出了要求，强调要“培育自尊自信、理性平和、积极向上的社会心态”。而社会情绪作为社会心态的“晴雨表”，是社会运行状况的先行指标，监测社会负面情绪有助于提早发现和预防不良社会心态，促进社会有效和谐运转。

人际冷漠作为负面社会情绪的一种，近年来频现于各种社会事件中。但仅从社会事件入手，无法科学有效地探测人际冷漠的发展程度，因为媒体宣传和舆论发酵往往可能夸大事件的负面影响，导致少数“发言者”的心态被误读为主流心态，忽视了“沉默”的大多数。只依据频发的社会事件就妄下结论，不仅会得到有失偏颇的结论，难以准确反映社会心态，还无法有针对性地引导和干预负面社会心态。因此，建立测量人际冷漠的有效手段十分必要。

但仅从单一工具来测量人际冷漠，也无法得到准确的评估。本次调查就发现高收入的个体更可能通过捐款的方式帮助他人，但是在模糊的助人情境下，他们也展现了更高的冷漠倾向。如果只使用量表等工具探查人际冷漠，就会发现高收入的个体有更高的人际冷漠，但换另外一种测量工具就会得到相反的结论，这就说明了人际冷漠的表现有多面性，仅通过一个指标来反映人际冷漠可

能会带来片面有偏的结果，掩蔽需要关注的问题，需要多角度多工具地探测人际冷漠，从而获得尽可能全面的结果。

除了可获得更加准确全面的结果外，多角度探测人际冷漠也有助于找出针对不同人群改变人际冷漠的有效途径，比如提升高社会阶层者在模糊情境下的助人行为可通过鼓励他们多进行邻里互动等方式；而提升低阶层者的利益关联助人行为则可通过降低他们的物质主义的方式实现。

此外，本次调查也表明北京居民中年轻一代的人际冷漠需要格外关注。年轻一代在逐渐成为社会发展的中坚力量，他们将推动甚至改变社会发展，他们的人际冷漠可能会带来更久甚至更大的影响，因此在改变人际冷漠时，要特别关注这一人群。

（二）干预物质主义，倡导正确价值观，促进社会友善

近年来，关于中国人奢侈品购买热的新闻层出不穷，美国贝恩公司发布的2015年《中国奢侈品市场研究报告》显示，中国是2015年全球奢侈品市场的最大买家，买下了全球31%的奢侈品。对奢侈品的高需求体现了当下我国物质主义价值观的盛行。现有很多研究也表明中国人价值观中的物质主义色彩日渐浓厚。这可能是由于近年来经济体制改革、快速的社会发展带来的社会转型冲击了人们传统的价值观，而传统观念约束力的下降在一定程度上也造成了物质主义的泛滥。当前社会正处于一个多元并存、多枝同根、多态同源、共生互动的新文化共同体中。经济全球化、世界多极化、网络新媒体等使得主流文化、精英文化、大众文化、市场文化、西方文化交织融合、冲突碰撞。多元文化的相互挤压模糊了人们的价值选择尺度。社会转型会减弱中国传统价值观的影响。美国社会学家威廉姆（O. F. William）提出了“文化堕距”（culture lag）的概念来解释社会转型和文化变迁的关系，他认为社会转型必然会带来整个社会文化的变迁，但不同文化变迁的速度不一样，有的较快而有的较慢，这种变化速度的差异会导致各文化之间的不平衡（Woodard，1936）。一般而言，物质文化的变迁总是快于非物质文化。

而盛行的物质主义价值观明显与国家所提倡的“正能量”价值观相悖，本次调查也指出物质主义可能是人际冷漠的成因之一。基于此，干预物质主义价值观就显得十分重要。目前，主要存在三种策略来降低物质主义。第一种策

略主要通过激活个体与物质主义相对立的价值观或目标；第二种策略是通过提升个体安全感的方式来降低物质主义；第三种策略是减少个体所处环境中物质主义相关刺激，主要通过家庭、学校和社会的力量为青少年营造一个好的环境。而第一种和第三种是需要政府和媒体格外关注的。

对于第一种策略，我国自十八大以来一直坚持价值引领与舆论调控的整体推进，化解民众的价值迷茫和负面情绪。为缓解民众的物质主义价值观，还需继续大力培育和践行社会主义核心价值观，为民众的价值选择和行为取向指明方向。往更长远看，核心价值观承载着一个国家的精神追求，体现着一个社会评判是非曲直的价值标准。通过宣传等手段在民众心中激活与物质主义价值观相对立的核心价值观，有助于弱化日益盛行的物质主义。

对于第三种策略，现在媒体和广告上往往充斥着大量奢侈品的信息，这些信息往往都隐含着买得起昂贵的各类物品会带来幸福，也彰显着成功的意思，这类信息无疑会增强物质主义。媒体作为公众传播的主要渠道，需要把控广告宣传的内容，避免过度宣扬物质主义价值观。例如，增播感恩父母、关爱朋友、保护环境等宣扬正面价值观的公益广告，适当控制具有奢靡消费价值观的奢侈品广告。而且，在市场营销方面，要遵从人性化原则。例如地中海文化认为，个人的快乐来源于与他人、文化的良性互动，而不仅仅是获得利益。因此，要将这个理念贯彻于市场营销的相关图书、讲座和管理培训等方面，从而弱化过度消费带来的负面影响。此外，除了传统新闻媒体外，网络媒体也可能是物质主义传播的温床，习近平总书记在2013年8月19日全国宣传思想工作会议的讲话中强调，“以互联网为载体的新媒体迅猛发展，已经成为意识形态交锋冲击的重要平台”。如果对网络社会治理、监管不力，将在很大程度上加剧民众的信仰混乱。十八届三中全会决议明确指出要“健全坚持正确舆论导向的体制机制”，习近平总书记也强调新闻媒体要“多宣传报道人民群众的伟大奋斗和火热生活，多宣传报道人民群众中涌现出来的先进典型和感人事迹”，用中国话语“讲好中国故事，传播好中国声音”。总之，对网络、新闻传播媒介进行正确、严格的舆论引导和调控，能够减少对物质财富的崇拜与宣扬，强化正能量。

除了政府外，学校和家庭也可成为干预物质主义的主体。例如家长要尽可能多地给孩子提供情感支持、温暖关爱等无形资源，因为无形资源远比金钱、物质等有形资源更能促进孩子的健康成长。对于孩子的物质需求，家长要给予适度满足，过多或过少都会让孩子错估物质财富的重要性，导致今后过分重视物质。而学校也可开展青少年价值观教育。学校教育者可以采用示范、作业和反复练习等方法引导青少年树立正确价值观，相应地弱化物质主义价值观（蒋奖，曾陶然，杨淇越，于方静，2016）。

总之，政府有关部门一方面要重视宣传，强调正确的价值观，减少隐含物质崇拜的信息刺激，降低民众暴露于物质主义宣传的机会；另一方面也可制定相关政策为家长提供家庭教育课程，以减少根源于家庭的物质主义可能给青少年带来的危害；要为家庭贫困的孩子提供适当的经济援助，减少其经济不安全感，帮助孩子正确地认识金钱。

（三）提升社区认同，鼓励邻里互动，促进社会和谐

俗话说“远亲不如近邻”，我国传统文化中一直强调邻里间的和谐友好相处。经济的飞速发展带来了城市居民居住形态的变化：从最早的街坊式到后来的单位制居住方式，再到如今的门禁式住宅区，人们居住的社区形态有了巨大的变化，随之而来的是居民对于社区的认同感和归属感的改变。现代社区内居民的社区归属感要低于传统社区，封闭的门禁也加大了邻里互动的难度。因此，在大力建设和谐社会的今天，如何将“社区”建设成亲密、和谐、富有凝聚力的居住单元，成为一个值得引起重视的问题。社区是社会的组成单位，只有居民有强烈的社区认同感、较高的参与度，形成邻里相互守望的氛围，社区才能形成真正的社会生活共同体（辛自强，2015）。本次调查也指出邻里互动和社区认同可以有效地增加助人行为，即促使居民更加认同自己的社区，更多地和邻居沟通交流可能是降低人际冷漠的有效手段之一。

社区认同的提升主要可以通过以下三点：一是增强“我们”的意识，强化群体内认同；二是通过共同目标、共同任务凝聚社区认同，社区认同可以促进邻里互动，反之亦然；三是提升社区管理水平，增强居民对社区的自豪感与认同感（辛自强，2016）。

具体来说，社区公共空间是社区心理建设的平台。现代小区，居民活动往往仅在家庭这一私人空间内，与社区空间存在明确的隔离。只有充分营造优美便利的社区公共空间，才能吸引居民走出家门，进入社区公共空间参与社会互

动和社区管理，从而形成社区共同心理。社区空间既包括现实的物理空间，例如会议室或活动室，乃至健身器材等公共场所；也有助于培养社区认同，共同的空间有助于形成“我们”的意识。此外，利益关联是居民参与社区心理建设的核心动力之一（辛自强，2016）。有共同的利益往往就有共同的目标和相同的诉求，例如“小区人车分离建设”或“小区绿化建设”等社区发展上的诉求和建议。相同的诉求和目标就产生了共同任务，为了完成共同任务、保障自己权益，居民会自发聚集在一起，不断沟通交流，在此过程中发展友好的邻里关系，也通过自身时间精力的投入加深与社区在情感上的联结，促进社区认同。

已有的一些研究通过上述三类方法提升居民的社区认同和邻里互动。例如曲映蓓和辛自强（2017）就依据影像发声法，通过组织居民拍摄小区垃圾分类的照片并面对面地讨论解决垃圾不分类的可能策略（即赋予社区居民共同任务），提高了居民的社区认同和一般社区参与行为，同时还增加了居民的垃圾分类行为（具体操作步骤见曲映蓓等，2017）。此外，还有研究者通过组织社区的独居老人一起进行游戏、手工艺品和食品制作，以及填写社区规划图等方式举办一系列活动促进了独居老人的邻里互动（李慧敏，郝雅奇，2017）。

总之，通过组织和引导居民完成共同任务，为居民设立共同目标让居民相互了解、增进互动，形成“我们”的意识；同时加强社区各方面的管理，例如对于居民的问题反馈及时处理沟通、维护社区环境、提升社区服务，双管齐下共同提高居民的社区认同和社区行为，从而降低人际冷漠。也可以直接依据社区干预案例中的理论和方法以社区为单位直接干预人际冷漠。

参考文献

柴艳萍：《经济制度变迁与中国人际关系的演变》，《中国矿业大学学报》（社会科学版）2012 年第 14 期。

丁凤琴、宋有明：《感恩与大学生助人行为：共情反应的中介作用及其性别差异》，《心理发展与教育》2017 年第 3 期。

蒋奖、曾陶然、杨淇越、于方静：《青少年物质主义的成因、测量与干预》，《心理科学进展》2016 年第 8 期。

刘国云：《道德祛魅：伦理学维度下的人际冷漠问题》，《思想战线》2012 年第 1 期。

李慧敏、郝雅奇：《小组工作在增进城市社区独居老人邻里互动中的应用研究》，《现代经济信息》2017 年第 13 期。

刘小豪：《大学生人际冷漠问卷的编制》，博士学位论文，云南师范大学，2016。

马广海：《论社会心态：概念辨析及其操作化》，《社会科学》2008 年第 10 期。

曲映蓓：《基于影像发声法的社区参与项目设计及效果评估》，硕士学位论文，中央财经大学，2017。

曲映蓓、辛自强：《影像发声法的设计思路及在心理学中的应用》，《心理技术与应用》2017 年第 8 期。

王俊秀：《社会情绪的结构和动力机制：社会心态的视角》，《云南师范大学学报》（哲学社会科学版）2013 年第 45 期。

王俊秀：《社会心态的结构和指标体系》，《社会科学战线》2013 年第 2 期。

辛自强、凌喜欢：《城市居民的社区认同：概念、测量及相关因素》，《心理研究》2015 年第 5 期。

辛自强：《心理建设：社区治理新方向》，《人民论坛》2016 年第 18 期。

许帅丹：《"见死不救"事件背后的人际冷漠反思》，《现代物业（中旬刊）》2012 年第 6 期。

Bauer, M. A., Wilkie, J. E., Kim, J. K., & Bodenhausen, G. V. (2012). Cuing consumerism situational materialism undermines personal and social well-being. *Psychological Science*, 23 (5), 517 - 523.

Bennett, R. (2003). Factors underlying the inclination to donate to particular types of charity. *International Journal of Nonprofit and Voluntary Sector Marketing*, 8, 12 - 29.

Cialdini, R. B., Brown, S. L., Lewis, B. P., Luce, C., & Neuberg, S. L. (1997). Reinterpreting the empathy - altruism relationship. *Journal of Personality & Social Psychology*, 73 (3), 481 - 94.

Lamy, L., Guéguen, N., Fischer-Lokou, J., & Guegan, J. (2016). "Wrong place to get help": A field experiment on luxury stores and helping behavior. *Social Influence*, *11* (2), 130 - 139.

Latane, B., & Darley, J. M. (1968). Group inhibition of bystander intervention in emergencies. *Journal of Personality and Social Psychology*, *10*, 215 - 221.

Podoshen, J. S., Li, L., & Zhang, J. (2011). Materialism and conspicuous consumption in China: A cross-cultural examination. *International Journal of Consumer Studies*, *35*, 17 - 25.

Richins, M. L., & Dawson, S. (1992). A consumer values orientation for materialism and its measurement: Scale development and validation. *Journal of Consumer Research*, *19*,

303 – 316.

Roberts, J. A., & Clement, A. (2007). Materialism and satisfaction with overall quality of life and eight life domains. *Social Indicators Research*, 82, 79 – 92.

Van Boven, L., Campbell, M. C., & Gilovich, T. (2010). Stigmatizing materialism: On stereotypes and impressions of materialistic and experiential pursuits. *Personality and Social Psychology Bulletin*, *36*, 551 – 563.

Woodard, J. W. (1936). A new classification of culture and a restatement of the Culture Lag Theory. *American Sociological Review*, 1 (1), 89 – 102.

Yang, Z., & Xin, Z. (2016). Community identity increases urban residents' in-group emergency helping intention. *Journal of Community and Applied Social Psychology*, *26*, 467 – 480.

Zhu, H., & Xie, Y. (2007). Socioeconomic differentials in mortality among the oldest old in China. *Research on Aging*, 29 (2), 125 – 143.

特殊群体篇

Special Groups

B.12

疏解非首都功能背景下涉迁对象社会情绪纵向调查与交互影响分析

马 皑　王雨浩*

摘 要： 目的：探究疏解非首都功能背景下涉迁对象的社会情绪，并对其影响因素及路径进行分析。方法：采用问卷法对500名涉迁人员社会支持水平、负性情绪、生活满意度以及相对剥夺感等变量进行测量，并对数据进行统计分析，探究涉迁群体社会情绪影响因素及路径。结果：不同性别涉迁群体在社会情绪上不存在显著差异，年龄、婚姻状况与受教育程度会对涉迁个体的社会情绪产生一定影响，除此以外，相对剥夺感与社会距离会影响个体的主观幸福感，且负性情绪在其中发挥了一定的中介作用。

* 马皑，中国政法大学社会学院，教授，主要研究法律心理学、犯罪心理学；王雨浩，中国政法大学，硕士研究生，主要研究犯罪心理学。

关键词： 涉迁对象　社会情绪　影响因素分析

一　引言

2017 年 10 月 18 日，在十九大报告中，习近平同志明确指出，“以疏解北京非首都功能为‘牛鼻子’推进京津冀协调发展”。此前，2014 年 2 月中共中央总书记习近平视察北京并发表讲话，对北京的核心功能做出了明确的战略定位。

当前，北京承担了太多不应该承担也没有能力承担的功能，不利于北京核心功能发展，同时也造成了严重的“大城市病”[①]。因此，疏解北京非首都功能不但是京津冀地区协同发展的关键环节，也是把北京建设成为世界性宜居城市势在必行的措施。

当前必须面对的是，疏解非首都功能过程中产生的产业转移和流动人口将面临巨大的社会心理压力。研究显示，城建移民的总体心理和谐、生活满意度和生存质量均显著低于一般民众，整体心理和谐水平不高。特别是非自愿移民，很大程度上会被次生贫困所困扰，因为不能很好地融于迁入地而被边缘化，丧失原有社会支持和社会资本，精神生活紧张，往往因而成为社会巨大的不安定因素[②]。

首先，迁移特别是非自愿迁移使得一些涉迁对象失去了原有的地缘优势，产生对现行补偿政策的强烈不满，从而引发较为严重的相对剥夺感[③]。这些从首都外迁的居民大多依附原先居住的繁华商业地段或相关产业谋生，却要迁移到相对不发达的周边城乡或外埠，需要时间接受和适应。有些涉迁产业及涉迁对象缺少相关安置配套措施；有些涉迁对象对搬迁后安置地的商业条件、生活条件甚至是子女的教育条件与之前的差别感到疑虑和悲观；另一些人则对搬迁

① 吴建忠、詹圣泽：《大城市病及北京非首都功能疏解的路径与对策》，《经济体制改革》2018 年第 1 期。

② 陈伟：《城市拆迁改造对邻里初级群体的影响》，《河海大学学报》（哲学社会科学版）2007 年第 3 期。

③ 刘成斌、风笑天：《三峡移民迁移满意度的转变及其根源》，《人口研究》2007 年第 1 期。

机会存在投机心理，希望通过非自愿搬迁得到更多额外补偿，提升自己的收入水平和社会地位，这导致迁移工作的开展往往十分困难。

个体生活在社会中，往往少不了社会比较，当人们通过与参照群体的比较，认为自身利益受到了其他群体剥夺，这时便会产生相对剥夺感这种心理状态①。个体高水平的相对剥夺感会导致一系列消极的后果，如负性情绪、低自尊、压力等。袁浩的研究发现，相对剥夺感的产生会导致个体体验到的幸福感降低②，任宝亮等人的研究发现，负性情绪与幸福感之间存在着显著的负相关，即体验到的负性情绪越多，个体的主观幸福感越低③。因此，本研究提出如下假设，假设 1：相对剥夺感会导致个体主观幸福感的降低，而负性情绪与主观幸福感之间存在显著负相关，因此负性情绪在相对剥夺感与主观幸福感之间起到了中介作用。

其次，从原居住地到迁移地，是其角色转换的再社会化过程。随着向新的地区迁移，其原所在地的社会支持网络体系会渐渐消失，但在新的地区重新建立社会支持网络体系是一个困难的过程。这就促使迁移对象形成更加以家庭为中心的生活方式，导致邻里关系淡漠，无法形成新的社区归属感和社区安全感④。1961 年，简·雅各布提出“街道眼”的概念，即城市社区本身具有自我防卫的能力。邻居之间可以通过彼此间相互来往碰面来进行自己人和陌生人的区分，进而提升安全感。但迁移使这种因“熟悉”而建立起的安全屏障顿时瓦解，导致人与人之间的社会距离增大。社会距离可衡量个体与群体之间的亲近程度，社会距离越大表示个体与群体之间的亲近度越低。而社会距离的增大也就意味着个体的社会融入出现障碍，进而会导致个体主观幸福感的降低。因此，本研究提出如下假设，假设 2：社会距离会导致个体主观幸福感的降低，而负性情绪与主观幸福感之间存在显著负相关，因此负性情绪在相对剥夺感与主观幸福感之间起到了中介作用。

---

① 马皑：《相对剥夺感与社会适应方式：中介效应和调节效应》，《心理学报》2012 年第 3 期。

② 袁浩：《上海新白领移民的社会网络构成、相对剥夺感与主观幸福感——以上海市为例》，《福建论坛》（人文社会科学版）2015 年第 4 期。

③ 任亮宝、王红霞：《大学生心理韧性、负性情绪与幸福感关系研究》，《集美大学学报（教育学版）》2015 年第 1 期。

④ 陈伟：《城市拆迁改造对邻里初级群体的影响》，《河海大学学报》（哲学社会科学版）2007 年第 3 期。

再次，迁移和生活环境的变化可能会严重损害迁移者的社会适应能力。移民搬迁不仅是一个物质生活环境的再造过程，更是一个精神生活环境的再造过程。另外，不管是在移民之间，还是在移民与非移民间，都有可能发生移民冲突①。因此社会支持对于个体适应新居住环境是非常重要的。社会支持是个体从其所拥有的社会关系中所获得的精神和物质上的支持②，良好的社会支持可以帮助个体更好地适应环境③。社会支持包括可见的实际物质等支持，也包括不可见的情绪情感上的支持④。另外，西方的研究显示，社会支持与主观幸福感存在显著相关，社会支持与生活满意度、积极情绪呈正相关，与消极情绪呈负相关⑤。

心理资本由若干积极心理状态组成，包括自信或自我效能感、希望、乐观和坚韧性四个方面。2005 年，Luthans 等人首次明确将心理资本定义为，“符合积极组织行为标准的心理状态，是个体一般性的积极心理要素，可以通过有针对性的干预而使个体获得提升”⑥。Luthans 等人重新修改了对心理资本的定义，提出心理资本是指个体积极的心理状态，具有如下特点：（1）具有完成挑战性任务的自信；（2）对当前和将来的成功做积极归因；（3）坚持目标，能够选择合适的路线获得成功；（4）当遇到挫折和困难时，能够坚持并使用替代性方法来取得成功⑦。

本研究引入心理资本这一积极心理学概念，意在探究心理资本是否在涉迁人员社会情绪上发挥着作用，并在此基础上思考相应的管理策略或干预方案。

---

① 风笑天：《安置方式、人际交往与移民适应　江苏、浙江 343 户三峡农村移民的比较研究》，《社会》2008 年第 2 期。

② 周林刚、冯建华：《社会支持理论——一个文献的回顾》，《广西师范学院学报》2005 年第 3 期。

③ 何晓燕、郭成：《中学生挫折应对与心理健康》，《现代中小学教育》2006 年第 3 期。

④ Angford, C. P. H., Bowsher, J., Maloney, J. P., & Lillis, P. P., Social support: A conceptual analysis, *Journal of Advanced Nursing* 25 (1997): 95 - 100.

⑤ 宋佳萌、范会勇：《社会支持与主观幸福感关系的元分析》，《心理科学进展》2013 年第 8 期。

⑥ Luthans F., Avolio B. J., Walumbwa F. O., and Li W., The psychological capital of Chinese workers: Exploring the relationship with performance, *Management and Organization Review*, 1 (2005): 247 ~ 269.

⑦ Luthans F., Youssef C. M., Avolio B. J., *Psychological capital: Developing the human competitive edge*Oxford: Oxford University Press, 2007.

综上所述，本研究旨在针对在非首都功能疏解背景下的非自愿迁移人员的社会情绪做细致、深入的调查与评估，探究影响其社会情绪的交互作用路径机制，并据此提出应对策略与管理方法，以便推动疏解非首都功能工作的顺利进行，进而也能够对京津冀地区的和谐稳定发展起到积极作用。

二　研究对象与方法

（一）研究对象

采用简单随机抽样的方法，调查河北省保定市白沟地区与河北省沧州市因疏解北京非首都功能迁出的个体的社会情绪等心理状况，研究对象主要是从北京大红门服装市场与北京动物园批发市场等迁移出来的服装行业从业人员。共计发放问卷500份，收回有效问卷447份，有效率为89%。被试具体人口学信息如表1所示。

表1　样本基本信息情况

	人口学变量	频数(百分比)
婚姻状况	未婚	55(12.3%)
	已婚	392(87.7%)
年龄	30岁以下	130(29.1%)
	31到40岁	164(36.7%)
	41岁及以上	153(34.2%)
性别	男	190(42.5%)
	女	257(57.5%)
文化程度	小学及以下	22(4.9%)
	初中	195(43.6%)
	中专/高中	169(37.8%)
	大专/大学	57(12.8%)
	大学以上学历	4(0.9%)
地区	保定白沟地区	128(28.6%)
	沧州地区	319(71.4%)

续表

	人口学变量	频数(百分比)
在京曾工作区域	大兴区	89(19.9%)
	丰台区	221(49.4%)
	朝阳区、海淀区	32(7.2%)
	东城区、西城区	55(12.3%)
	其他	50(11.2%)

(二)研究工具

1. 社会支持评定量表

采用肖水源编制的社会支持量表，包含10个条目，由客观支持、主观支持和对社会支持的利用度三个维度组成①。本研究中，该量表的内部一致性系数为0.80。

2. 焦虑－抑郁－压力量表中文简版

又称DASS－21量表，包含21个条目，由三个分量表组成，分别是抑郁、焦虑、压力分量表，每个分量表包含7个条目。该量表采用likert4级评分方式，用来评估个体过去1周的负性情绪状况，得分越高，代表负性情绪症状越严重②。本研究中，该量表的内部一致性系数为0.96。

3. 总体幸福感量表

采用段建华修订版量表。总分是18项得分之和。包括6个因子：对健康的担心、精力、对生活的满足和兴趣等③。本研究中，该量表的内部一致性系数为0.79。

4. 生活满意度量表

采用Diener等人编制的生活满意度量表来评定个体对自己生活的满意程度，该量表由5个条目组成，测量个体对于整个生活状态的满意程度。采用7级计分，总分越高表明个体对目前的生活状况满意程度越高④。本研究中，该量表的内部一致性系数为0.89。

① 汪向东、王希林、马弘：《心理卫生评定量表手册》，《中国心理卫生杂志》1999年（增）。

② 龚栩、谢熹瑶、徐蕊、罗跃嘉：《抑郁－焦虑－压力量表简体中文版（DASS－21）在中国大学生中的测试报告》，《中国临床心理学杂志》2010年第4期。

③ 汪向东、王希林、马弘：《心理卫生评定量表手册》，《中国心理卫生杂志》1999年（增）。

④ 任俊：《积极心理学》，上海教育出版社，2006。

5. 鲍格达斯量表

鲍格达斯量表又称社会距离量表。该量表被广泛用于测量人们对种族、职业、社会阶层、宗教群体等事物的态度，量表陈述按从最近社会距离到最远社会距离排列开来，如可以结亲（1）、可以作为朋友（2）、可以作为邻居（3）、可以在同一行业共事（4）、只能作为公民共处（5）、只能作为外国移民（6）、应被驱逐出境（7）。括号内分值越大表示社会距离越大①。本研究对上述表述进行了更改，以更好地用于本研究。

6. 心理资本量表

采用 Luthans 等人编制的心理资本问卷，包含 24 个题目，由自我效能、乐观、自信及韧性四个维度组成。采用 6 点计分，平均分越高，代表个体心理资本水平越高②。本研究中，该量表的内部一致性系数为 0.96。

7. 相对剥夺感问卷

采用马皑编制的相对剥夺感问卷来测量个体在与相应的参照群体的比较过程中产生的一种对两者之差异的主观感受。该问卷有 4 个项目，采用 1~6 点计分方式，总分越高，说明个体的相对剥夺感越强烈③。本研究中，该量表的内部一致性系数为 0.76。

8. 感知社会阶层

采用单项测量方式，询问被调查者“若将社会分成 0~10 级阶梯，您认为自己处于社会的哪个位置上?”，以此了解被调查者主观上的阶层认同。分数越高表明被调查者主观认为自己的阶层等级越高④。

（三）统计分析

本研究采用 SPSS19.0 统计软件进行 t 检验、方差分析、回归分析、中介与调节效应分析等，采用 AMOS24.0 统计软件进行路径分析。

---

① 陈志光：《居住隔离与社会距离——以农民工和本地居民为例》，《中共福建省委党校学报》2018 年第 3 期。

② Fred Luthans, Kyle W. Luthans, Brett C. Luthans, Positive psychological capital: beyond human and social capital, *Business Horizons* 1 (2003): 47.

③ 马皑：《相对剥夺感与社会适应方式：中介效应和调节效应》，《心理学报》2012 年第 3 期。

④ 马皑：《相对剥夺感与社会适应方式：中介效应和调节效应》，《心理学报》2012 年第 3 期。

三　研究结果

（一）不同性别涉迁个体在各变量上的得分差异

表 2　不同性别涉迁个体在各变量上的差异

	t	显著性(双侧)
感知社会阶层	0.78	0.44
主观社会支持	-0.24	0.81
客观社会支持	-1.05	0.29
对支持的利用度	-1.23	0.22
社会支持总分	-0.88	0.38
抑郁	0.16	0.87
焦虑	0.07	0.95
压力	0.20	0.84
负性情绪	0.15	0.88
对健康的担心	-0.69	0.49
精力	1.06	0.29
对生活的满足和兴趣	-0.58	0.56
忧郁或愉快	0.29	0.78
对情感和行为的控制	-0.85	0.40
松弛或紧张	-0.44	0.66
主观幸福感总分	-0.11	0.92
生活满意度	0.32	0.75
社会距离	0.51	0.61
自我效能	1.42	0.16
希望	1.57	0.12
心理弹性	1.13	0.26
乐观	0.94	0.35
心理资本总分	1.37	0.17
相对剥夺感总分	1.47	0.14

对不同性别的涉迁个体在各个变量上的得分进行独立样本 t 检验，结果发现，不同性别的涉迁个体在各变量的得分上均不存在显著性差异。

（二）不同年龄涉迁个体与社会情绪

表 3　不同年龄段涉迁个体在各变量上的得分差异

	F	显著性	事后检验
感知社会阶层	1. 50	0. 224	
主观社会支持	4. 97	0. 007	2 >3 >1
客观社会支持	3. 09	0. 046	2 >1 >3
对支持的利用度	3. 88	0. 021	2 >3 >1
社会支持总分	4. 65	0. 010	2 >3 >1
抑郁	1. 79	0. 169	
焦虑	2. 01	0. 135	
压力	1. 24	0. 292	
负性情绪	1. 79	0. 168	
对健康的担心	4. 78	0. 009	1 >2 >3
精力	2. 02	0. 134	
对生活的满足和兴趣	0. 01	0. 993	
忧郁或愉快	2. 84	0. 059	2 >3 >1
对情感和行为的控制	2. 14	0. 119	
松弛或紧张	0. 19	0. 824	
主观幸福感总分	0. 82	0. 440	
生活满意度	3. 89	0. 021	2 >3 >1
社会距离	1. 923	0. 147	
自我效能	6. 19	0. 002	2 >3 >1
希望	2. 52	0. 082	
心理弹性	3. 88	0. 021	1 <2、3
乐观	2. 98	0. 052	1 <2、3
心理资本总分	4. 19	0. 016	1 <2、3
相对剥夺感总分	1. 68	0. 188	

注：1. 30 岁及以下；2. 31 岁到 40 岁；3. 41 岁及以上。

对不同年龄段的涉迁个体在各变量上的得分进行比较发现，不同年龄段的涉迁个体，其在社会支持、对健康的担心、生活满意度、心理资本上存在显著差异，在忧郁或愉快维度上存在边缘显著差异。事后检验的结果如表3所示。

（三）不同婚姻状况涉迁个体与社会情绪

本研究中将涉迁群体的婚姻状况分为两种，未婚及离异以及已婚，对这两类涉迁个体进行差异统计分析发现，除了在对支持的利用度、对生活的满足和兴趣、对情感和行为的控制、社会距离这几个变量及维度上未表现出显著的统计学差异以外，在其他各变量及维度上均表现出了统计学差异，具体情况如表4所示。

表4　不同婚姻状况涉迁个体在各变量得分上的差异

	婚姻状况	M	SD	t	显著性（双侧）	均值差值
感知社会阶层	未婚及离异	4.48	2.32	-1.95	0.06	-0.63
	已婚	5.11	1.77			
主观社会支持	未婚及离异	22.48	6.16	-5.16	0.00	-4.42
	已婚	26.90	4.77			
客观社会支持	未婚及离异	8.09	3.14	-3.00	0.00	-1.41
	已婚	9.49	3.31			
对支持的利用度	未婚及离异	6.95	1.89	-1.01	0.31	-0.28
	已婚	7.22	1.91			
社会支持总分	未婚及离异	37.52	8.79	-5.41	0.00	-6.10
	已婚	43.62	7.76			
抑郁	未婚及离异	4.73	6.04	2.87	0.01	2.40
	已婚	2.33	4.15			
焦虑	未婚及离异	4.71	5.52	2.78	0.01	2.14
	已婚	2.58	4.16			
压力	未婚及离异	6.14	6.09	2.88	0.01	2.43
	已婚	3.71	4.48			
负性情绪	未婚及离异	15.59	16.99	2.96	0.00	6.97
	已婚	8.62	12.25			
对健康的担心	未婚及离异	8.55	3.53	1.71	0.09	0.78
	已婚	7.78	3.13			
精力	未婚及离异	18.44	5.82	-2.80	0.01	-2.29
	已婚	20.72	4.44			

续表

	婚姻状况	M	SD	t	显著性(双侧)	均值差值
对生活的满足和兴趣	未婚及离异	6.78	2.21	-0.60	0.55	-0.18
	已婚	6.96	2.05			
忧郁或愉快	未婚及离异	15.32	5.07	-4.16	0.00	-2.53
	已婚	17.85	4.13			
对情感和行为的控制	未婚及离异	12.11	3.62	-1.59	0.12	-0.80
	已婚	12.91	2.63			
松弛或紧张	未婚及离异	17.29	5.60	-2.52	0.01	-1.69
	已婚	18.98	4.56			
主观幸福感总分	未婚及离异	78.62	20.22	-2.35	0.02	-6.64
	已婚	85.26	14.52			
生活满意度	未婚及离异	20.75	8.16	-3.16	0.00	-3.26
	已婚	24.01	7.07			
社会距离	未婚及离异	2.96	1.64	0.63	0.53	0.13
	已婚	2.84	1.36			
自我效能	未婚及离异	25.77	8.50	-2.61	0.01	-3.05
	已婚	28.82	5.65			
希望	未婚及离异	25.71	8.18	-2.34	0.02	-2.66
	已婚	28.37	5.97			
心理弹性	未婚及离异	25.68	8.25	-2.20	0.03	-2.51
	已婚	28.18	5.83			
乐观	未婚及离异	25.50	8.89	-2.53	0.01	-3.09
	已婚	28.59	5.68			
心理资本总分	未婚及离异	102.66	32.44	-2.53	0.01	-11.31
	已婚	113.97	21.17			
相对剥夺感总分	未婚及离异	10.09	4.32	-2.43	0.02	-1.55
	已婚	11.64	4.49			

（四）不同文化程度涉迁个体与社会情绪

本研究中，由于初中、高中文化程度的涉迁个体在样本中占了绝大部分比重，因此本研究将小学、大学等文化程度涉迁个体并入初中以及高中两个大组内，并对其进行 t 检验，统计检验的结果表明，不同文化程度的涉迁个体，其在相对剥夺感上存在显著性差异，在主观幸福感上存在边缘显著性差异，但是在对健康的担心以及对情感和行为的控制两个维度上，均存在显著性差异。具体情况如表5所示。

表5　不同文化程度涉迁个体在各变量上的得分差异

	t	显著性(双侧)	均值差值
感知社会阶层	-0.42	0.67	
主观社会支持	-0.95	0.34	
客观社会支持	-1.39	0.17	
对支持的利用度	-0.98	0.33	
社会支持总分	-1.42	0.16	
抑郁	0.03	0.98	
焦虑	0.14	0.89	
压力	0.39	0.70	
负性情绪	0.20	0.84	
对健康的担心	-3.19	<0.01	-0.94
精力	-0.65	0.52	
对生活的满足和兴趣	-1.51	0.13	
忧郁或愉快	0.05	0.96	
对情感和行为的控制	-2.76	<0.01	-0.71
松弛或紧张	-0.89	0.38	
主观幸福感总分	-1.81	0.07	
生活满意度	0.50	0.62	
社会距离	1.40	0.16	
自我效能	1.05	0.30	
希望	-0.27	0.79	
心理弹性	0.47	0.64	
乐观	-0.31	0.76	
心理资本总分	0.25	0.81	
相对剥夺感总分	3.11	<0.01	1.30

（五）原北京不同工作区域涉迁个体与社会情绪

本研究对原北京不同工作区域的涉迁个体在各变量上的得分差异进行了统计分析，分析的结果表明，在社会支持、主观幸福感、生活满意度、心理资本等方面，原北京不同工作区域的涉迁个体均存在显著性差异，并且事后检验的结果表明，原丰台区、大兴区的涉迁群体的生活满意度、主观幸福感等要相对高于其他区域。具体结果如表 6 所示。

表 6　原北京不同区域涉迁群体在各变量上的得分差异

	F	显著性	事后检验
社会支持总分	3.83	0.01	大兴区 > 东城、西城；丰台 > 东城、西城、其他
抑郁	1.00	0.41	
焦虑	1.33	0.26	
压力	0.64	0.63	
负性情绪	0.97	0.43	
对健康的担心	0.76	0.55	
精力	2.48	0.04	
对生活的满足和兴趣	1.61	0.17	
忧郁或愉快	2.41	<0.05	
对情感和行为的控制	0.90	0.47	
松弛或紧张	2.52	0.04	
主观幸福感总分	2.36	<0.05	丰台区 > 大兴区；丰台区 > 东城区、西城区
生活满意度	3.48	0.01	丰台区 > 其他；丰台区 > 朝阳区、海淀区
社会距离	0.90	0.46	
自我效能	4.13	0.00	
希望	2.28	0.06	
心理弹性	3.25	0.01	
乐观	2.62	0.03	
心理资本总分	3.42	0.01	丰台区 > 大兴区、东城区、西城区、其他
相对剥夺感总分	0.66	0.62	

（六）不同迁入地涉迁群体在各变量上的得分差异

本研究对不同迁入地的涉迁群体在不同变量上的得分差异进行了统计分

析，统计分析的结果表明，除了社会距离、相对剥夺感以外，在其他各变量上，均存在显著性差异，并且从整体情况来看，沧州地区的迁入群体的整体状况要明显优于保定地区的迁入群体。

表7　白沟、沧州地区涉迁人员在各变量上的t检验

	地区	M	SD	t	显著性（双侧）	均值差值	
感知社会阶层	保定	4.70	1.85	-2.50	0.01	-0.48	沧州>保定
	沧州	5.17	1.84				
主观社会支持	保定	24.59	5.13	-4.68	0.00	-2.47	沧州>保定
	沧州	27.06	5.02				
客观社会支持	保定	8.25	3.24	-4.41	0.00	-1.50	沧州>保定
	沧州	9.75	3.25				
对支持的利用度	保定	6.84	1.77	-2.48	0.01	-0.49	沧州>保定
	沧州	7.33	1.95				
社会支持总分	保定	39.67	7.54	-5.40	0.00	-4.46	沧州>保定
	沧州	44.13	8.03				
抑郁	保定	4.29	5.48	4.37	0.00	2.32	保定>沧州
	沧州	1.97	3.85				
焦虑	保定	4.59	5.44	4.65	0.00	2.44	保定>沧州
	沧州	2.15	3.71				
压力	保定	5.15	5.72	2.84	0.01	1.59	保定>沧州
	沧州	3.56	4.25				
负性情绪	保定	14.02	16.21	4.06	0.00	6.34	保定>沧州
	沧州	7.68	11.19				
对健康的担心	保定	7.81	2.75	-0.29	0.78	-0.09	
	沧州	7.90	3.35				
精力	保定	18.64	5.21	-4.87	0.00	-2.53	沧州>保定
	沧州	21.17	4.26				
对生活的满足和兴趣	保定	6.66	1.99	-1.84	0.07	-0.40	沧州>保定
	沧州	7.05	2.08				
对情感和行为的控制	保定	12.23	2.78	-2.85	0.01	-0.82	沧州>保定
	沧州	13.05	2.74				
松弛或紧张	保定	17.23	5.17	-4.13	0.00	-2.14	沧州>保定
	沧州	19.38	4.40				

续表

	地区	M	SD	t	显著性（双侧）	均值差值	
主观幸福感总分	保定	78.37	17.46	-4.93	0.00	-8.53	沧州>保定
	沧州	86.90	13.88				
生活满意度	保定	21.97	7.29	-3.03	0.00	-2.29	沧州>保定
	沧州	24.26	7.19				
社会距离	保定	2.84	1.50	-0.11	0.92	-0.02	
	沧州	2.86	1.36				
自我效能	保定	25.84	6.86	-5.34	0.00	-3.63	沧州>保定
	沧州	29.48	5.52				
希望	保定	25.91	7.38	-4.10	0.00	-2.97	沧州>保定
	沧州	28.89	5.67				
心理弹性	保定	25.63	6.53	-4.73	0.00	-3.14	沧州>保定
	沧州	28.77	5.88				
乐观	保定	25.79	7.09	-4.83	0.00	-3.38	沧州>保定
	沧州	29.17	5.60				
心理资本总分	保定	103.17	25.12	-5.22	0.00	-13.13	沧州>保定
	沧州	116.31	21.21				
相对剥夺感总分	保定	11.21	4.86	-0.70	0.48	-0.33	
	沧州	11.54	4.35				

（七）各变量间的相关

本研究对涉迁群体在各研究变量上的得分进行了相关分析，具体结果如表8所示。

表8　各变量间的相关

	感知社会阶层	SS 总分	DAS 总分	主观幸福感总分	SWLS 总分	SD	PCQ 总分	相对剥夺感总分
感知社会阶层	1							
SS 总分	0.25**	1						
DAS 总分	-0.27**	-0.41**	1					

续表

	感知社会阶层	SS 总分	DAS 总分	主观幸福感总分	SWLS 总分	SD	PCQ 总分	相对剥夺感总分
主观幸福感总分	0.28**	0.39**	-0.57**	1				
SWLS 总分	0.31**	0.25**	-0.33**	0.49**	1			
SD	-0.09	-0.27**	0.19**	-0.19**	-0.17**	1		
PCQ 总分	0.33**	0.37**	-0.47**	0.50**	0.62**	-0.21**	1	
相对剥夺感总分	-0.04	-.06	0.18**	-0.26**	-0.05	0.03	0.02	1

** 在.01 水平（双侧）上显著相关。

（八）相对剥夺感影响主观幸福感的中介作用检验

使用 SPSS 的宏文件 Process①，通过自抽样程序，对“负性情绪在相对剥夺感与幸福感之间起中介作用”的假设进行检验。选择模型 4，自抽样次数设为 5000，采用偏差校正的置信区间。结果如表 9 所示，“相对剥夺感—负性情绪—主观幸福感”这一部分中介作用成立，中介效应为 -0.36，中介效应占总效应的比例为 39%。中介效应的模型图如图 1 所示。

表 9　相对剥夺感影响主观幸福感的中介检验

自变量（X）	中介变量（M）	因变量（Y）	X 对 M 的效应	M 对 Y 的效应	X 对 Y 总效应	X 对 Y 直接效应	95% CI
			(a)	(b)	(c)	(c')	
相对剥夺感	负性情绪	主观幸福感	0.59***	-0.61***	-0.93***	-0.57**	[-0.60, -0.18]

* 在 0.05 水平（双侧）上显著相关，** 在 0.01 水平（双侧）上显著相关，*** 在 0.001 水平（双侧）上显著相关。

① Kristopher J. Preacher, Andrew F. Hayes, Asymptotic and resampling strategies for assessing and comparing indirect effects in multiple mediator models, *Behavior Research Methods* 3 (2008): 879 - 891.

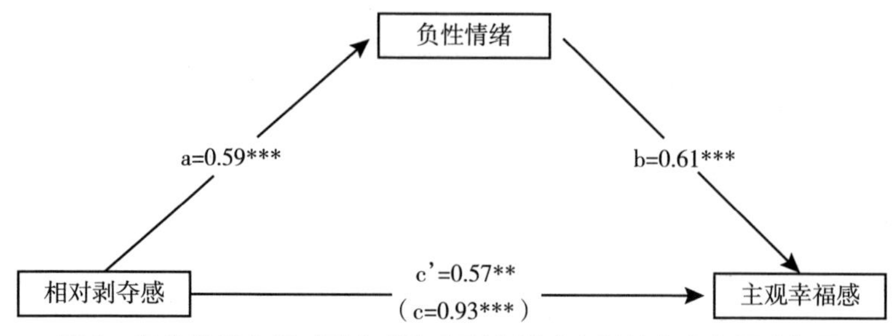

图1　负性情绪在相对剥夺感和主观幸福感之间的中介作用路径图

（九）社会距离影响主观幸福感的中介作用检验

使用 SPSS 的宏文件 Process①，通过自抽样程序，对“负性情绪在社会距离与幸福感之间起中介作用”的假设进行检验。选择模型 4，自抽样次数设为 5000，采用偏差校正的置信区间。结果如表 10 所示，“社会距离—负性情绪—主观幸福感”这一部分中介作用成立，中介效应为 -0.89，中介效应占总效应的比例为 53%。中介效应的模型图如图 2 所示。

表 10　相对剥夺感影响主观幸福感的中介检验

自变量（X）	中介变量（M）	因变量（Y）	X 对 M 的效应	M 对 Y 的效应	X 对 Y 总效应	X 对 Y 直接效应	95% CI
			(a)	(b)	(c)	(c')	
社会距离	负性情绪	主观幸福感	1.58***	-0.63***	-1.88**	-0.89*	[-1.90, -0.24]

（十）影响涉迁个体社会情绪的各因素交互作用路径分析

通过 Amos24.0 统计软件对相对剥夺感、负性情绪、主观幸福感、心理资本、主观阶层感知、社会支持以及社会距离之间交互作用进行路径分析，并通过不断对模型进行修正、拟合，删除不显著路径，形成具有统计意义和理论意义的最终路径模型图（见图 3）。各路径系数均具有显著统计学意义（$p<0.01$）。模型拟合指数 $\chi^2/df=2.14$，CFI = 0.98，NFI = 0.96，IFI = 0.98，TLI = 0.97，

① Kristopher J. Preacher, Andrew F. Hayes, Asymptotic and resampling strategies for assessing and comparing indirect effects in multiple mediator models, *Behavior Research Methods* 3 (2008): 879 - 891.

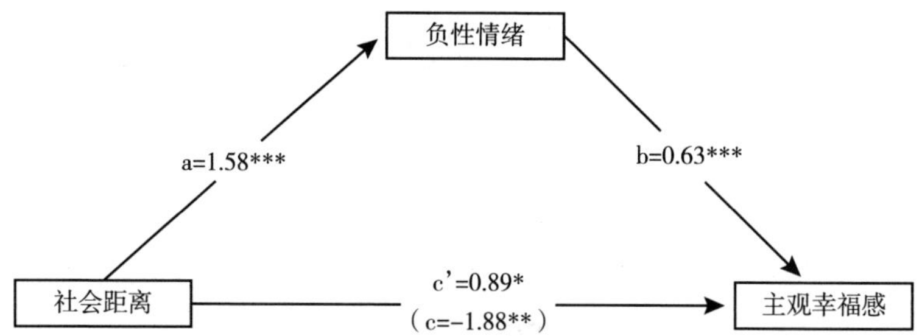

图 2　负性情绪在社会距离和主观幸福感之间的中介作用路径图

GFI = 0.95，AGFI = 0.93，RMSEA = 0.05，根据 Hair 等人、Hu 与 Bentler 等人①的建议，我们采用 χ^2/df、RMSEA、CFI、NFI、AGFI 等指标来对模型拟合优度进行评价，χ^2/df 应小于 3，RMSEA 应小于 0.08，越接近 0 越好；CFI、NFI 等应大于 0.9，越接近 1 越好，因此，本研究结果表明，该模型拟合良好。

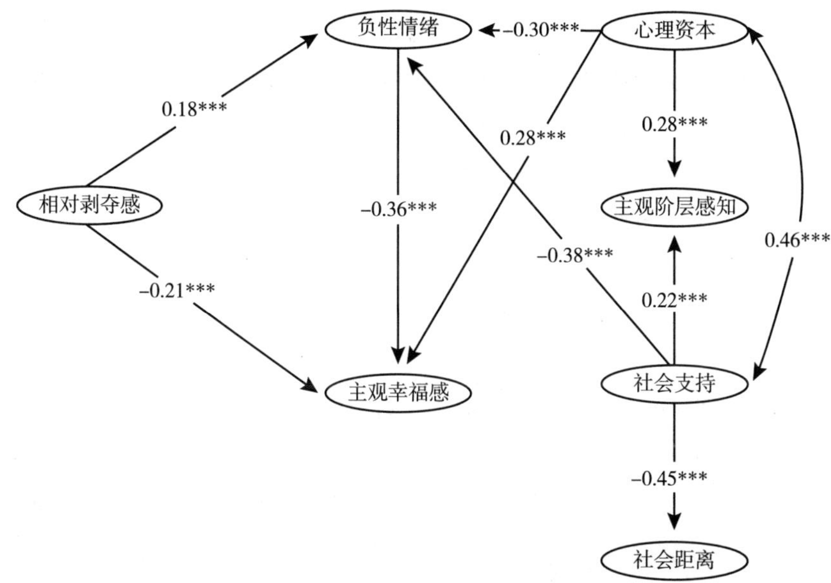

图 3　影响涉迁个体社会情绪的各因素交互作用路径

① Hair, J. F. Jr. , Anderson, R. E. , Tatham, R. L. , & Black, W. C. (1998). Multivariate Data Analysis, (5th Edition). Upper Saddle River, NJ: Prentice Hall. L. T. Hu, P. M. Bentler, Cut-off criteria for fit indices in covariance structure analysis: onventional criteria versus new alternatives, *Structural Equation Modeling* 6 (1999): 1 -55.

表 11　模型拟合指标

χ^2/df	NFI	CFI	TLI	GFI	AGFI	IFI	RMSEA
2. 14	0. 96	0. 98	0. 97	0. 95	0. 93	0. 98	0. 05

四　讨论

（一）性别、年龄、婚姻状况与社会情绪

本研究通过对不同性别涉迁个体在感知社会阶层、社会支持、负性情绪、生活满意度、社会距离、相对剥夺感等社会情绪变量上的得分进行了差异检验，统计分析的结果表明，不同性别涉迁个体在上述各变量得分上不存在显著差异，这与姚培炜等人的研究相一致。姚培炜等人对外来务工人员的研究发现，该群体的社会情绪并不存在性别差异①。这也说明涉迁个体在新环境中更依赖家庭内部的互助，家庭与婚姻状况的影响大于性别的影响。

本研究在对不同年龄段涉迁个体的社会情绪差异研究中发现，31～40 岁的涉迁个体，其多方面心理状况及社会情绪状况等要显著优于 30 岁以下以及 40 岁以上的涉迁个体。这一结果与发展心理学的结论吻合，正值壮年的群体由于资源相对丰富、家庭结构稳定、经营模式特别是买方客户固定，对今后有较好的预期，尤其是在其与其他年龄段群体进行比较时，对今后发展具有控制感，而 30 岁以下和 40 岁以上群体存在上行流动和扩大资源的焦虑。

在对不同婚姻状况涉迁个体的社会情绪差异研究中发现，除了在社会距离、对支持的利用度、对生活的满足和兴趣以及对情感和行为的控制等变量及维度上不存在显著差异，在其余各变量上均存在显著差异，并且结果表明，已婚个体在积极社会情绪上的得分要显著高于未婚及离异个体，在消极社会情绪上的得分要显著低于未婚及离异个体。即已婚涉迁个体各方面的社会情绪状况基本均优于未婚及离异涉迁个体，在家庭支持系统影响心态特别是情绪的大前

① 姚培炜、李思、张扬懿、付桂芳：《外来务工人员的社会情绪现状研究——以广州市白云区东平村为例》，《云南社会主义学院学报》2014 年第 4 期。

提下，这个结论是客观合理的。因此，在实际工作中，关注点应多放在未婚及离异涉迁个体身上，要多关注该群体的诉求，及时化解其负性社会情绪。

（二）文化程度、原北京工作区域、迁入地与社会情绪

在相对剥夺感方面，不同受教育水平的涉迁个体存在显著性差异，并且初中及以下学历的涉迁个体所体验到的相对剥夺感要显著高于高中及以上学历涉迁个体，这也提示我们，受教育程度对个体体验到的相对剥夺感高低起到了重要作用。受教育水平的高低体现了个体的努力以及选择，相对高的受教育水平可能会使个体在面对受剥夺事件时，能更好地处理以及应对。

原北京市丰台区、大兴区迁离的个体，其生活满意度、心理资本、社会支持等各方面均显著优于其他地区迁离个体，但在相对剥夺感、社会距离等方面不存在差异。

就不同迁入地的涉迁人员来说，沧州地区涉迁个体在积极变量上的得分要相对高于保定白沟地区的涉迁个体；保定白沟地区在消极变量上的得分要相对高于沧州地区的涉迁个体。就此来说，沧州地区涉迁个体心理状况要相对优于保定白沟地区的涉迁个体，这其中的影响因素可能包括两地经济基础、政府实施的相关政策、环境、基础设施、交通等各方面，由于本研究的局限性，未涉及上述方面，因此，在接下来的研究中，应重点关注上述因素对两地涉迁个体的影响。

（三）各变量间的相关关系

各变量间存在大量两两相关关系，为本研究探究影响涉迁人员社会情绪的各因素交互作用路径提供了基础。值得注意的是，相对剥夺感与负性情绪得分、幸福感得分之间存在显著相关，除此以外，与其他变量并不存在显著性相关。因此，这提示我们，可能涉迁人员体验到的相对剥夺感主要对其负性情绪以及幸福感程度存在重要影响作用，这与前人的研究相一致①。因此，探究此三者之间的相互作用关系颇为重要。

---

① 任亮宝、王红霞：《大学生心理韧性、负性情绪与幸福感关系研究》，《集美大学学报》（教育学版）2015 年第 1 期。

（四）相对剥夺感影响主观幸福感的中介作用检验

本研究结果显示，将负性情绪引入相对剥夺感与主观幸福感之间后，降低了相对剥夺感对主观幸福感的直接效应，且结果显著，所以负性情绪是相对剥夺感与主观幸福感之间的中介变量，起到部分中介的作用。这一结果验证了本文提出的假设1，相对剥夺感可以直接影响涉迁个体的主观幸福感，也可以通过负性情绪的中介作用影响涉迁人员的主观幸福感。涉迁人员所体验到的相对剥夺感，不仅会影响其负性情绪程度，也会进一步影响到其体验到的主观幸福感的程度，这也意味着，若要解决由相对剥夺感造成的主观幸福感降低的问题，可以通过降低其负性情绪提升其主观幸福感。

（五）社会距离影响主观幸福感的中介作用检验

本研究结果显示，将负性情绪引入社会距离与主观幸福感之间后，降低了社会距离对主观幸福感的直接效应，且结果显著，所以负性情绪是社会距离与主观幸福感之间的中介变量，起到部分中介的作用。这一结果验证了本文提出的假设2。因此，社会距离对涉迁个体主观幸福感的影响，部分是由于因人际疏远或拒斥导致个体产生强烈的负性情绪，进而导致其主观幸福感降低。涉迁人员所体验到的与迁入地居民的社会距离，不仅会影响其负性情绪程度，也会进一步通过负性情绪影响到其体验到的主观幸福感程度。综上所述，负性情绪不仅在相对剥夺感与主观幸福感之间发挥重要作用，也在社会距离与主观幸福感之间发挥重要作用。

（六）影响涉迁个体社会情绪的各因素交互作用分析

在本研究中，对涉迁人员主观幸福感的影响的直接或间接路径共有5条，其中，在直接效应中，负性情绪对个体主观幸福感的影响最大，为－0.36，其次是心理资本（0.28）与相对剥夺感（－0.21）；在间接效应中，社会支持对个体主观幸福感的影响最大，社会支持对个体主观幸福感主要是通过负性情绪而产生影响的。

对涉迁人员负性情绪的影响路径共有三条，且均为直接影响路径。其中，社会支持对负性情绪的直接效应最大，为－0.38，其次为心理资本（－0.30）

与相对剥夺感（-0.18）。路径分析结果表明，丰富的社会支持与强大的心理资本可以有效降低个体体验到的负性情绪并对其进行良好应对，个体体验到的相对剥夺感会进一步加深个体负性情绪程度。

对涉迁人员主观阶层感知的影响路径共有两条，且均为直接影响路径。其中，心理资本对涉迁人员主观阶层感知的直接效应最大，为0.28，其次为社会支持（0.22）。

对涉迁人员社会距离的影响路径只有一条，即社会支持，直接效应量-0.45。邓琳双等人的研究发现，个体的人格可能会影响外界环境对其提供的社会支持的数量①。那些体验到更多社会支持的个体，往往是热情、爱交往、积极向他人寻求帮助并拥有良好社交技能的人。另外有相关研究表明，高自信心、低神经质及良好的应对技巧等人格因素为获得高社会支持提供了基本条件②。本研究路径分析的结果表明，社会支持对涉迁个体社会距离起到了负向影响。这可能是因为体验到更多社会支持的涉迁个体往往是平易近人、乐观开朗、爱交往的，这些人格特质会增进他们与周围人的交往，缩小他们与他人的社会距离。体验到更多社会支持的个体可能拥有的这些人格特质，导致其群体相容性变高，人际关系相应也更加和谐融洽，进而会体验到较小的社会距离。

五　小结

要缓解涉迁人员相对剥夺感，首先应当重视社会价值观念建设，应当正确看待自身与比较对象间的差距。其次可以加强社会舆论引导。通过宣传来引导社会舆论，宣传是一把双刃剑，既可能减少相对剥夺感，也可能会增加相对剥夺感。相对剥夺感的产生在于社会比较，因此，宣传应当做到多元，以平衡人们的心理影响，并应突出价值层面，及时把握和回应社会现实问题、社会现象等，关键是要引导公众形成正确的公平观念以及选择合理的参照群体。“比上不足比下有余”的观念就可能会使相对剥夺感得以减轻。最后，要向涉迁个

① 邓琳双、郑雪、杨帮琰、李慧玲、胡金凤、罗琳：《人格与青少年疏离感的关系：社会支持的中介作用》，《中国临床心理学杂志》2012年第5期。

② 董增云：《大学生人格特征、社会支持与学校适应的关系》，《中国临床心理学杂志》2010年第5期。

体强调预期损失，使其感知到如果北京不疏解非首都功能，“大城市病”产生的蝴蝶效应必将更严重地损害他们的利益。因此，外迁属于“舍得”性政策，是放弃眼下小利益、获得远期大利益的利民之举。

关于涉迁人员负性情绪。本研究发现，相对剥夺感、心理资本、社会支持均对负性情绪具有重要影响作用，其中，相对剥夺感会导致负性情绪的提升，因此相对剥夺感的减少会导致个体体验到的负性情绪下降。另外，个体体验到的社会支持可以有效降低个体体验到的负性情绪，因此，当地政府可以提高对涉迁个体的政策支持以及加大资金投入力度，并落实相应制度法规以及完善相应基础设施建设。对于涉迁个体而言，要提高自己对客观资源以及支持的利用度，当地媒体应加强宣传教育，提升涉迁个体的支持利用度。除此以外，心理资本的提升也会促进个体有效应对负性情绪，降低负性情绪对个体的影响，因此，可以探究并设计有效的干预方案，进而提升个体的积极心理资本，促进个体有效应对负性情绪的侵扰。

除此以外，提升涉迁个体对今后发展的控制感，并由此激发安全感是化解负性情绪的有效办法。且自身心理资本的提升也是消解相对剥夺感的主要路径。当地政府的扶助措施如何成为涉迁群体的客观资源，是在制定政策时所必须顾及的。

感知社会阶层同样受到心理资本与社会支持的影响。丰富的心理资本使个体拥有更加乐观、充满希望的心态，使个体拥有高水平的自我效能感以及心理弹性，再加上社会支持的灌注，可以使个体保持良好的心态，不看低自己。

涉迁个体感受到的社会距离受个体社会支持水平的影响，而本研究认为，其影响背后的原因在于涉迁个体的人格特点，乐观、热情、喜好交往、平易近人等特点，不仅有助于个体获得社会支持，也利于个体与周围人的交往，拉近涉迁个体与迁入地居民的社会距离。

就本研究而言，涉迁个体总体幸福感的影响路径有多条，相对剥夺感与负性情绪的降低、社会支持与积极心理资本提升，均能有效增加涉迁个体感受到的总体幸福感。

六　建议与对策

作为京津冀一体化的龙头，北京有责任对涉迁群体今后的发展提供支持。

由于经济收入、家庭状况是影响主观幸福感的重要因素，在制度设计上帮助涉迁群体获得稳定、可预期的经济收入是北京市无条件提供的现实性帮助。在研究者看来，目前的社会发展及趋势下，建立以北京市为中心的大型网上超市，在政府采购环节向涉迁商圈倾斜，鼓励北京市货主与涉迁商户建立长期贸易关系等策略对涉迁群体的社会适应、负性社会情绪疏解等具有直接的作用。

除此以外，本文根据研究发现，针对北京疏解非首都功能背景下迁移出去的涉迁群体，有关政府对其的后期扶持应该从简单的物质给予向能力建设方向转变，增加涉迁群体心理资本，从短期来看，这有助于涉迁个体更好地应对负性情绪，提高其处理问题的能力；从长期来看，这是缓解涉迁群体相对剥夺感、提升其生活满意度以及幸福感的重要方式，并且对于缩小其与当地居民的社会距离，建立更好的、良性发展的市场环境具有重要意义。另外需要补充的是，缩小社会距离最直接的方式即加强双方的交流以及沟通，因此，相关政府部门应建立相应平台，加强涉迁群体与迁入地居民的直接交往与接触，在此基础上加强舆论宣传，加深双方对彼此的认识与了解，消除误会与隔阂，进而拉近双方社会距离，帮助涉迁群体更好地适应迁入地生活，进而建立良性发展市场，促进当地经济发展与稳定。

总体上，稳定并可预期的经济收入对涉迁群体的情绪具有较大的影响，迁入地政府的各类配套措施是改善经济收入的抓手。任何解决性对策都要围绕如何提升涉迁群体的个人家庭收入、增加幸福感、缓解相对剥夺感设计。

具体来讲，首先，增大学习、培训、信息交流等公共基础设施的投资力度，营造丰富的涉迁群体心理资本建设的支撑与保障体系。这需要政府部门下大力气整合资源，引导建立相对稳定的培训基地与长期的适应市场需要的培训项目，加快信息网络交流平台建设等等。其次，政府部门应尽快在涉迁群体搬迁后帮助其重构社会支持网络。社会支持网络在涉迁群体生活中的重要地位已经在本研究中得到了充分的证实，社会支持网络不仅是涉迁群体个体能力的一个重要组成部分，同样对于其适应新环境、应对新问题具有重要意义。疏解北京非首都功能过程中迁移的个体，其原有的社会支持网络已伴随着搬迁而萎缩甚至完全断裂，政府在该群体搬迁后的首要工作就是建立正规的社会支持体系（如经济支持等）等。最后，要重视心理干预等策略的运用。在涉迁群体移民安置的过程中，应及时注意涉迁个体的负性情绪等方面的问题，早发现早干

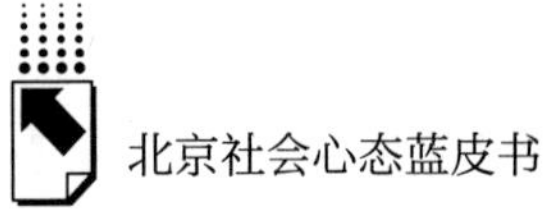

预。总结起来有以下几点。

——建立以北京市为中心的大型网上超市，在政府采购环节向涉迁商圈倾斜，鼓励北京市货主与涉迁商户建立长期贸易关系。

——有关政府对其的后期扶持应该从简单的物质给予向能力建设的方向转变，增加涉迁群体心理资本。

——北京市有社工专业的大专院校应将迁入地作为实习实践基地，为居民提供家庭帮助和心理援助，并了解社会舆情。

——相关政府部门应建立相应的信息交流、货源调配、职能培训、家庭互助等平台，加强涉迁群体与迁入地居民的直接交往与接触。

——政府部门下大力气整合资源，引导建立相对稳定的培训基地与长期的适应市场需要的培训项目，特别是网络贸易培训，加快信息网络交流平台建设。

——政府部门应尽快在涉迁群体搬迁后帮助其重构社会支持网络。

七　本研究的不足与展望

首先，北京非首都功能疏解工作中的涉迁对象，归纳起来，主要涉及以下四个领域：①一般性制造业；②区域性物流基地和批发市场；③部分教育医疗等公共服务功能；④部分行政性、事业性服务机构等。在本研究中，就样本而言，非首都功能疏解背景下的非自愿迁移人口只涉及了服装行业，因此本研究所得涉迁群体社会情绪交互作用路径机制模型的生态效度仅限于服装行业。在未来的研究中，需要增加其他行业领域涉迁群体样本，以完善交互作用路径机制，使一般规律能更好地涵盖北京非首都功能疏解背景下的涉迁群体。

其次，出于时限等原因，本研究未完成对涉迁群体社会情绪的纵向研究，然而探究涉迁群体社会情绪随时间的发展，对于深入探究社会情绪交互影响作用机制具有重要意义。虽然纵向研究往往耗时耗力，可能会发生被调查者流失等情况，进而影响到研究结果的代表性及生态效度，但是纵向研究往往能看到比较完整的发展过程和发展过程中的一些关键转折点。因此，在未来的研究中，要继续开展关于涉迁群体社会情绪的纵向研究。

最后，出于迁移时间原因，本研究并未获得两迁入地在经济发展状况上的差异以及两地涉迁群体的年收入等数据资料，由此无法从该方面展开对涉迁个体社会情绪的影响分析。值得注意的是，经济收入对个体幸福感具有重要影响作用，并且研究发现，经济收入水平越高，个体越感到幸福。另外，本研究并未获得详细且完整的两地针对涉迁群体的对待政策，因此无法分析两地优待政策的不同对涉迁群体社会情绪的影响作用，而公共服务政策与居民幸福感的关系一直是研究者关注的重点之一。有研究发现，公共政策可以正向显著预测居民幸福感。

在未来的研究中，上述缺陷均应得到弥补。

参考文献

陈伟：《城市拆迁改造对邻里初级群体的影响》，《河海大学学报》（哲学社会科学版）2017 年第 3 期。

陈志光：《居住隔离与社会距离——以农民工和本地居民为例》，《中共福建省委党校学报》2018 年第 3 期。

邓琳双、郑雪、杨帮琰、李慧玲、胡金凤、罗琳：《人格与青少年疏离感的关系：社会支持的中介作用》，《中国临床心理学杂志》2012 年第 5 期。

董增云：《大学生人格特征、社会支持与学校适应的关系》，《中国临床心理学杂志》2010 年第 5 期。

风笑天：《安置方式、人际交往与移民适应——江苏、浙江 343 户三峡农村移民的比较研究》，《社会》2008 年第 2 期。

龚栩、谢熹瑶、徐蕊、罗跃嘉：《抑郁 - 焦虑 - 压力量表简体中文版（DASS - 21）在中国大学生中的测试报告》，《中国临床心理学杂志》2010 年第 4 期。

何晓燕、郭成：《中学生挫折应对与心理健康》，《现代中小学教育》2006 年第 3 期。

刘成斌、风笑天：《三峡移民迁移满意度的转变及其根源》，《人口研究》2007 年第 1 期。

马皑：《相对剥夺感与社会适应方式：中介效应和调节效应》，《心理学报》2012 年第 3 期。

任亮宝、王红霞：《大学生心理韧性、负性情绪与幸福感关系研究》，《集美大学学报》（教育学版）2015 年第 1 期。

任俊：《积极心理学》，上海教育出版社，2006。

宋佳萌、范会勇：《社会支持与主观幸福感关系的元分析》，《心理科学进展》2013

年第 8 期。

汪向东、王希林、马弘：《心理卫生评定量表手册》，《中国心理卫生杂志》1999 年第 12 期。

吴建忠、詹圣泽：《大城市病及北京非首都功能疏解的路径与对策》，《经济体制改革》2018 年第 1 期。

姚培炜、李思、张扬懿、付桂芳：《外来务工人员的社会情绪现状研究——以广州市白云区东平村为例》，《云南社会主义学院学报》2014 年第 4 期。

袁浩：《上海新白领移民的社会网络构成、相对剥夺感与主观幸福感——以上海市为例》，《福建论坛》（人文社会科学版）2015 年第 4 期。

周林刚、冯建华：《社会支持理论——一个文献的回顾》，《广西师范学院学报》2005 年第 3 期。

Angford, C. P. H., Bowsher, J., Maloney, J. P., & Lillis, P. P. (1997). Social support: a conceptual analysis. *Journal of Advanced Nursing*, 25, 95 – 100.

Luthans. F., Luthans. K. W., & Luthans. B. C. (2003) Positive psychological capital: beyond human and social capital. *Business Horizons*, 47 (1).

Hair. J. F., Anderson. R. E., & Tatham. R. L. (1998). *Multivariate data analysis* (*5th Ed.*). Prentice Hall International: UK.

Hu. L. T., & Bentler. P. M. (1999). Cut-off criteria for fit indices in covariance structure analysis: conventional criteria versus new alternatives. *Structural Equation Modeling*, 6: 1 – 55.

Luthans. F., Avolio. B. J., Walumbwa. F. O., & Li. W. (2005). The psychological capital of chinese workers: exploring the relationship with performance. *Management and Organization Review*, 1, 247 – 269

Luthans. F., Youssef. C. M., & Avolio. B. J. (2007). *Psychological capital: developing the human competitive edge*. Oxford, UK: Oxford University Press.

Preacher. K. J., & Hayes. A. F. (2008). Asymptotic and resampling strategies for assessing and comparing indirect effects in multiple mediator models. *Behavior Research Methods*, 40 (3), 879 – 891.

B.13 北京市老旧小区综合整治与小区居民满意度研究

王积超*

摘　要： 本研究是在对海淀、东城、朝阳、石景山等区11个社区进行调研并梳理国内外相关研究成果的基础上，发现居民对老旧小区综合整治还存在施工扰民、小区整治后生活用品涨价和购物不方便、停车设施和充电桩欠缺、物业规范管理尚没有获得大部分居民的认可、安装电梯等上下楼设施和适老性改造不能满足群众需求等方面不满意的地方，进而课题组提出了如下应对措施，以提升居民的满意度：编制详细的实施计划并严格执行；完善相应的法律法规和监督机制；探索建立老旧小区自我管理机制；健全老旧小区物业服务；对旧住宅外部环境进行适老性改造；改变小区居民“等、靠、要”思想，引导他们理性加入整治行动。

关键词： 老旧小区　综合整治　满意度

一　研究背景

老旧小区是指那些建设年代较早，设计建设标准低和设备过时老化，如厨卫设施简陋、上下水不畅等，配套不全、管理不善、人文环境差的旧住宅小

* 王积超（1973～），安徽霍邱人，中央财经大学社会与心理学院教授，法学博士，主要研究方向是社会心理学、经济社会学等。

区，这些小区很难满足居民的基本生活需求，需要进行综合整治以提升小区的居住功能、条件和质量。[①] 2011 年 8 月北京启动最大规模旧房改造，对 1980 年前建成的大约 4000 万平方米（包括旧城的平房）的老旧房屋进行抗震节能改造，其他抗震节能改造房还包括北京各级政府规划保留的农村老旧住房，以及 1980 年至 2002 年间建成且不符合抗震和节能标准的学校、医院、体育场馆、商场、交通枢纽等公共服务设施。这次进行抗震节能改造由政府出资 150 亿元作为启动和基础资金，同时对符合条件的老旧楼房每套房屋可约增加 10% 的建筑面积，增加的面积按每平方米 3000 元左右的成本价，由个人支付。部分老旧小区综合改造，通过对老旧房屋加层并出售，来获取相应利润，从而平衡资金以完成老旧小区综合改造。

这次抗震和节能改造，要求抗震加固，使得老旧房屋全部达到八度抗震设防的国家规范；节能并提升能源效率，使得这些小区室内温度在达到北京市冬季室温标准的情况下，降低采暖季标准煤耗三分之二，全面更新管线等附属设施，使房屋居住得更加舒适，一些原先没有电梯的老旧楼房还可以加装电梯；对房屋建筑的外立面重新粉刷美化，通过绿化等途径对小区环境进行改造。截至 2016 年 1 月，北京市完成综合改造的老旧小区数量约 1582 个，建筑面积约 5850 万平方米。其中 2012 年完成约 1500 万平方米，2013 年约 1470 万平方米，2014 年约 1430 万平方米，2015 年约 1450 万平方米。这期间，还对北京在“大跃进”经济困难时期为应对老百姓缺房子问题而应急建设的过渡性 882 栋简易住宅楼进行了拆除重建，这些楼房设计使用年限只有 20 年，加固价值低。[②]

接下来的一年多时间里，北京市委、市政府、市政协、市人大以及学术机构做了大量的调研，北京市人民政府办公厅以此为基础在 2018 年 3 月 4 日发布了新一个阶段的《老旧小区综合整治工作方案（2018～2020 年）》，并提出，要通过老旧小区综合改造，“努力把老旧小区打造成居住舒适、生活便利、整洁有序、环境优美、邻里和谐、守望相助的美丽家园，不断增强居民的获得

---

① 严锦荣：《对首都城市老旧住宅小区综合整治问题的思考和建议》，《经济师》2008 年第 5 期。

② 谭军：《北京市老旧小区综合整治走过“十二五”》，《城乡建设》2016 年第 5 期。

感、幸福感和安全感”。正如一些学者在此之前调研和预测的那样，这新一轮的老旧小区综合整治一方面立足改善，将整治和提升相结合，增强和优化社区服务功能；另一方面也面对新情况，适应和回应群众的新需求，使老旧小区成为环境优美、文明、清净的精品小区，不断增强人民群众的获得感、幸福感和安全感。①

根据《老旧小区综合整治工作方案（2018～2020年）》，本次综合整治的对象包括：“1990年以前建成、尚未完成抗震节能改造的小区，1990年以后建成、住宅楼房性能或节能效果未达到民用建筑节能标准50%的小区，以及经鉴定部分住宅楼房已成为危房且没有责任单位承担改造工作的小区。”除上述小区外，整治范围还包括：“十二五”期间已完成抗震节能改造，但基础设施、基本功能仍存在不足，或物业管理不完善的小区。

根据《老旧小区综合整治工作方案（2018～2020年）》，“老旧小区综合整治主要实施六治七补三规范，即：治危房、治违法建设、治开墙打洞、治群租、治地下空间违规使用、治乱搭架空线，补抗震节能、补市政基础设施、补居民上下楼设施、补停车设施、补社区综合服务设施、补小区治理体系、补小区信息化应用能力，规范小区自治管理、规范物业管理、规范地下空间利用。具体整治内容采用菜单式，分为基础类和自选类。基础类是必须改造整治的内容，自选类是在已实施基础类改造整治的前提下，根据居民意愿确定的改造内容。各区政府要组织街道办事处（乡镇政府）建立健全政府主导、居民自治、社会力量协同的小区治理体系”。②

老旧小区综合整治需要社区、社会、居民个体及各种集体的共同行动，需要社区居委会的规划、日常管理和运营，需要社区居民自觉遵守各种社会行为规范，保持卫生、绿色、低碳出行，生活垃圾按标准分类，推崇“光盘”行动，密切邻里互动等，还需要他们参加社区和街道的志愿服务、社会公益等活动，不断优化社区公共秩序，保护社区公共资源，美化社区公共环境。

习近平强调：“检验我们一切工作的成效，最终都要看人民是否真正得到了实惠，人民生活是否真正得到了改善，人民权益是否真正得到了保障。”老

---

① 王皓：《解剖麻雀　一个老旧小区改造的范本》，《北京日报》2016年12月26日。

② 北京市人民政府办公厅《老旧小区综合整治工作方案（2018～2020年）》2018年3月4日。

旧小区综合整治要充分发挥小区居民的积极性与创造性，将每个人建设小区家园的行动和愿望与综合治理机构的目标和行为结合起来，共同缔造一个美丽的新小区。[①] 老旧小区综合整治能否给小区居民带来更加舒适的住房条件、更加优美的居住环境和洁净空气，是评价老旧小区综合整治成效的重要标准[②]。

二　数据和研究方法

根据《老旧小区综合整治工作方案（2018～2020年）》，本次老旧小区综合整治就是为了“健全完善老旧小区各类配套设施，补齐短板，优化功能，提升环境，解决好群众最关心、最直接、最现实的问题，实现法治、精治、共治”。调查问卷是基于中国综合社会调查（CGSS）、中国家庭追踪调查（CFPS）的问卷结构以及参考厦门大学社会学与社会工作系徐延辉教授等的论文《社区建设与城市居民的主观幸福感》对社区建设的定义及其量表（主要从生活满意度和情绪体验两个方面测量居民满意度）[③]，设计并不断修改而成的，测量老旧小区综合改造与小区居民满意度关系的相关问卷采用成熟的、国际通用的或已完成本土化的量表，整个社会调查问卷信效度可靠、调查过程严谨、数据可靠。

调查问卷基本结构如下：第一部分，社会人口学特征调查；第二部分，老旧小区综合整治行动的调查，包括六治、七补、三规范；第三部分，居民满意度调查部分，包括主观满意度和居民情绪两部分。上述三个部分可以有很好的关联，可以让我们全面了解北京市对老旧小区的综合整治，建设美丽北京，不断提升居民满意度的壮丽诗篇，及其做出的巨大贡献，并以此为基础，提出对北京市未来开展此类行动的政策建议和存在问题的应对措施，为建构现代新型社区奠定理论基础。

---

① 王晓霞：《社会主要矛盾转化与人民群众获得感探究——学习贯彻党的十九大精神》，《中共天津市委党校学报》2018年第20（02）期。

② 张卫伟：《论人民“获得感”的生成：逻辑规制、现实困境与破解之道——学习习近平关于人民获得感的重要论述》，《社会主义研究》2018年第6期。

③ 徐延辉、龚紫钰、陈磊：《社区建设与城市居民的主观幸福感》，《社会建设》2017年第4（05）期。

课题组于2018年8月初开始对北京东城区的2个小区开始调查，此后又分别对海淀、东城、朝阳、石景山等区11个社区发放了1300多份问卷，收回1013份有效问卷。在这个过程中我们不断进行数据清理、数据编码审核工作与综合变量、后期实地信息采集与数据更正，并对样本的人口学特征进行了统计，见表1。

表1　老旧小区综合改造调查样本人口学特征

类别	特征描述
性别	男性559人，占55.18%；女性454人，占44.82%
年龄	60岁及其以下占76.31%；60岁以上占23.69%
教育程度	大专及其以下占40.18%，本科占39.29%，硕士及以上占20.53%
宗教信仰	不信仰宗教的人数为925，占91.31%；信教人数为88人，占8.69%
政治面貌	群众446人，占44.03%；共青团员19人，占1.88%；民主党派38人，占3.75%；共产党员510人，占50.35%
拥有房产情况	无房产的43人，占4.24%；拥有1套房的765人，占75.52%；拥有2套及以上房产的205人，占20.24%
现居住房屋面积	1013家的平均面积为61.78平方米，标准差为14.64，最大面积为200平方米，最小居住面积为12平方米
现居住房屋的产权归属	产权归属于自己或者自己与他人共同所有的有842位受访者，占83.12%；有89户所住房屋为租借，占8.79%
家庭人口数	3人及其以下的占73.94%；4人及其以上的占26.86%；平均家庭人口数为3人
受访者收入	平均11.70万元，标准差为6.70，年收入为4万元、5万元、9万元出现的频次最多
婚姻状况	已婚有配偶共有754人，占74.42%；同居有121人，占11.94%；未婚、离婚、丧偶单身的有138，占13.64%
邻居、街坊熟悉程度	比较熟悉和非常熟悉的占10.86%，其他的占89.14%
家庭关系满意度	满意和非常满意的占76.8%，一般的占22.8%，不满意和非常不满意的占0.4%
参加居委会选举	参加居委会选举的占45.31%，没有参加的占54.69%
工作关系满意度	非常满意和满意的占64.07%；一般的占15.2；不满意和非常不满意的占1.48%；退休的受访者占19.25%

本研究在开展大规模调研的同时还梳理了国内外相关研究成果以及北京市“老旧小区综合整治”行动的一系列决定、报告、文件等重要文献，采取定量研究和定性研究相结合的方法，归纳“老旧小区综合整治”行动过程中出现的问题，进行归因和模式分析，基本上比较客观地了解居民对北京“老旧小区综

合整治”的情绪反应和满意度，并以此为基础提出相应的政策建议，希望这些研究成果能够对参与北京市老旧小区综合整治的各级政府部门问政于民、问需于民、问计于民，建立健全共治共管、共建共享机制做出积极的贡献。

三　北京老旧小区综合整治存在的问题和居民满意度分析

本课题组到各小区调研发现，老旧小区综合整治后的小区居住品质大幅提升：老房子加固抗震能力增强，居住更加安全；增加了保温外墙、更换了节能窗等使得房子冬暖夏凉，更加节能了；外墙面重新粉饰，房子漂亮了；架空线规整入地、小区整体进行绿化美化，小区更美了……但是从本次调研来看，老旧小区综合整治还存在不少问题，主要表现为：施工工期长期拖延和施工浪费（施工扰民）；安装电梯等上下楼设施和适老性改造、物业规范管理效果不佳；补建停车设施和充电桩和居民期望差距大；小区综合整治后生活用品涨价和购物不方便等等。

（一）关于施工扰民的问题

关于施工干扰，我们在调研中问了这样的问题：“您怎样评价施工期间的干扰?”回答共有如下四种情况：（1）受访者回答“为了将来更美好的小区，这点干扰算什么”的有 196 人，占比为 19.35%；（2）受访者认为“虽然带来了生活的诸多不便，但是由于政府组织得当以及施工方的努力，并没有感到痛苦”的有 677 人，占比为 66.83%；（3）受访者认为“有点痛苦，因为影响到老人和孩子的休息”的有 122 人，占比 12.04%；（4）受访者认为“很痛苦”的有 18 人，占 1.78%。前两种情况，即老旧小区综合整治期间没有受到干扰，或者能够完全容忍干扰的受访居民占比 86.18%。后两种情况，即对施工干扰有意见的受访者占 13.82%。

从上述数据可以看出，这次老旧小区综合改造，整体来看施工单位和街道办事处组织得当，居民比较满意。但在少数地方还是存在一些问题。这在我们的实地调研中也得到了佐证。如，我们在东城的一个社区调研，在社区服务中心参加活动的老大爷告诉我们，他们小区门口的一条道路已经施工 1 年多了，还没有修好，可能还得一年半载才完工，对道路两边的居民的生活出行产生了非常多的不便，老百姓和路边企事业单位的意见非常大。石景山的一个社区施工时窗户的玻璃就被更换了三次，被访谈的几位业主都非常心痛，认为这造成了极大的浪费，也给他们的生活带来了不便。还有一些家庭在上下水施工时，家中的装修被破坏，没有复原，损害了居民的利益，导致了居民们的不满。

（二）安装电梯等上下楼设施和适老性改造不能满足群众需求

根据《北京市老龄事业发展和养老体系建设白皮书（2017）》，截至 2017 年末，北京户籍 65 周岁以上的老年人口为 219.9 万，占北京户籍总人口的 16.2%；80 岁及以上高龄老年人口占 65 周岁以上老年人口的 16.72%，其中失能老年人 105112 人，占比 4.78%。而截至 2017 年底，北京市已投入运营的养老机构 506 家，共投入运营养老床位 10.3 万张，且利用率只有 56%，故根据这些已经公布的数据我们可以推断北京市只有 2.62% 的 65 岁老人在养老机构养老，97.38% 的老年人需要居家养老。据统计，北京有 8 万栋老旧无电梯楼房，约涉及 25 万个单元的 400 万户家庭。在这些楼房居住的高龄老人、独居老人、生活不能自理的老年人，“上去了下不来，下来了上不去”，他们对电梯的需求非常迫切。

根据我们本次的调查，受访者认为自己的小区进行了无障碍设施和适老性改造的人数为 509 人，占受访者总人数的 50.25%，这些人中认为非常满意、满意和一般的人数占 86.44%；认为没有改造的人数为 504 人，占受访者总人数的 49.75%，其中对没有改造不满意的人口占到 25.59%。对上下楼设施不满意和非常不满意的受访者有 283 人，占受访者总人数的 27.93%。已经增设电梯的受访者有 108 人，占受访者总人数的 10.66%；未增设电梯的受访者有 905 人，占受访者总人数的 89.34%，对未增设电梯不满意和非常不满意的人数为 350 人，占受访者总人数的 38.67%。实际上，安装电梯已经成为每一个老旧小区居民的渴望和梦想，这是我们调研中发现的。还有一些小区在综合整治中安装了电梯，采用“代建租用”模式，但是在实际运行中非常不成功，比如石景山的环卫楼小区安装的电梯就处于停运的状态，居民们非常愤怒。关于适老性改造，居民们反映最为强烈的就是将原来的木质扶手改为不锈钢的，导致老人们冬天和春秋季上下楼因为冻手感觉特别的不舒服。

（三）物业规范管理尚没有获得大部分居民的认可

接受我们调查的1013位受访者中，有590人感受到综合整治过程中补了小区治理体系，占58.24%，有423人，这些人中对补小区治理体系满意的占58.81%，一般和不满意的占41.19%，主要源于物业收费增加导致居民、物业管理和社区服务中心之间的矛盾和纠纷；占41.76%的受访者根本就没有感受到小区治理体系有什么变化，对未补感到不满意的仅仅占19.85%，因为他们已经习惯现有的小区治理现状。针对规范小区自治管理的问卷，有620人（占61.20%）认为小区治理已经规范，对规范小区自治管理感到满意的占30.48%，不满意的占16.93%，认为一般的占83.06%。有393人（占38.80%）认为小区治理还不规范，不满意的只占8.9%。针对实施规范化物业管理的调查问卷，有393人（占38.80%）认为小区物业化管理已经规范，对此满意的占19.34%，认为一般的占84.48%，认为不满意的占15.52%。有620人（占61.20%）认为小区的物业管理尚不规范，对不规范满意的占25.65%，满意的占16.92%，认为一般的占57.42%。

从上述的数据分析可以看出，物业规范管理尚没有获得大部分居民的认可。从我们这次调研来看，原来部分老旧小区的物业管理靠原产权单位出钱、出人、出力，当时对这些小区的物业管理小区居民比较满意，这次规范整治后，引入了社会物业管理公司，结果居民不愿意出钱，导致小区物业无人管的无序现象，使得规范化物业管理反而引发了小区居民的不满意；一些没有产权单位的老旧小区居民拒缴物业费的人比较多或者只缴纳少量的物业费，导致物业公司无法正常为小区提供安防、绿化、清洁卫生等服务工作，形式上成立的业委会也无法履行职责。小区的日常运行，比如日常楼道清扫、照明等，主要靠社区志愿者和党员志愿者提供基本的服务，如果没有这些单位或者个人，小区物业管理基本上处于失管无序状态，严重影响了社区的基本秩序，更不要说居委会、业委会、物业公司和居民之间的协同效应了。

关于物业管理的规范问题主要存在以下几种情况：第一，建立了形式上的物业管理体系，由于居民抵制，收费太低，以致物业服务不到位，还不如以前完全靠社区组织的物业管理效果好，这种情况在我们调研的小区中占比达三分之一。第二，没有建立新的物业，主要靠社区服务中心组织楼长、社区工作者、党团组织，部分完成物业工作。第三，物业基本上处于没有人管的状态。我们调研的 11 个社区中，没有一家成功建立了规范的物业管理体系。

（四）停车设施和充电桩的欠缺导致小区居民不满情绪增多

进行地桩、地锁专项整治的小区占我们调研的小区总数的 74.93%，小区居民对此感到满意的占 75.10%。没有整治的小区占 25.07%，小区居民对此不满意的占 27.95%。所有小区都对废弃汽车与自行车进行了清理，居民对此感到满意的达到 97.14%。地桩、地锁专项整治和对废弃汽车与自行车进行清理为社区补建停车设施和充电设施腾出了空间，也美化了社区环境，使得小区更加整洁。

对补建停车位及电动车充电设施非常满意和满意的占 26.45%，不满意和非常不满意的占 73.55%。其中已建停车位的小区占 42.55%，小区居民对建停车位满意的占 26.35%；未建停车位的小区占 57.45%，小区居民对之不满意的占 48.38%。已建电动车充电设施的社区占 17.77%，未建电动车充电设施的社区占 82.23%。在已建电动车充电设施小区，居民感到满意的占 49.44%；在未建电动车充电设施小区，居民感到不满意的占 89.19%。

我们调研的 11 个社区中有 2 个社区补建了停车设施，一个社区建设了充电桩。在调研中，很多受访者说没有停车位和停车无序成为小区居民心里的痛，他们非常渴望小区补建停车设施。一些没有充电设施的小区居民只能利用居民家里的充电设施为电动汽车和三轮车等交通工具充电，导致小区电网超负荷运行，这已经成为当前这些小区的重要安全隐患。少数居民因此事报警，但是充电是家中有电动汽车和三轮车等交通工具的刚需，警察也无法杜绝利用民用电为交通工具充电。

（五）小区整治后生活用品涨价和购物不方便

大部分老旧小区在进行综合整治后，都存在生活用品涨价和购物不方便等情况，85.69% 的受访者认为小区综合整治有负面影响。69.99% 的受访者认为购买电灯、五金工具等商品没有以前方便了；76.80% 的受访者认为，菜价变贵了，买菜也没有以前方便了；54.29% 的受访者认为，便宜的餐馆没有了，买早餐更贵、更难了；54.39% 的受访者认为，居民生活成本增加了。

我们调研的小区中只有环卫楼小区和金鱼池中街小区整治后，小区的购物和生活日用品购买的便利程度没有发生变化。其他地区都发生了很大的变化，这引起了老百姓的强烈不满，一些地方的社区服务中心，比如皂君西里小区组织了专门的场地，让流动菜站到小区为居民服务，北下关街道建设了一个智慧微菜场。但是这些做法虽然在一定程度上解决了老百姓在小区整治后购物不方便的问题，但是整治后菜价和日用品价格高企很难解决，需要一个系统的解决方案。其他问题还包括小区绿化问题和安全防范形式化的问题，不顾及小区大小和实际情况，建立门卫制度等，都引起了居民的不满。

四　老旧小区综合整治和提升居民满意度的对策分析

老旧小区综合整治要根据实际情况落实“四有”服务，即有安全防范、有绿化保洁、有停车管理、有维修维护，引导居民融入小区的软硬件建设，培养他们“花钱购买服务意识”，共同建设美丽的家园。从这次调研来看，北京市老旧小区综合整治获得了多数居民的认可，多数居民的满意度较高。根据我们的问卷调查，对老旧小区综合整治满意和非常满意的受访者占总受访人数的72.56%，认为一般的占22.8%，觉得不满意的占4.64%。满意评价主要是缘于如下三个方面：对楼梯粉刷后变漂亮满意的占87.62%，对小区环境变美满意的占85.58%，对小区治理后房子的租金更高、更贵了满意的占71.70%。对老旧小区综合整治不满意主要针对小区治理后的物业管理（不满意的占79.32%）和公共设施建设（不满意的占57.41%）。为了提升居民对老旧小区综合整治的满意度，课题组认为需要从如下八个方面来加以调整和完善，推进老旧小区综合整治的进一步深化。

（一）完善相应的法律法规和监督机制

要完善相应的法律法规，对小区业主在小区日常管理中的权利、义务做出明确规定，对物业缴费、安装电梯费用分摊、住宅专项维修资金续缴等方面都需要做出强制性规定，明确规定大家的缴费义务，杜绝小区居民在这些公共事务中的机会主义行为和搭便车现象。

由于老旧小区综合整治今后对于北京市民来说是一项长期系统工程，当前要注重法律法规建设，逐步形成老旧小区综合整治的法规体系。制定《老旧小区综合整治和周期性安全监测的技术标准和实施细则》，对老旧小区综合整治和周期性安全监测的资金来源、实施主体、时间间隔、技术规范、承发包管理、施工现场管理、群众工作、特殊情况等方面做出强制性的具体规定，防范老旧小区出现楼房倒塌事件，防范建筑物内管道、线路的系统性老化导致的居民生活问题等，同时对改造资金来源、权属分配等进行原则性规定。

要加快建立《老旧小区综合改造后性能目标评价体系》，对老旧小区综合整治过程中的各技术指标以及功能特性进行客观科学评价，同时还需要对居民的满意度进行评价。进一步完善《老旧小区适老性技术标准》、对符合条件的高龄老人家庭的小区设置无障碍设施、紧急求助电话、定点视频监控、担架电梯，以及马桶边设置安全扶手等要进行详细的规定。

建构老旧小区综合整治的监督机制，一方面要加强媒体监督，利用电视、网络、报纸、广播等主流媒体，跟踪报道老旧小区综合整治的成功经验和成果，提高居民关注度，并对项目进展情况和质量进行监督。另一方面要加强市、区、街道、社区服务中心对老旧小区综合改造工程的质量、安全、进度的检查，同时也要求开展施工企业施工自查、监理复查、区政府相关部门巡查、市政府相关部门抽查等。在工程施工小区设立公告栏，全程接受市民群众和社会监督，建立并完善由施工单位、监理单位、设计单位、区政府、街道、社区和小区居民参与的验收评价体系。通过上述两个方面建立一个覆盖所有方面和全过程的老旧小区综合整治的监督体系。

（二）编制详细的实施计划并严格执行

要根据每一个小区的实际情况，采取“基层组织、居民自愿、社会参与、政府支持”的方式实施，在现有综合整治政策的框架下，充分尊重居民意见，编制详细的实施计划，并严格执行。实施主体结合改造区域实际和业主需求，拟定详细的整治菜单，结合每一个小区的实际设计实施方案，建构小区管理和自治模式方案。实施主体要加强工程全过程管理，做到工程质量、安全、工期相统一。

通过编制规划将老旧小区综合改造过程中的房管、规划、国土、文物局、地震局等部门联合起来，共同研究，共同建立安全质量监督体系、招投标制度体系以及综合改造过程中优秀历史建筑保护制度和抗震技术保护制度等，并建立综合性的信息平台。同时利用规划将各部门、各行业涉及老旧小区综合改造的资金、项目进行整合，如电力部门在小区进行的电力改造，供水部门对小区的供水设施维修和改造，通信管理部门将小区中混乱的各种管线整理、扩容、入地等美化工程，消防部门对消防设施的更换、修补，水务部门对小区的积水点的维护和重新修建，发改和环保部门对小区的雨污分流网络的改造和调整，民政部门对小区的适老性改造和对家庭养老实施加装、维护、更新，环卫部门针对小区垃圾箱、小区绿化、垃圾分类和存储设施的项目改造等，要将这些部门涉及老旧小区改造的项目和资金进行有机结合，统筹推进，减少重复施工导致的浪费和工程扰民。如，许多项目都需要挖地、毁坏道路，如果计划好了只要一次挖地那就能大大提高资金利用效率，减少对民众的影响，提高小区居民的满意度。

（三）探索建立老旧小区自我管理机制

各街道党工委加强基层党组织建设，探索在街道党工委的领导下，由社区党组织牵头，建立街道、社区组织产权单位、业主、居民等参加的议事协调机制，以老旧小区改造业主大会及业主委员会等形式加强自我管理，与项目实施主体共同商议，确定小区整治方案及后期管理模式。业主大会成立后尚未选举业主委员会的，可经业主大会授权由居委会代为执行业主共同决定。业主大会未能成立的，由街镇牵头指导协助业主共同决定老旧小区综合整治相关事项，经业主共同授权可暂由居委会代为执行业主共同决定。

老旧小区居住的老人多、外来务工人员多，他们对于小区的管理意识和归属感淡薄。在老旧小区综合改造的过程中，他们中部分人存在机会主义的行为，希望搭便车，只顾及个人和家庭利益而不讲义务，在小区中经常出现公共设施被破坏、乱扔垃圾破坏公共环境、一些业主不愿意甚至拒绝缴纳物业管理费，导致小区无法进驻物业公司进行规范管理。同时这些人处于社会基层，怨气多，不愿意参与和监督社区事务，漠然对待社区治理和公共事务。[①] 老旧小

① 胡洁人、费静燕：《国家主导下的城市社区治理：四方互动及诉讼外的纠纷化解》，《广西民族大学学报》（哲学社会科学版）2017 年第 39（04）期。

区综合改造需要解决居民居住的舒适性问题，是一项民生行为；同时这期间还要补全和规范小区治理体系，也是一项社会治理工作。业主作为房屋的所有权人，是最大的利益相关主体，因此他们是该项工作顺利推进的第一责任主体，加强老旧小区综合改造需要构建他们能够参与的工作机制，进而维护老旧小区全体业主权益，表达他们的诉求，监督评价老旧小区综合改造效果。①

坚持整治方案全程公开，整治过程接受居民监督，建立政府、实施主体、产权单位、居民多元投入机制，引导居民养成付费意识，逐渐完善居民自治与专业化管理相结合的服务管理模式。成立自治组织，确定管理人员，制定居民自治组织章程和公约，并在实践中完善。因此建构老旧小区自治体系，需要社区居委会、业委会、物业公司和小区居民共同发力，各负其责，同时又要互相协助，共同开展老旧小区综合整治和社区服务活动。

（四）健全老旧小区物业服务

1989 年《中华人民共和国城市居民委员会组织法》（2018 年 12 月 29 日第十三届全国人民代表大会常务委员会第七次会议通过）认为“居民委员会是居民自我管理、自我教育、自我服务的基层群众性自治组织”。居委会需要承担宣传教育及社会主义精神文明建设活动，办理公共事务和公益事业，调解民间纠纷，协助维护社会治安，办理涉及公共卫生、计划生育、优抚救济、青少年教育等的工作，反映居民的意见、要求和建议等 6 大类近百项的工作职能，需要街道办事处将行政权力下沉，减少居委会的行政事务，给予居委会更大的自主权和自治权，真正实现居委会的自治功能。

根据 2018 年 3 月 19 公布的《物业管理条例》（修正版），由业委会选聘物业公司，签订物业服务合同，依合同开展物业服务。但是在现实中，由于业委会的发展对街道办事处、乡镇人民政府、居委会、房地产开发商与物业公司等利益相关方在谋取利益方面形成制约，所以相关方都不愿真正成立一个符合法律规定且能发挥重要作用的业委会，相关方制约和限制业委会的发展，导致业委会无法完全独立运作，使得业委会难以发挥维权、监督和协调作用。同时受传统文化影响，中国大部分业主的服务意识和维权意识都很弱，除非他们的

① 王彬武：《上海市老旧小区有机更新的探索与实践》，《经济研究参考》2016 年第 38 期。

家庭物业利益需要维护或者受损时，才会通过业委会来维权。[①] 当前需要制定和完善法律法规，建构业委会自身运作的监督机制，鼓励业主参与，使得业委会的决策公开透明，能够体现全体业主意愿。

在老旧小区改造实施过程中，物业服务企业（或者管房单位）要全程参与，提出合理化建议；改造完成后，物业服务企业（或者管房单位）要无缝对接，积极开展物业服务工作。未实施物业管理的，街镇与实施主体协商引进专业物业公司，制定物业服务标准，对老旧小区保洁、安保、维修、养护、垃圾清运等方面进行规范管理。暂时没有条件实施物业管理的，由街镇组织实施自我服务，街镇在政策、资金、技术、人员等方面给予一定支持。逐步实现将供（排）水、供电、供气、供热等专业管线移交给专业公司管理维护，实现对专业管线的专业化管理。

（五）推进加装电梯试点，解决多层楼房民生问题

目前来看，我国老旧小区综合整治中，给老楼加装电梯主要有三种方式[②]。不同的加装方式对于技术、资金、用地、居民协调等因素均有不同程度的需求，优缺点也各有差异。第一种为在楼房内部加装箱式电梯，这种方式需要对居民原有户型进行改造，破坏性大且施工过程极其扰民，这在我们调研的小区中还没有实施的案例。第二种为在楼房外部加建箱式电梯，分为不与休息平台对接和与休息平台对接两种。不与楼梯休息平台对接，需要增建阳台，对楼房外部空间影响大，能够增加居民住房套内面积，施工难度大。课题组所调研小区安装电梯的案例主要是在建筑外部加建箱式电梯，且与楼梯休息平台对接，不会改变居民住房套内面积，比较容易实施，我们调研的环卫小区、二里庄小区安装的电梯均是这种情况。第三种情况是在建筑内部加建无障碍爬楼装置：有电动爬楼椅和分段式接力电动踏板两种。根据统计资料和新闻报道，北京不少小区在建筑内部加建无障碍爬楼装置——电动爬楼椅，但是这个装置只能适合少数楼梯宽度大的小区，2017 年全北京有 21 个单元门安装了爬楼代步

① 胡洁人、费静燕：《国家主导下的城市社区治理：四方互动及诉讼外的纠纷化解》，《广西民族大学学报》（哲学社会科学版）2017 年第 39（04）期。

② 赵立志、王兆海、韦刚夫：《北京 1980 年代典型老旧住宅适老性改造初探》，《城市发展研究》2016 年第 4 期。

器，其中东花市北里西区是北京首个安装和使用电动爬楼椅的老式住宅。

目前北京市楼房加装电梯工作的出资模式主要有三种。第一，要使得“代建租用”模式不仅能解决居民上下楼的问题，也能解决企业有利可图的问题，否则这种模式是不可持续的。第二，“自筹自建”模式。业主自筹资金，委托物业公司或第三方作为实施主体，实施电梯增设工作，后续维修保养费用由业主以协议形式约定分摊。电梯产权归全体业主所有。此种模式适用于一些出租户比例较少的商品住宅区。三是产权单位或集体出资加装模式。这是当前北京市在老旧小区加装电梯的主要模式。如，2017 全年北京市增设电梯项目共开工 459 部，其中市属产权 280 部，央产和驻京部队产权 179 部。

课题组调查发现，虽然安装电梯是所有住户的期望，包括一些文献研究认为反对的一楼居民，因为一旦安装电梯，整体楼房的价格将大大提升。但是安装电梯在实际操作中除了单位出钱安装的之外，很少成功。究其原因，一方面，利益分配很难做到绝对均衡，如房屋日照、通风、楼层不同等，很难平衡每一个家庭；另一个方面，老旧小区里的居民总是希望，由政府出面把所有问题都给解决了，既想得到综合整治的利益，又不愿做任何付出。要解决这些问题，课题组认为今后北京市政府需要通过立法，规定：楼房内所居住高龄老人数量达一定人数或者一定比例时，居民申请加装电梯，政府就可以强制性安装电梯，并由全体业主共担安装费用和日后维护费用。

（六）建立健全具有竞争性的居民日常生活用品市场

发挥政府主导作用，积极引入市场机制，调动社会资金、力量共同参与居民日常生活用品市场建设，使得居民在老旧小区综合整治后能够买到便宜、质量可靠的日常生活用品。而不能被少数几家所谓的菜篮子商店垄断，要形成竞争有序的市场体系。

课题组建议街道和社区服务中心腾退部分集体性质出租房屋或者闲置房屋，廉价出租给蔬菜商店店主，替代此前被拆除的平民蔬菜市场，保障蔬菜供应等关系到居民的日常生活。同时建立北京小商贩和多家能够产生竞争的河北大型蔬菜市场之间的网络对接平台，避免蔬菜批发市场外迁导致蔬菜成本上升。市政府在市内配送场地和配送体系建设上给予适当的政策倾斜和帮助。

（七）旧住宅外部环境的适老性改造研究

适老性改造需要整合政府与社会的资源，政府应起到主导促进作用，由市场实施经营服务，如：政府出台优惠支持政策，给予建设补贴，定期购买服务等；要人性化地设计各种无障碍设施，增设扶手，完善夜间照明系统等，为老人出行提供便利；扩大社区养老机构和服务内容，不仅提供机构养老服务，还可以为社区内的老年人，提供送餐、日间照料等有偿服务；倡导建立各种形式的老年人交往、学习和互助平台，提升老年人生活质量，实现他们的人生价值。①

当前从我们调研的小区来看，小区在综合改造的过程中，要将小区治理与小区居家养老结合起来，由街道提供免费用地和房屋，各级政府的相关机构和残联提供康复健身器材，建设老年人健身康复和照料中心，同时还要考虑这些老人的消费能力，尽量利用附近的社区配套资源，有效节约成本，提供老年人愿意消费而且能够消费得起且物美价廉的各种服务。

（八）克服小区居民“等、靠、要”思想，引导他们理性加入整治行动

从这次调查看，由于老旧小区大部分是过去企事业单位自建并分配给职工的公房，物业、供暖、维修过去都是由原产权单位提供，后改制成为居民的私人商品房，但是他们已经习惯这种不需要自己投入和参与的小区运行模式，希望政府或者原产权单位今后仍然能够解决其房屋的所有问题，如电梯问题，他们一分钱都不想出，而且还希望对他们的一些违建的拆除进行补偿。

我们可以理性地判断，老旧小区综合整治和运营仅依靠原产权单位和政府财政投入，小区居民抱着“等、靠、要”的思想，从长期来看是难以为继的，需要引导小区居民发挥主人翁的精神，理性担起主体责任，根据受益情况出钱出力，认同和理解老旧小区综合改造工程，增强产权人开展综合改造的自觉性和积极性以及责任担当。同时北京市各级政府部门还要通过多渠道筹集资金，

① 赵立志、王兆海、韦刚夫：《北京1980年代典型老旧住宅适老性改造初探》，《城市发展研究》2016年第4期。

把握好定位，立足于政策鼓励、资金补贴激励、安全质量监管，做好推动和服务工作，激发各种力量，尤其是小区居民，共同推进老旧小区的综合改造。

因此老旧小区综合整治是一个长期的系统性工程，是建设美丽北京、宜居北京的重要民生工程，获得了老百姓的认可和满意，需要在今后的行动中进一步调整和完善，解决老旧小区的菜篮子问题、适老性改造问题和电梯加装的问题等等，建设更加美丽的家园，打造新时代大国首都的新形象。

B.14
新北京青年情感素质调查

尹泽轩　石　晶*

摘　要： 情感素质是指个体性情方面的心理素质，本研究在查阅相关文献并对青年群体、专家进行访谈的基础上编制了《新北京青年情感素质问卷》，包括6个维度、17个因子。本研究对2414名1980年后至2002年出生的青年人的情感素质进行考察，对比了新北京青年群体、外地青年群体以及北京本地居民青年群体的情感素质差异，同时，分析了新北京青年群体中的农民工群体、海归群体和白领群体在情感素质上的现状。结果显示：新北京青年情感素质处于中等水平，分数高于外地青年但低于本地居民青年群体。女性青年群体得分明显高于男性，在学历上呈现受教育水平越高，情感素质分数越高的特点。在总情感素质分数中，金融行业、公务员和计算机领域得分最高，而待业人员则情感素质相对较低。对比新北京青年中的农民工群体、海归群体和白领群体，结果发现农民工群体得分相对较低，海归群体和白领群体得分较高，有海外经历并不能显著提高情感素质分数。考察情感素质的影响因素发现城市自豪感、融入感、自尊和适应能力对新北京青年中的海归、白领和农民工群体的情感素质均具有显著的影响。

关键词： 情感素质　北京青年　城市移民

---

* 尹泽轩，人民日报社人民论坛杂志社人民智库研究员，研究方向：青年群体心态、职业群体心态。石晶，人民日报社人民论坛杂志社人民智库高级研究员，研究方向：社会心态、中国公众意识形态。

一　研究背景

当代中国正经历着三个重要的拐点，预示着发展阶段的根本性变化。第一个是以劳动力无限供给特征开始消失为标志的刘易斯拐点，第二个是以人口抚养比的止降反升为标志的老龄化拐点，第三个是以中国内地城镇化率突破50%为标志的城镇化拐点。这三个拐点的同时出现，对当代青年而言具有非同寻常的深远意义。改革开放后，随着中国城市化进程的加快，城市人口数量迅速上升。大批农村青年通过升学就业务工等方式进入城市，不少青年留了下来成为城市新移民新居民。大批城乡青年通过升学、就业等方式进入大城市，成为大城市新居民。同时，随着海归潮的到来，不少海归青年也选择了回国就业创业，其中不少人选择了一线城市，成为一线城市的新居民。这些城市新青年为城市社会的发展与进步做出了巨大贡献，他们在建设城市、融入城市的同时，也面临着社会转型、人生转轨过程中的各种压力和困难，也产生了具有时代性的、大城市共有的情绪情感问题。对于北京而言，解决好新北京青年群体生存发展中的难题，对于城市的可持续发展和和谐社会的构建以及城市青年移民自身的成长发展都具有重要意义。

（一）“新北京青年”的界定

作为一个流动人口高度聚居的特大城市，北京在城市化进程内生了一个数量庞大的新兴群体——新北京青年。

《北京区域统计年鉴 2017》显示，北京常住外来人口 2016 年为 807.5 万人，占常住人口的 37.16%。根据 2010 年第六次全国人口普查数据，北京市 15～34 岁之间的人口占比 40.32%，高于 31.92% 的全国平均水平 8 个百分点。可见北京是一个年轻的城市，新北京青年已经成为北京城市人口的重要组成和北京社会经济发展的强大推动力量。

近年来北京的流动人口还呈现社会分化日趋明显的趋势，他们已经分化出众多的亚群体：“蚁族”、“城市白领”、贫二代、新生代农民工、海归、富二代……

本研究的对象“新北京青年”是指年满 16 岁且 1980 年以后出生的，通过人口流动方式选择在北京工作、生活、学习的中国大陆地区居民。主要包括三类群体：一是拥有农村户籍的原农村青年，这些青年中大部分是青年农民工群

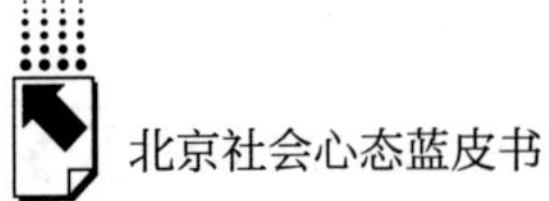

体，也有部分是来自农村而留在北京工作生活的高校毕业生群体，他们是新北京人的主要构成部分。《北京区域统计年鉴2017》显示，2016年北京市常住人口中乡村人口为293.3万人，占常住外来人口的36.32%。这些青年是从乡村来到北京，对应的是“乡——城”分类。

二是拥有城市户籍但来自其他城市的青年。根据2010年第六次全国人口普查数据，北京市常住流动人口中非农业户籍人口占32.31%，比2000年增加160万人，反映了城际城市人口流动加速的势头。这部分青年是从中小城市来到特大城市，对应的是“小——大”分类。

三是来自海外的高校毕业生、海归青年及北京市引进的海外归国人才。这些人经过分化，已分布到城市不同的职业圈子和收入阶层中。中国与全球化智库（CCG）《2017中国海归就业调查报告》显示，海归回国后，选择北京的占到24.7%，高于上海和深圳，位列第一；从其他城市向一线城市迁移的占16.5%。同时，2019年3月份北京集中发布了《关于优化人才服务促进科技创新推动高精尖产业发展的若干措施》，这是北京向海内外发出的“招贤令”，在后喻型文化中，掌握高精尖技术的人才往往是青年群体。可以预见，在不久的将来会有大批青年才俊移居北京，成为新北京青年中的一员。这部分青年大部分是从海外来到北京，对应的是“外——内”分类。

（二）“情感素质”的研究内容

从上述对城市新移民的生活现状与面临的困境的分析中不难发现，城市新移民所面临的各种问题都伴随着相应的情绪情感。大城市给他们带来成就感，也给他们带来焦虑感，给他们带来激情，也给他们带来痛苦。而相应的情绪情感又调节着他们在城市中的生活，选择留下还是离开，可能有不舍，也可能有不甘。我们选择从情感素质这一个多层次、多维度的复杂心理现象出发，研究新北京青年的情感素质现状与特点。

情感素质是指个体性情方面的心理素质，是个体在遗传和环境共同作用下经实践形成的相对稳定的、基本的情感心理特征[①]。城市流动人口是城市人口的重要

① 卢家楣、刘伟、贺雯等：《我国当代青少年情感素质现状调查》，《心理学报》2009年第12期。

组成部分，国内研究者对流动人口的情绪情感以及心理素质做了一系列的研究和调查，结果发现，流动人口的心理健康状况低于全国人口的一般水平①。有研究者用SCL－90评价重庆市农民工心理健康状况，研究表明，流动人口在焦虑、人际关系敏感度上显著低于全国正常人的平均水平，在偏执和敌意上高于全国平均水平②。

上述对于流动人口心理健康状况的研究结果可以从一定程度上证明，流动人口在情感能力上由于环境的影响而产生了一定程度的下降。如焦虑及人际关系敏感度上升的问题可能是由情感调控能力的降低而导致的。除了情感素质中的情感能力，在生活情感的维度下，流动人口的自尊和幸福感也同样存在着一定的问题。

对于新北京青年的情绪情感调查多以“北漂”群体为主。有调查发现，“北漂”的情绪情感以及心理素质研究与其他地区流动人口的研究结果类似，北漂群体的生活满意度和城市认同得分显著低于非北漂者，而消极情感则显著高于非北漂者③。然而也有不同的方面，对80后“北漂”群体的研究发现，80后“北漂”的自尊水平显著高于80后的“非北漂”群体，这与之前的研究结果存在差异。研究者认为，这可能是由80后北漂群体的自身特点所决定的，80后北漂群体相对于第一代农民工或第一代流动人口而言，具有较高的学历和能力、拥有较为稳定的工作，也能够通过努力得到较好的发展，他们拥有较高的自尊水平，所以愿意接受挑战，留在北京过着“漂”的生活。相反，那些自尊水平较低的个体，可能放弃了北漂，离开北京而选其他地方发展。

二　研究方法

（一）研究对象

对青年群体的年龄界定不同机构有不同的标准，在本研究中，我们抽

---

① 孙崇勇：《东北地区民工心理卫生状况的调查与分析》，《中国健康心理学杂志》2007年第5期。

② 蒋善、张璐、王卫红：《重庆市农民工心理健康状况调查》，《心理科学》2007年第1期。

③ 杨金花、黄大庆、于海涛：《80后北漂群体的主观幸福感与城市认同状况及关系研究》，《甘肃高师学报》2015年第5期。

取了出生年为1980年至2002年的群体作为我们选定的青年群体，即16岁至38岁。这是由于16岁在法律规定上可以负刑事责任，同时在当下的话语体系中，人们习惯用80后、90后来进行年龄阶段的划分，因此本次调查中我们将青年群体的年龄上限规定为38岁。而对于新北京人的操作性定义为，出生时或童年时期未获得北京户口但目前至少在北京工作一年的青年群体。

研究采用电子问卷的方式向北京和外地青年群体发放问卷，共得到有效问卷2414份。其中，新北京青年占47.9%，目前拥有北京户口的受访者比例为28.3%。在新北京青年样本中，在年龄方面，平均年龄为29.6岁，年龄中位数为30岁；在性别方面，男性占比56.7%，女性占比43.3%；在教育程度方面，53.2%的拥有大学本科学历，大专、高中及以下学历者占比39.6%，研究生及以上学历占7.2%；在职业方面，从事计算机、互联网和通信行业的比例最高（22.7%），其次为商业、服务业和个体经营行业（19.9%），以及金融、银行、投资和保险行业（16.3%）。

（二）测量工具

1. 情感素质

情感素质作为一个较为新颖的概念，之前文献中少有涉及。有研究者以我国青少年和中小学教师作为研究对象，对其情感素质进行了考察，系统地对“情感素质”进行了界定。但在本研究中，青年群体情绪情感更为丰富，不同类型的群体有着鲜明的特征，因此为了明确、具体、量化地描述新北京青年的情感素质状况我们自编了《新北京青年情感素质问卷》。问卷在对新北京青年和专家进行访谈的基础上形成，并经过信效度检验最终得到6个维度19个因子共53道题，6个维度分别为道德情感（包括公平感和爱国感）、理智情感（包括自信感、奋斗感、创新感和成就感）、审美情感（包括环境美感和艺术美感）、生活情感（包括执着感和热爱感）、人际情感（包括归属感、合作感、信任感和包容感）以及情感能力（包括心理弹性、情绪调控能力和情绪认知能力）。具体如表1所示。

表 1　新北京青年的情感素质结构

维度	因子个数	因子名称
道德情感	2	公平感
		爱国感
理智情感	4	自信感
		奋斗感
		创新感
		成就感
审美情感	2	环境美感
		艺术美感
生活情感	2	执着感
		热爱感
人际情感	4	归属感
		合作感
		信任感
		包容感
情感能力	3	心理弹性
		情绪调控能力
		情绪认知能力

为了避免中立答案，采用了六点量表评分，1 到 6 分别为："完全不符合""基本不符合""有点不符合""有点符合""基本符合""完全符合"。

2. 其他心理变量

为了探究情感素质的影响因素，我们同时测量了受访者的其他心理情绪状态如自我效能感、自尊水平等变量，选取了以往研究中得到验证的信效度较为良好的量表中部分题目作为本研究的题目。

3. 基本信息

本研究设计了受访者的人口学特征包括性别、年龄、学历等，以及社会经济特征如职业、月收入、是否有自有住房等。

三　研究结果

（一）新北京青年情感素质整体状况

调查结果显示，新北京青年总情感素质得分平均为 4.44 分，明显高于外地青年群体的4.02分，低于本地青年的4.63分。三类群体间情感素质差异显著（F=113.24，p<.001）。

表2　不同群体青年的情感素质对比

	新北京青年	本地青年	外地青年	F
总情感素质	4.44	4.63	4.02	113.24***
道德情感	4.62	4.83	3.99	98.50***
公平感	4.17	4.55	3.60	86.92***
爱国感	5.07	5.12	4.39	70.89***
理智情感	4.69	4.90	4.21	76.60***
自信感	4.62	4.84	4.12	63.35***
奋斗感	4.85	5.02	4.41	52.26***
创新感	4.69	4.87	4.30	41.32***
成就感	4.59	4.86	4.02	73.42***
审美情感	4.57	4.87	4.18	67.47***
环境美感	4.74	4.97	4.26	60.43***
艺术美感	4.40	4.77	4.10	53.72***
生活情感	4.66	4.88	4.19	79.83***
执着感	4.57	4.80	4.12	64.65***
热爱感	4.75	4.96	4.26	70.88***
人际情感	3.89	4.00	3.64	75.74***
归属感	4.84	5.09	4.32	76.83***
合作感	3.86	3.94	3.60	26.60***
信任感	3.47	3.57	3.32	18.60***
包容感	3.40	3.43	3.31	3.78*
情感能力	4.23	4.30	3.90	41.66***
心理弹性	4.48	4.67	4.13	32.69***
情绪调控能力	4.46	4.62	3.98	42.82***
情绪认知能力	3.75	3.60	3.61	7.87***

注：* 表示 p<.05，** 表示 p<0.01，*** 表示 p<.001。

1.不同性别新北京青年的情感素质

将所有的情感素质维度纳入因变量，将性别作为自变量做独立样本t检验，结果显示，不同性别的新北京青年在道德情感、公平感、爱国感、奋斗感、环境美感和情绪认知能力上差异显著，女性受访者得分明显高于男性。

表 3　新北京青年情感素质性别差异

	总情感素质	道德情感	公平感	爱国感	奋斗感	环境美感	情绪认知能力
男	4.41	4.54	4.08	5.00	4.79	4.68	4.67
女	4.48	4.71	4.28	5.15	4.92	4.81	4.83
t	-1.92	-2.94	-2.81	-2.24	-2.41	-2.25	-3.04
P	0.54	<.01	<.05	<.05	<.05	<.05	<.01

2. 不同教育水平新北京青年的情感素质

以学历作为自变量、情感素质各维度为因变量做单因素方差分析显示，各维度在不同学历间的差异显著。多重比较发现，学历在情感素质上得分呈递增趋势，学历越高则情感素质得分越高。

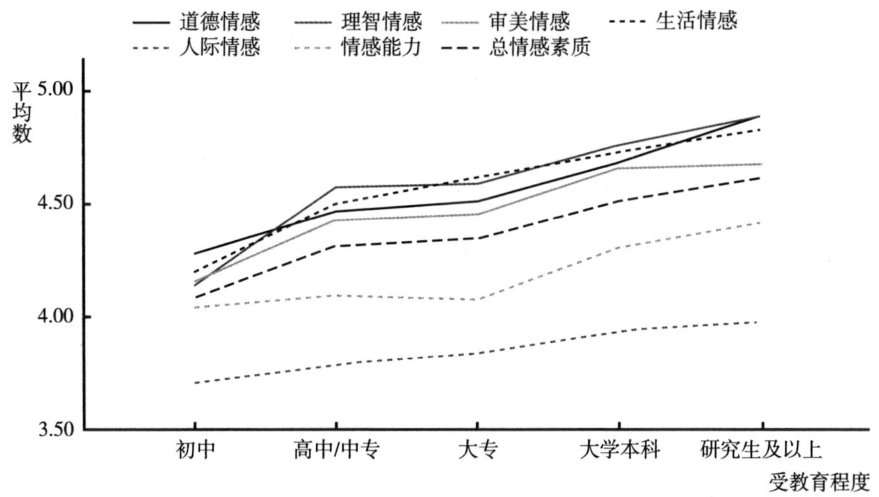

图 1　不同学历情感素质分数差异

表 4　不同学历新北京青年情感素质差异

	初中	高中/中专	大专	大学本科	硕士及以上	F	p
道德情感	4.28	4.47	4.51	4.68	4.88	5.61	<.001
理智情感	4.14	4.57	4.59	4.76	4.88	6.78	<.001
审美情感	4.15	4.43	4.45	4.66	4.68	4.55	<.001
生活情感	4.20	4.50	4.61	4.73	4.83	5.12	<.001

续表

	初中	高中/中专	大专	大学本科	硕士及以上	F	p
人际情感	3.71	3.79	3.85	3.94	3.99	5.55	<.001
情感能力	4.04	4.09	4.08	4.30	4.42	3.42	<.001
总情感素质	4.05	4.30	4.35	4.50	4.59	7.89	<.001

3. 不同职业新北京青年的情感素质

我们对比了不同职业新北京青年的情感素质情况。在做了单因素方法分析后结果显示，不同职业在理智情感、审美情感、生活情感、人际情感和总的情感素质上差异显著。在总情感素质分数中，金融行业、公务员和计算机领域得分最高，而待业人员则情感素质相对较低。

表 5　不同职业新北京青年情感素质差异

职业	道德情感	理智情感	审美情感	生活情感	人际情感	心理弹性	总情感素质
计算机/互联网/通信	4.69	4.79	4.6	4.73	3.94	4.63	4.50
金融/银行/投资/保险	4.75	4.78	4.67	4.81	3.99	4.56	4.54
教育/培训	4.46	4.54	4.42	4.54	3.79	4.39	4.30
商业/服务业/个体经营	4.60	4.70	4.67	4.67	3.88	4.47	4.44
生产/制造	4.56	4.58	4.49	4.62	3.90	4.47	4.38
医疗/护理	4.49	4.58	4.60	4.58	3.87	4.33	4.36
公务员/行政/事业单位	4.73	4.82	4.63	4.70	3.88	4.32	4.50
待业人员	4.29	4.31	4.46	4.18	3.75	3.38	4.15
其他行业	4.48	4.55	4.29	4.46	3.76	4.31	4.27
F	1.59	2.44	2.37	2.51	3.15	3.35	3.04
p	0.12	<.05	<.05	<.05	<.01	<.001	<.01

（二）新北京青年情感素质的群体状况

1. 新北京青年农民工群体情感素质

新北京青年农民工是指出生于80年代后年满16周岁在北京以非农业就业为主的农业户籍人口。他们在城市中处于弱势地位，工资水平低于平均工资，保障也相对不够健全，对自己的身份认同较为模糊，既不完全属于城市人，也

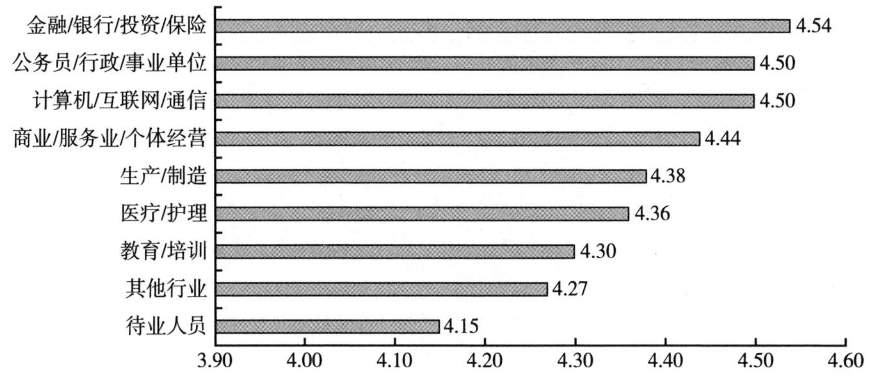

图 2　不同职业新北京青年总情感素质状况

不认同自己的乡村身份，精神和情感的需求得不到满足。“就业在城市、户籍在农村，劳力在城市、家属在农村，子女教育在城镇，赚钱在城市、保障在农村，生活在城市、根基在农村”是对他们特点的最好诠释。

总的来看，新北京青年农民工群体的情感素质要高于其他城市的农民或者农民工群体，但是低于新北京青年非农民工群体。

表 6　新北京青年农民工群体情感素质与其他群体对比

	新北京农民工	外地农民工	新北京青年非农民工	F	p
道德情感	4.44	3.89	4.74	76.85	<.001
公平感	3.95	3.56	4.29	41.84	<.001
爱国感	4.93	4.22	5.20	74.29	<.001
理智情感	4.58	4.15	4.79	57.17	<.001
自信感	4.48	4.09	4.74	43.88	<.001
奋斗感	4.74	4.30	4.95	44.44	<.001
创新感	4.61	4.23	4.78	31.63	<.001
成就感	4.48	3.98	4.68	45.32	<.001
审美情感	4.47	4.16	4.65	29.78	<.001
环境美感	4.63	4.27	4.84	34.76	<.001
艺术美感	4.30	4.05	4.47	15.85	<.001
生活情感	4.58	4.10	4.73	55.13	<.001
执着感	4.49	4.03	4.64	41.97	<.001
热爱感	4.67	4.16	4.82	49.80	<.001

续表

	新北京农民工	外地农民工	新北京青年非农民工	F	p
人际情感	3.80	3.64	3.95	47.97	<.001
归属感	4.71	4.31	4.93	40.77	<.001
合作感	3.79	3.61	3.90	14.42	<.001
信任感	3.40	3.35	3.51	8.52	<.001
包容感	3.32	3.29	3.46	8.13	<.001
情感能力	4.13	3.84	4.30	45.30	<.001
心理弹性	4.39	4.07	4.55	21.08	<.001
情绪调控能力	4.37	3.92	4.50	31.03	<.001
情绪认知能力	3.63	3.54	3.85	15.78	<.001
总情感素质	4.33	3.96	4.53	84.20	<.001

2. 新北京青年海归群体情感素质

“海归”是指在海外有过留学或者工作经历，目前选择回国就业的青年群体。在市场全面主导的社会以及经济全球一体化的社会，拥有更开阔国际视野和更丰富人生经验的“海归”，毫无疑问获得了面向时代和未来的优势。《2017 中国海归就业调查报告》显示，有24.7%的海归回国后的发展城市首选为北京，领先第二名的上海高近11个百分点。领先第三名的广州近20个百分点。北京成为海归群体最优先考虑的城市。

将情感素质各维度、因子作为因变量，新北京青年中的海归群体、选择外地的海归群体以及新北京青年中的非海归群体作为自变量，做单因素方差分析，结果显示在道德情感、理智情感、审美情感、人际情感以及情感能力上得分有实际的差异。

在单因素方差分析的事后检验中，发现新北京青年海归与非海归差距不大，仅爱国感在两个群体间差异是显著的（$t = 2.97$，$p < .01$），新北京非海归青年爱国感得分高于新北京海归青年。其余维度差异未达到显著性水平。

表7　新北京青年海归群体情感素质与其他群体对比

	新北京海归	外地海归	新北京非海归	F	P
道德情感	4.54	3.94	4.65	17.63	<.001
公平感	4.16	3.53	4.17	10.21	<.001

续表

	新北京海归	外地海归	新北京非海归	F	P
爱国感	4.91	4.35	5.13	18.54	<.001
理智情感	4.67	4.40	4.70	4.29	<.05
奋斗感	4.76	4.39	4.89	9.82	<.001
创新感	4.65	4.37	4.71	4.25	<.05
审美情感	4.57	4.29	4.57	3.21	<.05
环境美感	4.72	4.38	4.75	5.04	<.01
生活情感	4.70	4.30	4.65	6.74	<.01
执着感	4.61	4.22	4.56	5.66	<.01
热爱感	4.79	4.38	4.74	5.73	<.01
人际情感	3.89	3.68	3.90	7.26	<.001
归属感	4.80	4.44	4.85	6.37	<.01
合作感	3.82	3.53	3.88	7.53	<.001
情感能力	4.22	3.87	4.23	9.44	<.001
心理弹性	4.45	4.04	4.49	6.50	<.01
情绪调控能力	4.48	4.14	4.45	3.56	<.05
情绪认知能力	3.73	3.44	3.75	4.24	<.05
总情感素质	4.43	4.08	4.45	11.75	<.001

3. 新北京青年城市白领群体情感素质

“白领”群体通常指那些从事非体力劳动的劳动者。他们是现代化进程中的一个新兴阶层，其生活、工作、表达以及消费等行为特征在某种程度上代表着现代文明。在社会不断发展的过程中，这一掌握知识资源的群体对社会的推动作用变得更加关键。因此，研究“白领”群体的情感素质，不仅关乎该群体在城市中的生存和发展状况，更关乎城市文明与竞争力。

因此我们将新北京青年中从事非体力劳动以及非农业户口的受访者统计为北京新白领群体，并将外地青年白领群体和北京本地青年对比，考察其情感素质的差异。

单因素方差分析结果显示，三组群体在道德情感、理智情感、审美情感、生活情感、人际情感以及情感能力上有显著差异。北京新白领的情感素质普遍高于外地白领，略低于北京市本地居民，但是在情绪认知能力上北京新白领得分最高。

表 8　新北京青年白领群体情感素质与其他群体对比

	北京新白领	外地白领	北京青年	F	P
道德情感	4.74	4.10	4.83	32.69	<.001
公平感	4.29	3.60	4.55	38.50	<.001
爱国感	5.20	4.60	5.12	18.92	<.001
理智情感	4.79	4.36	4.90	23.64	<.001
自信感	4.74	4.24	4.84	23.27	<.001
奋斗感	4.95	4.58	5.02	12.77	<.001
创新感	4.78	4.41	4.87	12.78	<.001
成就感	4.68	4.21	4.86	24.62	<.001
审美情感	4.65	4.28	4.87	28.13	<.001
环境美感	4.84	4.32	4.97	27.30	<.001
艺术美感	4.47	4.24	4.77	23.69	<.001
生活情感	4.73	4.36	4.88	22.85	<.001
执着感	4.64	4.30	4.80	19.11	<.001
热爱感	4.82	4.42	4.96	19.88	<.001
人际情感	3.95	3.65	4.00	30.22	<.001
归属感	4.93	4.38	5.09	34.13	<.001
合作感	3.90	3.59	3.94	12.57	<.001
信任感	3.51	3.30	3.57	10.45	<.001
情感能力	4.30	4.02	4.30	9.13	<.001
心理弹性	4.55	4.23	4.67	10.05	<.001
情绪调控能力	4.50	4.17	4.62	10.63	<.001
情绪认知能力	3.85	3.66	3.60	12.11	<.001
总情感素质	4.53	4.13	4.63	35.42	<.001

（三）新北京青年情感素质的影响因素

在问卷中我们同时考察了受访者对所在城市的认同感（在目前所在城市工作的意愿）、城市自豪感（对目前所在城市工作产生的荣誉感）、融入感（是否认为自己已经成为城市里的一员）、自我效能感（个体对自己是否有能力完成某一行为所进行的推测与判断）以及自尊水平（对自我价值的认可度）和适应能力（在新环境中的适应情况）这几个不同于情感素质的心理变量。结果发现，以上几个变量与总情感素质以及情感素质的维度的相关度均达到显著水平。

分别对海归群体、白领群体和农民工群体三种新北京青年在上述心理变量上的分数做单因素方差分析，结果显示上述变量均呈现显著性差异，且农民工群体分数最低，海归群体得分居中，得分最高为新城市白领群体。

表 9　影响新北京青年情感素质心理变量的差异分析

	认同感	城市自豪感	融入感	自我效能	自尊	适应能力
农民工	4.13	4.55	4.52	3.77	3.94	4.44
海归	4.23	4.63	4.68	4.02	4.08	4.63
新白领	4.42	4.85	4.85	4.16	4.25	4.70
F	13.78	10.96	10.31	18.37	19.81	8.24
P	<.001	<.001	<.001	<.001	<.001	<.001

在此基础上分别对三类群体以认同感、城市自豪感、融入感、自我效能感、自尊水平和适应能力为自变量，以总情感素质分数为因变量，分别做回归分析。结果显示城市自豪感、融入感、自尊水平和适应能力均对新北京青年的情感素质产生显著影响。认同感和自我效能则影响相对有限。

表 10　不同心理变量对新北京青年情感素质的影响

	海归		新白领		农民工	
	beta	t	beta	t	beta	t
城市认同感	.08	1.72	.02	.38	.03	.68
城市自豪感	.24	4.35***	.14	3.33***	.16	2.97**
融入感	.24	4.11***	.32	7.28***	.31	5.16***
自我效能	.00	.01	.05	1.28	.08	1.99
自尊	.14	2.83**	.15	3.90***	.12	2.65**
适应能力	.20	4.15***	.20	5.76***	.21	4.69***

注：** 表示 $p<0.01$，*** 表示 $p<.001$。

四　结果讨论

（一）新北京青年情感素质高于外地青年群体，但仍有较大提升空间

总体来看，新北京青年的情感素质得分处于中等水平（4.44 分），既明显

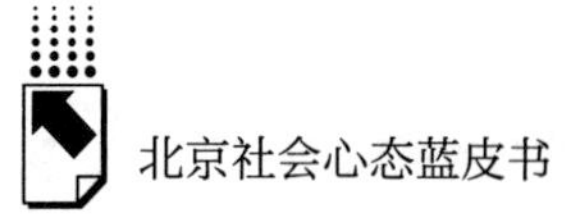

高于外地青年群体的4.02分，又相对低于北京本地居民的4.62分，仅在爱国感和包容感上与本地居民差异不显著。

从新北京青年情感素质的六个维度来看，理智情感和生活情感得分最高，而人际情感和情感能力得分则较低。在具体的情感得分中，爱国感、奋斗感、归属感、热爱感和环境美感得分均超过了4.73分。而合作感、情绪认知能力、信任感和包容感得分则相对较低，均低于4分。其中信任感、合作感和包容感均为人际情感维度的因素。人际情感素质分数过低与当前社会的发展环境不无关系，我国已经逐渐从关系型社会转变为契约型社会，这在大城市体现得更为充分。北京作为一个人口流动性高的社会，生活节奏更快、文化更为多元，社会治安也更加具有风险。除此之外，新北京青年在居住环境、政策上也不能享受与本地居民同等的待遇，他们相对来说没有足够的精神和物质资源抵御外来的风险，安全感较低，对外界环境和他人的防御心态也更重。对于人际情感素质的提升应当予以一定的重视。

除此以外，在满分为6分的评分体系中，新北京青年的4.44分仅处于中等水平（人们偏向在量表中做出积极评价），尤其公平感、合作感、信任感、包容感和情绪认知能力得分不到4.2分，这说明新北京青年情感素质水平仍需要提高。

（二）提升新北京青年教育水平，是提高新北京青年情感素质的关键因素

调查结果发现，受访者的教育水平与情感素质分数有较大的联系。新北京青年的情感素质分数随其受教育程度逐步提升，初中学历者的情感素质分数最低，而硕士及以上者最高，各级别之间差异显著。

教育对国家发展的重要性无须过多赘述，习近平总书记在北京大学师生座谈会上指出："教育兴则国家兴，教育强则国家强。"加快高等教育的发展，可以更好助推经济转型发展和社会全面进步。但是在我国存在着城市跟乡村地区教育资源差距大的问题，经济发达地区与欠发达地区公众对教育的观念也存在较大差异。教育资源丰富的地区父母更愿意为子女的教育进行投入，其教育回报率也相对较高；而资源并不丰富的地区则相反。长期来看，这会抑制经济欠发达地区教育投资的积极性，减少其自身继续教育投资和对子女的教育投资

意愿，从而造成教育回报低的劣性循环。因此，政府应保持对农村教育投入的扩大，切实保障教育资源均衡化以及教育机会均等化，从根源上解决经济欠发达地区尤其是农村流动人口的教育问题。

（三）海归的情感素质优势有限，海外经历对情感素质的影响不明显

在调查结果中我们发现，具有海归留学经历的受访者总情感素质（4.43分）得分并不比新北京青年中的非海归群体得分高（4.45分），甚至还略低于非海归群体，海归新北京青年仅在自信感、成就感方面略高于非海归群体，但差异并不显著。目前很多人都认为海归群体在开拓精神、创新意识等方面与本土人才相比具有一定优势，但在本次研究中该观点并没有被证实，在理智情感中的奋斗感、创新感等方面，新北京青年中的海归人才与其他新北京青年群体相比不大。

近些年我国部分单位对海归人才与本土人才在职称、待遇等方面存在着较大差别，在同等学力下招聘单位总是对海归人才更加青睐，也给予了更多的优待条件。在重视了海归人才的招引后，决不能忽视对本土人才、本地人才、海内人才的合理使用。海外经历并不能证明其能力高人一等，本土人才依然有自己的优势。在积极引进海外人才的同时，不放弃、不忽视国内大学培养的人才，不出现顾此失彼现象，这也是地方在招引人才方面必须注意的问题。

（四）新北京农民工城市融入较为困难，是需要重点关注的对象

研究发现，在北京的青年农民工群体情感素质要显著低于其他新北京青年群体，教育水平的差异固然影响很大，但融入感、适应能力等因素的影响同样不能忽视。

当前在北京的农民工群体构成由以老一辈的农民工群体为主逐渐向以青年一代的“农二代”群体为主过渡。这些“农二代”的思想意识与老一辈有着很大的差别，他们的个体意识逐渐开始觉醒，不满足于自己的农民身份，同时他们的职业观念也开始变强，共同意识逐渐弱化，已经显示出鲜明的动态特征。

当前青年农民工的社会化过程已经不局限于农村社会，更受到流入地的影

响，尤其是在北京这种大城市，像其父辈一样单纯地依靠老乡、人情已经很难建立起好的生活和工作关系，因此他们需要利用市场以及建构性的社会关系融入城市，但在融入城市的过程中同样存在很大的问题。有研究发现，农民工群体在社会关系和行为上都与其所在城市联系得不够紧密。调查结果显示，没有本地市民朋友的农民工的比例达到了 26.4%，而在白领群体中，这一比例只有 9.7%。除此之外，16.8% 的农民工群体认为自己的同事类型主要为老乡，"白领"群体中只有 2.3% 的人这样认为。在本地社会活动参与上，有 52.0% 的白领群体表示自己曾参加社团组织，而农民工群体中该比例只有 33.9%。从本调查结果可以看出，农民工的城市认同感、融入感都显著低于白领和海归群体，农民工的城市社会化进程还需要走很长的路。

虽然当前城市青年农民工的职业观念已经有了很大程度的增强，但由于其教育水平相对较低，且少有经过系统化的职业技能训练，他们对于职业的依赖性和忠诚度都不高，因此他们所从事的职业门槛都比较低，发展空间相对有限，很难对未来形成较为稳定的规划，总是处于走一步看一步的迷茫和焦虑状态，久而久之他们对于生活的信心逐渐弱代，在择业过程投机性开始显现，寄希望于赚快钱、大钱，在不得志后对城市的生活丧失兴趣。

我们在做了回归分析后发现，提高农民工群体的情感素质有助于提升农民工的信心，这与他们本身的适应能力有关，也与他们在城市的融入程度有关，农民工群体虽然在社会上并没有太大的话语权，但对社会舆论环境十分敏感，着力改善他们的发展环境、提升社会对他们的包容度，对他们产生积极向上的思想情感十分关键。

（五）城市新白领情感素质较高，是首都建设的重要力量

城市新白领是青年群体中一个较为独特的群体，他们是我国社会主义现代化建设的关键力量，已经成为城市发展中的重要组成部分。

中国经济结构的重大转变导致了职业结构的改变，越来越多的年轻人从小城市向大城市聚集，大城市的管理人员、专业人员岗位也迅速增加，这给城市青年白领群体提供了重要的条件。不同于农民工群体，城市白领受教育水平比较高，十分乐于接受新鲜事物，应变能力较强，对未来有着较高的期望，他们思想前卫，对事物有着深刻的认识与理解，在大城市中深受全球化、市场化、

信息化的影响，了解他们的思想情感状况、引导他们树立正确的价值观是当前社会建设的重大任务。

总的来看，新北京青年中的白领群体情感素质要高于新北京青年的平均水平（白领：4.53分，平均：4.44分），而且新北京青年中的白领群体在一些情感素质上如爱国感、奋斗感、合作感、信任感、包容感和情绪认知能力上与本地居民几乎没有差异，甚至有些得分比本地青年更高，这表明新北京青年中的白领群体与本地居民的心理融合程度已经达到了较高的水平。但其在公平感、自信感、成就感等方面与本地居民还存在较大差异。我们认为这个现象的原因可能与他们对自身阶层的判断较低有一定关系。部分人认为本地居民有一种天生的优越感，他们大多不必为过高的房价而担心，不需要太努力工作就可以达到不错的生活水平，这对于在职场中奋力打拼，在生活中忍受不断上升的生活成本压力的新白领来说十分不公平。高额房价对他们的信心造成一定挑战，在一个分化剧烈的社会，他们难免会产生一种相对剥夺感，从而对自身的社会地位感到焦虑，他们对于摆脱当前的社会阶层有着强烈的渴望。住房仍是摆在北京新白领青年面前的一大问题，虽然在创造财富方面得到了认可，但在居住环境问题上他们也和基层移民一样面临着不稳定的社会境遇，虽然部分人选择了买房，但是这也给他们带来了沉重的负担，增加了不确定性和隐藏的风险，这也给他们的自身阶层认知产生了向下偏移的风险。

城市新白领作为城市新移民中分化出的精英群体，他们有着彻底融入北京这座城市的潜质，能否真正实现社会融合不仅与他们自身的努力有关，也与城市的开放程度有关，需要全社会的共同努力。

五 对策与建议

（一）提升城市包容度，促进社会融合

北京作为政治、文化科技创新中心，吸引着全国各地的青年人口，但在“大城市病”逐渐凸显的情况下，本地居民开始担忧资源被侵占的问题，而外来人口则抱怨资源分配不公问题，本地居民与外来人口间的交流出现隔阂，这对北京城市的包容性提出了很大的挑战，如果处理不好容易形成社会的不稳定

因素，产生严重的社会分化。解决这个问题需要政府从政策制度入手，设计激励以及约束机制，并积极发展社会组织力量，推动本地人口与外来人口间的良性互动，加深彼此的认识与了解，提升北京的社会包容度，这不仅有助于促进外来人口更好地融入本地社会，形成更高的素质能力，更能实现本地人口与外来人口的和谐共融，保持社会良性发展。

（二）聚焦重点弱势群体，采取一定疏导措施

青年农民工群体的思想动态，是当前中国社会的关注重点之一。农民工群体作为当前社会的弱势群体，在身份上缺乏环境和政策的保护，在城市中没有足够的社会保障，在心理上他们既想脱离乡村的身份，又无法完全融入城市，始终处于一种漂泊迷茫的状态。本文对农民工群体的情感素质和影响因素的研究，为我们更好地掌握农民工群体的心理特征、为他们实施精准服务提供了重要的启发和着力点。对农民工群体不仅要从政策制度上提供应有的保障，更应该从心理上加强他们对城市的归属感，增强他们的信心和适应能力，给予他们足够的尊重，引导他们减少消极情绪体验。

（三）重视教育事业，构建社区教育体系

从研究中我们发现了教育水平对于提升情感素质的重要作用，发展教育事业不仅有助于个人成长，更对提升城市文明有着积极作用。社区在基层社会治理和公共服务等方面发挥了核心基础作用，发展、完善社区教育活动是提升人们生活质量和情感素质的重要抓手，在北京这个流动人口众多的重要城市，加强社区教育具有深远的现实意义。目前，低学历群体因其较低职业技能与知识水平已经不足以在北京拥有一定的生活保障，社区教育施展得当可以提升弱势群体的基本素质，提升该群体的生活质量，提升社会的整体运行效率和创新动力。

参考文献

卢家楣：《论青少年情感素质》，《教育研究》2009 年第 10 期。

孙崇勇：《东北地区民工心理卫生状况的调查与分析》，《中国健康心理学杂志》2007 年第 5 期。

刘衔华：《春节返乡农民工心理健康调查》，《现代预防医学》2006 年第 10 期。

蒋善、张璐、王卫红：《重庆市农民工心理健康状况调查》，《心理科学》2007 年第 1 期。

杨金花、黄大庆、于海涛：《80 后北漂群体的主观幸福感与城市认同状况及关系研究》，《甘肃高师学报》2015 年第 5 期。

B.15 新医改形势下北京市患者对医院医疗服务满意度现状调查报告

陈 捷* 林少武 图 娅 应娇茜 罗 睿 沈建武

石 萌 刘海燕 刘晓静 郭双子 赵 蕾

摘 要： 患者满意度是评价医院医疗服务质量的核心指标之一。本研究以社会心理学为理论基础，聚焦新医改的相关条例，对北京市1809例患者进行线上和线下联合调查，运用文献法、问卷调查法等研究方法，探索性地考察了在新医改形势下北京市患者的就医基本情况、满意度特点。旨在从社会情绪的角度探讨患者对于新医改的态度，为北京市政府、北京市卫健委进一步修订医改方案提供参考依据。研究结果发现：（1）82.9%的北京市患者对医院医疗服务倾向于满意，药品安全性的满意度最高（3.08 ± 0.89），就医设备（便利性）满意率最高（79.27%），医疗费用满意度最低（2.17 ±1.13），医保报销比例满意率最低（37.81%）。（2）医疗费用满意度：医院连续收取住院起付费满意率最低（35.27%）。（3）医疗服务便利性中满意率较高的项目有：社区医院的药品供应种类（54.12%）、医院公众号及APP（53.51%）、家庭医生签约服务项目（51.30%）、不同级别医院转诊服务（51.19%）。（4）患者更倾向于选择普通级别的医生就诊（一级普通42.3%、二级普通16.3%、三级普通36.0%）。（5）就医次数越多的患者总体满意度越高，非京籍患者对医院医疗服务

* 陈捷，北京中医药大学管理学院副教授，研究方向为社会情感与社会行为研究、投射性心理测验、精神分析研究。

的总体满意度水平较低，主要表现在以下三个方面：就医流程、医疗费用、医保报销比例。远郊区患者对医院医疗服务总体满意度低，主要表现在以下三个方面：服务态度、就医流程、医保报销比例。月收入在“10000 元以上”的患者对医疗服务便利性的满意度较低。建议政府及相关部门：坚持分级诊疗，继续自助式医疗服务；提高医疗服务便利性，进一步发挥全科医生的作用；进一步降低医疗费用，完善医疗费用补偿机制；提升较远区县的医疗服务水平，缩小区域差距；关注不同群体的医疗服务需求，提高患者满意度。

关键词： 患者满意度　新医改　医疗服务

一　引言

患者满意度是评价医院医疗服务质量的核心指标之一，针对医改内容的患者满意度不仅反映了现有的医疗服务质量，更能反映出民众对“新医改”的评价与满意程度。

2017 年 3 月 22 日，《医药分开综合改革实施方案》在北京发布，随后“新医改”于 4 月 8 日起正式启动，北京市的 3600 余家医疗机构作为试点进行综合改革。此次改革的主要内容包括：取消药品加成和挂号费、诊疗费，设立医事服务费；实施药品阳光采购，降低药品采购价格；规范基本医疗服务项目，实施有升有降的调整。

本研究以心理学理论为指导，聚焦新医改的相关条例，编制《北京市患者医疗服务满意度调查问卷》，从总体满意度、医疗费用、医疗服务便利性三个方面研究北京市患者对新医改形势下医院医疗服务的满意度，并将多种因素纳入综合变量。目的在于探讨患者对于新医改的态度，分析满意度的影响因素，为北京市政府、北京市卫健委进一步修订医改方案提供参考依据。

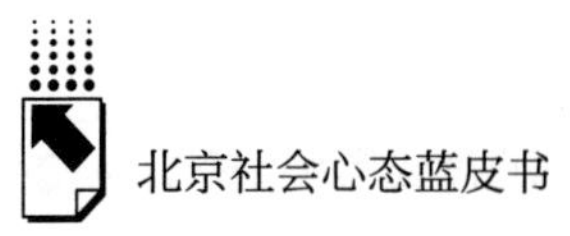

二　文献综述

（一）相关概念界定

“以患者为中心”的服务理念是美国心理学家罗杰斯（Carl Rogers）在他1951年出版的《患者中心疗法》中首次提出来的，他的这一开创性理论不仅推动了心理治疗的发展，还在医学界、教育界、工业管理等领域产生了巨大的影响。20世纪50年代，为了获取顾客的最大满意度，西方国家的企业开始以顾客为中心进行生产和服务，一种“顾客至上”的理念逐渐成为竞争者的企业文化。在新公共管理理念兴起后，医疗领域也开始意识到患者体验的重要性，并逐步开展患者满意度研究。

Pascore把患者满意度看作患者对其所经历的医疗服务的一种评价，旨在满足他们对于健康、疾病、生命质量等诸多方面的要求。Dozier认为患者满意度是指患者通过对比现实经历与期望值后做出的一种判断。在国内，冯文认为患者对医疗服务的直接体验和主观感受即患者满意度。王敏怡等认为患者满意度是人们在同时考虑健康、疾病、生命质量等方面因素后对医疗保健服务产生某种期望，并基于该期望对经历的医疗保健服务事实进行的一种评价。本研究认为医疗服务满意度是指人们对健康、疾病、生命质量等方面的直接体验与主观感受，是患者基于由医疗保健服务所产生的某种期望对其所经历的医疗服务情况进行的评价。

（二）国内外关于患者满意度的研究

前人对患者满意度的研究多集中于患者满意度的宏观研究以及影响因素研究，也有学者对患者满意度与患者忠诚度的相关性开展研究。

在宏观研究上，国内学者在医疗服务体系和病人满意度的评价上开展了一系列的研究。

在影响因素的研究上，国内外学者多以人口学因素、医护人员的态度与行为、诊疗水平、医学伦理作为研究变量。Rogut等人在1996年的一项研究中发现，患者年龄、种族、收入水平、保险情况、自我感受健康状况、是否拥有固定医生均会对患者满意度产生影响。Wensing 等采用系统回顾的方法求得影响患者满意度的主要因素有：人道主义精神、医疗技能、患者参与决定的权利、护理时间、患者知情权、关注患者需求、医患之间沟通与交流、可行的特殊服务。Larsson 等发现护士的行为及态度是影响患者满意度的重要因素。在国内，张远兰在对门诊病人的一项调查中发现，综合满意度的影响因素包括：医疗技术水平、医生服务态度、治疗费用、健康知识宣传、取药排队等候时间、检查时舒适性与就医环境。廖慧群等于 2010 年对深圳市某二级医院展开调查，在随机抽取的 772 例门诊患者中发现，文化程度、收入、医生态度、得到尊重、等待时间、医护态度、医疗环境等指标对患者满意度的影响具有统计学意义（$P<0.05$）。学者陈树彤通过伦理学研究发现，心理感受是影响患者评价医疗服务的一个重要因素，因而相较于技术，服务态度对患者满意度的影响更为明显。

在相关性研究上，有研究显示，提高患者的满意度有助于提升就医者的忠诚度，利用忠实客户的口碑宣传不仅可以提高就诊率和复诊率、增加医院的经济收益，还能维护医院的社会形象，助长医院的公信力，实现双赢。

目前，国内外学者关于患者满意度的研究多集中于满意度水平与影响因素研究。也有一些学者基于公立医院改革、基本医疗保险、药物使用情况、医疗卫生行业监管和组织、中医药推广 5 个维度从宏观层面确定新医改后患者满意度问卷，且取得了良好的信度和效度，鲜见从新医改制度的具体内容出发，对医院医疗服务满意度的研究。

本研究的意义在于，不仅研究患者对北京市医疗服务的满意度，还针对新医改的相关条目的满意度进行实证研究，针对性强，更具现实意义。

三 研究思路

（一）研究目的

第一，通过对北京市患者在新医改形势下对医院医疗服务现状的满意度调查，探究北京市患者对医院医疗服务的满意度，特别是对新医改涉及的服务项目的满意度，为医疗服务改革寻求突破点。

第二，针对患者对医疗服务满意度的反馈，有针对性地为完善医院管理和进一步制定相关政策提供依据和建议。

第三，在改善医院医疗服务的同时，构建和谐医患关系，从而促进社会整体和谐。

（二）研究内容

——编制《北京市患者医疗服务满意度调查问卷》。

——了解北京市患者的就医基本情况。

——了解北京市患者对医院医疗服务的满意度。

——探索影响北京市患者对医院医疗服务满意度的主要因素。

（三）研究方法

1. 研究对象

本课题以 18 岁及以上的北京市患者为研究对象。其纳入标准为：（1）18 岁及以上；（2）于 2017 年 4 月 17 日后在北京有就医经历的当地居民或外来人员。排除标准：（1）文盲；（2）于 2017 年 4 月 17 日后无北京就医经历的当地居民或外来人员。

2. 研究工具

本研究以社会心理学为理论基础，在借鉴国内外有关医疗服务满意度研究的基础上，确定研究变量内容和维度，编制调查问卷《北京市患者医疗服务满意度调查问卷》。

（1）问卷结构。调查问卷共分成四个部分，第一部分是对被调查者的基本情况的调查，旨在分析人口学资料对医院医疗服务满意度的相关影响，其中包括被调查者的性别、年龄、户口所在地、学历、职业、月收入、参保类型以及就医所在的地区、医院等级、科室类别、病种等因素，采取多选题形式，共 15 题。

第二部分为患者就医行为调查，包括挂号的途径、方式、费用选择等 6 题，也以选择题形式呈现，旨在了解患者的就医行为特点。

第三部分为患者满意度问卷，共有三个分量表，25 个问题：①总体满意度（8 个条目），旨在从宏观层面了解患者对医院诊疗技术水平、服务态度、药品安全性、就医环境、就医流程、医疗费用、医保报销比例等八个方面的总体满意度情况；②医疗费用满意度（5 个条目），旨在从微观层面了解患者对医院医疗费用的满意度情况。③医疗服务便利性满意度（10 +2 个条目），旨在从微观层面了解患者对医院医疗服务便利性的满意度情况。患者满意度的问卷主体以表格形式呈现，便利性中有 2 题为多选题（见图 1）。

（2）计分方法。采用 4 点记分的方式：0 表示“非常不同意”，1 表示“不同意”，2 表示“中立”，3 表示“同意”，4 表示“非常同意”。

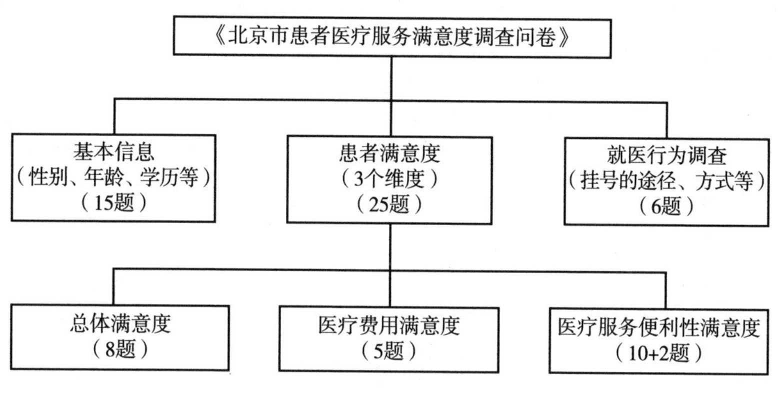

图 1　问卷总体框架

3. 抽样方法与研究程序

（1）抽样方法。进行线上和线下联合调查。线上：通过问卷星样本服务平台，采用分层抽样的方法在北京市 10 个分区分别抽取 120 名个体进行调查，具体包括：朝阳区、海淀区、东城区、西城区、通州区、昌平区、顺义区、房山区、丰台区、大兴区，要求每个区抽取的个体均在 2017 年 4 月 17 日后就诊过，三甲医院、二甲医院、社区医院的分布比例均等，即每个层级至少 40 个样本。

线下：根据方便取样的方法在 2 个西医院、2 个中西医结合医院、1 个社区医院进行现场调查。

本研究共计发放问卷 1857 份，剔除无效问卷后收回有效问卷 1809 份，样本有效率为 97.42%。其中，线上共 1257 份，有效问卷 1257 份，有效率 100%。线下共 600 份，有效问卷 552 份，有效率 92%。本研究于 2017 年 7 月下旬开始进行问卷调查，于 2018 年 9 月完成本次调查问卷的全部收发工作。

（2）研究程序。编制北京市患者对医院医疗服务满意度的调查问卷。

对自编的患者满意度问卷实施预测，收回问卷，经检验、调整、修改后形成正式问卷。

选择抽样方法，发放问卷进行测量。

收回问卷并剔除无效问卷，采用 SPSS20.0 统计软件进行数据处理。

4. 统计分析

采用 SPSS20.0 统计软件进行数据录入及结果分析。为确保数据录入质量，对录入数据进行逻辑纠错、数据探索并排除奇异值。在结果分析中，利用均数 ± 标准差进行描述性统计，描述被调查者满意度总分的集中趋势和离散趋势；利用 t 检验、方差分析探讨不同年龄、不同职业群体等变量的满意度是否具有统计学意义。$P < 0.05$ 具有统计学意义，统计分析显示，本问卷具有较好的信度，Cronbachα 系数为 0.744。

四　数据分析与讨论

（一）一般人口学特征分析

在对北京市患者医疗服务满意度的调查中，共收集有效问卷 1809 份。其中，男性受访者 661 例（36.5%），女性受访者 1148 例（63.5%）。在年龄层次上，受访者以中青年为主，18～29 岁所占比例为 39.0%，30～39 岁占 26.6%，40～49 岁占 14.4%，50 岁及以上受访者占 19.9%。在户口性质上，非农业户口的受访者所占比例较大（73.3%）。在原户籍所在地方面，55.4% 的受访者来自北京市。在现居住地上，各区分布均衡，朝阳区（19.2%）和海淀区（16.5%）受访者所占比例较大，外地患者仅占 2.6%。在职业分布上，受访者职业分布较为广泛，居于前两位的分别为企事业单位人员（33.2%）和学生（18.8%）。在月收入水平方面，月收入在 5001～10000（32.3%）以及 3001～5000（22.7%）的人居多。在受教育程度上，本科学历所占比例居多，占 47.4%。在参保类型上，排在前两位的是职工医保（42.3%）和城镇居民医保（22.3%）。（见表 1）

表1　一般人口学特征

单位：人数，百分比

变量	类别	人数	百分比%
性别	男	661	36.5
	女	1148	63.5
年龄	18～29岁	705	39.0
	30～39岁	481	26.6
	40～49岁	261	14.4
	50～59岁	160	8.8
	60～69岁	120	6.6
	70～80岁	82	4.5
户口性质	农业户口	483	26.7
	非农业户口	1326	73.3
原户籍所在地	北京市	1002	55.4
	外地	807	44.6
现居住地	朝阳区	348	19.2
	海淀区	298	16.5
	东城区	152	8.4
	西城区	137	7.6
	房山区	135	7.5
	昌平区	141	7.8
	通州区	139	7.7
	顺义区	143	7.9
	丰台区	139	7.7
	大兴区	130	7.2
	外地	47	2.6
职业类型	企事业单位人员	601	33.2
	科研、工程技术人员	128	7.1
	教师	88	4.9
	医务人员	100	5.5
	自由职业者	185	10.2
	离、退休人员	229	12.7
	现役军人	5	0.3
	学生	340	18.8
	其他	133	7.4

续表

变量	类别	人数	百分比%
月收入水平	1000 元以下	229	12. 7
	1000 ~ 3000 元	339	18. 7
	3001 ~ 5000 元	411	22. 7
	5001 ~ 10000 元	585	32. 3
	10001 ~ 30000 元	221	12. 2
	30000 元以上	24	1. 3
学历	高中及以下	385	21. 3
	专科	320	17. 7
	本科	858	47. 4
	硕士及以上	246	13. 6
参保类型	自费	211	11. 7
	新农合	142	7. 8
	城镇居民医保	404	22. 3
	职工医保	765	42. 3
	公费医疗	242	13. 4
	商业保险	45	2. 5
年去医院次数	6 次以内	1349	74. 6
	6 ~ 12 次	288	15. 9
	12 ~ 24 次	107	5. 9
	24 次以上	65	3. 6
近两次看病间隔	2017 年 4 月 17 日前 ~ 至今	545	30. 1
	2017 年 4 月 17 日后 ~ 至今	1264	69. 9

（二）北京市患者的就医行为特点调查

1. 挂号途径

现场窗口挂号被多数人采用。在就医时，门诊排队挂号（73. 9%）仍是患者主要的挂号方式，微信公众号（26. 5%）、医院自助终端预约

(25.2%)、医院 APP(16.6%)等自助式挂号方式也越来越多地为患者所使用，电话预约(16.1%)也是患者较多选择的一种挂号方式，较少患者选择主治医生预约挂号(10.1%)，选择银行 ATM 机预约挂号的仅占 1.2%(见图 2)。

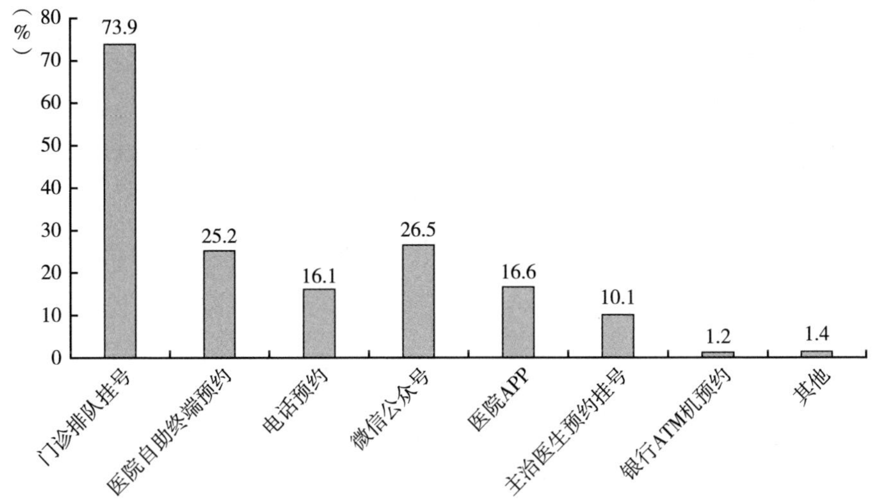

图 2　挂号途径选择情况

2. 挂号费用

价格较低普通号是多数患者的首选。针对新医改政策中对不同级别的医院、医生，医事服务费及报销金额有所区别这一改革措施，本研究对患者的挂号费用的选择进行调查，结果显示，患者在对三个级别医院各自不同医生级别的选择上，均更倾向于选择普通级别医生就诊(一级普通 42.3%、二级普通 16.3%、三级普通 36.0%)。在 12 种不同费用的号源上，大多数就诊患者更倾向于选择一级医院普通号源、三级医院普通号源。由此可见，新医改措施的实行使得患者有效分流，有较多的患者愿意前往一级医院就诊(见图 3)。

3. 对医生的选择

调查结果显示，患者多选择当天出诊的医生就诊(53.1%)，其次是选择专家就诊(25.5%)、依据号源就诊(19.1%)，仅有 2.3% 的患者选择找医生加号(见图 4)。

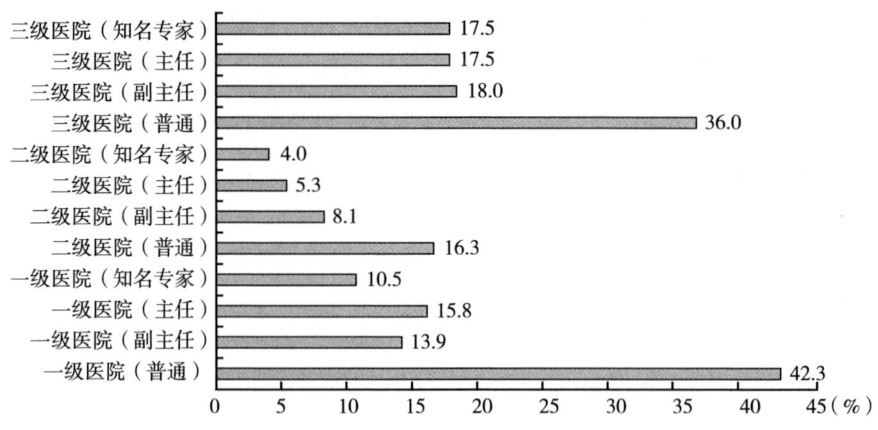

图 3　挂号费用选择情况

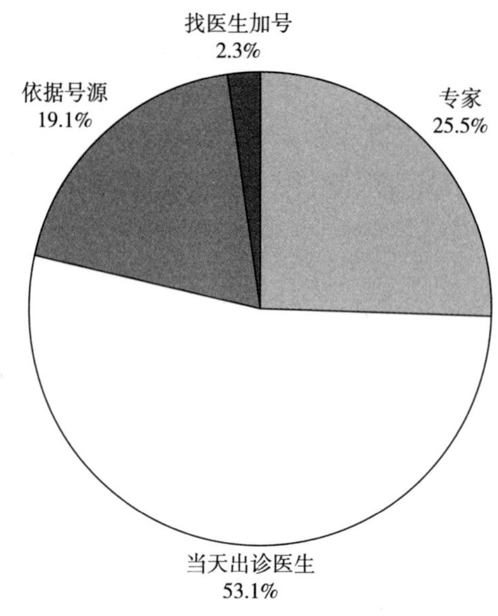

图 4　挂号医生选择情况

4. 挂号支付方式

多数患者仍然坚持使用现金或银行卡支付挂号费。在现金支付（56.0%）、银行卡支付（39.7%）的基础上，微信（54.1%）、支付宝（38.9%）等手机支付方式也为较多人使用（见图 5）。

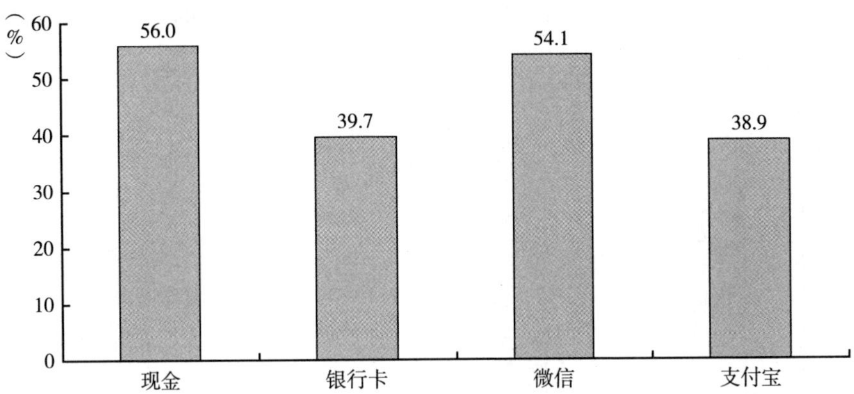

图5　挂号支付方式选择情况

5. 获取诊断报告的方式

在诊断报告的获取上，患者所选择的方式主要有：医院机器打印报告单（67.6%）、化验窗口打印报告单（58.2%）。选择从服务台（16.9%）和医院APP（15.0%）获取报告单的患者相对较少（见图6）。

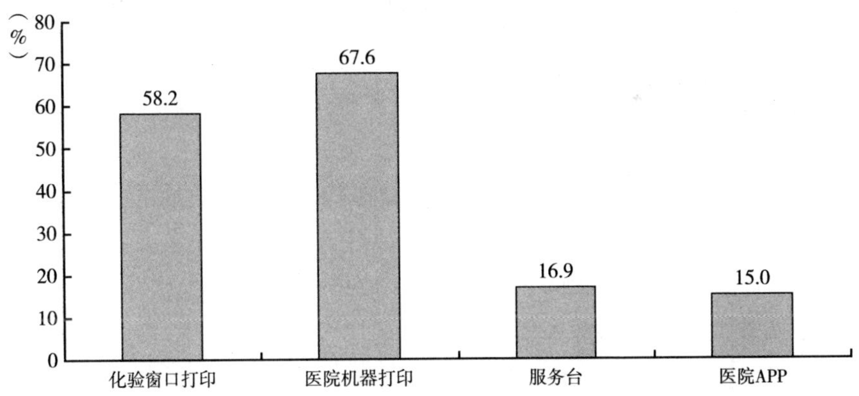

图6　诊断报告获取方式选择情况

（三）北京市患者的就医便利性调查

1. 成人门诊输液转社区

对于取消三甲医院门诊成人输液这一举措，本研究结合实际设置如下选项，结果显示，对门诊输液下转社区医院持“方便”观点（37.5%）与持从三甲再到社区需“花费更多时间和精力”观点（38.7%）的患者比例较为接近，均接近四成（见图7）。

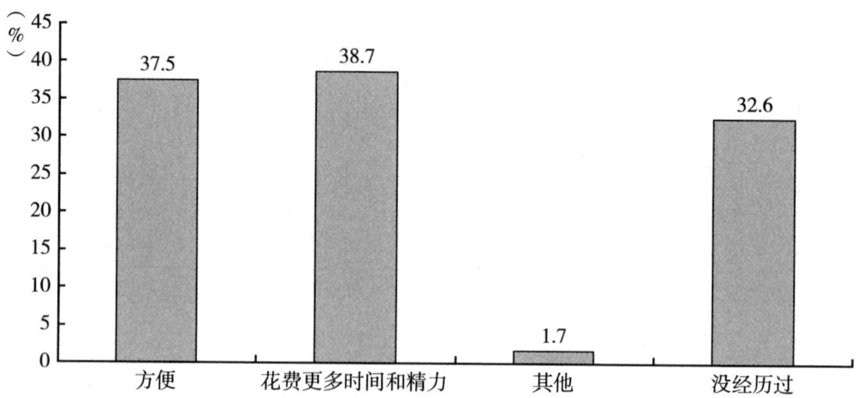

图7　成人门诊输液转社区题项选择情况

2. 社区医院看病原因

为了解患者前往社区就医的原因，本研究结合实际设置如下选项，结果显示，选择“离家近”作为就医原因的比例最高，占76.9%，其次的原因是：少排队（48.9%）、医事服务费低（30.4%）、固定拿药（22.4%）、医生固定（21.2%），“服务态度好”（17.1%）也是患者选择社区医院就医的重要原因（见图8）。

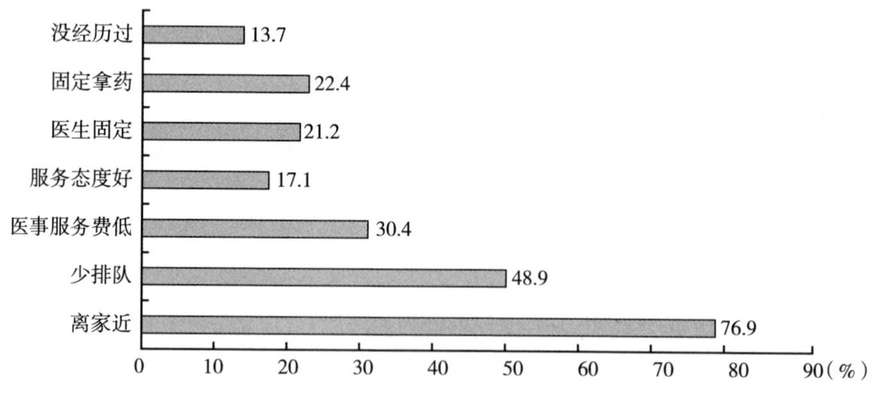

图8　社区医院看病原因题项选择情况

（四）北京市患者对医院医疗服务的满意度

1. 总体满意度

在宏观上，本研究从“医疗技术水平”、“医务人员服务态度”、“药品安全性”、“就医环境”、“就医流程”、“就医设备”、“医疗费用”、“医保报销比例”八个方面来对患者的总体满意度进行测量，受访者需要在“非常同意”、“同意”、“中立”、“不同意”、“非常不同意”五个选项中做出选择，以评价北京市患者对医院医疗服务的总体满意度情况。结果显示，患者总体满意度较高，对医保报销比例的满意度最低（2.17 ±1.13）。其中有1500例受访者总体满意度倾向于满意（82.9%），倾向于不满意的有202例（11.2%），保持中立的有107例（6.0%），总体及八个题项满意度水平见表2。

表2　北京市患者对医院医疗服务总体满意度的描述统计

题项	M ± SD	赞同人数	百分比(%)
总体满意程度	2.72 ±0.70	1500	82.92
药品安全性	3.08 ±0.89	1411	78.00
医疗技术水平	3.00 ±0.88	1195	66.06
就医设备	2.99 ±0.90	1434	79.27
医务人员服务态度	2.78 ±0.98	1130	62.47
就医环境	2.71 ±1.01	1002	55.39
就医流程	2.57 ±1.04	1361	75.23
医保报销比例	2.45 ±1.11	684	37.81
医疗费用	2.17 ±1.13	935	51.69

2. 医疗费用满意度

本课题研究立足于新医改形势，以北京市患者为研究群体，针对新医改政策中药品零差率、实行阳光采购以及对医事服务费中不同项目的价格调整，在医疗费用方面设有以下五个问题：（1）我能接受药品价格下降的幅度。（2）我能接受护理、中医、手术等体现医务人员技术劳务价值的项目价格上调这一事实。（3）我能接受连续收取住院起付费这一事实。（4）我能接受不同级别的医院、医生，医事服务费及报销金额有所区别这一事实。（5）我能接受CT、核磁等大型检查设备收费价格下调的幅度（见表3）。

表3　北京市患者对医院医疗服务医疗费用满意度的描述统计

题项	M ± SD	赞同人数	百分比(%)
我能接受药品价格下降的幅度	2.84 ±1.01	1190	65.80
我能接受护理、中医、手术等体现医务人员技术劳务价值的项目价格上调这一事实	2.52 ±1.10	974	53.84
我能接受连续收取住院起付费这一事实	2.08 ±1.17	638	35.27
我能接受不同级别的医院、医生，医事服务费及报销金额有所区别这一事实	2.61 ±1.07	1063	58.76
我能接受 CT、核磁等大型检查设备收费价格下调的幅度	3.15 ±0.92	1426	78.83

如表3所示，在医疗费用满意度中，患者赞同“我能接受CT、核磁等大型检查设备收费价格下调的幅度”和“我能接受药品价格下降的幅度”两个观点的居多，赞同比例分别为78.83%和65.80%。对于新医改政策中医事服务费的价格调整这一事实，患者的赞同比例较高，具体包括“护理、中医、手术等体现医务人员技术劳务价值的项目价格上调”（53.84%）和“不同级别的医院、医生，医事服务费及报销金额有所区别”（58.76%）。对于“医院连续收取住院起付费”这一事实，患者的满意度最低，赞同比例为35.27%。

3. 医疗服务便利性满意度

在医疗服务便利性上，针对新医改政策中实行阳光采购政策，在咨询医务专家、患者后就医疗便利性设置以下10个问题：（1）我能接受医保卡在异地就医不能直接使用这一事实。（2）我能接受看一次病需要挂多科室的号这一事实。（3）我能接受在医院看病隔天拿到检查报告后给医生看时需要再次挂号这一事实。（4）对于慢性病，我能接受我一个月内拿药的次数变多这一事实。（5）我能接受不同级别（三甲、二甲、社区）医院间转诊这一事实。（6）我能接受三级医院取消门诊成人静脉输液服务这一事实。（7）我经历过我认为不必要的检查。（8）医院公众号、APP使用起来方便。（9）社区医院所提供药品种类齐全，能满足需求。（10）国家开展的家庭医生签约服务项目令人满意（见表4）。

表 4　北京市患者对医院医疗服务医疗便利性满意度的描述统计

题项	M ± SD	赞同人数	百分比(%)
我能接受医保卡在异地就医不能直接使用这一事实	1.66 ±1.32	514	28.41
我能接受看一次病需要挂多科室的号这一事实	1.70 ±1.34	547	30.24
我能接受在医院看病隔天拿到检查报告后给医生看时需要再次挂号这一事实	1.49 ±1.36	472	26.09
对于慢性病,我能接受我一个月内拿药的次数变多这一事实	2.02 ±1.26	677	37.42
我能接受不同级别(三甲、二甲、社区)医院间转诊这一事实	2.45 ±1.10	926	51.19
我能接受三级医院取消门诊成人静脉输液服务这一事实	2.22 ±1.15	757	41.85
我经历过我认为不必要的检查	1.53 ±1.26	401	22.17
医院公众号、APP 使用起来方便	2.99 ±0.97	968	53.51
社区医院所提供药品种类齐全,能满足需求	2.55 ±1.12	979	54.12
国家开展的家庭医生签约服务项目令人满意	2.53 ±1.09	928	51.30

如表 4 所示，北京市患者对医疗服务便利性满意度较高的项目有：社区医院的药品供应种类（54.12%）、医院公众号及 APP（53.51%）。其次是家庭医生签约服务项目（51.30%）、不同级别医院转诊（51.19%）。满意度较低的项目包括：三级医院取消门诊成人静脉输液服务（41.85%）、慢性病一个月内拿药次数变多（37.42%）、看一次病需要挂多科室的号（30.24%）、医保卡在异地就医不能直接使用（28.41%）。对于“在医院看病隔天拿到检查报告后给医生看时需要再次挂号”这一事实患者的满意度很低（26.09%）；对于“我经历过我认为不必要的检查”，经过反向题转换后的赞同比例达 22.17%，可见患者多认为自身经历过不必要的检查，造成就医不便。

（五）影响北京市患者对医院医疗服务满意度的主要因素

以年龄、户籍所在地、经济情况、现居住地、职业类型、年均就医次数等因素为自变量，以北京市患者对医院医疗服务的总体满意度、医疗服务便利性满意度为因变量分别进行 T-Test 或 ANOVA 方差分析。

1. 影响北京市患者对医院医疗服务总体满意度的主要因素

(1) 年龄

结果显示，年龄因素在对北京市患者对医院医疗服务总体满意度的影响上有显著差异，30 岁及以上患者随着年龄的增长，总体满意度升高（P<0.01）。存在显著差异（P<0.01）的具体题项包括：医疗费用、医保报销比例。“30～39 岁”年龄段患者在总体满意度以及医疗费用、医保报销比例两个方面的满意度得分均为最低（见表 5、表 6）。

表 5　不同年龄对北京市患者总体满意度的影响

变量	类别	人数	M±SD	F	P
总体满意度	18～29 岁	705	2.71±0.68	10.98	0.000
	30～39 岁	481	2.59±0.69		
	40～49 岁	261	2.69±0.74		
	50～59 岁	160	2.84±0.69		
	60～69 岁	120	2.98±0.76		
	70～80 岁	82	3.02±0.76		

表 6　不同年龄对北京市患者总体满意度具体题项的影响

变量	类别	人数	M±SD	F 值	P 值
医疗费用	18～29 岁	705	2.10±1.12	10.60	0.000
	30～39 岁	481	2.01±1.09		
	40～49 岁	261	2.12±1.13		
	50～59 岁	160	2.48±1.06		
	60～69 岁	120	2.53±1.17		
	70～80 岁	82	2.65±1.17		
医保报销比例	18～29 岁	705	2.50±1.12	4.86	0.000
	30～39 岁	481	2.30±1.1		
	40～49 岁	261	2.36±1.1		
	50～59 岁	160	2.57±1.06		
	60～69 岁	120	2.65±1.16		
	70～80 岁	82	2.76±1.07		

（2）原户籍所在地

结果显示，原户籍所在地是总体满意度的一个重要影响因素，两类群体在总体满意度分量表得分上存在显著差异，京籍患者在总体满意度得分上更高（P＜0.01）。存在显著差异（P＜0.01）的具体题项包括就医流程、医疗费用、医保报销比例，非京籍患者的满意度得分均较低（见表7、表8）。

表7　不同原户籍所在地对北京市患者总体满意度的影响

变量	类别	人数	M±SD	t	P
原户籍所在地	京籍	1002	2.77±0.74	3.46	0.001
	非京籍	807	2.65±0.67		

表8　不同原户籍所在地对北京市患者总体满意度具体题项的影响

变量	类别	人数	M±SD	t	P
就医流程	京籍	1002	2.67±1.04	4.14	0.000
	非京籍	807	2.46±1.04		
医疗费用	京籍	1002	2.29±1.12	5.35	0.000
	非京籍	807	2.01±1.12		
医疗报销比例	京籍	1002	2.51±1.12	2.58	0.010
	非京籍	807	2.38±1.11		

（3）现居住地

结果显示，不同区域的北京市患者对医院医疗服务的总体满意度存在显著差异（P＜0.01），其中外地患者对医院医疗服务的总体满意度最高（3.06±0.73），其次是朝阳区（2.87±0.76）、海淀区（2.77±0.72）、房山区（2.71±0.69）、东城区（2.70±0.70）、西城区（2.67±0.70）、昌平区（2.67±0.57）、通州区（2.64±0.71）、顺义区（2.63±0.64）、丰台区（2.60±0.68），大兴区的总体满意度得分最低（2.53±0.73）。存在显著差异（P＜0.01）的具体题项包括：服务态度、就医流程、医保报销比例，大兴区的满意度得分均最低（见表9、表10）。

表 9 不同现居住地对北京市患者总体满意度的影响

变量	类别	人数	M ± SD	F	P
现居住地	朝阳区	348	2.87 ±0.76	4.61	0.000
	海淀区	298	2.77 ±0.72		
	东城区	152	2.70 ±0.70		
	西城区	137	2.67 ±0.70		
	房山区	135	2.71 ±0.69		
	昌平区	141	2.67 ±0.57		
	通州区	139	2.64 ±0.71		
	顺义区	143	2.63 ±0.64		
	丰台区	139	2.60 ±0.68		
	大兴区	130	2.53 ±0.73		
	外地	47	3.06 ±0.73		

表 10 不同现居住地对北京市患者总体满意度具体题项的影响

变量	类别	人数	M ± SD	F	P
服务态度	朝阳区	348	2.92 ±1.04	3.76	0.000
	海淀区	298	2.91 ±0.96		
	东城区	152	2.74 ±1.06		
	西城区	137	2.64 ±0.92		
	房山区	135	2.7 ±0.95		
	昌平区	141	2.77 ±0.87		
	通州区	139	2.66 ±0.96		
	顺义区	143	2.67 ±0.86		
	丰台区	139	2.69 ±0.97		
	大兴区	130	2.57 ±1.06		
	外地	47	3.21 ±0.86		
就医流程	朝阳区	348	2.83 ±1.00	5.16	0.000
	海淀区	298	2.63 ±1.07		
	东城区	152	2.62 ±1.1		
	西城区	137	2.39 ±1.02		
	房山区	135	2.53 ±1.09		
	昌平区	141	2.52 ±0.97		
	通州区	139	2.47 ±1.09		
	顺义区	143	2.47 ±0.93		
	丰台区	139	2.36 ±1.04		
	大兴区	130	2.32 ±1.04		
	外地	47	2.98 ±0.97		

续表

变量	类别	人数	M ± SD	F	P
医保报销比例	朝阳区	348	2.64 ±1.05	2.96	0.001
	海淀区	298	2.46 ±1.16		
	东城区	152	2.38 ±1.15		
	西城区	137	2.46 ±1.02		
	房山区	135	2.47 ±1.2		
	昌平区	141	2.28 ±1.09		
	通州区	139	2.48 ±1.18		
	顺义区	143	2.31 ±1.11		
	丰台区	139	2.37 ±1.08		
	大兴区	130	2.25 ±1.12		
	外地	47	2.89 ±0.96		

（4）职业类型

结果显示，不同职业类型的北京市患者对医院医疗服务的总体满意度存在显著差异（P<0.01）。除其他类型职业外，企事业单位人员的总体满意度得分最低（2.59 ±0.70），存在显著差异（P<0.01）的具体题项包括：就医流程、医疗费用、医保报销比例，企事业单位人员的满意度得分均最低（见表11、表12）。

表11　不同职业类型对北京市患者总体满意度的影响

变量	类别	人数	M ± SD	F	P
职业类型	企事业单位人员	601	2.59 ±0.70	9.93	0.000
	科研、工程技术人员	128	2.63 ±0.71		
	教师	88	2.73 ±0.74		
	医务人员	100	2.99 ±0.65		
	自由职业者	185	2.89 ±0.69		
	离、退休人员	229	2.93 ±0.76		
	现役军人	5	2.90 ±0.45		
	学生	340	2.73 ±0.64		
	其他	133	2.53 ±0.72		

表 12　不同职业类型对北京市患者总体满意度具体题项的影响

变量	类别	人数	M ± SD	F	P
就医流程	企事业单位人员	601	2.39 ±1.06	9.10	0.000
	科研、工程技术人员	128	2.50 ±1.05		
	教师	88	2.53 ±1.06		
	医务人员	100	2.83 ±0.98		
	自由职业者	185	2.86 ±0.93		
	离、退休人员	229	2.93 ±1.02		
	现役军人	5	2.80 ±0.84		
	学生	340	2.54 ±1.00		
	其他	133	2.39 ±1.05		
医疗费用	企事业单位人员	601	1.99 ±1.11	12.41	0.000
	科研、工程技术人员	128	2.05 ±1.1		
	教师	88	2.19 ±1.07		
	医务人员	100	2.74 ±1.00		
	自由职业者	185	2.46 ±1.05		
	离、退休人员	229	2.52 ±1.16		
	现役军人	5	2.40 ±0.89		
	学生	340	2.09 ±1.11		
	其他	133	1.78 ±1.1		
医保报销比例	企事业单位人员	601	2.32 ±1.11	5.84	0.000
	科研、工程技术人员	128	2.33 ±1.01		
	教师	88	2.47 ±1.09		
	医务人员	100	2.87 ±1.00		
	自由职业者	185	2.54 ±1.06		
	离、退休人员	229	2.62 ±1.16		
	现役军人	5	2.8 ±0.45		
	学生	340	2.57 ±1.12		
	其他	133	2.14 ±1.17		

（5）年均就医次数

如表 13 所示，不同年均就医次数的北京市患者对医院医疗服务的总体满意度存在显著差异（P<0.01）。相较于年均就医次数少的患者，就医次数越多的患者总体满意度得分越高，年均“6 次以内”就医次数（2.69 ±0.7）的患者总体满意度得分最低。

表 13　不同年均就医次数对北京市患者总体满意度的影响

变量	类别	人数	M ± SD	F	P
年均就医次数	6 次以内	1349	2.69 ±0.7	4.71	0.003
	6 ~12 次	288	2.76 ±0.74		
	12 ~24 次	107	2.87 ±0.74		
	24 次以上	65	2.94 ±0.73		

2. 影响北京市患者对医院医疗服务便利性满意度的主要因素

如表 14 所示，不同经济情况的北京市患者对医疗服务便利性的满意度存在显著差异（P <0.01），月收入在“10001 ~30000 元”（1.87 ±0.64）和“30000 元以上”（1.99 ±0.65）的患者满意度较低。

表 14　不同经济状况对北京市患者医疗服务便利性满意度的影响

变量	类别	人数	M ± SD	F	P
月收入水平	1000 ~3000 元	339	2.14 ±0.69	6.03	0.000
	3001 ~5000 元	411	2.12 ±0.72		
	1000 元以下	229	2.04 ±0.63		
	5001 ~10000 元	585	2.00 ±0.65		
	30000 元以上	229	1.99 ±0.65		
	10001 ~30000 元	221	1.87 ±0.64		

五　基本结论

（一）北京市患者对医院医疗服务的总体满意度较高

在宏观层面上，从“医疗技术水平”、“医务人员服务态度”、“药品安全性”、“就医环境”、“就医流程”、“就医设备”、“医疗费用”、“医保报销比例”八个方面探究患者对医院医疗服务的总体满意度发现，超过八成的患者倾向于满意（82.9%），仅有 11.2% 的患者倾向于不满意，其余患者持中立态度。其中，对药品安全性的满意度水平较高（占 78%），认为就医设备（便利性）令人满意的人数最多。对医疗费用的满意度水平很低，认为医保报销比例令人满意的患者人数最少。

（二）医疗费用

基于2017年新医改政策对药品、医事服务费项目的改革措施，对医疗费用的满意度进行调查发现，对于CT、核磁共振等大型检查设备收费价格和药品价格下调的幅度患者多数倾向于满意。

对于新医改政策中医事服务费的价格调整："护理、中医、手术等体现医务人员技术劳务价值的项目价格上调"和"不同级别的医院、医生，医事服务费及报销金额有所区别"，均有超过一半的患者倾向于满意。

对于医院连续收取住院起付费这一事实，患者的满意度水平最低，赞同医院连续收取住院起付费的人数最少（35.27%）。这说明患者在肯定医改措施的同时也希望医疗机构能够减少不必要的收费，降低医疗费用，进一步减轻患者负担。

（三）医疗便利性

本研究从"成人门诊输液转社区"和"社区医院就诊"两个方面探讨患者的就医便利性。针对成人门诊输液转社区这一题项，赞同与反对的比例较为接近（37.5%vs38.7%），说明这一举措在为一部分患者提供便利的同时也给另一部分患者在就医便利性上带来压力，患者对于就医过程中需要花费更多的时间和精力而感到不满。进一步访谈后发现，反对者反映门诊转社区输液对于急性病患存在不合理之处，容易耽误病情、影响疾病的治疗，而且急诊输液不能报销也在一定程度上影响了急性患者进行急诊输液的积极性。患者前往社区就医的原因，多数人（76.9%）因社区医院距离家近而选择其为就诊医院，"少排队"（48.9%）也是患者选择前往社区医院就诊的一个重要原因，说明患者在就医上更关注医院就医的便利性，就医时所耗费的时间和精力是影响其就医选择的重要因素。

对医疗服务便利性满意度进行研究后发现，北京市患者对医疗服务便利性满意度较高的项目有：社区医院的药品供应种类、医院公众号及APP、家庭医生签约服务项目、不同级别医院转诊服务，患者对这些项目倾向于满意的比例均超过五成。

对于三级医院取消门诊成人静脉输液服务、慢性病一个月内拿药次数变多、看一次病需要挂多科室的号、医保卡在异地就医不能直接使用、在医院看病隔天拿到检查报告给医生看时需要再次挂号、经历不必要的检查等便利性问题患者满意度较低。

（四）就医行为更加多样性和理性化

北京市患者的挂号方式在传统人工挂号的基础上，呈现多样性，医院线上服务平台（医院微信公众号、医院 APP）、线下自助服务设备（自助预约机）等自助挂号方式越来越多地被患者所使用，电话预约也因其便利性，是患者常选的一种挂号方式。

受到2017 年新医政策中增设医事服务费，不同级别的医院医生的医事服务费及报销金额有所区别的影响，患者在挂号费用的选择上，更倾向于选择普通级别的医生就诊（一级普通 42.3%、二级普通 16.3%、三级普通 36.0%），可见分级诊疗制度对居民的就医行为具有引导作用，使患者更多地前往一级医院就诊，促进了就医患者的分流，有利于实现理性就医。在挂号医生的选择上，超过一半的患者选择当天出诊的医生进行挂号就诊，其次是选择专家就诊（25.5%）、依据号源就诊（19.1%），找医生加号的患者仅占 2.3%。

（五）不同群体的医疗服务满意度差异显著

1. 不同群体的总体满意度差异显著

（1）就医次数越多的患者总体满意度越高。研究表明，相较于年均就医次数少的患者，就医次数越多的患者总体满意度越高。

（2）中年（30~39）患者对医院医疗服务总体满意度低。研究表明，30 岁有以上患者中，年龄越大的患者总体满意度越高，30~39 岁患者总体满意度最低，主要表现在以下两个方面：医疗费用、医保报销比例。

（3）非京籍患者对医院医疗服务总体满意度低。研究表明，原户籍所在地是总体满意度的一个重要影响因素，原户籍所在地为北京市的患者在总体满意度得分上更高。非京籍患者对医院医疗服务的总体满意度较低，主要表现在

以下三个方面：就医流程、医疗费用、医保报销比例。

（4）远郊区患者对医院医疗服务总体满意度低研究表明，外地患者对医院医疗服务的总体满意度最高，其次是朝阳区、海淀区、房山区、东城区、西城区、昌平区、通州区、顺义区、丰台区，大兴区的总体满意度最低。主要表现在以下三个方面：服务态度、就医流程、医保报销比例。

（5）企事业单位人员对医院医疗服务总体满意度低研究表明，除其他职业类型外，企事业单位人员的总体满意度最低，主要表现在以下三个方面：就医流程、医疗费用、医保报销比例。进一步访谈发现，部分企业单位的患者在医疗费用上的自付比例较高，而事业单位人员虽然享受医保报销，但反映药价上涨，产生的自付医疗费用仍然难以承受。

2. 不同群体的医疗便利性满意度差异显著

高收入群体对医院医疗便利性满意度低。研究表明，月收入水平处在“1000～3000 元”和“3001～5000 元”的患者对医疗服务便利性的满意度更高，而月收入在“10001～30000 元”和“30000 元以上”的患者满意度较低，进一步访谈发现，这两个群体非常重视时间成本，对于就医过程中因排队、转诊而额外耗费时间极为不满。

六　建议与对策

根据北京市患者对医院医疗服务满意度现状调查结果，针对北京市患者的就医行为特点分析北京市患者对医院医疗服务满意度的现状及其影响因素，基于对患者的进一步访谈、课题组成员与相关专家的讨论，提出以下建议。

（一）坚持分级诊疗，继续自助式医疗服务，降低就诊高峰压力

本次调查发现，新医改后患者更多选择前往一级医院就诊率明显上升，说明分级诊疗制度取得了良好的效果，建议进一步完善分诊制度。

自助式医疗服务备受欢迎，患者的就医行为呈现多样性特点，就医行为更加理性化，这说明在政策导向的影响下公民逐渐理性选择就医行为。

加大科技投入，充分运用互联网信息技术来优化就医流程、改善就医环

境，从而减少群众的等待时间，实现“少排队、少跑路”，让更多的医改红利为大众所享。建议继续完善和普及微信、APP、网络或电话挂号，让更多的人选择自助式挂号、缴费、取报告单，减少在医院停留的时间，提高患者对医疗服务的满意度。在政策导向下继续加强宣传教育，引导群众理性就医。

（二）提高医疗服务便利性，进一步发挥全科医生的作用

患者对就医便利性的感知受到其时间压力的影响，即就医耗费时长及其时间充裕程度。在医院看病时如患者需花费更多的时间和精力，这将大大降低患者对医院的医疗服务便利性的满意度。

分级诊疗、减少患者的住院时间，使得医院的资源得到合理利用，使更多的患者获得门诊或住院治疗的机会。然而也应该看到这些举措带来的弊端。例如分科过细使得一个患者就医时不得不来往于几个科室，一个高血压兼糖尿病的患者不得不去高血压和内分泌两个科室就诊，挂两次号，候诊两次，缴费和取药两次，大大增加了时间成本；一个住院患者身体没有完全康复但超过了规定的住院时长，不得不出院后再住院，不得不花费更多的时间。无论是挂多次号，还是住多次院，都更多地耗费了患者的时间成本。据此提出以下建议。

——进一步完善分级诊疗制度，简化分级诊疗流程；调整现有科室分类的精细程度，方便百姓就医。召集各科专家，根据各科就诊频率，合理划分科室，避免一患者多科室挂号。

——适当地调整住院的时长，根据疾病发生发展规律，不同的科室可以规定不同的住院时间。

——重视解决新医改带来的冲突问题，例如分级诊疗与便利性的冲突、医事服务费价格调整与便利性的冲突、分科过细与便利性的冲突，异地就医与便利性的冲突。

——加强对医疗机构的监管，减少不必要收费；提倡整合医学，避免过度专业化。

——在医保方面，应加快推进全国医保信息联网，实现医保异地就医直接结算，解决外地患者的异地就医问题。

（三）进一步降低医疗费用，完善医疗费用补偿机制

从满意度上看，患者对于仍居高不下的医疗费用产生不满，虽然新的医疗费用补偿机制促进了医疗机构的收支平衡，但对于患者的实际医疗费用支出影响较小，群众期望医疗费用支出更低。

新医改降低了药品价格和手术费用，但分诊过细带来累计挂号费增加、病床周转率的提高带来一病多次入院起付费的增加，这些都提高了患者的治疗成本。

因此，政府在最大限度补偿医疗机构医疗成本的同时应该进一步加大财政投入，对于医院的不合理诱导应该进行有效监管，降低住院起付费，适当延长单次住院时间，严格把控医疗收费标准；改革医保支付方式，根据客观需求调整报销比例，完善大病保险制度；在多方面共同作用下优化医疗费用补偿机制，进而实现降低医疗费用的目的。

（四）提升远区县的医疗服务水平，缩小区域差距

研究中发现，患者满意度在区域间存在显著差异，相对于主城区和近郊区域，远郊的患者普遍满意度较低，这可能与偏远郊区居民经济收入水平有关，也可能与该区域医疗卫生机构的资金紧缺、技术水平低相关。因此，建议卫生管理部门应该针对远郊区域财政支持不足、医疗人才缺乏等局限性给予适当的政策倾斜，将可利用的发展基金首先投入远郊地区，用于改善相应区域的医疗条件。在人才方面，制定优惠政策，重点开展“人才计划”项目，构建人才机制，实现“培养人才”和“引进人才”两手抓。

（五）关注不同群体的医疗服务需求，提高患者满意度

研究发现，不同群体对医院医疗服务的满意度存在显著差异，非京籍、企事业单位人员、高收入群体的满意度较低。面对这些群体的不同需求，政府应该在保证服务广泛性的前提下，开设更加精细与有针对性的服务项目。同时，充分发挥市场机制的作用，在已有医疗服务的基础上鼓励服务多样化，引进社会资本，实现差异化服务，以满足高消费人群的需求。

对于弱势群体，国家应予以基本的政策扶持，在满足其基本医疗需求的基础上，增加人文关怀，促进医患和谐。

（六）积极落实新医改政策，在实践中寻求创新

2017 年新医改政策是深化医药卫生体制改革的重要举措。北京市作为全国政治、经济、文化中心，集聚了全国最优质的医疗资源，拥有最高端的医疗服务，医院服务呈现多样性。本研究在探讨北京市患者医疗服务满意度中发现，大众对首都的医疗服务水平有较高的满意度，新医改政策为广大群众所接受。因此，有关部门应贯彻落实新医改政策，积极总结政策实施过程中的经验和不足，在实践中寻求创新。

B.16
非首都功能疏解对流动人口居留意愿及其情绪的影响

谭日辉　马钰宸*

摘　要： 居留意愿和社会情绪一定程度上能够反映流动人口的心理活动和相应的社会问题，对首都社会治理有着重要的参考意义。实证结果显示：一方面，当前流动人口的居留意愿依然居于高位，不同类型的流动人口的居留意愿呈现不同倾向；另一方面，不同个人特征和居留意愿之下，流动人口会表现出不同社会情绪。总之，社会情绪基本稳定和积极，也存在悲观、不满、浮躁等不良社会情绪需要适度疏解。为推动首都社会和谐发展，需要营造正面的社会舆论导向氛围，向公众提供全面真实的权威信息，通过宏观调控政策等系列手段推动社会良性发展，建立有效的情绪疏导机制和社会支持体系。

关键词： 流动人口　居留意愿　社会情绪

一　引言

在非首都功能疏解中，人口疏解是至关重要的一环。实践已经证明，非首

* 谭日辉，北京市社会科学院城市所研究员，北京城市研究基地主任。马钰宸，北京科技大学文法学院研究生。参与此次调查的有北京科技大学文法学院研究生马钰宸、刘慧、杜婷婷，本科生王涛、陈思懿、马巍、李念、李小真、徐子涵等。本次调查得到了大兴区长丰园狼垡二村张友生主任、丰台区太平桥街道张志强副主任、朝阳区亚运村街道安翔里社区党委副书记黄雄英、盘古大观商务楼宇服务站站长武裕安等的大力协助，在此一并表示感谢。

都功能疏解对人口疏解产生了积极影响，取得了明显效果。作为人口众多的首都，北京的发展问题一直受到社会各界的关注，在首都的建设和发展取得瞩目成就的同时，大城市病也越发严重，提升城市治理体系和治理能力现代化水平迫在眉睫。近年来，北京功能定位为四个中心，为推进和谐北京、平安北京、宜居北京建设，出台了系列政策，尤其是出台了疏解非首都功能政策。但任何措施都是一把双刃剑，非首都功能疏解在促进首都人口疏解的同时，也对流动人口的居留意愿和社会情绪产生了系列影响。对此，理论界和实务界进行了扎实的研究，目前对非首都功能疏解的研究中，关于人口疏解的研究主要集中在人口疏解的对策、流动人口的居留意愿以及流动人口疏解的风险三个方面。

（一）关于人口疏解的对策研究

代表性的如李国平、席强敏认为，考虑到京津冀协同发展大环境，人口疏解应从北京市域和京津冀地区两个层面进行，以实现地区人口均衡发展。[①] 肖周燕、王庆娟发现北京在实际调控城市人口规模中存在功能规划与实际发展不同和政府投入偏差等问题，应该促使城市发展与其功能定位相符，缓解特大城市的“城市病”，以有效疏解人口。[②] 尹德挺认为首都人口疏解的特殊性源于“人口流动滞涨”，即人口流出停滞而流入提速。复杂性则在于人口与经济、人口与社会双循环的不畅。解决首都人口疏解问题要走人口疏解与生产、生活、生态、生机相统筹的道路。[③]

（二）关于流动人口居留意愿的研究

综合学术界的研究，本研究认为流动人口是指离开户籍所在地到其他地方居住的人口[④]。流动人口因居住地域不同而呈现不同的居留意愿，代表性的成果如杨政和罗雅楠的研究发现，在北京有长期居留意愿的乡城流动人口占到七

---

① 李国平、席强敏：《京津冀协同发展下北京人口有序疏解的对策研究》，《人口与发展》2015 年第 2 期。

② 肖周燕、王庆娟：《我国特大城市的功能布局与人口疏解研究——以北京为例》，《人口学刊》2015 年第 1 期。

③ 尹德挺：《首都人口疏解的理论思维和现实应对》，《人口与计划生育》2015 年第 8 期。

④ 王玉婷：《京津冀城市群流动人口居留意愿及空间分布的影响因素分析》，河北师范大学硕士学位论文，2017。

成以上，社会资本、收入、职业、就业身份和社会融合等居留能力影响居留意愿。[①] 杨雪、魏洪英认为，受教育程度高的流动人口居留意愿强，高收入流动人口的城市居留意愿较强。[②] 也有学者对流动人口居留意愿可能产生的影响效应进行分析。总之，学者们对流动人口居留意愿的影响因素进行了大量研究。从社会人口学方面来看，年龄、性别、婚姻状况等因素对流动人口的居留意愿产生一定影响；从人力资本来看，受教育水平、职业、收入、流动时间等因素影响居留意愿；从社会资本方面来看，社会网络资源和信任等因素会对流动人口的居留意愿产生显著影响，居住状况、医疗保险状况、归属感等也会也会产生推拉力影响流动人口的居留意愿。

（三）关于疏解风险的研究

代表性的成果，如闫萍、尹德挺、薛伟玲等认为人口疏解存在风险，构建了人口疏解政策风险分析模型。[③] 杜艳莉等注意到了人口疏解过程中的社会稳定风险。[④]

综观已有研究文献，我们发现，已有研究大多集中在解决城市病的基础上，提出首都流动人口疏解的特殊性和对策，描述其流动意愿，对政策效果进行评价等，也关注到了疏解的风险。而从社会情绪的角度来研究流动人口的疏解风险还比较罕见。从社会学角度来看，城市生活吸引着家庭迁徙的农民工，因工作导致家庭分居的流动人员，可能希望给予子女更好的照顾而选择离开北京、回家工作。从社会排斥的视角来看，流动人员在北京难以获得相同的市民权，可能在歧视心理的作用下选择离开北京、到外地发展。因为有些城市对于我们来说，是选择。而北京，对于很多人来说，尤其是环京贫困带的人口而言，却是刚需，没有退路。

因此，在疏解非首都功能的过程中，由于涉及流动人口的利益问题，必然

---

① 杨政、罗雅楠：《北京市乡城流动人口长期居留意愿研究》，《人口与社会》2015 年第 1 期。

② 杨雪、魏洪英：《流动人口长期居留意愿的新特征及影响机制》，《人口研究》2017 年第 5 期。

③ 闫萍、尹德挺、薛伟玲：《北京市人口疏解的风险预警分析》，《新视野》2015 年第 6 期。

④ 杜艳莉等：《特大城市人口疏解过程中面临的困境及应对策略——以北京市为例》，《城市发展研究》2016 年第 11 期。

会产生一些负面情绪，尽管我国目前的社会情绪主流是积极进取、理性包容，多数民众在压力和问题面前能够积极主动调节情绪，保持理性的状态，但是系列社会问题引发的社会焦虑、浮躁、悲观、不满等情绪仍在蔓延，民众对现实产生了复杂的心理反应。①“风险的本质并不在于它正在发生，而在于它可能会发生”。基于此，本研究拟从社会心理学的研究视角，研究非首都功能疏解，对流动人口的居留意愿及其社会情绪的影响，并在此基础上提出首都流动人口管理的对策建议，最终促进首都和谐社会的构建。

二　研究设计

（一）研究假设

社会情绪一定程度上反映了公众的心态和选择倾向，是社会经济和政治的晴雨表。迪尔凯姆认为，情感是社会秩序的基础，社会是由理念和情感组成的。② 杨宜音认为，“社会情绪”是“社会心态”的一部分，而社会心态是较长时间内社会中的社会共识、情绪、感受和价值取向。③ 王俊秀认为社会情绪是指特定环境中群体共享的情绪体验，是个体与群体之间互动的结果，是受社会文化影响的情绪反应，可以从个体层面和社会层面进行分析。④

从社会人口学变量来看，个人因素可能对居留意愿和社会情绪产生影响，研究表明，性别、婚姻状况、受教育水平等个人因素对居留意愿产生显著影响⑤，同时，研究发现在城市居留时间较长的流动人口居住方式更稳定⑥，对北京的居留意愿更强。基于此，本研究提出以下假设：

假设 1：不同特征流动人口的居留意愿存在显著性差异。

---

① 温淑春：《当前我国社会情绪的现状、成因及疏导对策》，《理论与现代化》2013 年第 3 期。

② 成伯清：《情感的社会学意义》，《山东社会科学》2013 年第 3 期。

③ 杨宜音：《个体与宏观社会的心理关系：社会心态概念的界定》，《社会学研究》2006 年第 4 期。

④ 王俊秀：《社会情绪的结构和动力机制：社会心态的视角》，《云南师范大学学报》（哲学社会科学版）2013 年第 5 期。

⑤ 李强：《影响中国城乡流动人口的推力与拉力因素分析》，《中国社会科学》2003 年第 1 期。

⑥ 任远、戴星翼：《外来人口长期居留倾向的 Logit 模型分析》，《南方人口》2003 年第 4 期。

普列汉诺夫认为社会心理不是单个人的心理的简单组合，而是代表了某一群体的心理，[①] 同样，不同特征和不同居留意愿的群体之间可能存在不同的社会情绪。基于此，有如下假设：

假设2：不同的居留意愿的人在社会情绪强度上具有显著性差异。

（二）研究变量

1. 自变量

人口学变量。人口学变量包括先赋性变量和自致型变量，先赋性变量包括性别、年龄、民族三类，自致性变量包括政治面貌、受教育水平、婚姻状况、职业、上年家庭年总收入、是否在北京买房和在京居留时间等。

2. 因变量

本研究的因变量有居留意愿和社会情绪强度。同时，由于居留意愿也会影响社会情绪强度，所以，相对于社会情绪强度而言，居留意愿又是自变量。

居留意愿：问卷中采用问题“您是否打算在本地长期居住（5年以上）”，具体将居留意愿划分为三种，“打算”、“不打算” 和 “没想好”。

社会情绪强度：根据王俊秀的社会心态两极指标体系，社会情绪是在社会心态之下的第二层指标，在社会情绪的测量中，王俊秀根据引起社会情绪反应的具体社会条件，把社会情绪操作化为社会焦虑、社会冷漠、社会愤恨、社会痛苦、社会愉悦、社会浮躁、社会贪欲。[②] 为了方便比较和分析，本文将社会情绪分为悲观、不满、浮躁、理性、平和、愉悦、乐观七种情绪，情绪强度从非常弱、比较弱到一般到比较强、非常强分为5个层次，分别赋值1、2、3、4、5。

（三）资料来源与分析方法

流动人口是指离开户籍所在地到其他地方居住的人口。本研究认为，流动人口因居住地域不同而呈现不同的居留意愿和社会情绪。为此，本研究根据流动人口聚居的特征，选择小商贩等传统服务批发业聚集地如远郊区的大兴区黄

---

① 徐晓风：《社会心理与人的选择——人学研究的新论域》，《哲学研究》2015年第3期。

② 王俊秀：《社会心态的结构和指标体系》，《社会科学战线》2013年第2期。

村镇狼垡四个村，北京西站周边的太平桥西里社区、莲花桥社区和太平中里社区等三个社区，以及高档商务聚集地盘古大观写字楼。本研究采用自填式问卷调查和访谈的方式，深入了解问题。本次调查共发放问卷750份，回收有效问卷739份，有效率98.5%。调查结束后，本研究选用SPSS21.0对739条有效数据进行处理，软件运用包括描述性统计与交叉列联分析。

（四）调查样本的群体特征

本次调查针对北京市流动人口，选择的变量包括性别、年龄、民族、政治面貌、文化程度、婚姻状况、职业、家庭年总收入、是否在北京有房和在京居留时间。调查样本的基本统计信息如表1所示，具体来说，调查样本男女性别比例均衡，21~40岁者所占比例达到74.5%，半数以上受调查者为未婚，汉族、群众居多，超过四成受调查者的文化程度达到大专及以上，职业分布中工人/职员占比达到45.1%，上年家庭年总收入分布较为均匀，没有在北京买房的样本比例均达到90%以上，从在京居留时间上看，居留5年及以下的占比47.2%，6~10年的比例达到27.2%。总的来说，样本覆盖面较为广泛，比较具有代表性。详见表1。

表1　调查样本的基本特征

百分比(%)		百分比(%)		百分比(%)	
性别		年龄		政治面貌	
男	51.5	20岁及以下	6.4	群众	89.8
女	48.5	21~30岁	49.6	中共党员	7.5
民族		31~40岁	24.9	其他	2.7
汉	94.8	41~50岁	14.7	在京居留时间	
少数民族	5.2	51岁~75岁	4.4	5年及以下	47.2
是否在北京买房		婚姻状况		6~10年	27.2
是	8.5	未婚	55.4	11~15年	9.1
否	91.5	已婚	41.5	16~20年	5.1
职业		丧偶	0.8	20年以上	11.4
企业管理人员	8.3	离婚	2.3	文化程度	
工人/职员	45.1	去年家庭年总收入		文盲或文盲以下	1.0
专业技术人员	6.1	5万元以下	27.2	小学	4.0

续表

百分比(%)		百分比(%)		百分比(%)	
公务员	1.0	6～10 万元	32.9	初中	27.4
学生	1.1	11 万～20 万元	24.6	高中或中职	23.2
自由职业者	27.0	21 万～50 万元	12.5	大专及以上	44.4
失业/无业人员	4.0	50 万元以上	2.8		
其他	7.4				

三　数据结果

（一）流动人口居留意愿依然居于高位，不同类型的流动人口的居留意愿呈现不同倾向

数据显示，本次调查中，47.6%的人打算在本地长期居住，20.8%的人不打算长期居住，31.6%的人表示还没想好。与2015年和2016年相比，打算在本地长期居住的比例出现明显下降，不打算和没想好的比例出现明显上升。说明非首都功能疏解已经取得阶段性成果。不过尽管流动人口的居留意愿相比2015年和2016年出现明显下降，但居留意愿依然居于高位，持观望态度的比例增加，疏解问题仍然面临巨大挑战。详见表2。

表2　流动人口居留意愿总体特征分析

您是否打算在本地长期居住(5年以上)	2015(%)	2016(%)	2018(%)
打算	65.0	66.9	47.6
不打算	9.2	10.0	20.8
没想好	25.8	23.1	31.6

数据来源：2015年、2016年数据来自全国流动人口卫生计生动态监测调查，2018年数据来自本调查结果。

那么，究竟是什么原因导致了流动人口的居留意愿出现如此大的差异呢？本研究用流动人口的人口学变量与居留意愿做交叉分析，进行卡方检验。数据

结果显示，除民族、政治面貌、文化程度和职业这四个变量外，其他变量之间均存在显著性相关。详见表3。下面逐一说明。

表3　个人特征与居留意愿的交叉分析

	人口学变量	居留意愿
先赋性变量	性别	$\chi2=21.535$　df=6　显著水平=0.001
	年龄	$\chi2=32.271$　df=8　显著水平=0.000
	民族	$\chi2=1.831$　df=2　显著水平=0.400
自致性变量	政治面貌	$\chi2=4.758$　df=4　显著水平=0.313
	文化程度	$\chi2=8.101$　df=6　显著水平=0.231
	婚姻状况	$\chi2=29.727$　df=10　显著水平=0.001
	职业	$\chi2=24.226$　df=16　显著水平=0.085
	家庭年总收入	$\chi2=25.308$　df=8　显著水平=0.001
	是否在北京买房	$\chi2=35.727$　df=4　显著水平=0.000
	在京居留时间	$\chi2=91.295$　df=8　显著水平=0.000

1. 性别与居留意愿

表4　性别与居留意愿的交叉表分析

单位：%

		居留意愿		
		打算	不打算	没想好
性别	男	27.2	11.4	12.7
	女	20.8	8.8	18.9
$\chi2=21.535$　df=6　显著水平=0.001				

由数据可知，性别与居留意愿具有显著相关。男性和女性打算在本地长期居住的比例分别占受调查者总人数的27.2%和20.8%，男性和女性不打算在本地长期居住的比例分别为11.4%和8.8%，女性认为自己“没想好”的比例高于男性“没想好”的比例。这与性别对流动人口在劳动力市场上的竞争力的影响有关，男性相比于女性一定程度上在劳动力市场上处于优势地位，居留意愿更强烈，而女性面对更多门槛和限制，需要考虑的因素更多，更多地表现出犹豫和观望。

2. 年龄与居留意愿

年龄与居留意愿具有显著相关，21~30岁和31~40岁的流动人口打算在本地长期居住的比例分别达到20.8%和13.3%，21~40岁区间的年轻一代居留意愿更强。21~40岁处于人生的蓬勃发展期，这个年龄段的人们符合劳动力市场的需求，对自己抱有较大期望，渴望在北京有一席之地，居留意愿比较强烈。

表5　年龄与居留意愿的交叉表分析

单位：%

		居留意愿		
		打算	不打算	没想好
年龄	0~20岁	2.1	1.1	3.1
	21~30岁	20.8	9.8	19.0
	31~40岁	13.3	5.8	5.6
	41~50岁	8.8	2.6	3.4
	50岁~75岁	3.0	0.9	0.6
$\chi2$=32.271　df=8　显著水平=0.000				

3. 婚姻状况与居留意愿

婚姻状况与居留意愿具有显著相关，卡方值为29.727，显著水平为0.001，小于0.01。具体来看，已婚和未婚的流动人口打算在本地长期居住五年以上的比例分别为30.6%和16.1%，已婚群体的居留意愿更加强烈。人们在婚姻家庭中获得更多的安定感，更希望稳定下来，同时北京较好的教育、医疗等资源吸引已婚人群留下来，人们希望在北京拥有更好的生活。

表6　婚姻状况与居留意愿的交叉表分析

单位：%

		居留意愿		
		打算	不打算	没想好
婚姻状况	已婚	30.6	10.7	14.2
	未婚	16.1	8.4	16.8
	丧偶	0.1	0.4	0.3
	离婚	0.9	0.6	0.6
$\chi2$=29.727　df=10　显著水平=0.001				

4. 职业与居留意愿

从职业与居留意愿的交叉分析来看，卡方值为 24.226，显著水平为 0.085，大于 0.05，说明职业与居留意愿不具有显著相关。

5. 家庭年总收入与居留意愿

从家庭年总收入来看，收入与居留意愿的卡方值为 25.308，显著水平为 0.001，小于 0.01，可以认为家庭年总收入与居留意愿具有显著相关。具体来说，家庭年总收入在 5 万元以下、5 ~ 10 万元和 10 万 ~ 20 万元的受调查者打算在本地长期居住的比例分别为 10.7%、15.1% 和 12.7%，家庭年收入在 5 万 ~ 20 万元的流动人口居留意愿较强。对于流动人口来说，经济收入是决定居留意愿的重要因素，在北京较高的生活成本压力下，低收入群体面临巨大的生存压力，居留意愿比较弱，而收入较高的群体则会更多考虑生活环境和生活舒适度等问题，产生比较弱的居留意愿。对于收入 5 万 ~ 20 万元的流动人口而言，居留北京意味着较高的当前收入和良好的未来预期，因此人们愿意长期在本地居留。

表 7　家庭年总收入与居留意愿的交叉表分析

单位：%

		居留意愿		
		打算	不打算	没想好
家庭年总收入	5 万元以下	10.7	7.3	9.3
	5 万 ~ 10 万元	15.1	6.9	10.8
	10 万 ~ 20 万元	12.7	3.7	8.3
	20 万 ~ 50 万元	7.9	2.8	1.7
	50 万元以上	1.3	0.4	1.1
$\chi 2 = 25.308$　df = 8　显著水平 = 0.001				

6. 是否在北京买房与居留意愿

是否在北京买房与居留意愿存在显著相关，有房的流动人口居留意愿更弱。进一步分析发现，主要是这一部分买房的人没有北京户口，在北京依然被当成外地人，内心的挫败感更强烈。

7. 在京居留时间与居留意愿

从居留时间和居留意愿的交互分析来看，二者的卡方值为 91.295，显著水平为0.000，小于0.01，说明在京居留时间与居留意愿具有显著相关。居留时间在10年以下和20年以上的流动人口具有较强的居留意愿。对于居留时间在10年以下的人来说，他们对北京抱有较大希望，渴望在北京有一席之地，有比较强的居留意愿。对于居留时间在20年以上的人来说，在流入地的居留时间越长，产生的社会互动和社会连接越多，社会关系网产生的影响越大，流动人口越倾向于居留本地。

从不同特征的流动人口居留意愿来看，性别、年龄、婚姻状况、家庭年总收入、是否在北京买房和在京居留时间与居留意愿存在显著相关关系，男性、21～40岁、已婚、家庭年总收入在5万～20万元、居留时间在10年以下和20年以上的流动人口具有较强的居留意愿。

（二）不同类型流动人口的社会情绪分析

根据调查数据，社会情绪总体稳定和积极向上，同时也存在一些不良社会情绪。在对悲观、理性、平和、愉悦和乐观等社会情绪特征的描述中，有超过半数的受调查者选择一般；对不满情绪和浮躁情绪选择一般的分别占比45.1%和49.6%；理性、平和、愉悦和乐观的良性社会情绪非常强和比较强的比例分别为21.4%、20.5%、15.8%、19.7%，总体说明受调查者社会情绪较为稳定。

有超过四成的受调查者在描述社会情绪特征时选择了“一般”这一选项，本研究认为，这与中国人的性格有关，不轻易表达情绪，内在意志与外在言行不一致，即使对于某一项政策有非常多的意见或不满，当被询问相关看法的时候却选择缄默和妥协，放弃自己的表达，表示“随大流”。明恩溥在《中国人的气质》中认为中国人有“知足常乐”的性格。① 作者提出，中国人无论是否拥有，都懂得如何知足，他们对自己无能为力的绝大多数事情表示屈从，也没有动怒地抱怨。这种知足常乐的心态使人们具有自我情绪调控能力，一定程度上疏解了社会不良情绪。

同时，受调查者中认为悲观、不满、浮躁的不良社会情绪比较强和非常强的分别占比17.6%、21.6%、14.5%，说明还是存在一定程度的负面社会情

① 〔美〕阿瑟·史密斯：《中国人的气质》，明恩溥、刘文飞、刘晓旸译，2014。

绪。根据访谈，受调查者的不良社会情绪大部分来自对社会经济发展缺乏信心，缺少对个人命运的掌控感，产生无力感和无助感，产生“走一步看一步”的心态，经济、政治、文化等资源制约着流动人口，使得他们对城市缺少归属感，产生系列不良社会情绪。详见表8。

表8　调查样本的社会情绪现状

单位：%

社会情绪特征	非常弱	比较弱	一般	比较强	非常强
悲观	18.8	12.9	50.6	11.3	6.3
不满	16.1	17.2	45.1	14.1	7.5
浮躁	20.0	15.8	49.6	9.7	4.8
理性	10.0	11.0	57.6	14.9	6.5
平和	12.0	10.6	56.8	14.6	5.9
愉悦	15.4	14.7	54.1	10.1	5.7
乐观	15.6	12.7	52.0	12.0	7.7

如上文所述，我国流动人口的社会情绪总体呈现稳定和积极趋势，但依然存在一些负面情绪。通过数据可知，除民族这一人口学特征变量与社会情绪不存在显著性相关外，其他个体特征变量均不同程度地与不同社会情绪强度具有显著性相关，假设1被大部分证实。详见表9。

表9　不同群体与社会情绪强度的交叉表分析

	悲观	不满	浮躁	理性	平和	愉悦	乐观
性别	15.163	23.985	9.746	16.700	24.575*	34.715**	31.617**
年龄	32.912*	38.306**	31.026	20.688	23.090	21.078	36.602**
民族	0.919	2.507	5.496	3.492	3.769	0.092	3.942
政治面貌	8.471	11.735	5.833	11.435	8.532	12.188	25.417**
文化程度	27.823	23.380	28.946	26.613*	34.608**	17.391	25.736
婚姻状况	38.422*	34.323	35.899	41.113**	38.823**	45.356**	38.316**
职业	71.408**	54.899	61.744*	65.577**	63.644**	56.736**	44.302

续表

	悲观	不满	浮躁	理性	平和	愉悦	乐观
家庭年总收入	15.752	32.993*	27.155	24.705	12.600	21.996	26.178
是否在北京买房	11.415*	8.165	7.388	7.429	16.470**	8.701	9.819*
是否有北京户口	6.354	6.733	8.300	11.159*	17.954**	12.439*	10.697*
在京居留时间	44.348**	44.231**	47.550**	27.519*	48.811**	55.370**	48.517**

注：*、** 分别代表在5%、1%的统计水平上显著。

1. 男性表现出更积极的社会情绪

根据数据结果，性别与平和、愉悦和乐观等积极的社会情绪具有显著性相关。研究表明，男性对正性情绪面孔存在注意偏向，女性对负性情绪面孔存在注意偏向①，在负面情绪的习得中，女性比男性更敏感②。传统的性别分工和教育方式要求男性积极勇敢，表现主动性，表达自己的想法，女性安静内敛，更关注自我交流。因此相比女性而言，男性表现出更强烈的积极社会情绪。把比较强和非常强合并为比较强，则男性平和情绪比较强的占比12.8%，女性占8.2%；愉悦的男性占9.3%，女性占6.3%；乐观的男性占11.6%，女性占8.0%。详见表10。

表10　性别与平和、愉悦、乐观社会情绪强度的交叉表分析

单位：%

	平和					愉悦					乐观				
性别	非常弱	比较弱	一般	比较强	非常强	非常弱	比较弱	一般	比较强	非常强	非常弱	比较弱	一般	比较强	非常强
男	6.9	5	26.4	8.1	4.7	9.4	7	25.5	4.5	4.8	8.7	6.7	24	5.8	5.8
女	5.3	5.3	30	6.7	1.5	6.2	7	28.9	5.3	1	6.8	5.7	28.1	6.1	1.9
	χ^2=24.575　df=12　显著水平=0.017					χ^2=34.715　df=12　显著水平=0.001					χ^2=31.617　df=12　显著水平=0.002				

① 潘超超、周爱保、刘锦涛、谢珮：《情绪诱发情景下情绪面孔的注意偏向研究》，《心理技术与应用》2018年第10期。

② 曾庆、郑希付：《厌恶与恐惧情绪习得的性别差异研究：一项ERP研究》，《心理与行为研究》2018年第5期。

2. 年龄与社会情绪

年龄与悲观、不满和乐观具有显著相关，21～40 岁流动人口的悲观、不满和乐观社会情绪更强。随着年龄的增长，人们的情绪调节能力增强，在情绪上保持着一定的稳定性，[①] 人们一定程度上更加平和。21～40 岁正值人生壮年，情绪波动性强，需要紧跟政策和形势的变化，面临人生关键时期的重要抉择，他们既对发展现状感到悲观，存在一定的不满情绪，同时又抱有希望，希望未来发展得更好。详见表 11。

表 11　年龄与悲观、不满、乐观社会情绪强度交叉表分析

单位：%

年龄	悲观					不满					乐观				
	非常弱	比较弱	一般	比较强	非常强	非常弱	比较弱	一般	比较强	非常强	非常弱	比较弱	一般	比较强	非常强
0～20 岁	0.9	0.9	4.2	0.3	0.3	0.4	1.2	4.1	0.6	0.3	0.7	0.6	3.8	0.6	0.9
21～30 岁	9.4	7.1	25.8	5.2	2.5	7.6	9.4	23.4	7.3	2.8	6	6.1	27.8	7.1	3.1
30～40 岁	4	3.5	12.6	3	1.6	4.2	3.8	11.1	3.4	2	4.1	4.2	12.4	2.2	1.9
41～50 岁	2.9	1.4	6.3	1.7	2.2	2.9	1.8	5.1	1.9	2.5	4.1	1.2	6.7	1	1.3
50 岁～75 岁	1.4	0.3	1.6	0.9	0	1.2	0.6	1.3	1	0	0.7	0.6	1.3	1	0.6
	χ2 = 32.912　df = 20 显著水平 = 0.034					χ2 = 38.306　df = 20 显著水平 = 0.008					χ2 = 36.602　df = 16 显著水平 = 0.002				

3. 普通群众的社会情绪更趋于乐观

政治面貌与社会情绪的显著性检验中，只有乐观这一社会情绪与政治面貌具有显著相关性，结合百分比可以看出，普通群众的社会情绪更趋于乐观。详见表 12。

表 12　政治面貌与乐观社会情绪交叉表分析

单位：%

		乐观社会情绪				
		非常弱	比较弱	一般	比较强	非常强
政治面貌	群众	14.2	11.5	47.9	9.7	6.8
	中共党员	0.8	1.5	3.3	1.8	0.0
	其他	0.5	0.0	0.9	0.6	0.6
χ2 = 25.417　df = 8　显著水平 = 0.001						

① 季善玲、王惠萍：《老年人情绪稳定性》，《中国老年学杂志》2018 年第 15 期。

4. 文化程度与社会情绪

文化程度与理性、平和具有显著相关，大专及以上的受调查者理性和平和社会情绪更加强烈。研究指出，低学历者更容易产生焦虑。① 这一点在实地访谈中得到有效证明，在对城乡过渡地带的流动人口访谈中，大部分受调查者对非首都功能疏解表现出强烈的不满情绪，认为疏解行动严重影响到了自己的工作和生活。而在高端写字楼中，受调查者表现出的情绪状态更为平和和理性。一方面非首都功能疏解对城乡过渡地带的流动人口产生的影响可能更大，另一方面，文化水平一定程度上对个体认知产生影响。根据贝克的风险社会理论，知识水平对个体的风险认知产生深远影响，随着受教育程度的提高，个体风险认知水平也随之提高。② 随着文化水平的提高，人们对自己和社会等提出更高要求，不仅追求物质层面更加追求精神层面的目标，接触的参照群体更加多元，能够接触到更多信息，心态上更加平和和理性。详见表 13。

表 13　文化程度与理性、平和社会情绪交叉表分析

单位：%

	理性					平和				
文化程度	非常弱	比较弱	一般	比较强	非常强	非常弱	比较弱	一般	比较强	非常强
文盲或半文盲	0	0.1	0.4	0.3	0.1	0	0	0.7	0.1	0.1
小学	0.3	0.4	2.5	0.1	0.4	0.7	0.6	2.2	0.1	0
初中	3.2	3.4	15.5	3.1	1.8	4.6	2.9	15.5	2.5	1.5
高中或中职	3.7	2.1	13.5	3.1	0.7	3.5	2.4	13.7	2.7	1
大专及以上	2.9	4.7	25.1	8.8	3.7	3.4	4.6	24	9.6	3.5
	$\chi2$ = 26.613　df = 16　显著水平 = 0.046					$\chi2$ = 27.613　df = 16　显著水平 = 0.036				

5. 婚姻状况与社会情绪

婚姻状况与悲观、理性、平和、愉悦和乐观具有显著相关。数据结果表明，已婚者的悲观情绪比未婚者更为强烈，婚姻一定程度上带来更多责任和压

① 华红琴、翁定军：《社会地位、生活境遇与焦虑》，《社会》2013 年第 1 期。

② 〔德〕乌尔里希·贝克：《风险社会》，何博闻译，译林出版社，2004。

力。访谈中一对年轻夫妻表现了他们的担忧。男性24岁，高中毕业，自由职业者，女性23岁，初中毕业，属于失业/无业人员，家庭年总收入在5万~10万元，均无北京户口，共同养育刚出生的宝宝。访谈中得知，婚姻和孩子的出生加重了二人的负担，现在妻子需要在家庭照顾孩子无法外出工作，丈夫认为北京“非首都功能疏解”问题给他们的工作和生活造成了较大影响，悲观情绪比较严重。同时，在风险社会中，婚姻一定程度上为个体提供了一个避风港，个体在婚姻内得到心理和物质上的安全感，因此已婚群体的积极社会情绪更加强烈。

6. 职业与社会情绪

职业与悲观、浮躁、理性、平和、愉悦具有显著相关，工人/职员和自由职业者的悲观和浮躁情绪更强，工人/职工的理性、平和、愉悦情绪更强。对于现代人而言，职业对人的经济、社会、心态等方方面面产生深远影响，不同的职业状态和不同的职业类型会对社会情绪产生影响，良好的职业状态一定程度上保障了人们的经济来源、生活交往活动并维持其良好的社会情绪，自由职业者可能因缺少稳定的工作和收入，面临着更大的风险，对生活的满意度降低，感到孤独无助，会产生不良情绪。

对于工人和职工等群体来说，可能经济收入、文化程度、社会资源等因素制约着他们的发展，现实情况并没有达到他们的心理预期，他们缺少对城市的归属感，产生的心理剥夺感较强。他们承受着巨大的身心压力，理想和现实的差距使他们产生一系列的不良情绪，而这种不良情绪并不是个别现象，而是一种具有时代特征和群体特征的社会事实。与此同时，工人和职工等群体大多有着现实的心理预期，他们希望有更好的事业、稳定的工作和幸福的家庭，知足常乐心态使他们的理性、平和、愉悦情绪更强。

访谈中可以明显感受到不同职业者对非首都功能疏解行动的看法和不同的社会情绪，个体商户和务工人员普遍认为非首都功能疏解对生意影响非常大，一方面客流量明显减少，销量明显下降，另一方面，成本上升，负面情绪较为严重。访谈中一位中年男性谈到，自己投资20多万元开超市，不到三个月，接到疏解行动通知，被要求在短期内撤离，投资打了水漂，但因为自己已经在北京居住十多年，去其他城市也不一定有更好的发展，所以选择留在北京坚持，访谈中该男子表达了强烈的悲观和不满情绪。

表 14　职业与悲观、浮躁社会情绪强度的交叉表分析

单位：%

职业	悲观					浮躁				
	非常弱	比较弱	一般	比较强	非常强	非常弱	比较弱	一般	比较强	非常强
企业管理人员	2.8	0.8	2.8	1.1	0.7	2.4	1.4	2.9	0.9	0.6
工人/职员	9.3	7.6	22.4	4.8	1.4	9.5	9.2	22.2	3.9	0.9
专业技术人员	0.4	1	3.9	0.4	0.4	1	1	3.4	0.4	0.3
公务员	0.1	0	0.6	0.3	0	0.1	0.1	0.3	0.4	0
学生	0.3	0.4	0.4	0	0	0.3	0.3	0.6	0	0
自由职业者	3.9	1.5	14.5	3	3.1	4.7	1.7	14.3	2.7	2.4
失业/无业人员	0.8	0.6	1.5	0.8	0.3	0.9	1	1.1	0.7	0.4
其他	1.3	0.8	4.6	0.6	0.3	1	1.1	4.4	0.6	0.3
	χ2 = 71.408　df = 40　显著水平 = 0.002					χ2 = 61.744　df = 40　显著水平 = 0.015				

表 15　职业与理性、平和、愉悦社会情绪强度的交叉表分析

单位：%

职业	理性					平和					愉悦				
	非常弱	比较弱	一般	比较强	非常强	非常弱	比较弱	一般	比较强	非常强	非常弱	比较弱	一般	比较强	非常强
企业管理人员	1.6	0.4	3.4	1.4	1.1	1.1	1.1	3.7	1	1	1.4	1.6	3.2	1.1	0.7
工人/职员	4.1	6.8	24.4	8.3	2.4	4.4	5.2	25	8.7	2.7	4.9	8.2	25.6	4.9	2.4
专业技术人员	0	0.6	4	0.9	0.7	0.1	0.7	4	0.7	0.4	1.1	0.6	3.3	0.6	0.6
公务员	0	0.1	0.6	0.3	0	0	0.3	0.4	0.3	0	0	0.6	0.3	0.1	0
学生	0.1	0	0.9	0.1	0	0	0.1	0.4	0.4	0.1	0.1	0	0.6	0.1	0.3
自由职业者	4	1.4	16.4	2.6	1.4	5	1.6	16.2	1.9	1.1	5.4	1.9	15.5	2.1	0.9
失业/无业人	0	0.7	2.6	0.3	0.6	0.3	1.1	2.3	0.3	0.1	1	0.4	2	0.4	0.3
其他	0.3	0.9	5.3	1	0.3	0.7	0.6	4.9	1.1	0.4	0.9	1.6	4	0.6	0.6
	χ2 = 65.577　df = 32　显著水平 = 0.000					χ2 = 63.644　df = 32　显著水平 = 0.001					χ2 = 56.736　df = 32　显著水平 = 0.005				

7. 家庭年总收入与社会情绪

家庭年总收入与不满存在显著相关，家庭年总收入在 5 万～10 万元的流动人口不满情绪更强。经济收入是流动人口考虑的重要因素，人们希望满足基本生活需求之余给自己和家人创造更好的生活条件。当收入较低时，人们面临着巨大的生存压力，更容易产生不满情绪。

8. 是否在北京买房与社会情绪

是否在北京买房与悲观、平和和乐观具有显著相关。数据说明，在北京没有房产的流动人口比在北京有房子的流动人口的社会情绪更加悲观。中国传统观念决定了大多数中国人的房子情结。在传统观念中，有了房子生活才有基本的保障，房子是家庭和安定的象征，是人安身立命场所和心灵的栖息地。买房对大部分人来说是一件大事，而北京的房价问题让人们望而却步。访谈中我们了解到，房子是大多数流动人口非常关注的问题，房价尤其触动着人们的神经，直接关系着人们的生活质量和生活满意度，是否有房与人们的一些社会情绪有显著相关性。同时，人们也习惯了北京的房价。但由于房租较贵，没买房的流动人口乐观不起来。

9. 在京居留时间与社会情绪

在京居留时间与各类社会情绪均存在显著相关性，居留时间在 5 年以下的流动人口消极社会情绪都比较强。这一定程度上说明，居留时间在 5 年以下的人群有较为复杂的心理活动，他们面对较大的生活压力和生活成本产生一定的悲观和不满情绪，而北京优质的资源和丰富的发展机会给了他们很大的信心，他们对自己的未来产生较好的预期。居留时间越长，理性、平和、愉悦、乐观的社会情绪更弱。用被访者的话来说，面对非首都功能疏解，他们实在高兴不起来。

（三）居留意愿与社会情绪的相关分析

社会情绪反映了人们对社会经济关系和政治关系等的认识，反映了公众的价值取向和思维方式，同时，社会情绪具有反作用，会形成人们行动的意志，影响人们的选择。由数据可知，居留意愿与理性社会情绪存在显著相关性，打算在本地长期居住的流动人口表现出更强的理性情绪，假设 2 部分证实。对于打算在本地长期居住的人来说，做出居留决定是理性思考的结果，人们已经理智地衡量过居留的利弊，分析过多种方案，为了获得某种结果而做出了自己的决定，因此理性情绪更加强烈。

表 16　居留意愿与社会情绪强度的交叉表分析

	悲观	不满	浮躁	理性	平和	愉悦	乐观
居留意愿	18. 244	15. 859	16. 444	17. 917 *	14. 619	12. 248	11. 470

注：* 代表在 5% 的统计水平上显著。

表 17 居留意愿与理性社会情绪交叉表分析

单位：%

		理性社会情绪				
		非常弱	比较弱	一般	比较强	非常强
居留意愿	打算	4.7	4.7	26.4	7.2	4.2
	不打算	3.2	3.0	11.6	2.4	1.1
	没想好	2.1	3.2	19.6	5.4	1.1
$\chi2=17.917$ df = 8 显著水平 = 0.022						

四 基本结论与政策建议

（一）基本结论

通过以上对流动人口的居留意愿和社会情绪的研究分析，本研究得出以下结论：一方面，当前流动人口的居留意愿依然居于高位，不同类型的流动人口的居留意愿呈现不同倾向；另一方面，社会情绪基本稳定和积极，也存在悲观、不满、浮躁等不良社会情绪需要适度疏解，流动人口的年龄、性别、政治面貌、文化程度、婚姻状况、职业、家庭年总收入、是否在北京买房和居留时间等因素与不同的社会情绪具有显著相关性。

（二）政策建议

1. 营造正面的社会舆论氛围

研究表明，负面信息相较于正向信息，对人们的认知、情感和行为等方面的作用更为强烈，人们更容易记住负面信息。[①] 负性社会事件的传播和负面媒体信息具有强势效应，会对人们的情绪产生深远的消极影响，而当这种负面消极情绪在社会中长期弥漫则会产生严重的社会不良情绪，影响社会的和谐和稳定。在互联网广泛应用的今天，人们的信息渠道更多，公共意见得到充分表达，而社会情绪蔓延的速度更快、范围更广、影响也更大。社会事件被传播

① 俞国良：《社会转型：社会心理学的立场》，中国社会科学出版社，2016。

时，如果信息不对称则会引发公众认知失调，网络的匿名和便捷等特点容易使公众把网络当作不良情绪的发泄场所，若悲观、不满、愤怒等不良社会情绪广泛传播将造成严重问题。

“风险的本质并不在于它正在发生，而在于它可能会发生”。因此，应对流动人口社会情绪保持敏感性，识别社会情绪。首先，相关机构应建立和完善沟通机制。听取人民群众的呼声和要求，关键在于建立沟通的机制和沟通的渠道。这是一个社会和组织得以健康运行的“安全阀”，如果这个通道被堵塞了，民众的声音没有得到反馈，就不能解决民众疾苦，也就非常容易引发社会矛盾、破坏社会和谐。

其次，在疏解非首都功能的过程中，系列社会政策的提出应经过社会听证。因此，政府和社会各界更应该提供全面真实的信息，营造正面的社会舆论氛围，发挥主流媒体的正面作用，对负面信息进行适度调节，加强网络等信息传播监管，营造良好的社会氛围。

2. 建立有效的情绪疏导机制和社会支持体系

有学者指出，社会情绪是一支社会“体温表”。数据的背后是千变万化的社会情绪和多样化的公共问题。总之，在网络空间，社会矛盾不断发酵，社会情绪走向有诸多变化。当前中国进入新时代，社会的主要矛盾是不均衡不充分发展的矛盾，流动人口的产生甚至流动人口不流动，都是经济社会发展不均衡不充分的体现。在疏解非首都功能的过程中，由于涉及部分流动人口的利益问题，社会矛盾和社会冲突不可避免，人们可能出现悲观、焦虑、浮躁等不良社会情绪，这些情绪如果不能得到及时有效的疏导，很可能产生巨大的社会负能量。

首先，社会各界应关注社会情绪，加强关怀和心理疏导，注重群众需求的表达，建立良好的社会心理疏导体制，起到“社会安全阀”的作用，注重矛盾调解和利益保障等方式，建立和健全社会支持体系。其次，疏解不良社会情绪从根本上需要推动社会良性发展，缓解社会矛盾，通过宏观调控政策、推动经济改革和缩小收入差距等手段维护社会公平正义，健全社会保障体系，减少社会群体的相对剥夺感，建立社会良性发展机制。

总之，疏解非首都功能，对流动人口的社会情绪疏导，需要结合首都实际发展情况和流动人口治理，将融合与疏导结合，把目光放长远，政策上引导，操作上落实，以逐步实现社会和谐发展。

Abstract

This book is the sixth "Blue Book of Beijing Social Mentality" organized by the research group of Beijing Social Psychological Service Promotion Center under the guidance of the relevant leaders of the Civil Affairs Bureau of the Social Work Committee of the Beijing Municipal Committee. The experts and researchers from the Chinese Academy of Sciences, the Chinese Academy of Social Sciences, the Beijing Academy of Social Sciences, the Beijing Federation of Social Psychological Work, and various institutions of higher learning participated in the research and writing of this topic. This book is based on a large number of empirical studies, including questionnaire, interview and so on.

This book focuses on the study of "social emotion". It investigates the current situation and influencing factors of social emotion of Beijing residents from three aspects: individual, group and society, and puts forward some suggestions for cultivating positive and upward social emotion.

On the basis of the study of social mentality, this book also combines the actual needs of social construction in the capital and the work of the Beijing Federation of Social Psychological Work, and makes a survey and experience summary of the work of social psychological construction, which provides a reference for the cultivation of social mentality, social construction and social mental health work in the capital in the future.

Contents

Ⅰ General Report

Abstract: Based on 2340 sample data from the 2018 annual survey, this paper synthesizes the methods of scale, questionnaire and event analysis, summarizes the related literature of social emotion, investigates the social emotional status of Beijing residents at micro, meso and macro levels, and explores personal characteristics, objective and subjective environments, social hot spots and time from three levels: individual, environment and society. The impact of relevant policies on social emotions, and then explore ways to alleviate social emotions. The survey found that the objective environment has a greater impact on residents'negative emotions, and the guidance of the fifth generation of media to social emotions is also obvious. Therefore, it is suggested to guide and cultivate good social emotions from four aspects: improving residents' ecological environment, cultivating responsible network opinion leaders, correctly understanding negative emotions and guiding emotions according to different needs of different groups, so as to shape self-esteem, self-confidence, rational peace and positive social mentality.

Keywords: Social Emotion; Influence Factors; Emotional Counseling

Ⅱ Related Factors

B. 2 Survey Report on Cognitive Emotion Regulation and Life Affects of Beijing Citizens in 2018 *Chen Shan* / 024

Abstract: To investigate the relations of life stress, the cognition emotion regulation and life affects with a sampling survey of 2340 from 78 communities in 16 districts in Beijing, data showed that the overall life stress of Beijing citizens was medium at 2. 91 in 5 point scale. The life stress of male, middle-aged, highly educated and high-income citizens were relatively large.

The most commonly used cognitive and emotional regulation were focusing on planning, positive reappraisal, acceptance, positive focusing for e Beijing citizens, catastrophizing blaming others, putting into perspective, self-blame and rumination were the less used cognition emotion regulation. Moderate life stress enhanced one's experience of positive affect, while excessive life stress weakened one's experience of positive affect; the more the cognition emotion regulation such as positive reappraisal, self-blame, positive focusing were used, the stronger the positive affect would be experienced, the more the cognition emotion regulation such as catastrophizing, self-blame, blaming others, putting into perspective were used, the more negative affect would be experienced. Effective cognition emotion regulation of affects were suggested in the report.

Keywords: Life Stress; Cognition Emotion Regulation; Negative Affect; Positive Affect; Beijing Citizens

B. 3 The Present Situation, Influencing Factors and Relation between the Psychological Capital and the Feelings of the Residents in Beijing *Wang Hui* / 036

Abstract: In order to conduct an in-depth analysis of the current state of the psychological capital of the employed residents in Beijing and its influence on their emotions, we conducted a stratified sample survey in 16 districts of the city and collected a total of 1,507 valid samples. The survey found that the psychological capital of employed residents in Beijing was at a high level. The psychological capital of residents with different social roles, job requirements and working resources was different, and the psychological capital of employed residents in Beijing was positively related to positive emotion, and negatively related to negative emotion. Finally, from the point of view of the government, units, and residents, the author puts forward some countermeasures and suggestions to improve the level of psychological capital.

Keywords: Psychological Capital; Emotion; Beijing

Abstract: The government of Beijing city carried out a series of actions called "Relief, Renovation, and Promotion" in order to stimulate city development. This study is concentrated on citizens' reflections on these actions. The authors investigated citizen's recognition and feelings to these actions, analyzed both theoretical and practical paths of contribution circles of these reflections. Targeted suggestions were proposed upon investigation and analysis.

Keywords: "Relief, Renovation, and Promotion"; Social Emotion; Recognition; Contribution

Abstract: The present study investigated social emotional status and their relationship with personal/social well-being. 1567 residents were selected from 16 districts and counties in Beijing. The results showed that: (1) the social emotion and well-being of residents were on the upper middle level; (2) the social emotion and well-being of residents were different in demographic variables such as gender, age, income level, education level, marital status and residence location; (3) the emotional response of residents to family, study, work and social events was rational; (4) different social emotions had different predictive effects on individual well-being and social well-being. Some suggestions and recommendations for decision-making are provided basing on these results.

Keywords: Beijing Residents; Social Emotion; Personal well-being; Social well-being

Ⅲ Special Research

Abstract: This article, based on data from 2249 Beijing citizens, focused on the status quo of Beijing citizens' Regulatory emotional self-efficacy and explored related differences between different groups. The results are as follow: Beijing citizens' score of regulatory emotional self-efficacy is high; Women prefer to express positive emotion; the scores of emotional regulation self-efficacy of the elderly were lower than those of other groups.

Keywords: Regulatory Emotional; Self-efficacy; Beijing

Abstract: The purpose of this study is to explore the effects of information feedback on water conversation and social emotion on water-saving attitude and water-saving behavior. There are two studies, the influence of information framework of water-saving technique on water-saving attitude and water-saving behavior, under the action of no Feedback mode, and the influence of information framework of water-saving technique and social emotion on water-saving attitude and water-saving behavior, under the action of Feedback mode. Each study contains two information frameworks as experimental designs for different feedback methods. The total number of participants in the experiment is 335. The conclusions are as follows: social emotions have a significant effect on public water-saving attitude behaviors, and the participants' water-saving attitude behavior scores are higher under negative emotion conditions. The frame effect has no effect on public water-saving attitude behaviors.

Keywords: Urban Residents; Information Framework; Social Emotion; Water-saving Attitude; Water-saving Behavior

Abstract: Based on Beijing netizens in microblogging space, this research analysed their characteristics in microblogging space and the comments of Beijing netizens in the hot issues of social concern. Finnally, the countermeasures and suggestions of social emotional relief in microblogging space were discussed.

Keywords: Microblog; Social emotion; Users' Characteristics

Abstract: The aim is to explore Beijing residents' social engaging/disengaging emotion by stratified sample of 800 residents of different communities of 16 districts. It was found that Beijing residents feel mild to moderate social engaging and disengaging emotion. Social disengaging emotion was more perceived than social engaging emotion, so does its effect on happiness. Compared to 2013 survey, social disengaging and engaging emotion increase while social disengaging emotion increase faster. At individual level, the gap between social disengaging and engaging emotion decrease along with ageing. The relationship between SES and social engaging/disengaging emotion is closer to U-shape that means low-SES and high-SES show different type of social engaging/disengaging emotion type though both of them feel similar explicit ones. At community level, people living in convenient community feel stronger social disengaging emotion than those not. Habitants feel stronger social disengaging emotion than immigrants from other provinces.

Then two proposals were suggested to maintain moderate social engaging/disengaging emotion. At first, Administrator could provide convenient psychological services by "platform + service sites". Secondly, more convenience-related intra-structures could be done to facilitate residents' work and life.

Keywords: Social Engaging Emotion; Social Disengaging Emotion; SES, Social Psychological Service

B. 10 Characteristics and Influencing Mechanisms of the Social Sharing of Emotion among Beijing Residents

Abstract: Objective: to understand the basic situation of the Social Sharing of Emotion (SSE) among Beijing residents and the relationship between the Social Sharing of Emotion and emotional intelligence and life satisfaction. Methods: 605 residents in Beijing community were investigated by random sampling, and the questionnaire of emotional and social sharing was used. Results: (1) There were significant differences in the Social Sharing of Emotion between genders and community types. (2) The Social Sharing of Emotion is positively correlated with attachment and negatively correlated with self-esteem. (3) Emotional intelligence is positively correlated with the Social Sharing of Emotion in different degrees. the Social Sharing of Emotion has a significant predictive effect on life satisfaction. (4) Emotional intelligence has a partial mediating effect in explaining life satisfaction through the Social Sharing of Emotion.

Keywords: Community Residents; The Social Sharing of Emotion; Emotional Intelligence; Life Satisfaction

B. 11 The Current Situation and Causes of Interpersonal Apathy of Beijing Residents *Jiang Jiang, Zhang Yue* / 221

Abstract: In order to better understand the interpersonal apathy of Beijing residents, the current survey examined the interpersonal apathy from three perspectives (cognition, situational response and interest-related behavior), and explored the factors predicting interpersonal apathy from both social and group levels. On social-level, we focused on the materialistic values; and on the group-level, we concerned about the community-relevant variables (including community identity and community behavior). Through a questionnaire survey of 2042 Beijing residents, aged 17 to 67 from 16 urban districts in Beijing, the results show that: (1) In general, the degree of interpersonal apathy of Beijing residents was relatively low, which was reflected in the lower level of cognitive interpersonal apathy and a strong tendency of helping behavior. (2) Different group (such as different gender, age, objective socioeconomic status) had different extent of interpersonal apathy. Specifically, women had lower cognitive apathy, while men had stronger tendency of the helping behavior which was involved monetary benefits; the group aged 17 to 29 had higher interpersonal apathy; objective socioeconomic status exhibited distinct effects on different indicators of interpersonal apathy, individuals with high socioeconomic status were more likely to help others through donations while they were less willing to help others in a vague situation. (3) Materialism positively predicted interpersonal apathy, whereas community identity and neighborhood interaction negatively predicted interpersonal apathy. Compared with community identity, materialism and neighborhood interaction had a stronger predictive effect on interpersonal apathy. Specifically, cognitive interpersonal apathy was more susceptible to materialism and neighborhood interaction; helping behavior in a specific situation was more sensitive to community identity and neighborhood interaction, and the predictive role of neighborhood interaction was stronger than that of community identity; and interest-related helping behavior is more susceptible to materialism. According to above results, we put forward some constructive suggestions on how to intervene in materialism and improve community identity and neighborhood interaction, thereby reducing interpersonal apathy and building a harmonious society.

Keywords: Interpersonal Apathy; Materialism; Community Identity; Neighborhood Interaction; Community Participation

Ⅳ Special Groups

B. 12 Longitudinal Investigation and the Analysis of the Interaction of Social Emotion of the Migrating Groups Under the Background of Relieving Non-capital Function

Ma Ai, *Wang Yuhao* / 276

Abstract: Objective: To explore the social emotion of the migrating groups under the background of relieving non-capital function, and to analyze its influencing factors and the acting path. Methods: Questionnaire was used to measure the social support level, negative emotion, life satisfaction and relative deprivation of 500 migrated people, and the data were analyzed to explore the influencing factors and acting path of social emotion. Results: There was no significant difference in social emotion between different gender-related migration groups, but the age, marital status and educational have varying degrees of influence on social emotion, in addition, the relative deprivation and social distance would influence the subjective well-being of individuals, and negative emotions played a certain mediating role in it.

Keywords: Migration Groups; Social Emotion; Influencing Factors

B. 13 Study on Comprehensive Renovation of Old Residential Areas and Resident Satisfaction in Beijing

Wang Jichao / 303

Abstract: This study is based on the investigation of 11 communities in

Haidian, Dongcheng, Chaoyang and Shijingshan districts and combing the relevant research results at home and abroad. It is found that there are still some problems in the comprehensive renovation of old residential areas, such as disturbance of construction, inconvenience of rising prices and shopping of household goods after renovation, lack of parking facilities and charging piles, and lack of standardized property management by most residents. But, installing elevators and other downstairs facilities and old-age renovation can not meet the needs of the masses and other aspects of the people are not satisfied with the place, and then the task group put forward the following measures to enhance the satisfaction of residents: formulate detailed implementation plans and strictly implement; improve the corresponding laws and regulations and supervision mechanism; explore the establishment of old community self-management mechanism; improve the old community properties. Industry services; the old residential external environment to carry out aging transformation; overcome the residential "wait, depend, want" idea, guide them to join the renovation action rationally.

Keywords: Old Residential Areas; Comprehensive Renovation; Satisfaction

Abstract: Affective quality is the psychological quality of individual temperament. On the basis of reviewing relevant literature and interviewing youth and experts, current study developed an original investigative tool – "questionnaire on beijing youth's affective quality", which includes 6 dimensions and 17 factors. This study investigated the affective quality of 2414 young people born from 1980 to 2002, and compared the affective quality among different groups.

The results show that the affective quality of new youth Residents is at a medium level, and their scores are higher than those of young people from other places, but lower than those of young people from local residents. The score of female youth group is obviously higher than that of male, showing the characteristics of higher education level and higher affective quality score. Among the total affective quality scores, the financial industry, civil servants and computer fields scored the highest, while the unemployed had relatively low affective quality. Compared with migrant workers, returnees and white-collar young workers in the Beijing, the results show that migrant workers have relatively low scores, returnees and white-collar workers have higher scores, and overseas experience cannot significantly improve affective quality scores. Examining the influencing factors of affective quality, it is found that the sense of city pride, sense of integration, self-esteem and adaptability have a significant impact on the affective quality of returnees, white-collar workers and migrant workers in Beijing's new youth residents.

Keywords: Affective Quality; Beijing Youth Residents; Urban migrants

Abstract: Patient satisfaction is one of the core indicators for evaluating the quality of hospital medical services. Based on the theory of social psychology, this study focuses on the relevant regulations of the new medical reform, and conducts online and offline joint investigations on 1809 patients in Beijing. Using literature methods, questionnaires and other research methods, this study explores the basic situation of patient medical treatment and satisfaction characteristics of medical treatment for patients in Beijing under the medical reform situation. The aim is to explore the attitude of patients towards new medical reform from the perspective of social emotions, and provide reference for Beijing Municipal Government and Beijing Health and Wellness Commission to further revise the medical reform plan. The results showed that: (1) 82.9% of Beijing patients tend to be satisfied with hospital medical services, with the highest satisfaction with drug safety (3.08 ± 0.89), the highest satisfaction rate for medical equipment (convenience) (79.27%), medical expenses. The satisfaction rate was the lowest (2.17 ±1.13), and the satisfaction rate of medical insurance reimbursement was the lowest (37.81%). (2) Satisfaction of medical expenses: The hospital has the lowest satisfaction rate (35.27%). (3) Among the projects with higher satisfaction rate of medical service, there are: the types of medicine supply in community hospitals (54.12%), the public number of hospitals and APP (53.51%), the contract of family doctors (51.30%), and hospitals of different levels. Referral service (51.19%). (4) Patients are more likely to choose a doctor at the general level (42.3% for the first grade, 16.3% for the second grade, and 36.0% for the third grade). (5) The higher the overall satisfaction of patients with more medical treatment, the lower the overall satisfaction level of non-Beijing patients with hospital medical services, mainly in the following three aspects: medical treatment process, medical expenses, and medical insurance reimbursement ratio. The overall suburban patient satisfaction with hospital medical services is low, mainly in the following three aspects: service attitude, medical treatment process, medical insurance reimbursement ratio. Patients with monthly incomes above "10,000 yuan" have lower satisfaction with the convenience of medical services. It is recommended that the government and relevant departments adhere to the grading diagnosis and treatment, continue self-service medical services; improve the convenience of medical services, and further play the role of general practitioners; further reduce medical expenses, improve the compensation mechanism for medical expenses; improve the medical service level in remote counties and reduce Regional disparities; focus on the needs of different groups of medical services and improve patient satisfaction.

Keywords: Patient Satisfaction; New Medical Reform; Medical Service

Abstract: Residence intention and social emotion can reflect the psychological activities and corresponding social problems of the floating population to a certain extent, which has important reference significance for the social governance of the capital. The empirical results show that: on the one hand, the current residential intention of the floating population is still at a high level, and the residential intention of the floating population with different characteristics shows different tendencies. On the other hand, under different personal characteristics and residence intention, the floating population will show different social emotions. In short, social emotions are basically stable and positive, and there are also pessimistic, dissatisfied, impetuous and other negative social emotions that need to be moderately alleviated. In order to promote the harmonious development of the capital society, we need to create a positive public opinion-oriented atmosphere, provide the public with comprehensive and authentic authoritative information, promote the healthy development of society through a series of means such as macro-control policies. And establish an effective emotional guidance mechanism and social support system.

Keywords: Floating Population; Residence Intention; Social Emotion

权威报告·一手数据·特色资源

皮书数据库

ANNUAL REPORT(YEARBOOK) DATABASE

当代中国经济与社会发展高端智库平台

所获荣誉

- 2016年，入选“‘十三五’国家重点电子出版物出版规划骨干工程”
- 2015年，荣获“搜索中国正能量 点赞2015”“创新中国科技创新奖”
- 2013年，荣获“中国出版政府奖·网络出版物奖”提名奖
- 连续多年荣获中国数字出版博览会“数字出版·优秀品牌”奖

成为会员

通过网址www.pishu.com.cn访问皮书数据库网站或下载皮书数据库APP，进行手机号码验证或邮箱验证即可成为皮书数据库会员。

会员福利

- 已注册用户购书后可免费获赠100元皮书数据库充值卡。刮开充值卡涂层获取充值密码，登录并进入“会员中心”—“在线充值”—“充值卡充值”，充值成功即可购买和查看数据库内容。
- 会员福利最终解释权归社会科学文献出版社所有。

数据库服务热线：400-008-6695
数据库服务QQ：2475522410
数据库服务邮箱：database@ssap.cn
图书销售热线：010-59367070/7028
图书服务QQ：1265056568
图书服务邮箱：duzhe@ssap.cn

社会科学文献出版社 SOCIAL SCIENCES ACADEMIC PRESS (CHINA) 皮书系列
卡号：312452619767
密码：

中国社会发展数据库（下设 12 个子库）

全面整合国内外中国社会发展研究成果，汇聚独家统计数据、深度分析报告，涉及社会、人口、政治、教育、法律等 12 个领域，为了解中国社会发展动态、跟踪社会核心热点、分析社会发展趋势提供一站式资源搜索和数据分析与挖掘服务。

中国经济发展数据库（下设 12 个子库）

基于“皮书系列”中涉及中国经济发展的研究资料构建，内容涵盖宏观经济、农业经济、工业经济、产业经济等 12 个重点经济领域，为实时掌控经济运行态势、把握经济发展规律、洞察经济形势、进行经济决策提供参考和依据。

中国行业发展数据库（下设 17 个子库）

以中国国民经济行业分类为依据，覆盖金融业、旅游、医疗卫生、交通运输、能源矿产等 100 多个行业，跟踪分析国民经济相关行业市场运行状况和政策导向，汇集行业发展前沿资讯，为投资、从业及各种经济决策提供理论基础和实践指导。

中国区域发展数据库（下设 6 个子库）

对中国特定区域内的经济、社会、文化等领域现状与发展情况进行深度分析和预测，研究层级至县及县以下行政区，涉及地区、区域经济体、城市、农村等不同维度。为地方经济社会宏观态势研究、发展经验研究、案例分析提供数据服务。

中国文化传媒数据库（下设 18 个子库）

汇聚文化传媒领域专家观点、热点资讯，梳理国内外中国文化发展相关学术研究成果、一手统计数据，涵盖文化产业、新闻传播、电影娱乐、文学艺术、群众文化等 18 个重点研究领域。为文化传媒研究提供相关数据、研究报告和综合分析服务。

世界经济与国际关系数据库（下设 6 个子库）

立足“皮书系列”世界经济、国际关系相关学术资源，整合世界经济、国际政治、世界文化与科技、全球性问题、国际组织与国际法、区域研究 6 大领域研究成果，为世界经济与国际关系研究提供全方位数据分析，为决策和形势研判提供参考。

法律声明